恒之有道

广东足球的史经子集

陈伟胜　张喆　李斌　编著

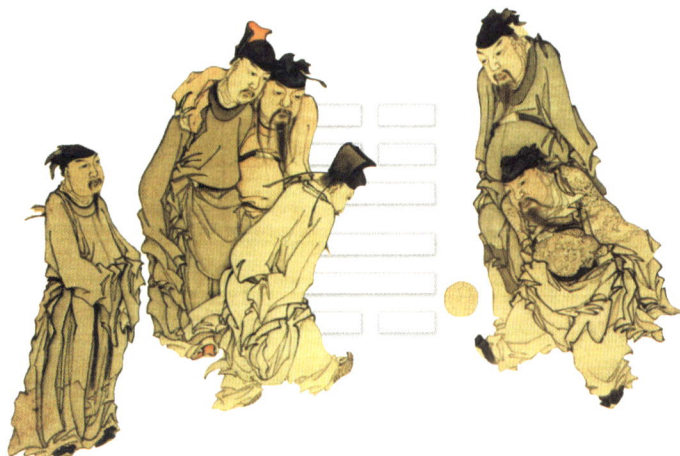

暨南大学出版社
JINAN UNIVERSITY PRESS

中国·广州

图书在版编目（CIP）数据

恒之有道：广东足球的史经子集/陈伟胜，张喆，李斌编著. —广州：暨南大学出版社，2016.5

ISBN 978 - 7 - 5668 - 1789 - 1

Ⅰ. ①恒… Ⅱ. ①陈… ②张… ③李… Ⅲ. ①足球运动—概况—广东省 Ⅳ. ①G843.92

中国版本图书馆 CIP 数据核字（2016）第 069543 号

HENG ZHI YOU DAO：GUANG DONG ZU QIU DE SHI JING ZI JI

出版发行：暨南大学出版社

出 版 人：徐义雄
责任编辑：古碧卡 刘慧玲 牛 攀 姚晓莉
责任校对：李林达 姚荞姝

地 址：中国广州暨南大学
电 话：总编室（8620）85221601
　　　　营销部（8620）85225284 85228291 85228292（邮购）
传 真：（8620）85221583（办公室） 85223774（营销部）
邮 编：510630
网 址：http://www.jnupress.com http://press.jnu.edu.cn

排 版：广州市科普电脑印务部
印 刷：广东广州日报传媒股份有限公司印务分公司

开 本：787mm×1092mm 1/16
印 张：20
字 数：480 千
版 次：2016 年 5 月第 1 版
印 次：2016 年 5 月第 1 次

定 价：50.00 元

广东足球春常在（代序）

从现代足球传入中国的历史看，广东足球绝对是中国足球的"先行者"，更重要的是，广东足球在不同的历史阶段，都为中国足球的发展，作出了不可磨灭的巨大贡献。

广东足球一直以来都是中国足球的杰出代表，尤其是从 20 世纪五六十年代开始，广东足球奠定了作为中国足球南派风格技术细腻、功底扎实、无可取代的地位。广东足球在全运会和甲级联赛等国内比赛中，屡创佳绩；在与国外球队的多次国际交往对抗中，获得了不俗战绩，赢得了"外战内行"的美誉；曾经入选各级国家队的广东籍球员，一度成为中国足球不可或缺的"半壁江山"，更有誉满足坛的"志行风格"；广东足球还是我国改革开放的"先行者"；职业联赛初期，广东曾拥有 6 支职业俱乐部队，创造了中国足球的一项纪录。

最为可贵的是，广州恒大的崛起，不仅仅代表了广东足球的辉煌，也极大地促进了中国足球在亚洲乃至国际足坛的影响力。恒大创造性地为广东足球打造了一个品牌，打造了一个中国乃至亚洲足球的品牌。对此，我发自内心祝贺恒大、祝福广东，恒大是中国足球的骄傲！

从广州恒大所取得伟大成就的成功经验来看，十分符合"不拘一格，不定一尊，不守一隅"广东文化的鲜明特色，恒大务实的作风决定其竞争力，恒大进取的个性决定其创造力，恒大包容的风范决定其亲和力。尊重个性价值的群体必然强盛。

我本人对广东很有感情，当年许多外事出访都是通过广东出境的，我的手机铃声一直都是使用广东音乐《步步高》。

广东四季如春，广东足球春常在，一定会"粤来粤好"！

前国际足联执委
前亚足联执行主席
亚足联第一副主席
中国足协副主席

张吉龙

引　言

　　2014 年 7 月，在广东郁南磨刀山，爆出更改历史的重大发现。考古学家在此发现了中更新世时期的遗址群，这里广东"最早人类"的年代甚至要早于北京猿人。在以往的历史书中，一般认为北京猿人是中国境内最早出现的人类之一，因此，长期以来，历史学家都以此为依据，认为中华文明源于北方。这次磨刀山考古大发现，无疑使大家要重新评估广东在中国文明史上的地位。

　　最为震撼的是，欧美学术界有所谓的"手斧文化圈"之说，即认为以青藏高原为界，西方发现的古人类手斧比东方的精细，以此为据认为西方人种优于东方。但这次考古发现的制作精良的石斧，不仅代表了中国古人类的最高水平，而且在世界上也是最先进的。

　　在不了解广东历史的人们眼中，"东南西北中，发财到广东"，似乎广东这片"金钱世界"，却是"文化的荒漠"。事实上，岭南文化一直独秀于华夏文明。尤其在当今一日千里的互联网时代，钟灵毓秀的岭南文化，更需要挖掘、推广、发扬、光大，使之真正成为中国软实力的重要组成部分。

岭南一统　终成一体

　　公元前 219 年，刚刚完成六国统一霸业的秦始皇，就派屠睢为统帅，率领 50 万大军兵分五路，向五岭之南进军。"五岭北来峰在地，九州南尽水浮天。"善于山地战和水战的百越族人，奋起抗击强大的秦军，巧妙利用地形，组织了一次伏击战，击杀了秦军统帅屠睢，并以游击战与秦军周旋，竟然使"秦军三年不解甲弛弩。"

　　吸取轻敌冒进、水土不服的教训，秦始皇决心改变交通不便、秦军后勤给养无法保证的致命伤，在海阳山开凿一条水道，连通了湘江与漓江，即著名的灵渠。从此，秦军不仅可以从岭北水运粮草至岭南，而且可以直接派遣水军参战。秦军水陆并进，步步为营，恩威并施，终于公元前 214 年，统一了岭南。南海尉任嚣在郡治番禺筑城，古称任嚣城，这就是广州建城之始，也从此奠定了岭南文化的根基。值得一提的是，2016 年系广州建城2 230 周年，广州也是当今中国，乃至世界大城市中，历史最为悠久的城市之一。巧合的是，正是在 2016 年 2 月 19 日，国务院正式将广州定位为"国家历史名城、国家重要中心城市、国际商贸中心和综合交通枢纽"。

　　需要指出的是，任嚣的部将赵佗当时任龙川令，此地恰好是本书中将提及的现代足球传入中国内地的发源地——五华地区。赵佗，河北真定人，真定后又称常山，三国时期因出了"百胜将军"赵子龙而驰名于世。清代改名为正定。可见此处真乃卧虎藏龙之地。这也表明与中原文化融合，是岭南文化发端之滥觞，包容开放的岭南特色也从此而起。

任嚣病逝后，雄才伟略的赵佗掌权。公元前206年，刘邦称帝，建立汉朝。次年，赵佗即宣布脱离中央政权，自立为南越王，建南越国，其统治范围横跨现中国两广、福建、云南等地区和越南。汉高祖派陆贾南下劝说赵佗臣服于汉朝。后吕后执政，歧视南越，甚至派兵伐赵，掘赵佗真定祖坟，诛赵氏宗族。赵佗一怒之下再次脱汉，自尊为"南越武帝"。吕后死后，汉文帝再派陆贾来劝说赵佗，赵佗再次归汉。赵佗最后活到一百余岁，南越国历五主，直到公元前111年，终被汉武帝所灭，岭南地区回归华夏一统。

三国东吴孙权于226年，调整了州治，设立广州，广州由此得名，并成为了岭南政治、经济、文化中心，一直延续至今。进入宋朝，今广东省境内包括广南东路14州和广南西路7州，形成了粤桂两省区域，"广东"概念首次出现，即广南东路的简称。元朝之后，广东成为明朝的十三行省之一，广东省区域轮廓自此基本形成，清初"广东省"名称正式使用至今。

"北人避胡多在南，南人至今能晋语。"从晋代开始，因战乱、卫戍、谪贬、流放、商贸、天灾、避祸等众多原因，历经数代，不断有大批中原人南迁岭南，如同广东行政区域的不断演变一样，岭南文化也是不断兼收并取，交流融合，终成一体。

金山珠海 敢为人先

预言中国"未来最有资格和最有可能为人类社会开创新文明"的阿诺德·汤因比被誉为当代最伟大的历史学家之一，他立足于全球视野，曾把中国广东单独与日本并称为东方文明的典范："在今天，远东社会最突出的代表，无疑是日本人和广东人。"

从东汉开始，鉴于原来兴盛的丝绸之路被战乱所封，中国与海外的商贸从陆上转为海上，广州以独特的地理优势，成为"海上丝绸之路"的发祥地。唐宋两代，"雄藩夷之宝货，冠吴越之繁华"的广州已经成为"中国第一大港"和"世界东方大港"。唐三藏玄奘西行取经可谓家喻户晓，但鲜为人知的是，其走海路归国，回到祖国的第一站就是广州。这也间接证明了广州作为当时"中国对外第一门户"的历史地位，故当时的西域诸国，称陆路阻隔的长安为"摩诃支那"，海路畅通的广东为"支那"。

元朝时，与广州贸易的国家和地区有140多个，占元代全国对外贸易的国家和地区总数的64%，是宋朝时的三倍以上。

明清时期，广州两度成为中国唯一对外开放港口，使广州成为明清时期"朝贡贸易"与市舶贸易最重要的口岸。乾隆二十三年至道光十七年间（1758—1837年），外国商舶向粤海关纳税后贸易商品总值就高达白银422 716 895两，单一家十三行，给清廷上交的税款就占了全国关税总额的40%，广州故获"金山珠海，天子南库"之誉。

广东之"富"绝不仅仅体现在钱财方面，更体现在人才方面。晚清以来，岭南出现了人才高潮期。美国著名人文地理学者亨廷顿曾经对清末京城里各部院高官和各省封疆大吏名单进行比较分析，发现除去改籍移住人才居多的直隶之外，中国十八省人口与人才比例，广东最高，达到 10.3‰，而传统的中原人才库，河南和陕西均为 7.1‰，山西为 4.0‰。如果放眼海外，当时东南亚八国之中，竟然有七国国王祖籍都是广东。

对此，梁启超曾著《世界史上广东之位置》，其中有句话可谓画龙点睛："广东人于地理上受此天然优胜之感化，其慓悍活泼进取冒险之性质，于中国民族中，稍现一特色焉。"

的确，"言西学最早"的广东因地理原因，最早接触到海外的各种文化和思想，从 1840 年第一次鸦片战争开始，从洪秀全、康有为到孙中山，在中国现代史上发生的一系列重大政治、外交、军事、社会事件，其中心人物及其发生、发展过程，无不与广东有着紧密的联系。

到了当代，在 1979 年之前，广东不过是中国的一个欠发达省份，在全国 29 个省区市中仅排名第 23 位。但是，改革开放使广东比全国其他省份先行一步，声名鹊起。据 2016 年 2 月 1 日最新统计数据，2015 年广东 GDP 达 7.28 万亿元，约占全国总量的十分之一，超过第二名江苏约 2 700 亿元，这也是广东连续 27 年稳居全国各省区市第一。

开放、包容、务实、肯干、敢为人先，无疑是岭南文化传承发展的思想价值观和核心竞争力。

穿越历史　足球大乘

2008 年，粤语（英文为 Cantonese）正式被联合国定义为语言，并且认定为全球范围分布运用最为广泛的五种语言之一，全世界使用粤语的人数仅次于中国的官方语言普通话，已超过 1 亿。

独具一格、极具特色的广东音乐、广东曲艺、岭南书法、岭南画派、岭南诗歌、岭南建筑、岭南盆景、岭南工艺、岭南民俗、岭南饮食等，以及广东辉煌的历史、优越的岭南文化，其实早已为世界所承认和景仰。相对而言，作为岭南文化重要组成部分的广东体育，尚未获得应有的重视和地位。

广东体育源远流长。在历史上，南粤武术名扬四海。近代西方体育传入，广东成为中国足球、排球、网球、羽毛球、游泳、水球、跳水等多项运动的发源地。清光绪三十二年，即 1906 年 1 月 10 日，中国最早的综合运动会——广东省运动会创办于 1 300 多年前的唐朝校场。民国时期，广东运动员在全运会和远东运动会屡创佳绩。新中国成立初期，广东的举重、游泳、乒乓球等项目达到世界先进水平。容国团的"人生能有几回搏"，更是成为中国体育的精神支柱。广东在已经举办的 12 届全运会中，金牌总数雄居各省区市首位。广东籍运动员获得的奥运金牌和奖牌数，均为全国之最。

最值得一提的是，足球是最具南粤文化传承和当代文明发展所需的对接和串连属性，最能反映广东文化海纳百川的包容、兼收并蓄的博大、只可意会的精深的存在。这也是本书写作的意义所在。足球作为当今世界第一运动，是一种世界语言。一个国家要想获得世界认可，除了政治、外交、军事、经济等硬实力，足球还是最具影响力的软实力、标志物和代言品之一。

广州恒大在亚冠战场上横扫日本，让日本媒体惊呼恒大"实现了元朝大帝忽必烈两征日本不果的梦想"；许家印礼贤下士，重金聘请意大利名帅里皮执教，让欧洲人将其与昔日两位为中欧文化交流作出过非凡贡献的意大利人马可·波罗、利玛窦联系在一起，巧合的是，马、利两人都是在广东登陆进入中国的，他们与广东的渊源深厚；作为亚洲冠军，恒大远赴北非摩洛哥征战世俱杯，在阿拉伯和穆斯林世界掀起了"广州热"，这是因为早在 670 年前，摩洛哥大旅行家伊本·白图泰曾经用了 25 年，游历了海上丝绸之路沿途包括中国在内的 44 国，广州在白图泰的游记中，更是占有重要的位置。恒大的摩洛哥之行，无意间穿越了历史、宗教的长河，成为贯穿连接当今"一带一路"战略的文化使者。

　　霍英东先生曾经颇有深意地比较了珠江与黄河、长江的差别，每年黄河冲积的淤泥达 11 亿吨，长江为 5 亿吨，珠江只有 2 000 万吨。且珠江因为有八个出海口，其开放程度极高，不易闭塞，不易被淤。珠江各流既不似长江"须臾却入海门去，卷起沙堆似雪堆"，也不似黄河"黄河之水天上来，奔流到海不复回"。珠江真是"无念"，它淤积少，保持清流，"能离于相，法体清净"是为"无相"。不拘于发源的东、西、北，各奔前程，一个目的就是出海，念念无缚，是为"无住"为本。

　　江河如此，文化如此，足球更是如此。

陈伟胜

2016 年 3 月

目　录

【广东足球春常在（代序）】

【引言】

【卷一：古道】

一、足球起源 ……………………………………………… 4

    1. 蚩尤的胃皮球 ……………………………… 4

    2. 胡服骑射与齐都蹴鞠 ……………………… 6

    3. 丹麦人的头颅 ……………………………… 7

    4. 一个男孩的冲动 …………………………… 9

二、足球传入中国之谜 ………………………………… 10

    1. 广东足球 …………………………………… 10

    2. 京津足球 …………………………………… 11

    3. 上海足球 …………………………………… 12

    4. 厦门足球 …………………………………… 13

三、西方宗教的千年"中国梦" ……………………… 13

    1. 唐太宗海纳基督教 ………………………… 13

    2. 崇祯皇后求救罗马教皇 …………………… 14

    3. 传教士与太平天国的奇缘 ………………… 15

    4. 巴色会 ……………………………………… 16

四、开山洋鼻祖 ………………………………………… 17

    1. 客家文化 …………………………………… 17

    2. 毕安与边得志 ……………………………… 18

    3. 元坑——中国足球发祥地 ………………… 20

五、"看球要看李惠堂" ………………………………… 21

    1. 一鸣惊人 ……………………………………… 22

    2. 亚洲球王 ……………………………………… 23

    3. 远征奥运 ……………………………………… 24

    4. 震惊欧洲 ……………………………………… 25

    5. 爱国抗日 ……………………………………… 26

    6. 一代丰碑 ……………………………………… 27

【卷二：弯道】

一、体育超越——三运会足球金牌 ………………… 30

    1. 人杰地灵 ……………………………………… 30

    2. 新中国的奥运之梦 …………………………… 31

    3. 南粤精英志四方 ……………………………… 32

    4. 抱憾一、二运会 ……………………………… 33

    5. 邓小平认定的并列冠军 ……………………… 35

二、足球超越——首夺甲级冠军 …………………… 36

    1. "广东足球教父"——苏永舜 ……………… 36

    2. 半壁江山 ……………………………………… 38

    3. 外战内行 ……………………………………… 39

三、开放超越——省港杯与"凤先飞" ……………… 41

    1. 改革开放"足"先行 ………………………… 41

    2. 女足世界杯开先河 …………………………… 43

四、精神超越——志行风格永存 …………………… 44

    1. "中国贝利" …………………………………… 44

    2. 足球榜样 中国精神 ………………………… 45

    3. 代表国家队征战敢担当 ……………………… 46

五、体制超越——勇吃螃蟹之先 …………………… 47

    1. 白云山模式的创举 …………………………… 47

    2. 体制模式试验场 ……………………………… 48

    3. 专业足球时代的繁荣 ………………………… 49

    4. 留洋学艺屡先行 ……………………………… 49

六、竞争超越——职业足球的兴衰 ………………… 50

    1. 旭日东升 ……………………………………… 50

    2. "甲午风云" …………………………………… 50

    3. 谁主沉浮 ……………………………………… 51

    4. 移民城市的胜利 ……………………………… 52

七、变革超越——"恒大王朝"奇迹 ………………… 53

恒之有道
——广东足球的史经子集

       1. "历史的弯道" ·· 53

       2. 恒大的"Paradigm Shift" ······························· 54

经部

【卷三：门道】

一、国际长途电话"敲门"　元宵节"威斯汀谈判" ········· 57

       1. 降级退出　逢低吸纳 ································· 57

       2. 三方谈判　一亿收购 ································· 58

二、许家印曲折的身世　上市的"三通战鼓" ··············· 59

       1. 地灵人杰　磨难励志 ································· 59

       2. 三跃龙门　成立恒大 ································· 60

       3. 创造奇迹　上市触礁 ································· 61

       4. 临危不乱　铮铮铁汉 ································· 61

三、恒大女排初试水　恒大足球打真军 ····················· 62

       1. 郎平助力　上市首富 ································· 62

       2. 体育营销　无师自通 ································· 63

       3. "中国阿布"　治足秘笈 ························· 64

【卷四：王道】

一、初试啼声——1 000万的中甲处子战 ·················· 67

       1. 主场迁增城：万事开头难 ··························· 67

       2. 千万投入的中甲处子战 ····························· 68

二、顺利冲超——广州足球完成"赎罪" ··················· 68

       1. 李章洙的第一次失眠 ································· 69

       2. 首个引援高潮　开启王者时代 ······················· 69

三、华丽开局——5 000万的中超亮相战 ·················· 71

       1. 克莱奥引领的巴西外援群1.0 ······················· 71

       2. 李章洙的第二次失眠 ································· 72

四、中超首冠——创"凯泽斯劳滕神话" ··················· 73

       1. "最贵外援"孔卡登陆 ······························· 73

       2. 广州职业足球首次登顶中超 ························· 74

       3. "凯泽斯劳滕神话"的思考 ··························· 75

五、惊世构想——许家印要"五年内夺亚冠冠军" ··········· 76

    1. 亚冠令李章洙成为"弃子" ·············· 76

    2. "银狐"里皮的处子赛季 ··············· 77

六、问鼎亚冠——"恒大王朝"征服亚洲 ········ 78

    1. 势不可挡的"中超三连冠" ············ 78

    2. 中国俱乐部首次登顶亚冠 ············· 79

七、四夺中超——恒大真的赢够了吗 ·········· 80

    1. 里皮欲复制"意大利路线" ············ 81

    2. "意大利化"的失败分析 ·············· 82

    3. 里皮卸任恒大主帅 ················· 83

八、双线登顶——"新五年计划"平稳起步 ······· 83

    1. 卡纳瓦罗："菜鸟"级少帅 ············ 84

    2. 输了帅位，赢了广州球迷的心 ··········· 85

    3. "巴西老农"的中国赌博 ·············· 86

    4. 2015 并非简单复制 2013 ·············· 88

【卷五：业道】

一、许家印与李章洙 ·················· 91

    1. 两天的速度与激情 ················· 91

    2. 恒大用人唯贤的企业文化 ············· 93

二、恒大式"中央集权" ················ 94

    1. "紧密型集团化管理模式" ············ 95

    2. 许家印的"红海战略" ··············· 95

三、里皮效应 ····················· 96

    1. "李章洙下课"是必选项 ·············· 97

    2. 里皮带来的"绝对权力" ·············· 98

四、一张红牌引发的"重罚" ·············· 99

    1. "五必须、五不准、五开除" ··········· 99

    2. 令出必行，违者必究 ··············· 101

    3. 中国足球史上最昂贵的罚单 ············ 102

五、从"513"到"国八条" ·············· 103

    1. 史无前例的超高奖金刺激 ············· 103

    2. 五个赛季奖金总额超 7 亿 ············· 105

    3. "国八条"出台的正反面 ············· 106

六、"巴里奥斯案"和"刘健案" ··········· 107

    1. 捍卫中国足球国际形象 ·············· 107

    2. 中超"阴阳合同"之祸 ··············· 109

恒之有道

——广东足球的史经子集

【卷六：星光大道】

一、孔卡：中国第一位"千万先生" ································· 112
　　1. "天体之王"的性格缺陷 ································· 113
　　2. 孔卡和李章洙的文化冲突 ································· 114
　　3. 两别广州：再见已是惘然 ································· 115
二、成功打造"超级巴西帮" ································· 116
　　1. 穆里奇：中国第一位亚冠MVP ································· 116
　　2. 埃尔克森：从"水货"到"埃神" ································· 118
　　3. 高拉特："飞翔的胖子" ································· 120
　　4. 保利尼奥：朴实无华的"暴力鸟" ································· 122
三、重用"亚洲领袖级"国脚 ································· 123
　　1. 郑智："亚洲足球先生" ································· 124
　　2. 郜林的成长史 ································· 125
　　3. 金英权：为旅欧梦想而坚守 ································· 128
四、"世界巨星＋潜力妖星"新模式 ································· 129
　　1. "意大利二老"的"不兼容" ································· 129
　　2. 当了两天标王的"新锋霸" ································· 130
　　3. 收购"留洋小将"着眼未来 ································· 131

【卷七：商道】

一、精准的"三年计划"战略布局 ································· 134
　　1. "农村包围城市"实现"跨越式发展" ································· 134
　　2. "标准化"运营战略确保高速运转 ································· 136
二、借足球实现"爆炸式营销" ································· 137
　　1. "恒大足球"：品牌营销的盛宴 ································· 138
　　2. "地产化"带来中超资本风暴 ································· 139
三、亚冠巅峰与"多元化"变革 ································· 140
　　1. "恒大冰泉"借亚冠之巅横空出世 ································· 141
　　2. 联手马云：股权变革与互联网＋ ································· 142
　　3. "恒大粮油"：多元化布局完成 ································· 143
四、下一个目标——"金融帝国" ································· 144
　　1. 打造"亚洲足球第一股" ································· 144
　　2. 恒大金服进攻互联网金融 ································· 145

子部

【卷八：空手道】

一、张力为什么要搞足球 ······················ 149
　　1. 从公务员到包工头再到开发商 ·········· 149
　　2. 冒险而务实的典型"广州商人" ·········· 150
　　3. 中国商界罕见的"双老板制" ············ 151

二、"经适型冲超"造成的误判 ·············· 152
　　1. 从"深圳凤凰"到"广州富力" ·········· 153
　　2. 史上最快最低成本的"冲超" ············ 154

三、"咸菜"与"烧鹅" ······················ 156
　　1. 张力当初到底说得对不对 ·············· 156
　　2. 法里亚斯是第一只"烧鹅" ············ 157
　　3. "法师"是怎样走下神坛的 ············ 159

四、世界级名帅 VS 感恩说 ·················· 162
　　1. 他的到来就是为了挑战里皮吗 ·········· 162
　　2. 成功的 2014：稳定压倒一切 ············ 163
　　3. 职业足球存不存在"感恩" ············ 165

五、可怕的"亚冠综合征" ·················· 166
　　1. 中超首位五大联赛现役主帅 ············ 166
　　2. 双线飘红后的黑色下滑通道 ············ 167
　　3. 孔特拉的命运和佩兰相似 ·············· 168

六、"本土化"的突围之梦 ·················· 170
　　1. "巴尔干马拉多纳"驾临富力 ·········· 171
　　2. 日系风格打造"经适型强队" ·········· 172
　　3. "本土化"是馅饼还是陷阱 ············ 173

【卷九：岔道】

一、子承父志——日之泉两代人的足球情缘 ···· 176
　　1. 林伯和林勤的体育情结 ················ 176
　　2. 林勤三次创办足球俱乐部 ·············· 177

二、短暂蜜月——"双轨制"运行的模式偏差 ·· 178
　　1. 荣膺十一运会银牌达最高峰 ············ 178
　　2. 日之泉与省足协结束蜜月期 ············ 179

恒之有道
——广东足球的史经子集

三、富力截胡——一场迷雾重重的"无间道" ············ 180

    1. 日之泉受恒大刺激加大投入 ············ 180

    2. 富力"借壳"冲超打击沉重 ············ 181

四、荒唐闹剧——一年四换帅换来惊险保级 ············ 182

    1. 可可托维奇仅执教两轮就下课 ············ 182

    2. 曹阳"两次出山"终于保级 ············ 183

五、被迫"改革"——张军"二次冲超"失败 ············ 184

    1. "二次冲超"最后一轮梦碎 ············ 184

    2. 林勤自认中超他也玩得起 ············ 185

六、经济危机——日之泉面临生与死的考验 ············ 185

    1. 重演一年多次换帅闹剧 ············ 186

    2. "家族纷争"逼球队走向终点 ············ 187

七、"西迁"夭折——"广东队"第三度消亡 ············ 188

    1. 粤军"西迁"引发两地大论战 ············ 188

    2. "陕西五洲"最终竟成一场梦 ············ 189

    3. "广东队"第三次消失的反思 ············ 190

【卷十：布道】

一、特帅与深足的"啼笑因缘" ············ 192

    1. 他其实第一天就想走 ············ 192

    2. 连一桌"饭"都凑不齐 ············ 193

二、"中超不死鸟"终于降级了 ············ 194

    1. "倒特"与"挺特"阵营的形成 ············ 195

    2. 深足死于特帅的"休克疗法" ············ 196

三、特鲁西埃给深足留下了什么 ············ 197

    1. 巨额违约金阻碍深足炒掉特帅 ············ 197

    2. 特鲁西埃的"离别赠言" ············ 198

四、李毅从"大帝"熬成"大爷" ············ 200

    1. 老万的算盘：只合作不转让 ············ 200

    2. 神秘新股东助深足侥幸过关 ············ 202

五、深圳足球进入了"死循环"吗 ············ 203

    1. 广泰源的"足球产业链"模式 ············ 203

    2. 内部权斗迫使深足两次变更股权 ············ 204

    3. 深足不应沦为"资本家"的玩物 ············ 205

【卷十一：栈道】

一、重振"足球之乡"的新契机 ············ 209

  1. 五华崛起：历史与潮流的融合 ………………… 209

  2. 立足中甲：留住广东足球的根 ………………… 211

二、星星之火，可以燎原 …………………………………… 212

  1. 流浪，从东莞南城到梅县客家 ………………… 212

  2. 湛江足球：何时重发新枝 ……………………… 214

  3. 深圳"后备军"的前赴后继 …………………… 215

三、珠超粤超之争 …………………………………………… 217

  1. "三驾马车"因理念不同而闹翻 ……………… 217

  2. 中国体育产业反垄断第一案 …………………… 219

  3. 草根联赛要告别"野蛮生长" ………………… 220

四、女足与省港杯期待"二次创业" ……………………… 221

  1. 广东女足的由盛而衰 …………………………… 222

  2. 重振广东女足要改善"内外因" ……………… 223

  3. 省港足球水平的不同步共振 …………………… 224

  4. "省港杯"还能走多久 ………………………… 225

五、广东裁判何时方能中兴 ……………………………… 226

  1. 首次执法"丰田杯"载入史册 ………………… 227

  2. 广东裁判创造多个"第一" …………………… 228

  3. "断层"危机急需人才自救 …………………… 228

【卷十二：众道】

一、"业余体校"的存与废 ……………………………… 231

  1. "业余体校"制度不应全盘否定 ……………… 231

  2. 广州：全国唯一坚持"三级培训体系"的城市 ………… 232

  3. 广东省：重新激活各地业余培训机制 ………… 233

二、"校园足球"的质与量 ……………………………… 234

  1. "校园足球"不能仅仅停留于数字 …………… 234

  2. 广州："体教结合"的范本 …………………… 235

  3. 罗湖模式：校园足球的"全明星计划" ……… 237

三、"新型足校"的大与精 ……………………………… 238

  1. 恒大足校的"万人梦" ………………………… 238

  2. 富力切尔西足校：专注"小而精" …………… 240

四、社会青训：守望与突围 ……………………………… 242

  1. 赵达裕：倒在"足改春天"到来前 …………… 242

  2. 古广明：先扎根黄埔再学德国 ……………… 244

  3. 梦想成真："足球留学"新模式 ……………… 245

  4. 岁月明星：彭伟国的"青训之梦2.0" ……… 246

五、南派足球：岭南文化一分子 ……………………… 247
    1. 广东球迷文化：粤语文化的奇葩 ……………… 248
    2. 万力名人：抢救广东足球文化 ………………… 249
    3. 全国最强大的足球传媒群落 …………………… 250

集
部

【卷十三：轨道】

一、"政"字足球 …………………………………………… 254
    1. 政治足球 …………………………………………… 254
    2. 政府足球 …………………………………………… 256
    3. 政绩足球 …………………………………………… 258

二、"经"字足球 …………………………………………… 259
    1. 经验足球 …………………………………………… 259
    2. 经济足球 …………………………………………… 260

三、"人"字足球 …………………………………………… 262
    1. 人才足球 …………………………………………… 262
    2. 人物足球 …………………………………………… 263
    3. 人人足球 …………………………………………… 264

【卷十四：非常道】

一、道的过程——颠覆力 ……………………………… 268
    1. 恒大让人们又相信爱了 ………………………… 268
    2. 不上北大上恒大 ………………………………… 271

二、道的本原——统治力 ……………………………… 271
    1. 喜大普奔 ………………………………………… 271
    2. 五轮真功 ………………………………………… 272

三、道的规律——影响力 ……………………………… 274
    1. 换帅的学问 ……………………………………… 274
    2. 80 亿最前面的"8" …………………………… 275
    3. 巴甲、K 联赛被掏空 …………………………… 277

四、道的法则——辐射力 ……………………………… 278
    1. 世界 500 强的"大拼图" ……………………… 279
    2. 拉马努金恒等式 ………………………………… 280

3. 恒大成功学 ·· 281

【跋】

【《周易》恒卦释意】

【附录】

表1　广东球队（男队）参加国内联赛的主要成绩 ·········· 287
表2　广东球队（女队）参加国内联赛的主要成绩 ·········· 295
表3　广东足球历届全运会成绩（男子） ················ 297
表4　广东足球历届全运会成绩（女子） ················ 298
新中国广东足球百杰"英雄榜" ····················· 298
广东足球历届全国冠军名单 ······················· 299
广州恒大创造的纪录 ··························· 301

恒之有道
——广东足球的史经子集

史部

描写宋代蹴鞠的古画

史者，所以明夫治天下之道也。
历史是一面镜子，它照亮现实，也照亮未来。

古道

枯藤老树昏鸦，
小桥流水人家，
古道西风瘦马。
夕阳西下，
断肠人在天涯。

——元·马致远《天净沙·秋思》

中国内地现代足球的发源地——元坑"中书馆"

公元 2005 年 5 月 20 日，瑞士苏黎世。

新落成的国际足联总部，阳光灿烂，嘉宾如云。标有醒目"100 YEARS，1904—2004"的 FIFA 旗帜随处可见，当然，今天还有一个最为特别之处，中国足球享受到了从来没有过的最崇高待遇——升起了鲜艳的五星红旗，因为这是国际足联特别给予中国足球的"中国日"。

作为世界上最大的体育组织之一，国际足联成立于 1904 年，弹指挥间，百年白驹过隙，世纪更替。为了庆祝国际足联的百岁华诞，国际足联于 2004 年 5 月 21 日，在其诞生地法国巴黎，拉开了为期一年的百年庆典活动的序幕。2005 年 5 月 20 日，则是这次宏大庆典的闭幕日。

"感谢中国，感谢临淄，今天是国际足联百年庆典闭幕式的好日子，足球故乡的人为我们带来了好心情。"在国际足联百年庆典闭幕式上，布拉特主席把向全球宣布中国为足球起源地作为闭幕式的压轴大戏，他还与当时的国际足联秘书长林茨一起，向专程来到瑞士的中国山东淄博市、临淄区代表颁发了 FIFA 官方确认象征足球起源的牌匾，另外还向中国足协颁发了奖章，感谢中国足协为国际足联作出的历史贡献——尽管这实际上是国际足联向中国古老文明和文化的致敬。

布拉特于 20 世纪 70 年代就进入国际足联，从国际足联秘书长做到国际足联主席，其杰出的政治智慧和通晓三国语言的技能，使其连续三届蝉联国际足联主席。这次 FIFA 的百年华诞，纵论近 5 000 年前的中国古老足球时，布拉特更是将自己的超级感染力发挥得淋漓尽致。

在热烈的掌声中，布拉特指着主席台上的三个足球，特别介绍其中第一个球来自中国，来自远古足球发源地临淄。

"去年的 5 月 21 日，在法国巴黎，在国际足联的诞生地，我们开始了国际足联为期一年的百年庆典，今天是最后一天。4 600 年前，我们有一个证据表明足球游戏是在淄博市的临淄区开始的，那就是蹴鞠。蹴鞠就是踢球的意思，是用脚来踢的，鞠就是一个圆形的球。蹴就是一个符号，是一个还会继续，起码还会不断运转 4 600 年的标志，这就是国际足联的象征，是足球受到欢迎的主要原因。"

布拉特借古喻今开始了"盘带运球"："我对中国表示敬意，对临淄表示敬意。去年夏天我到了北京，在亚洲杯开幕式上，在世界足球博览会开幕式上，我告诉大家中国是足球的故乡，足球起源于中国的临淄。当时最好的球员，用脚、用头'踢'蹴鞠，胜利者不是得到今天的奖杯，而是被封官爵。足球是文化的一部分，我们不会忘记历史，更不会忘记历史给我们今天带来的欢乐。100 年了，从 1904 年到 2004 年，足球世界上有 205 个国家和地区加入我们这个大家庭中，我们的成员比联合国的还多。"

穿越了几千年历史之后，布拉特又将话题转回到主席台上的三个足球："足球就是要求大家积极参与，因为足球不光是踢球，而且还给人们的生活带来希望，足球能创造希望。足球还能体现战斗意志，这是在大脑里的活动。在我面前的这三个足球有着不同的意义。第一个来自临淄，是蹴鞠，是 4 600 年前的古代足球；第二个是 20 世纪初，英格兰决赛用的球，皮球，构造是完美的；第三个是世界杯用的'飞火流星'，是现代的象征。我们的目的就是把足球带到整个世界，带给所有人。足球带来激情，把球赛带给世界，足球可以改造世界。人人为足球，足球为人人。"

布拉特曾经在竞选国际足联主席期间，遭遇可怕的财政危机，作为德国资深银行家的林茨，在关键时刻扶了布拉特一把，这一"金手扶"，同时也把林茨自己扶成了国际足联秘书长。他向中国临淄足球起源地代表团讲起足球起源时，表现出了非常风趣幽默的一面。

"你们把阳光带到了苏黎世，你们把阳光带到了国际足联。"林茨自己也带着一脸的灿烂笑容。

"临淄，听起来好像我的名字？我终于找到了我的起源，说明几千年前我身上也流淌着中国的血液。我想起我的名字就会记起足球起源于临淄。在此，我向足球之乡，向足球起源地的人民表示敬意，向中国山东淄博市表示敬意。"

事实上，国际足联非常重视足球历史，布拉特于 2012 年 4 月 19 日在瑞士苏黎世宣布，国际足联执委会已经作出决议，在其苏黎世总部旁边，投资 1.8 亿瑞士法郎，由国际足联总部主体建筑的建筑师提拉·希厄斯设计，兴建一座国际足球历史博物馆。

其实，关于足球的起源问题，尽管国际足联已经官方宣布认可足球起源于中国，起源于山东临淄，但表述并不准确，毕竟布拉特不是历史学家，他所说的远古足球在中国的起源、时间与地点，其实相差甚远。不过有一点可以肯定的是，无论是远古足球的起源，还是现代足球的诞生，都是伴随着战争和暴力出现的。

一、足球起源

1. 蚩尤的胃皮球

中华文明上下 5 000 年，而远古足球正是伴随着华夏文明的开篇而诞生的，尽管它的诞生伴随着浓重的血腥味。

5 000 年前的中国上古时代，在当时广袤的地域内逐渐形成了华夏、东夷、苗蛮三大族。其中华夏族以黄帝、炎帝领导的两大部族为核心，分别兴起于今关中平原、山西西南部和河南西部。经融合后，遂沿着黄河南北岸向今华北大平原西部地带发展。与此同时，兴起于黄河下游的今冀、鲁、豫、苏、皖交界地区的九夷部落（东夷部落的一支），在"九夷之君"蚩尤的统率下，以今山东为根据地，由东向西发展，进入华北大平原。这样华夏部落与东夷部落为争夺适于牧猎和浅耕的黄金土地，开始产生摩擦、冲突，转而爆发战争。

蚩尤，上古时代九夷部落酋长，中国神话中的武战神。传说蚩尤有八只脚，三头六臂，铜头铁额，刀枪不入，善于使用刀、斧、戈作战，不死不休，勇猛无比。九夷部落原居于南方，后北上中原，该族群善于制作兵器，其铜制兵器精良坚利，且部众勇猛剽悍，生性善战，擅长角觝，进入华北地区后，首先与炎帝部族发生了正面冲突。蚩尤联合巨人夸父部族和三苗一部，合力击败了炎帝，并进而占据了炎帝居住的"九隅"（即"九州"）。炎帝为了维持生存，遂向同集团的黄帝求援。黄帝为了维护华夏集团的整体利益，就答应了炎帝的请求，将势力扩向东方。这样，便同正乘势向西北推进的蚩尤展开了长期争夺战。黄帝与蚩尤一共打了三年仗，交锋72次，前后经过阪泉之战、冀州之战和涿鹿之战，最后把蚩尤消灭在涿鹿之野，并因此诞生了远古的足球。

相传约4 600年前，今太行山与泰山之间的古河、浊流充斥的广阔原野——"涿鹿之野"，黄帝与炎帝带领的部族联军与蚩尤带领的九夷部落进行了空前惨烈的大决战。这是远古时代一次最大规模的战争，也是我国历史上见于记载的最早战争，对于古代华夏民族由野蛮时代向文明时代的转变产生了历史性重大影响。

当时，蚩尤集结了所属的81个部族（一说72族），在力量上占据优势，所以，双方接触后，蚩尤便倚仗人多势众、武器优良等条件，主动向黄帝发起攻击。黄帝则率领以熊、罴、狼、豹、雕、龙、鹖等为图腾的氏族，迎战蚩尤，并让"应龙高水"，即利用位处上流的条件，在河流上筑土坝蓄水，以阻挡蚩尤的进攻。战争爆发后，适逢浓雾和大风暴雨天气，适合来自东方多雨环境的蚩尤展开军事行动。所以在初战阶段，只适应于在晴天与干燥环境作战的黄帝一度屡战屡败。

黄帝马上与群臣部将进行战地总结，改变了战术。黄帝针对蚩尤的特点，派遣能储水行雨的猛将应龙带领三路军队包围蚩尤，又命战将常先、大鸿在正面与蚩尤对垒，再命骁将风后、王亥把经过训练的300多匹火畜组成一支骑兵。但蚩尤军队及时应对，换上铜铁兵器。双方激战，未分胜负，对峙了七七四十九天。

自古用兵就讲究"天时、地利、人和"，在这场争夺天下的华夏第一战中，天时果然发挥了重要作用。有道是天有不测之风云，随着时间的推移，雨季过去了，天气开始放晴，这就给黄帝转败为胜提供了重要契机。黄帝把握战机，乘势向蚩尤发动反击，并利用特殊有利的气候——狂风大作，尘沙漫天发动进攻。吹号角，击鼙鼓，以指南车指示方向，挥师掩杀，终于一举击败了蚩尤。其中，黄帝研制出的秘密武器——夔牛大鼓，起到了擒杀蚩尤的关键作用。

原来在东海的流波山上，有种叫作"夔"的野兽，形状像牛却没有角，苍灰色的身体，只有一条腿，能够自由地进出海水。每当它进出的时候，必定伴随着大风大雨，而且眼睛里能发出一种日月般的耀眼光芒，大张着口吼叫时，声音好像打雷。黄帝派人把夔捉来杀了，剥了它的皮，将

黄帝像

这皮晾干制成大鼓。战鼓有了，还需要鼓槌，黄帝又打起了雷神的主意，这位雷神，又叫"雷兽"，是龙身人头的怪物，常无忧无虑地拍打自己的肚子玩耍，每拍一次肚子，就放出一个响雷。黄帝为了增强战鼓的威力，派人捕杀了雷神，抽取他的骨头当作鼓槌。

为了毕其功于一役，黄帝制造了800面夔牛大鼓，用雷神骨头做成的鼓槌，敲打夔牛皮制成的战鼓，声震500里。蚩尤军队被鼓震得耳聋眼花，溃不成军。黄帝的六路大军，借鼓声威力，发起总攻，一举把蚩尤的军队全部消灭。蚩尤的头如铜铸般硬，以铁石为饭，还能在空中飞行，在悬崖峭壁上如走平地，黄帝怎么也捉不住他。追到冀州中部时，黄帝灵感突现，命人把夔牛大鼓猛敲九下，这一狠招使蚩尤魂飞魄散，不能行走，被应龙捉住，戴上枷栲，应龙手下一名小将立功心切，一刀将蚩尤砍得身首异处。

擒杀蚩尤后，黄帝深知蚩尤法力高深，害怕蚩尤复生，便下令将蚩尤彻底肢解：剥下蚩尤的皮制成箭靶，令士兵们练习箭射，射中的给予奖赏；剪下蚩尤的头发来装饰军旗，称为"蚩尤旗"，以激励自己的军队勇敢作战，并以此震慑敌人，让蚩尤的残部和其他部族不战而降；取出蚩尤的胃，用毛塞满，制成独特的皮球，扔给士兵们争抢踢踏，踢入坑次数多的给予奖励——这就是远古足球的起源；把蚩尤的骨头剁碎，掺在加苦菜的肉酱中，令天下人来吮吸；把蚩尤的头和身体埋在两个不同地方，然后从他身上摘下血染的枷栲，抛掷在荒山之中。相传枷栲化作了枫林，每一片树叶的颜色都是鲜红的，那便是蚩尤枷栲上斑斑的血迹，直到现在还在诉说着蚩尤的怨恨。

从以上记载于《黄帝四经》《山海经》《汉书》《史记》等古籍的故事，以及民间传说来看，布拉特所称远古足球诞生于4 600年前的中国，时间上是准确的，这正是爆发涿鹿之战的年份，但地点却并非山东的临淄，那么"临淄说"又是如何产生的呢？

2. 胡服骑射与齐都蹴鞠

一阵急速的马蹄声，由远而近，尘土飞扬之中，出现了一支飒爽英姿的马队。马队中那杆绣着斗大"赵"字的大旗之下，一位"白马王子"，装束精干，让人眼前一亮。

这是公元前307年，战国时期，在赵国境内经常出现的一幕。这位"白马王子"就是后来被梁启超盛赞为黄帝以后"中原第一伟人"的赵武灵王。当时赵武灵王奋发图强，力主变革，推行"胡服骑射"，使赵国国力和军力得到了质的飞跃，成为一代英主。狩猎一直以来都是风靡于古代王室的"体育运动"，崇尚武功、从善如流的赵王对狩猎更是情有独钟，经常带着亲兵随从骑马出城围猎。

一日，赵王马队路过一茂密丛林，发现这里野兔乱窜，顿时引得赵王猎兴大发，马上兵分四路，合而逮之，不想野兔狡猾，居然迎着马队直窜，眨眼间已从马蹄丛中突围而去，气得赵王大发雷霆。一谋士见状，连忙趋前献计："大王，不必气恼。我有一计可解大王围猎之瘾，而且尽在我们的掌握之中。"

原来这位聪明的谋士，为赵王设计了一种逐球的游戏，众人不出宫门就可以任意追逐，只不过将皮毛制成的鞠球代替了兔子，这也被认为是最早衍生为古代足球游戏的"蹴鞠"。

不过，由于以上的史料记载并非出自正史，所以国际足联最终还是将中国古代足球诞生地确定为山东，而非河北。

史学家考证认为，"蹴鞠"这项活动出现于春秋战国时期。蹴鞠运动最早出现在春秋时期齐国的都城临淄，是齐国锻炼武士的一个运动项目，而真正在市井上出现则是在战国早期的齐宣王时代。

春秋战国时期，齐国首都临淄（今山东临淄）是一个拥有 30 万人口的大都市。齐国农业、手工业、商业高度发达，经济、军事、文化、体育等事业十分昌盛。据《战国策·齐策》和《史记》记载："临淄甚富而实，其民无不吹竽、鼓瑟、击筑、弹琴、斗鸡、走犬、六博、蹴鞠者。""蹴鞠者，传言黄帝所作。或曰起战国之时。蹴鞠，兵势也，所以练武士，知有材也。"

赵武灵王像

这也是到目前为止最早有关"蹴鞠"一词的史册记载。

公元前 300 年以前蹴鞠运动就已流行于齐国都城，距今有 2 300 多年，由此可见，国际足联主席布拉特对于中国古代足球——蹴鞠诞生的时间和地点，如果是单独表述，似乎正确，但是合在一起就是极大的谬误。严谨地说，远古足球其实诞生于 4 600 年前的冀州之野，而作为大众娱乐游戏运动的蹴鞠则流行于 2 300 年前的齐都临淄。

其实，早在 1975 年 5 月，时任国际足联主席的阿维兰热博士首次秘密来华商谈恢复中国在国际足联合法席位时就曾明确表示：足球起源于中国。当时被认为是国际足联送给新中国最大的一份厚礼。

至于中国的蹴鞠与后来西方的足球运动之间到底有什么联系，2000 年 12 月 25 日圣诞节之夜，时任国际足联主席的布拉特在伊朗举行的"文明杯"国际足球赛上作了公开表示："足球起源于中国，并从那里传到了埃及，而后又从埃及传到希腊、罗马、法国，最后才传到英国。"

这也有了国内另外一种略带有"戏说"味道的考证：当年赵武灵王谋士发明的蹴鞠，其实相当于马球运动，由于赵武灵王喜与外藩交流，所以这种游戏通过突厥传到阿拉伯半岛，然后再传到埃及，由于路途遥远，游戏用的马也累死了，只剩下了鞠球，因此就演变为古罗马公元前 3 世纪流行的足球游戏——"哈巴斯托姆（Harpastum）"。

3. 丹麦人的头颅

希腊人和罗马人在公元前 3 世纪，流行一种手脚并用的游戏——哈巴斯托姆。当时，人们在一个长方形场地上划一条白线并把球放于其中，再用脚踢球从而使得球滚到对方场地上。这种被称为"哈巴斯托姆"的游戏的流行时间刚好如前面所述，与中国战国时代流行的蹴鞠游戏处于同一时期。

由于哈巴斯托姆过于粗野，经常引起斗殴，因此被古罗马皇帝取缔。这种游戏后传入法国高卢地区。也有史学家认为，在罗马人征服欧洲期间，这个游戏传到了英格兰，当时已有由罗马人为一方、不列颠土人为一方所进行的足球比赛。据说当时使用的"足球"是战俘的头颅，后来改用牲畜的膀胱充气做成球。这种球有一定的弹性，可拍、可踢，时常是许多人一拥而上，朝某个目标踢去。

不过目前西方较为认可的观点是，现代足球发源于11世纪。当时丹麦人多次入侵甚至统治过英格兰，一度引起了英格兰人对丹麦人的仇视。在一次打扫战场的过程中，英国骑士们在战争废墟中挖出了几个丹麦入侵者的头颅，想起丹麦人入侵的罪恶，这些英格兰人极为愤怒，抬脚狠狠地向骷髅头踢去。一群小孩见了也跟着凑热闹，追着来踢，发现这样既解恨，又有追逐踢球的乐趣，逐渐越来越多的英格兰人加入到这个踢"头"游戏的行列中来。很快，这种"爱国行为"打动了英国国王，国王马上下令在全国开展这项激发士气民心的游戏运动，甚至连王室的场地也对民间开放，以便让士兵和国民一泄国恨家仇。

然而，人们很快发现头骨踢起来会脚痛，于是有聪明人就改用牛膀胱吹气来代替它——现代足球诞生了。很快，这项由战争仇杀衍生而来的"残忍运动"在英国民间迅速传播开来，并成为流行的体育娱乐活动。

12世纪初，英国开始有了足球赛，比赛是娱乐活动，一年两次，一般在两个城镇之间举行。主持人把球往空中一抛，比赛就算开始。当时这项游戏没有规则可言，在市镇之间展开，街道、广场、农田等都是场地，参赛的人数往往可达数千人，只要把球踢到对方的中心区就算胜利。比赛中，人们乱拥乱挤，互相踢打和殴斗，经常出现流血、断腿甚至丧命的事故，皮球所到之处，店铺、公共设施、居民宅院等难逃破坏，以至于这段时期的足球被称为"暴徒足球"。

因此在当时，球赛一来，人们就得关门闭户，躲避灾难，一直到球赛结束才恢复正常。这样的球赛开始遭到市民的强烈反对。1314年，伦敦市长颁布规定，禁止居民踢球，1331年，英王爱德华三世颁布全国性禁令，取缔公众的足球活动。事实上，从12世纪到16世纪，从爱德华二世到伊丽莎白一世等英格兰国王先后四次发布过"足球禁令"，取消"这种罪恶的娱乐方式"。因为这种运动除了引起斗殴伤害事故和破坏事件外，还让年轻的男性不再专注于军事体育活动，统治者怕年轻人不专心致志地习武会使国家受到异邦侵略时处于劣势。

不过，由于足球运动的特殊魅力，禁令也未能使它消失，足球以不合法的身份在民间存在了500多年，到15世纪末有了"football"（足球）的专属名词。据苏格兰足球博物馆的馆长理查德·麦克布赖迪最新考证发现，在苏格兰国王詹姆斯四世的一份手迹中，居然记录了国王于1497年花两先令买一袋足球的账目。有记录显示，1569年，女王伊丽莎白一世曾观看由20个球员在一块长约50米的场地上、用树当球门柱进行的比赛。这表明足球已成为当时皇室成员的一项"秘密游戏"。1602年，在康沃里举办过一次大规模比赛，

双方球门相距三四英里，各教区之间相互比赛，席卷了整个地区。鉴于足球运动已经深入民心，1603 年，英格兰国王詹姆斯一世不得不宣布再度恢复足球运动。

4．一个男孩的冲动

19 世纪，英国工业革命推动了现代足球运动的发展，因为当时的工业革命需要大批工人，培养工人的各类技工学校应运而生。由于校内来自不同地区的学生对足球比赛方式和场上的行为要求各不相同，为保证各个地区的学生能在一起比赛，比赛规则急需统一。这段时期，剑桥大学、哈顿公学、新克利夫顿大学等学院都有各自的踢法，没有人想到要统一足球运动的规则。那个时候，最倒霉的人要算为比赛特设的"公证调解人"，他们是裁判的前身，负责记录进球数并调解纠纷和争议，但由于没有统一规则，这些调解人总难服众，经常遭到全场数十人的追打和围攻。

1823 年 11 月 21 日，一个男孩的冲动改变了一切。在一场比赛中，一个名叫威廉·韦伯·埃斯利的 15 岁男孩突然用手捡起球，抱着它冲向对方场地发动进攻。这个动作后来引发了有关足球规则的大争论，人们也意识到有必要设定统一的足球规则。在争论中，赞同手脚并用的一方，逐渐将比赛发展为今天的橄榄球，而坚持只能用脚的一方，则开始了对现代足球比赛规则的摸索和创立。1835 年，在英国谢菲尔德成立了世界上第一个足球俱乐部；1848 年，足球运动的第一本文字形式规则——《剑桥规则》诞生。

伦敦皇后大街共济会酒馆，是现代足球的诞生地，足球史上里程碑式的会议在这里召开。此前的 1848 年，剑桥大学分院曾尝试创立一部有关足球比赛的规则，虽未受公众认可，但统一足球比赛规则已经成为共识。1863 年 10 月 26 日，分别来自森林俱乐部（后改名为森林巡游者）、吉尔伯恩俱乐部、巴恩斯俱乐部、战争办公室俱乐部、十字军战士俱乐部、帕西瓦尔俱乐部、布莱克海斯俱乐部、水晶宫俱乐部（中国球员范志毅和孙继海曾经加盟过）、肯辛顿学院、索尔比顿学院、布莱克海斯学院等 11 个伦敦足球俱乐部和学院的 17 名代表们在共济会酒馆召开会议，制定规则并创立权威的足球组织，这一天也被公认为现代足球的生日。

会上关于规则的争论十分激烈，以甘贝尔为代表的少数人坚持手脚并用，最终表决结果为 13 比 4，现代足球运动不允许用手的标志性规则通过。为此，甘贝尔等人愤然离开会场，后于 1871 年创立了允许用手持球走的英式橄榄球联合会。

在共济会酒馆的这次会议上，还成立了英格兰足球协会，并以文字形式记载了世界上第一部统一的足球运动规则，两个月后的 1863 年 12 月 26 日，英格兰足球协会在伦敦克鲁米沙街的一家小酒店内再度召开会议，将足球运动规则细化为 14 条，并开始在全国范围内推广足球比赛，如今风靡全球的世界第一运动也由此逐渐普及。

英格兰足球协会的成立带动了欧美一些国家足球运动的蓬勃发展。1872 年，英格兰和苏格兰之间进行了历史上第一次两个独立足球协会之间的比赛。1890 年奥地利开始举办足球锦标赛，1889 年荷兰和阿根廷出现了若干个足球组织，1900 年西班牙的巴塞罗那成立了"加泰罗尼亚"足球协会。各国足球运动的发展，为创建国际性的足球组织创造了条件。在 1896 年第一届奥运会上，足球就被列为比赛项目之一，结果丹麦队以 9 比 0 战胜希腊队，成为奥运会足球比赛的第一个冠军。1904 年 5 月 21 日，英国、法国、荷兰、比利时、西班牙、瑞典和瑞士 7 个国家的足球协会在法国巴黎圣奥诺雷街 229 号法国体育运动协会联盟驻地后楼，成立了国际足球联合会，并推选法国人罗伯特·盖林为第一任国际足联主席。国际足联的创建，标志着足球作为一项世界性的体育运动项目进入了体坛。

那么，现代足球运动又是如何"出口转内销"，传入中国的呢？

二、足球传入中国之谜

1840 年，鸦片战争爆发，英国"东方远征军"用坚船利炮轰开了清王朝封闭的国门。从 1841 年英军登陆香港，强占香港岛，到 1842 年签订《南京条约》，承认英国对香港的管辖，现代足球随着英殖民者统治我国香港地区而传入中国。现代足球运动随着英国士兵在香港的戏逐，逐渐在香港发展起来。

19 世纪 80 年代前后，香港皇仁、圣约瑟等学校的华人学生开始模仿英国人踢足球，他们也是最早接触现代足球运动的中国人。随后，足球运动传入内地，在广东、天津、上海、北京、厦门等地迅速发展，开始各自开办联赛及埠际比赛。

然而，虽然大家对于现代足球首先是在香港登陆这一史实没有异议。但是对于现代足球何时传入中国内地，却是众说纷纭。

1. 广东足球

清咸丰、同治年间（19 世纪 60 年代前后），近代足球传入香港，之后通过传教士进入广东内地兴办教会学校，率先引进足球运动。据 1947 年出版的《五华县志》记载，清同治十二年（1873 年），德国巴色教会开办了元坑中书馆（中学），首次将足球运动作为体育课程传授，使中国人真正第一次成了踢足球的主角。之后，广州的培英书院和格致书院（先后改称岭南学堂、岭南学校、岭南大学），嘉应州（今梅州）务本学堂和中西学堂等也陆续开展足球运动。

华侨对足球运动在广东的开展起了推动作用。光绪三十一年（1905 年），华侨教育家谢英伯、李蕴石在广州开办南武公学，足球成了学生课外的主要活动。光绪三十三年（1907 年），从海外归来的同盟会会员谢逸桥、温靖侯、许良牧等为集结革命力量，在嘉应州的松口温仲和学堂内，设立了一所体育学堂，以传授军事知识和技能为主。进行体质训练时，教员古植指导学员踢足球。当地的青少年受到影响，以柚子或棉纱绕成线团当作球，也踢起足球来。

光绪三十三年（1907 年）12 月 25 日，香港皇仁书院足球队利用圣诞假期，挥师广州，与岭南学堂队于康乐园比赛，开创了省港两地足球队的交往。

宣统二年（1910 年）10 月全国学校区分队第一次体育同盟会（即首届全国运动会）

在南京举行，以东、南、西、北、中五大区为单位参赛。南部足球队基本由香港华人足球会组成，成员全部是广东籍。最后，南部足球队以 1 比 0 赢了东部足球队，荣获全国冠军。

1913 年 2 月，第 1 届远东运动会在菲律宾马尼拉举行。鉴于香港、广东开展足球运动早，南部足球队又是全国冠军，教育部决定在广东、香港两地遴选中国足球队队员。广东有广州基督教青年会干事唐福祥、广州南武公学学生许文辉和丘纪祥入选。

1915 年第 2 届远东运动会在上海举行，由唐福祥任队长、粤港选手组成的中国足球队夺得冠军。这是中国足球队在国际正式比赛中取得的第一枚金牌。

第 3 届到第 10 届远东运动会的足球比赛冠军，均由中国足球队蝉联。前 5 届的队员基本选自香港南华体育会，第 8 届选自香港中华体育会，除个别队员外，均为广东籍。第 9 届选自香港球队 7 人（全部是广东籍）、上海球队 7 人（3 人是广东籍）、广州球队 3 人。第 10 届广东 6 人，其余均选自香港。其中唐福祥（1917 年）、梁玉堂（1921 年）、李惠堂（1925 年）先后被传播媒介誉为"远东球王"。

值得一提的是，广东足球运动的开展，与不少中国赫赫有名的历史人物关系密切。作为中国最早的综合运动会——广东省运动会，就创办于清光绪三十二年（1906 年）。1921年 4 月 16 日，民国临时大总统孙中山莅临广州北较场观战第 8 届省运会岭南大学队对香港南华会队的足球决赛，并向蝉联冠军的南华队队长梁玉堂颁发了冠军奖杯——由大新公司捐赠的银爵杯，这也是孙中山生平唯一一次亲临综合运动会的足球决赛现场颁奖。

1925 年 3 月国民革命军东征叛军陈炯明，时任东征军总政治部主任的周恩来率部队进驻五华时，在五华县中山公园内规划建造了 1 万多平方米的大型足球场。接着，梅县、兴宁、蕉岭、平远等县也在当地驻军协助下，建造了一批足球场地设施，为梅州足球运动的普及和发展起到重要作用。

2. 京津足球

天津是海防要塞，中国近代史上有"南上海、北天津"之称。天津的足球运动，在国内占有重要地位，与港、粤、沪列为四强。1860 年 8 月 1 日英法联军从北塘偷袭登陆，8月 25 日法军舰队驶到东浮桥，宣布占领天津。八国联军驻扎于津门，闲时修球场、搞比赛，开展体育活动，其中尤以足球为主，这一点与 1841 年英军占领香港后"大戏足球"相似。

清政府在列强的侵略之下，痛定思痛，开始兴起洋务运动。据《清朝续文献通考》中叙述北洋水师学堂的课程时提及，1881 年北洋水师学堂的体育课中就设有足球一项；而在1886 年开办的天津武备学堂，也把足球列为体育课程的内容之一。

此后，北洋大学、南开学校、各官立中学，相继开展了足球活动。1900 年以后，足球冲破了教会学校垄断的局面，有了校际的友谊赛和全市性的学校足球大赛。1907 年，新学书院改为新学中学，新学的"辫子足球队"从 1905 年至 1910 年，连续五年蝉联全市学校足球赛冠军。

不过，当时的学校并不提倡足球运动，只有少数足球爱好者组织起来的球队，利用课余时间偷练。著名的南开学校于1906年创建，由于张伯苓校长在北洋水师学堂学习驾驶期间，就对足球甚感兴趣，自身就是一名好中锋，对足球的认识也有独到见解。所以，不管在校内还是在社会上，都极力倡导和支持足球运动，亲自与学生一起踢球，言传身教，把开展足球运动提到强种强国、塑造民族性格的高度来抓。特别是1919年南开大学成立后，南开足球日盛，在全市学校足球赛中取代了新学书院的地位。

19世纪末，足球运动在北京一些教会学校，由西方传教士引入。1900年，八国联军侵占北京后，兵营就驻扎在城区，闲暇时他们以踢足球为乐，极大地提升了老北京人对现代足球的认识。1905年，协和书院与汇文大学堂进行了一场足球赛，这是北京历史上第一场校际的正式比赛。

1906年，著名画家吴昌硕先生经过虎坊桥英国水兵驻扎地，看到英国水兵足球队正在踢球，曾留学英国的吴昌硕便立即组织协和书院足球队，在今天的天安门广场右侧，与英国水兵比赛，观者多达2 000余人，最终协和书院队以2比0取胜。清朝官员路过赛场，只闻喧闹，没有观看比赛，便想当然地认为英队必胜，第二天竟派员向英军赠送"白瓷九龙杯"一尊，作为讨好洋人的优胜奖励。面对如此啼笑皆非之事，英队觉得受之有愧，便又将奖杯转赠给协和书院队，因此成为一段京城传奇故事。1987年以此为蓝本拍成电影《京都球侠》，获得当年国产片拷贝销售冠军和电影百花奖。

3. 上海足球

1895年圣约翰书院成立了上海第一支足球队，球员都是书院学生，人称"约翰辫子军"。1902年圣约翰书院与南洋公学举行了上海第一场足球赛。后举行华东校际足球联赛，共有8所学校参加，其包括实力最强的圣约翰大学（今华东政法大学）、南洋公学、沪江大学及暨南大学。中学则以南洋模范中学和徐汇中学最出色。

中国上海与中国香港、中国天津与日本横滨之间举行定期的埠际大赛，沪港杯埠际赛始于1908年，由旅居沪港两地的外国侨民发起。1923年沪港杯赛首次有华人（梁玉堂、陈苏、陈光耀及朱广扬）代表香港上阵。

1924年成立由华人球队组成的中华足球联合会，华人球队乐群、共和、博爱等相继成立。1925年梁玉堂、刘九、李惠堂等人离开香港到上海加盟乐华队（由乐群易名）。1926年当时上海已经有12家登记的俱乐部，球员约400人。乐华队参加"史考托杯"比赛，竟以4比1打败老牌冠军猎克斯队，在复赛中才被当届冠军西商队所败。乐华队翌年更在西联甲组联赛和首届高级杯赛中捧走两项冠军，还获得当届中华足球联合会所组织的甲组赛冠军，夺得"大满贯"。从1924年成立中华足球联合会，到1930年乐华队解散，上海足球处于第一个高峰期。

1931年成立的东华队吸纳了多名原乐华队球员，继续与洋人球队对抗，多次获得各类比赛的冠军，一直到1952年才解散，是近代上海足球发展的第二个高峰期。

4. 厦门足球

清末年间，西学东渐。1898年2月，英国传教士山雅各在鼓浪屿创办英华书院，是当时鼓浪屿影响较大的西式学校。据考证，英华书院创办不久，即成立了英华足球队，英华队经常在"番仔球埔"（今鼓浪屿人民体育场）与岛上洋人球队比赛，岛上居民时常围聚观看，称之为"脚球"比赛。

此后，足球成了厦门绵延至今的传统运动。20世纪二三十年代，厦门籍球员陈镇和、徐亚辉多次参加远东运动会，并于1936年作为中国队主力参加了在柏林举办的第11届奥运会。

从以上史料记载来看，要确定现代足球何时传入中国内地，首先是要考证传入的时间：广东传入足球运动的年份是1873年，天津把足球作为体育课程来安排是在1881年，上海、北京和厦门开展足球运动则均在18世纪90年代。严格意义上讲，应该由中国人自己从事现代足球运动的最早时间算起。由此来看，现代足球于1873年传入广东梅州五华县长布镇元坑村的最新考证，确定了现代足球在中国内地的发祥地和起源时间。另外从地理上看，足球运动登陆香港后，最近之地就是广东，也更为合理。

三、西方宗教的千年"中国梦"

著名诗人北岛在他的散文集中曾经有这样的观点："圣经译成英文前，仅少数懂拉丁文的牧师掌握解释权，这是导致教会腐败的原因之一。"

暂且不论北岛的观点是否正确，有一点却可以肯定的是，基督教要想真正实现全球传教，必须从各个国家和地区的文化和语言入手，让圣经和教义"本土化"才能吸引更多的信众。

所以，现代足球传入内地，始作俑者居然是基督教传教士，尽管他们的初衷并不是为开展体育运动而传播足球运动，而是把体育运动作为吸引中国民众入教的手段。

1. 唐太宗海纳基督教

据记载，基督教最早在唐朝就开始传入中国，公元7世纪进入中国的基督教被称为"景教"，景教是早期基督教的一个派别聂斯托利派（Nestorians）的汉译名称，该派由于坚持兼顾基督的神性和人性两方面各自的完整性，所以在公元431年被定为异端。但该派在波斯地区却大受欢迎，并开始向亚洲中部地区传播。

公元635年，该派的叙利亚主教阿罗本（Alopen）来到中国当时的首都长安，受到了中国皇帝的热情接待，当时唐太宗命宰相房玄龄专程赴长安西郊迎接阿罗本和他率领的传教团，并亲自在皇宫接见了阿罗本。唐太宗以海纳百川的胸怀，对所有宗教都张开双臂，作为中国历史上的一代明君，李世民当时不仅派出玄奘西游求取佛经，也允许各种中外宗教在华"百家齐放"。所以，阿罗本抵达长安之后，唐太宗不但挽留他在长安翻译《圣经》，3 年后，又允许他传教，并提供经费支持，还为阿罗本建造了一座教堂，当时人称"波斯寺"。唐玄宗天宝年间，鉴于景教所谓的"波斯经教"其实出自大秦（古代中国对罗马帝国的称谓），因此将波斯寺改名为大秦寺。这也是基督教在中国为期 200 年的第一个兴盛传播时期。

唐太宗之后的几位中国皇帝，都对景教实行优待政策，甚至允许各省都建立景教寺，发展教徒。但是，景教在中国 200 多年的发展，引起了其他宗教的不满，佛教和道教纷纷对它进行攻击。公元 845 年，唐武宗末年，李德裕为相，认为佛教"蠹政害民"，决定"灭佛"，同时，由于这时的唐朝政府已对外来文化失去了宽容，景教与其他外来宗教一同遭到毁灭性的打击。据公元 980 年的一份文献记载，当时全中国只剩下一个景教徒。

然而，唐武宗"尽绝佛教"一年后驾崩，公元 847 年唐宣宗继位，收回先帝成命，重建寺院，景教僧徒也乘机恢复。唐僖宗乾符五年（公元 878 年），爆发黄巢农民起义。年少即立志"他年我若为青帝，报与桃花一处开"的黄巢，于公元 879 年 9 月，攻克广州，俘唐岭南东道节度使李迢。广州当时是唐朝最大的对外贸易港口和重要的财赋供应地，外商云集。黄巢军在广州大肆滥杀无辜，其中阿拉伯、犹太、波斯、大秦商人和教徒就被屠杀二十余万，当中就有许多景教徒，至此，景教第一次完全毁灭，从此，从唐末到五代，再至宋朝，大秦寺及大秦僧（景教徒）在中国绝迹，基督教在中国消失了几百年。

2. 崇祯皇后求救罗马教皇

之后，从元朝到明朝，西方宗教重返中国。12～13 世纪，随着成吉思汗统一各部建立蒙古国时，在克烈、乃蛮、汪古及回鹘各部中，都有很多景教徒，甚至连元世祖忽必烈的母亲都是景教徒。1215 年蒙古军攻下金中都（今北京）继而入主中华后，中亚和西亚景教徒随之而来，但此时教派的名称与唐朝时的名称不同，在元代聂斯托利派称为也里可温教（也里可温，即福音 Evangelion 的音译），景教寺（大秦寺）也改名为十字寺。据《元史》记载，全国十字寺多达 72 所，东南西北中比比皆是。罗马教皇多次向中国派出主教，与元朝皇帝互致礼物。期间天主教在中国传播的先驱孟高维诺（Montecorvino），教皇使者马黎诺里（Marignolli），"中世纪四大旅行家"中的鄂多立克和马可·波罗，都为中西文化交流作出了杰出贡献，他们留下的多部访华著作更是成为西方与中华大国交往的珍贵史书。

其中《鄂多立克东游录》记录了广州的繁华景象，更是广州在历史上就是"海上丝绸之路"起点的重要证据。

天主教尽管在元朝得到传播，但随元亡而终，明朝建立后，中国基本上已没有基督徒。意大利传教士利玛窦历经千难万险，1601 年成功在北京觐见万历皇帝，而且在士大夫中建立了良好声誉和关系，开启了日后其他传教士进入中国之门，而且也开创了日后 200 多年传教士在中国的活动方式：一方面用汉语传播基督教；另一方面用自然科学知识来博取中国人的好感。

作为大汉学家的利玛窦不仅将西方的自然科学和人文科学大量系统地传播到中国，而且花了4年时间，将中国经典"四书"翻译成拉丁文寄回意大利，成为第一个把孔子和儒家思想介绍到西方的人。他将拉丁文"Deus"翻译成《尚书》和《诗经》中就有的称谓"上帝"，连天主教的中文译名，也是他根据中国古典和儒家"最高莫若天，最尊莫若主"之句而得。利玛窦在中国取得的巨大影响力，竟然延伸到了明末，在清军入关的危急时刻，崇祯皇帝的周皇后竟然写信给罗马教皇，答应皈依天主教，以请求罗马教皇的援兵，此信原件目前尚保存在梵蒂冈的博物馆。

3. 传教士与太平天国的奇缘

基督新教在欧洲北部逐渐确立优势后，并开始向全球传教，中国也成为重要的"开垦地"。当时清政府严禁外国人入境，不仅禁止中国人加入基督教，甚至不允许中国人给外国人当汉语老师，如有违反，将受到最严厉的处罚。因此初期的传教士都是在广东外围作进入中国的尝试。

1807年，第一位来华传教的基督新教教士马礼逊（Morrison），受伦敦会的派遣到达澳门。马礼逊最初想搭乘东印度公司的轮船到中国，但被拒绝了，理由是害怕因此会影响与清政府的贸易。马礼逊只好绕道到美国，再搭乘美国的轮船到达中国。可见清政府的闭关锁国政策成了令传教士们最为头痛的障碍。一直到鸦片战争时期，传教士们进入中国，在中国秘密传教，都如同从事间谍工作一样。可能是中国人口众多的吸引力，西方宗教在这一时期，不仅布道的传教会众多，且教派也是五花八门，传教士来自欧美诸国，他们分别以教师、医生、教授、作家等身份来华。

其中最富有传奇色彩的是美国浸礼会牧师罗孝全（Issachar Jacob Roberts），他因与太平天国有着特殊关系而闻名于世。1837年罗孝全被派到澳门传教，在澳门学习中文后，1844年到广州，开始改穿中国唐装，在广州南关东石角教堂传教，他甚至别出心裁买了一艘紫洞艇画舫，在水上宣讲圣经。1847年，第三次科举落第的洪秀全，来到罗孝全靠近天字码头的教堂，意欲入教，但是罗孝全拒绝了洪秀全，洪秀全无可奈何之下，终于决定离开广州，大干一场。对此，中外史学家无不唏嘘，因为如果当时罗孝全接纳洪秀全，那么晚清历史上不过是多了一个循规蹈矩的基督教徒，哪里还会有几乎推翻清朝的"太平天国天王"洪秀全呢？中国历史也许会改写！

1853年，洪秀全定都南京，建立了太平天国政权。洪秀全不忘罗孝全当年传教之恩，邀请罗孝全加入太平天国。几经曲折，1860年罗孝全抵达南京，受到热情款待，被赐封一等爵位，任洋务丞相，甚至配给3名妻妾。罗孝全与洪秀全传奇般的友谊被大肆宣传，成为各国报刊的头条，不少外国传教士纷纷投靠太平天国。不过，罗孝全很快发现，洪秀全的信仰理念与基督教差距很大，1862年，罗孝全满怀失望和恐惧，从干王府逃到停泊在南京城外江面上的英国军舰"狐狸先生"号上。罗孝全脱离太平天国两年后，南京就被曾国藩的湘军攻陷，太平天国起义失败，罗孝全万念俱灰之下，返回美国，1871年死于伊利诺伊州上阿尔顿的一所麻风病院中。

4. 巴色会

正是在基督教大举进入中国的这一特殊历史时期，其中一个教会在传教的过程中，无意之间将现代足球运动传入了中国内地。

巴色会（Basel Mission），基督教新教会，1815 年 9 月 25 日成立于瑞士北部德语区的巴塞尔市，属路德宗德国教会。路德宗是马丁·路德发动宗教改革后在德意志形成的，路德宗是新教主要宗派之一，也称信义宗。巴色会因此最初称德国差会（German Missionary Society），后为了充分体现该教派的本土化，教会的中文名称改为崇真会。出自当今瑞士"网球天王"费德勒家乡巴塞尔的巴色会，从 19 世纪 30 年代开始向国外传教，该会是较早开展涉华活动的基督教教会，1847 年开始向中国派遣传教士，主要传教区域在广东省，到 1919 年时，仅广东省就有 130 所堂会，还有众多学校和医院，包括梅县德济医院（1893 年）和河源仁济医院（1907 年），尤其在客家地区，影响极大。

该教有一特殊的传统，就是十分善于通过让传教士学习当地的语言和文化，甚至建立学校、医院，融入当地社会，再进行渗透式传教。

至于巴色会传教士来华的起源，却是与德籍传教士郭士立（Karl Friedrich August Gut-zlaff）有关。郭士立于 1829 年在新加坡、马六甲南洋一带传教，期间认识了一些祖籍中国客家的华侨，听闻不少有关中国情况的介绍后，对中国产生了浓厚兴趣，并于 1831 年到达中国。从 1831 年至 1835 年，郭士立先后七度访华，对中国沿海各地进行考察，其中在 1832 年，他的身份是东印度公司商船"阿美士德号"的译员和医生。

郭士立是最早向西方传道会报告中国客家人的，1831 年，他乘帆船进入福建及中国沿海各省传教时，就注意到广东有被称为"客家人"（Kea－jin）的人群。1843 年定居香港的郭士立曾致函德国教会，称"余又认识一部华人曰客族者，此种民族，勤俭耐劳，吾既习其言语，与之过从，且招之会集而祈祷焉"。之后，郭士立在香港创办的"福汉会"（The Chinese Union，取其意"欲汉人信道得福"），就是一个以客家族群为传教对象的基督教会。从 1844 年到 1846 年，福汉会在广州、佛山、顺德、三水、韶州、南雄、潮州等地都设立了分站，传教士更远至海南、广西、福建、江西、湖南、山东、浙江等省区传教。

在郭士立的呼吁下，德国教会开始重视对客家地区的传教。1846 年，巴色会派遣韩山明牧师、黎力基牧师来华。1847 年 3 月 19 日，韩、黎两牧师乘搭航速完全依靠上天喜怒而定的帆船，跨越重洋抵达中国。韩山明牧师被指定专向客家人传教，因而先被安排随郭士立学习客家话；黎力基牧师被指定专向潮汕人传教，开始学习潮州话，以便能够深入传教。

此时已经爆发了第一次鸦片战争，清政府采取闭关锁国政策，严拒外国传教士进入中国境内传教。韩、黎两人的传教活动因此进行得极不顺利，多次被清政府驱逐，无法进入内地，还曾遭遇土匪打劫，几乎性命不保，只能在香港传教，行医办学。但在香港吸收了多名五华长布籍的中国教徒，有张复兴、徐复光、曾兴等，这也是巴色会把五华作为进入

中国内地的第一个传教点的原因所在，然后通过他们返回家乡传教，终于渐成气候，发展信徒150多人，并成立了教会。

之后，随着太平天国运动和第二次鸦片战争的爆发，清政府向西方列强投降，西方传教全面向中国内地渗透，1859年黎力基返回德国，专门介绍了他们在中国传教的经历，终于引出了把足球运动带进中国内地的两位巴色会传教士的来华。

四、开山洋鼻祖

由于历史原因，英德之间长期存在着一种特殊的关系。在普鲁士帝国统治期间，即19世纪50年代，已经出现了英国人成立的足球俱乐部，德国也成为第一个开展足球活动的欧陆国家，而且足球运动在德国发展得十分迅猛，甚至成为当时德意志民族团结的黏合剂。足球在德国是无可争议的第一运动。在德国有一个令人震惊的数字，各级俱乐部注册的球员人数总和达到680多万，这意味着12个德国人里就有一个职业或业余的足球运动员，这个比例在全球无出其右。足球更是成为德国人世代相传的一种文化血液，最终通过传教士带到了中国。

文化的影响远比军事侵略更加"坚不可摧"。作为我军著名的《三大纪律　八项注意》军歌的旋律，经专家考证，居然是源于普鲁士军歌《德皇威廉练兵曲》，可见文化软实力有时的确比铁与血打造的军刀更为锋利。

1. 客家文化

客家人是汉族中古老而独特的一个支系，是指中国古代因战乱所迫，从中原一带迁至赣、粤、闽等南方地区的汉族居民。"客家"一词原为当地土著居民对他们的称呼，后被客家人接受，用以自称。但在客家不同姓氏的族谱中，却都明确记载着客家源起于汉族，是汉族的一个支系。然而，由于最初客家多居于与外界相对隔离、交通不便的山岭地区，过着半"隐居"式的生活。所以，尽管他们在南方生息繁衍了数百年，外界对他们却知之甚少。客家人为世人所关注是在19世纪初，原因是客家人经过数百年的生息繁衍，人口大量增加，使得他们与周边土著民系为争夺资源矛盾愈益尖锐，械斗和群殴事件时有发生。

1851年，太平天国运动爆发。金田起义就爆发在客家人聚居的桂东南地区，而且这次运动的发起人和主要领导者洪秀全、杨秀清、萧朝贵、冯云山、韦昌辉等都是客家人，起义的基本力量也是客籍群众，客家妇女亦大批参加战斗——"男将女将尽持刀"。建立太平天国后，洪秀全所封的一等王爵，基本上都是客家人。

1856年，广东西路发生土客大械斗，起因是清王朝在广东的封疆大吏利用有爱国心、正义感的客家人搜剿土匪，结果演化成波及高要、高明、鹤山、开平、恩平、新宁六县的客家与土著民系的激烈械斗，其中以新宁地区最为惨烈。这场械斗一直到1867年才结束，持续 12 年之久，客家人付出了惨重的代价，死伤散亡者计五六十万。客家族群开始被世人注意和研究。

如上述所言，鉴于当时西方传教士进入中国时，吸收了部分客家人入教，加上清政府在广东的中心城市排斥传教，所以传教士们就把客家人聚居的梅州地区作为"工作重点"。同时，像巴色会这样的教会，十分重视与当地语言和文化的融合，进入梅州地区传教的传教士几乎人人都精通客家语言，出版著作和客家话字典，成为客家文化的研究大家，在西方很早就有了"客家学"（Kea - jin）研究，这不能不说是当今社会的人们无法想象的。

更为重要的是，当时由于发生了激烈的土客大械斗，客家族群与本土居民对立严重，其时，对于客家人的出身和起源问题，国内有一种诋毁客家族群，不承认客家人是汉族族群的言论。精通客家文化的传教士们，抓住客家人需要得到外界认可的强烈心理，纷纷著书立作，褒扬客家人，增强了客家人与基督教之间的亲近感，为基督教在客家人中的顺利传播创造了契机。而基督教在客家人中的成功传播，又对客家人产生了重要影响。不仅使客家人的凝聚力增强，而且启蒙了客家人的思想。近代客家人中间涌现了许多杰出的革命家和思想家，与基督教的影响不无关系。

同时，由于鸦片战争、太平天国运动等一系列重创清朝腐朽统治的事件发生，国外列强对中国的侵略和干涉，国民对国外势力自然反感有加，这也为之后的义和团运动的爆发埋下了伏笔。在这种背景之下，西方传教士们在更容易接受传教的客家地区获得成功也就顺理成章。甚至有国外学者认为，西方传教士有意褒扬客家文化，一是为安慰在太平天国运动中严重受挫的客家族群，使他们更加靠近基督教；二是大张旗鼓地宣扬客家人即为纯血种的汉族人之说，使汉族与山地族群的对抗情绪加以激化，无法团结一致，有利于西方的文化、宗教殖民。

2. 毕安与边得志

将现代足球带入中国内地的两位历史性人物终于出场了，他们就是巴色会的传教士毕安、边得志。

毕安，瑞士人，德国巴色会传教士。1864 年来华，抵达香港后，立即被派往广东梅州等客家地区，传教达 7 年之久。曾将《新约圣经》译成客家话，著有《客家源流与历史》《华夏——其宗教、风俗、传教事务》等著作。

边得志，德国人，德国巴色会传教士。虽然边得志比毕安年轻，资历也不如毕安，却比毕安早来华 2 年，最后在教会的职位高于毕安。1888 年黎力基辞去巴色会中国区主教之要职，边得志年仅 38 岁就接任此职，可见巴色会对边得志的器重和他传教工作的褒奖。

说起这两位传教士，首先要谈论一下他们的名字。如果按照现在完全音译之法，毕安其实是"查尔斯·皮通"。2011 年 3 月，在民政局公布的第一批月球地名标准汉字译名词条中，就有一座环形山被直译为"皮通山"，但就字面上看，"皮通"之名颇为不雅。在19 世纪至 20 世纪间，许多精通中国文化的外国传教士都有自己的中国名字，起名时讲究"信、雅、达"。毕安之名实是取自北宋名相毕士安之讳。

毕安   边得志

边得志按照现在的直译法，为"海因里希·本德"，即使用粤语音译习惯也只是为"宾达"，与"边得志"的意境相差十万八千里。事实上，在近年德甲驰骋的就有一对孪生兄弟球星——本德兄弟，不知是否是边得志的后裔，因为毕竟他们最大的共通点就是足球。

边得志出生于德国霍芬海姆。边得志的父亲乔治·本德和母亲卡罗莱娜·贝尔斯登一共生育了12个子女，边得志为长子。

作为子女出生顺序研究专家，纽约大学心理学教授本·达特曾经认为，长子的智商一般较其弟妹们要高，性格更趋外向、更富自信、更显权威、更不易屈服、更有支配欲；政治上也更保守一些；工作上更具导向性、更尽责、更守纪律，对错误更具抵触心理。挪威科学家在2007年的一份研究报告中也指出，第一个孩子的智商较第二个孩子平均高2.3分。这似乎印证了出身贫寒的边得志为何会投身保守的教会，并且更善于从事教会、教育和组织工作。

边得志于1862年来华，较早深入梅州地区进行传教，第一站传教地点是五华县的樟村，1865年毕安接管了樟村的教区，边得志再做"开荒牛"，转移到距樟村40公里的五华县长布镇元坑村传教，并一到元坑就兴建教堂，吸引当地民众入教。经过调查研究，边得志发现元坑无学校，民众的子女教育问题突出，因此边得志向巴色会提出了筹建学校的设想，希望通过兴办学校，吸引当地民众入教。

巴色会考虑到具有语言天赋的毕安，来华短短3年就已经精通客家语，在筹备学校方面，更具与当地民众沟通的语言优势，所以于1866年再次派遣毕安接管了由边得志开辟的元坑教区，并于同年，兴办了巴色会在中国内地的第一所西式小学——元坑小学。

兴办元坑小学之后，巴色会惊喜地发现，当地的客家人十分重视教育，为了使自己的后代能够接受西方教育，趋之若鹜，纷纷入教，巴色会在元坑的基督教教堂一片兴旺，这座元坑教堂也成为内地最早、最著名的教堂之一。

毕安于1868年又扩建了宗源书室（初等小学）、养正书室（高等小学）。当时高等小学设"古文选""四书""算术""珠算""诗歌""书法""体操"等课程。巴色会通过办学吸引了众多民众入教，后来甚至考虑筹办女校，以吸引女教徒，扩大受教人口和性别。

同时，由于当地一直没有中学，毕安又向巴色会提出筹建元坑中学的建议，并于1868

年开始着手筹备工作（后延迟至1873年）。边得志则于该年回国成婚，之后携妻莉蒂娅一起返回五华继续传教。

3. 元坑——中国足球发祥地

美国传教士倪维思（John Livingston Nevius）曾经称办教会学校是"最省钱、最有效"的传教方式。尽管因"天津教案"事件，使巴色会也受到了惊吓，但这也让传教士们更加认清了，必须以办学这种最贴近中国民众的方式，才能消除中国民众因教案事件对西方传教产生的敌视和仇恨。

1873年，毕安筹办已久的元坑中学终于开学了，当时称"中书馆"。作为东江、梅江两江地区第一所西式中学，它与旧式学馆、书院、私塾不同，实行班级制，人文、自然、体育同时并举，德智体全面发展。据记载，当时课程开设文学（包括德文、经史、八股试帖、诗词）、科学（包括物理、化学、数学、测量、几何、三角）、哲学、神学、体育、音乐六科。

其中最为独特的是，为了增加中国学生对传教士们的好感，巴色会把精通体育技艺，特别善踢足球的边得志也派遣回元坑，与毕安一起丰富元坑中学的教学课程。当时元坑中学的教室、校舍等欧式建筑错落有致地分布在山上和山腰；在无法开辟平整运动场的情况下，该校针对山坡陡峭的地势，从校园左侧起修建了一条3米宽400米长的环山跑道；在山脚下的山坳里，有三面环山的草坪操场，是该校当时上体育课之地。在操场两端用木料搭成球门，由边得志教学生踢足球。有记载："有时下课钟声方歇，球场上已腾起一片打球争夺喧闹之声，故足球技术水准，一般都造诣甚高，而体格强健，则是普遍现象。"

边得志夫妇（后排中间者）唐装照

20

正是由于把足球运动引入中学教育之中，元坑中学顿时声名鹊起，不仅五华本县学子蜂拥而至、东、梅两江各县和东莞、惠阳、宝安等基督教教徒的子女，也纷纷前来求学，使得毕安、边得志恨不得生出三头六臂来应付慕名而来的众多生源。1876年，元坑中学因此增设师范班，培训师资以适应教会兴办中小学的需要。元坑一时也成为巴色会在东梅两江的中心、人文荟萃之地。难怪当地人说起元坑无不骄傲，甚至称华侨从海外寄信回家乡，信封上只写"中国元坑"，信件就可以准确无误地投到，实在令人咋舌。

130多年前元坑中学的规模和气势，从之后易名为萃文中学的校歌中，就可略见一斑：

巍峨浩荡萃中，庄严璀灿萃中，建立在山半，图式仿欧风，翠抱琴江，秀钟石马，如醒狮猛虎的蹲踞，有俯视一世之雄。这园地真是教育垦区，任何红桃白李都可移来种，不分南北，不分西东，又是崭新学府。三民为其纲，五育为中心，生活趣味浓。看看巍峨浩荡庄严璀灿可敬可爱的我们萃中，文明种播四方，校誉垂无穷。

在开办元坑中学期间，毕安不断有基督教的相关翻译著作出版，1877年元坑还重建教堂，原址至今仍在，笔者就曾经专门实地进行过探访。由于元坑的传教工作进行得有声有色，所以1888年边得志出任巴色会中国区主教之际，还在元坑首次举办了传道节，与会教友达千人之众。边得志名如其人，真可谓是踌躇满志，达到了传教事业的巅峰。

对于中国足球而言，这位德国传教士事实上是现代足球传入中国内地的"开山洋鼻祖"，值得被国人重新认识。曾实地到元坑考察足球发祥地的前中国足坛副主席董良田就感慨地说："此情此景让人伤感，我更加体会到为什么中国足球上不去。我们缺乏对根源文化的重视，竟然连现代足球在内地的发源地都没有妥善保护，谈何发展？我们此行，可以说就是为中国足球'祭祖'！"

2013年7月3日，梅州市、五华县、长布镇各级政府正式在元坑原"中书馆"旧址，为"中国内地现代足球发源地"竖碑揭幕。将此发源地当作"中国体育非物质文化遗产保护与开发"工作项目进行申报，还原这个现代足球中国内地发源地应有的历史地位，并得到了国家体育总局的认可，也同时被中国足球博物馆记载收藏。

事实上，德国传教士成为现代足球传入中国的"祖师爷"的史实也惊动了德国人。2013年，经在国际上享有"中国战略智囊库"之称的中国战略与管理研究会（简称中战会）的介绍，"中书馆"旧址引起了德国方面的高度重视，一度向中方表达意愿，希望能够派出代表到元坑探寻。2016年1月16日，在北京召开了第3届中德足球论坛，边得志的身世更是引起了德国方面的浓厚兴趣。

五、"看球要看李惠堂"

"看戏要看梅兰芳，看球要看李惠堂。"这是20世纪20年代在上海滩流传，最后风靡全国的一句美谈。在当时足球氛围并不强烈的旧中国，李惠堂能与誉满中外的京剧大师梅兰芳齐名，可见其足球技艺之高超，影响力之深远和广泛。李惠堂，可以说是20世纪中国体育界的一座丰碑。

1. 一鸣惊人

李惠堂故居位于省道旁的梅州五华县横陂镇老楼村四角楼，名为"联庆楼"，是李惠堂父亲李浩如于清光绪十八年（1892年）所建。故居为客家地区常见的"四点金"式建筑，面宽五间、三进深四合院布局，左右各置一幢横屋，四角分置四层炮楼，背后筑一层围屋，门前设晒谷坪、照墙、左右转斗门和半月形水池。墙体用灰沙夯筑，顶为悬山式木桁桷瓦顶。总占地面积约4 400平方米，建筑面积约3 590平方米。

故居中栋右廊房为李惠堂幼年时住房，右横屋门侧狗洞是李惠堂幼年时练习射球的"球门"。右横屋第一间为李惠堂抗日战争时期回乡组建足球队时的住房。1994年9月，五华县人民政府为了缅怀"球王"，把李惠堂故居定为县级文物保护单位。

李惠堂，字光梁，号鲁卫，1905年9月18日出生于香港大坑村，是建筑巨商李浩如的第三子。鉴于他出生在清朝光绪年间，所以还保留了字和号，是祖籍为广东梅州五华县的客家人。

李惠堂4岁那年，随母亲从香港回到家乡读私塾。读书之余，他以家门前宽阔的草坪为球场，呼朋引伴，组织足球童子军苦练足球技艺。在家里，这个天性喜爱足球的孩子，把家门口的狗洞当成了练习射门的目标。由于当时家中不太支持李惠堂踢足球，所以他只好用柚子当球，光着脚丫子苦练，上学和放学回家的路上都盘球走路，这不仅磨炼了他的意志，而且提高了带球技术。经过几年的锻炼，他的身体日见壮实，脚力强劲，球技过人。

6年后，李惠堂回到香港。1919年考入足球运动比较普及的皇仁书院，开始接受系统的足球训练。1920年拜香港足坛名人李云为师，由于李惠堂训练刻苦，谦虚好学，所以技艺大进。1922年，在香港"夏令营杯"比赛中，年仅17岁的李惠堂展现了娴熟的足球技巧，入选香港最著名的足球劲旅——南华队，出任主力前锋。他身高1.82米，速度快，动作敏捷，控球技术尤为出色。球在他的脚下，对方两三个人围上去也难以抢走。他的射门技术更是令人叫绝，不管什么位置、什么角度，他都能左右开弓，球飞如矢，力拔千钧，他的倒地卧射更是一大绝招。

一次，与英国海军球队比赛时，球刚过中线，李惠堂就拔脚怒射，球竟穿过人丛像精确制导一样钻入网窝，技惊四座。他还曾经一人从后场盘球，接连晃过四五个前来阻截的对手，一直把球带到对方禁区，从容起脚，把球攻入球门。

1922年夏天，李惠堂代表南华队参加香港甲级联赛，出任左内锋，因其球艺娴熟刁钻，出神入化，常有惊人之举，香港球迷称其为"球怪"。1923年5月，李惠堂第一次代表中国足球队参加在日本大阪举行的第6届远东运动会便荣获冠军。18岁的李惠堂在4场比赛中初露锋芒，一鸣惊人。同年8月，李惠堂随南华队远征澳大利亚，与全澳冠军新南威尔士队交锋，开场仅5分钟就梅开二度，最后独中三元，轰动了澳洲，赛后澳洲当局专门授予他金质奖章。香港报刊以特大号标题，称李惠堂为"球王"，并有"万人声里叫球王，碧眼紫髯也颂扬"的称颂诗句。

2. 亚洲球王

1925年秋，李惠堂怀着强烈的爱国热忱，与青梅竹马的廖月英（李惠堂夫人）从香港来到上海，决心要与外国球队较量。李惠堂刚加盟乐群队，就击败了高丽队并在上海市锦标赛上夺冠。李惠堂在上海期间，正值自己足球技艺的巅峰，由于球艺出众，22岁即被上海复旦大学聘为体育系主任及足球队教练。随后，他又在上海组织乐华队，战绩显赫。

当时在上海足球圈，一些球员为了哗众取宠，经常在赛场上，盲目戏耍花样而影响比赛，突出个人，罔顾整体配合。李惠堂刚抵达上海时，发现当地的所谓球星，只顾卖弄技巧，有时甚至为了获得观众的叫好，故意将球踢向半空，恨不得球10分钟都不落下来。这种华而不实的个人英雄主义，根本无法体现足球的团队精神，搞得球队形如一盘散沙。为此，李惠堂以身作则，特别强调团队精神，拒绝踢"花拳绣腿"式的足球。

1926年，上海举办万国足球锦标赛，以李惠堂任队长的中华队，战胜了葡萄牙、苏格兰两支强队，创造了华人足球队连续击败外国队的纪录。同年夏，李惠堂发动在沪粤人组建乐华队，在全国联赛中获冠军。随后，李惠堂率乐华队参加在上海举行的"史考托杯"赛，以4比1的悬殊比分，大胜蝉联9届冠军的英国猎克斯队，首开上海华人足球队击败外国冠军球队的纪录，使李惠堂在绿茵场上的威望大增，雪洗了"东亚病夫"的耻辱，为中华民族争了光。

1927年，李惠堂所在的乐华队相继斩获西联甲组联赛、首届高级杯赛和中联甲组联赛的冠军，李惠堂成为大名鼎鼎的一代球王。同年，李惠堂率乐华队远征东南亚国家，屡建奇功，特别是率队出战菲律宾，总是战绩彪炳，载誉而归。

1928年，李惠堂参加万国球赛，被评为"最佳球员"。1930年，李惠堂从上海回到香港任南华队长，带队频繁出赛，所战皆捷，连续数年为全港甲组足球赛冠军杯得主，并在第6届全运会足球赛中获得冠军。

由于李惠堂出类拔萃的球艺，其1923年就入选中国国家队，分别于1923年、1925年、1930年和1934年参加了第6届、第7届、第9届和第10届远东运动会足球赛，四度为中国队夺得冠军。

特别值得铭记的是1934年，第10届远东运动会在菲律宾举行，李惠堂担任中国队队长。在第9届远东运动会上，日本队和中国队并列冠军，日本队扬言这次要打败中国队。决赛那天，战况空前激烈，比赛即将结束时，比分依然是3比3。这时，中国队获得罚点球的机会，由李惠堂操刀，一蹴中鹄，中国队以4比3击败日本队夺金。这场球赛的胜利，大长了中国人的威风，李惠堂亦荣膺了"亚洲球王"的称号。

李惠堂成名后，商人们利用其名声来推销商品。例如他穿9号球衣，南洋一家葡萄酒厂就以"NO.9"为其啤酒商标，畅销于南洋各地。又如上海曾出过"球王"牌香烟，把李惠堂的肖像印在香烟包上，也大大打开了销路。

3. 远征奥运

1931 年，国际奥委会承认"中华全国体育协进会"为国际奥委会协会成员，使我国体育健儿终有机会进军国际体坛，展现中国运动员的技艺和风采。反应快捷的美联社马上就抢发消息称，中国将派遣 12 人代表团参加 1932 年的洛杉矶奥运会。当年国内体育界人士也传言，称霸亚洲的中国足球队和来自军队的举重选手将出席洛杉矶奥运会。事实上，出现在洛杉矶奥运会的却只有刘长春一人，是美联社发布假新闻，还是另有原因……

事实上，当时中国足球队一直称霸亚洲足坛，因此中华全国体育协进会的确打算让足球队以及田径选手参加洛杉矶奥运会，作为"亚洲球王"的李惠堂极有可能改写中国足球的历史。

那么究竟是什么原因让中国足球队与洛杉矶奥运会失之交臂呢？原来，早在 1926 年，国际奥委会就出台了一项重要决议，凡是参加奥运会的运动员，不得因时间和薪酬的损失，用间接或直接的办法，得到各种补偿或报酬。1930 年，国际奥委会柏林会议维持了这一决定。自然，1932 年洛杉矶奥委会组委会也必须遵守这一决定。

当时的国际足联向国际奥委会申请，希望在特定的条件下，给职业足球运动员特殊的补偿，而国际奥委会认为这不符合奥林匹克章程。经过表决，国际奥委会最终决定，足球不列为洛杉矶奥运会比赛项目。消息传到国内后，体育界人士叹息不已，当时正处于巅峰期的李惠堂带领的中国足球队，就这样错失了参加奥运会的良机。

又等待了 4 年之后，李惠堂终于等来了 1936 年柏林奥运会宝贵的参赛机会。当时中华全国体育协进会经过反复筛选，最后选定李惠堂等 22 名运动员组成中国足球队。然而，由于国民党政府财力困难，参加柏林奥运会的中国体育代表团居然因经费不足无法启程。李惠堂挺身而出，决定率领足球队提前两个月出征，在东南亚和南亚地区进行募捐比赛，筹措经费，中国足球队征战两个月，比赛 27 场，取得了 23 胜 4 平的不败佳绩，赢得了侨胞和当地球迷的赞誉。但由于他们接连征战，奔波疲劳，还要省吃俭用，全队抵达柏林时，已经是伤痕累累，疲惫不堪。

当时柏林奥运会足球比赛采取的是单淘汰赛制，中国队先遭黑手，首轮居然抽中与"足球霸主"英国队对垒，这场比赛甚至惊动了英国皇室，英女皇在比赛前特意发了一封电报，嘱咐英国队要重视与中国队的比赛，以保持其足球强国的尊

李惠堂出任柏林奥运会中国代表团旗手

严。1936 年 8 月 6 日下午 5 点 20 分，中英双方的球员整队入场。中国的出场阵容是：守门员包家平，后卫谭江柏、李天生、中场陈镇和、黄美顺、徐亚辉、前锋叶北华、孙锦顺、李惠堂、冯景祥、曹桂成。李惠堂任队长。

顶住英国队前 10 分钟的狂轰滥炸后，中国队觅到了反击的机会。上半场第 10 分钟，李惠堂在对方球门的混战中，一个凌空抽射，球应声入网，观众席上，中国啦啦队一片沸腾，中国球员也纷纷击掌相贺。1 比 0！英国队球员垂头丧气，没想到中国队竟然能够领先。

但就在此时，裁判员一声哨响，同时做出了中国队越位的手势，事后据运动员们回忆，其实那个球根本没有越位，球是打在英国队员身上后，迅速插上抽射入网的。这记本来是中国足球在奥运会的第一个入球，却被黑哨断送了。

经验老到的英国人马上把目光聚集在"亚洲球王"李惠堂身上，教练员立即指派 2 名英国球员对李惠堂贴身紧逼盯防，但依然无法盯死技术出众的李惠堂，英国人一计不成，又生一计，比赛进行到第 35 分钟时，英国后卫突然对准李惠堂大力猛射，皮球正中李惠堂的腹部，李惠堂捂着腹部，痛苦地在草皮上挣扎，虽然经过紧急护理，李惠堂咬牙站了起来，但明显无法灵活跑动了，英国人先废了中国队的核心，真是心毒手辣。

下半场，由于中国队赛前到东南亚募捐比赛的消耗，开始出现身体反应，全队明显体能严重下降，英国队见状抓住机会，连进 2 球，中国队 0 比 2 憾负英国队，一战失利即遭淘汰。

4. 震惊欧洲

尽管中国队输球，但李惠堂的球技仍然震惊了欧洲人，赛后多支欧洲俱乐部与他联系，希望他赴欧踢球。欧洲诸多足球强国纷纷向中国队发出邀请，于是中国队赛后前往德国、奥地利、瑞士、法国、荷兰和英国，先后进行了 9 场比赛。在巴黎，中国队以 2 比 2 战平了法国职业球队巴黎红星队，让法国人大为惊讶。比赛结束当晚，巴黎红星队俱乐部负责人找到李惠堂，希望李惠堂能够签约，并许诺给予高额的薪酬，然而李惠堂考虑到自己已不年轻，而且还涉及家人的工作、生活等问题，最终婉言谢绝了对方的邀请。

中国足球队访问英国颇具戏剧性。当中国队在柏林比赛时，英国依士林顿俱乐部秘书长史密斯先生的女儿正好在场，正是她促成了中国队访英。在英国，中国队以 2 比 2 先胜后平依士林顿队，1 比 3 不敌英国传统劲旅水晶宫队。但中国队的出色表现，感动了英国人，伦敦市长破例先后两次专门宴请中国队。

宴会席间，阿森纳队主教练刚好坐在李惠堂的左侧，他十分欣赏李惠堂的球技，问及李惠堂的年龄，李惠堂回答已经 32 岁了，这位主教练一边叹息，一边拍着李惠堂的肩膀说，如果你年轻 10 岁，阿森纳队一定会有你的位置。李惠堂在欧洲比赛期间，在对瑞士日内瓦队的比赛中，中国队 3 比 2 取得胜利，三粒入球都是李惠堂贡献的。

李惠堂回国后对媒体吐露自己的心声：这次参加柏林奥运会，除了努力观察和将东方文明展现在世人面前外，最重要的工作就是回国之后继续努力，希望在 1940 年下一届奥运会的比赛中，能够实现突破。

然而，就在柏林奥运会结束后一年，日寇悍然发动"卢沟桥事变"，全面侵华。1939年第二次世界大战爆发，奥运会也被迫停办，李惠堂就这样与奥运会挥泪告别，直到1948年他以中国足球队教练员的身份，再次征战奥运。遗憾的是伦敦奥运会中国代表团更加缺乏资金，不得不采取了与柏林奥运会相同的办法——海外巡回义赛筹资，抵达伦敦后，同样由于体力消耗过大，以 0 比 4 被土耳其队淘汰。

5. 爱国抗日

1937 年抗日战争全面爆发，中国内地战火纷飞，人人都在为抗日作出自己的奉献。当时，李惠堂严重受伤，治疗了 13 个月。伤势痊愈后，李惠堂重披战袍，出现在香港赈济赛的球场上，雄风依然不减当年。

1941 年 12 月 7 日，太平洋战争爆发，18 天之后香港沦陷。次年春天，汪精卫为庆祝伪满建立十周年，特命外交部部长褚民谊和宣传部部长林柏生联名给李惠堂致电，拟派专机接李惠堂和南华队到南京和满洲各地巡回表演，并要留李惠堂在南京主持体育政务。李惠堂获悉后，吓出了一身冷汗。赤心爱国的李惠堂不愿为大汉奸汪精卫效劳，但当时情形又十分危险，令李惠堂大伤脑筋。

为了避开日本人和汪伪政权的追踪，李惠堂决定率领南华队去澳门访问，借此机会逃离香港，返回广东老家。从澳门去广东当时只需 7 个小时的车程，但因为天气和船舶的缘故，一路周折不断，李惠堂竟漂泊了将近一个月，才回到五华锡坑老家。一路上幸好得到多方相助，到桂林时更是受到国民党高级将领李济深的款待。为此，他写了一首感怀诗："世乱时虞历万难，今朝脱险向长安。桂林山水迎人笑，我正飘零意未宽。"

回到家乡后，他在田野乡村过着简朴的生活，并在家门口贴了一副对联："认认真真抗战，随随便便过年。"民国时期，足球运动是一种奢侈运动，不是平民百姓能随便参与的，当时球队所有物品都要从外国进口，包括球衣、球袜，一双好球鞋要几十块大洋，一个足球要几百银圆，而一场球的门票只卖几毛钱，所以球员踢一场球只发两毛钱车费。但是一家子一天的生活费也得一块大洋，所以足球队员踢球只是业余表演，就连李惠堂到了上海之后，也得先到静安寺路华安保险公司兼职养家。回到家乡之后，李惠堂先后在五华粮仓、公路处工作，以解决一家人的生计问题

李惠堂在维持生计之余，积极推动家乡足球事业的发展，曾先后在锡坑、安流、河口、横陂、华城等镇献技传艺，并率五华队和航建队两访兴宁、梅县，为家乡足球事业的发展作贡献。

1943 年李惠堂任兴宁车站站长期间，与文化教育界人士李则谋、李甘乃、李希泉、李锦辛等组织"老柴"（老将）足球队，到兴宁、梅县比赛，为抗战募捐。同年，李惠堂还和一批球友参加广东航空建设协会的"航建"足球队，辗转于广东的韶关、五华、兴宁、梅县、龙川、远涉桂林、柳州、重庆、成都、自贡、昆明等地，共举行了 138 场义赛，收入全部用于捐助救灾。该队还以广东队名义，参加了 1944 年 5 月中旬在桂林举行的四省

"元首杯"赛，积极宣传抗日，将募捐所得购买飞机、军械、汽车等物资，支援抗战，慰问官兵，为此留下了"海角归来奔国难，名成献艺赛频频"的诗句。抗战胜利后，被国民政府授予"抗日功臣"勋章。

6. 一代丰碑

抗战胜利之后，李惠堂从内地返回香港，继续效力南华队。1947年秋，李惠堂率南华队到东南亚各国访问，与泰国、新加坡等国球队比赛10场，场场告捷。返港后，李惠堂参加了香港对上海的比赛（沪港杯前身），已经42岁的他仍勇猛异常，接连攻入数球，结果以5比1战胜上海队，这场比赛也成了他"挂靴"的告别赛。

1948年李惠堂赴英国罗布雷受训4周，获得英国足球总教练的文凭，回港后创立了华人足球裁判会，蝉联6届主席。同年，李惠堂作为教练率中国队参加了第14届伦敦奥运会，还获国际足联国际裁判证书，成为第一位获得国际裁判资格的中国人。

1954年亚足联成立，李惠堂当选亚足联秘书长，1965年当选国际足联副主席，成为在国际足联获得最高职务的中国人。1966年李惠堂担任亚足联和国际足联的副主席，在世界足坛享有很高的威望。

李惠堂从1923年18岁首次代表中国参加远东运动会，到1947年作为队长参加最后一场比赛，运动生涯长达25年。获得过包括"亚洲球王"在内的50多个荣誉称号、100多枚奖章和120多座奖杯，曾4次代表国家队参加远东运动会获足球冠军。在各项公开赛事中，入球超过2 000个。

更难得的是李惠堂体育道德高尚，在绿茵场上从未受罚，是遵守体育道德的典范。即使对方队员有意识地犯规，甚至有时是非常严重的伤害性犯规，李惠堂都能够容忍。在国外的一次访问比赛中，对方一名球员故意严重侵犯李惠堂，导致李惠堂小腿胫骨骨折。按照当地的法律，只要李惠堂控告这名球员故意侵害自己，对方就会面临牢狱之灾。然而，当警察主动到医院找李惠堂核实情况时，李惠堂却替对方队员打掩护，没有向警察投诉对方。那名外国球员得知这一举动，感动得手捧鲜花前来谢罪，李惠堂也因此更受人尊重。

李惠堂的足球技术非常全面，各项动作娴熟，控球能力强，左右脚功夫过硬，一旦搭上脚就好像被吸铁石吸住一样，在他两脚间盘旋滚动，别人很难夺走。他的盘、带、抢、传、射、挑球过头等技巧都很出色。在旧中国全运会代表上海队对安徽队之战中，上海队以24比0狂胜，李惠堂一人竟然射进了14球，创下了中国足球史上的最高纪录。

1939年，李惠堂率领香港南华队远征南洋，在与马来西亚槟城军联队的比赛中11比0豪胜。此役中，已经34岁的李惠堂雄风不减当年，频频运球过人，开弓劲射，他一人独进7球，并令人震惊地射穿了对方球网。还有一次与外国球队交锋时，获点球机会，他发脚怒射，球如炮弹出膛，对方门将接球后连球带人滚进网窝，当即呕吐不止，从而有李惠堂罚点球"力大无比要踢死人"的传说。有一次与印尼队比赛时，对方门将见到李惠堂在门前得球将要拔脚射门时，竟然闪身避开，跑离球门不敢防守……

虽然14岁便走出校门，但是李惠堂不仅能用流利的英语发表演讲，还能用中文填词作诗，在书法、诗歌等方面很有造诣。鲜为人知的是，李惠堂还是一名网球高手，曾经夺得远东运动会和旧中国全运会的网球冠军。李惠堂的确是一位稀世的文武全才。

他还积数十年丰富的足球经验写了不少关于足球的理论著作，计有《足球经》《足球技术》《球圃菜根集》《足球规则诠释》《杂果盘》《香港足球五十年》《足球登龙术》《足球读本》《鲁卫吟草》《南游散记》等十多部，并有许多篇论述足球和比赛的文章散见于世界各地的中英文报刊。

李惠堂的足球理论颇有独到创见：一提倡足球须从普及方面着手，不求畸形发展；二认为球员在场上一定要把球控制在脚下，使其服服帖帖，并在适当时机将球传至最佳点，达不到这个水平，就没有参加比赛的资格；三强调足球技术不要"滥而不专"，否则一事无成。劝导球员对每一项技术要按部就班地练习，由浅入深，对每项技术有相当造诣时方可转学其他技术；四要懂得在球场上用智与用力的关系、集体与个人的关系，以及士气高低与胜负的关系等。

1976 年 8 月 13 日，联邦德国《环球足球》杂志组织世界球王评比活动，李惠堂与来自巴西的贝利、英国的马修斯、西班牙的斯蒂法诺、匈牙利的普斯卡士一起被评为"20世纪世界五大球王"。李惠堂在那个动荡的时代用双脚谱写了一个个传奇。

1979 年 7 月 4 日，李惠堂因病在香港去世，享年 75 岁。

如今，在梅州体育中心的公共运动场旁，竖立着"亚洲球王"李惠堂的雕像。让人们永远缅怀这位为中国足球事业做出过巨大贡献的足坛巨匠！

弯道

莫愁前路无知己，
天下谁人不识君。

——唐·高适《别董大》

从概念上讲，弯道至少有三层意思：一是非常艰难的曲折之路；二是方向不正确之路；三是引申为进程中的某些变化或前进道路上的关键点。新中国广东足球生态和大业的形成、变化、困顿、发展、腾飞，都曾经遭遇过以上三种情况。

拿破仑说过："不会从失败中寻找教训的人，他的成功之路是遥远的。"可贵的是广东足球无论是在顺境还是逆境，都不畏崎岖、挫折，往往能够在危难和困境中，找到弯道超车的机遇——超越！

一、体育超越——三运会足球金牌

1. 人杰地灵

解放区的天，是明朗的天，解放区的人民好喜欢，民主政府爱人民呀，共产党的恩情说不完。

——歌曲《解放区的天》

1949 年 10 月 2 日，毛泽东主席在天安门城楼上庄严宣布"中华人民共和国成立了"的第二天，进军广东的中国人民解放军第四兵团、第十五兵团和两广纵队共 22 万兵力，沿东江向广州以北湖南衡阳到宝庆（即邵阳）一线进攻，解放了东江两岸和珠江三角洲地区；主力则沿粤汉路两侧南进，先后攻克曲江、英德等城，歼灭国民党白崇禧部 47 000 余人。10 月 14 日晚 6 时 25 分，人民解放军攻入广州，广州宣告解放。敌主力向西南逃窜，第四兵团乘胜追击，将逃敌围歼于阳江、阳春等地。潮州、汕头之敌由海上逃窜。此役至 10 月 29 日结束，共歼灭国民党两个兵团及其他残部 62 000 余人，除海南岛、雷州半岛等岛屿外，广东陆上全境解放。

广州北靠白云山，南临珠江，"风水学"上正合"蛟龙吸水"之象，而越秀山刚好是"龙穴"所在。据传，朱元璋建立明朝之后，铁冠道人认为广州有一股"王气"，必须立刻在广州建造一座楼镇压住"龙脉"。朱元璋急忙派人到广州勘查，发现广州的越秀山上果有王者之气。朱元璋立即下诏，命令镇守广州的永嘉侯朱亮祖在越秀山上修筑了"镇海楼"。明永乐年间，都指挥花英又在越秀山顶建造了一栋观音阁，越秀山故又称观音山。

20 世纪 20 年代，足球开始风行广州，有人便在越秀山南麓、镇海楼下方开辟了一块较为平整的泥地足球场，这里三面环山，东西长 180 多米，南北宽 83 米，可容纳万名观众，当年称为"观音山足球场"。广州解放后 1 个月，在此球场举行了庆祝广州解放的大型文艺演出。

1950 年元旦，广州市政府又组织了各项体育表演，地点仍选在观音山足球场。时任广东省人民政府主席兼广州市市长的叶剑英在会上号召青年们"健全自己体魄，建设人民祖国"，倡议在广州越秀山辟建体育场。同年 3 月，成立了以广州市副市长朱光为主任的越秀山体育场修建委员会，拉开了建场的序幕。

30

1950 年元旦，叶剑英在有 10 万人参加的大会上，号召青年们辟建越秀山体育场

1950 年 3 月 24 日，叶剑英任校长的南方大学的 800 名青年首先开进工地，一连奋战了 3 天，打响了建场工作的第一炮。在此后的时间里，全市的工厂、机关、学校、解放军部队等单位共发动了 17 000 多人开展义务劳动，进场参加辟建工程。施工期间正值春雨季节，入夏后又多次遇上暴雨台风，影响了正常的施工进度。叶剑英到工地视察后，指示有关部门派出挖掘机、压路机、推土机等机械投入施工，大大地加快了工程进度。

1950 年 10 月，越秀山体育场第一期工程胜利完成，体育场初具规模。10 月 14 日在新建成的场地上，举行了庆祝广州解放一周年的广州市第一届人民体育运动大会。1953 年，场内包括一个大型足球场和一条 400 米跑道全部完成。1956 年扩建了大门楼以及东南和东北看台，沿山坡建好的看台可容纳 2.8 万名观众。从此，越秀山体育场成为广州足球走向辉煌的宝地，由于其独特的盆地形状，看台建于南北西三面山坡，观众席距离球场较近，且全部呈 45 度角向下俯冲，有较佳的视野及回响，只要球迷观众振臂一呼，球场内即如山呼海啸，回荡之声浪，如千军万马，使主队军心大振，客队则闻风丧胆，的确应验了"龙脉"之说。

2. 新中国的奥运之梦

鲜为人知的是，新中国体育事业的迅速崛起，在某种程度上，居然得益于远在北欧的芬兰。第二次世界大战期间，曾经爆发了苏芬战争，芬兰甚至参与了希特勒发动的侵苏战争。1947 年芬兰作为战败国与苏联签订了合约，因此"二战"后受制于苏联。在新中国成立后第 3 天，苏联就宣布与新中国闪电建交，并同时带动了一批社会主义阵营国家纷纷承认中华人民共和国的合法地位，在当时的历史背景下，原来就没有与旧中国建立外交关系的芬兰，也于 1950 年 10 月 28 日同中国建交。

经过两度申办，芬兰首都赫尔辛基获得了 1952 年奥运会的举办权。而当时的苏联居

然还没有参加过奥运会，为此苏联的首次参赛，成为当年外交舞台上的一次巨大成功。"苏联老大哥"没有忘记新中国这个"小兄弟"，在自己被邀请参加赫尔辛基奥运会后，做了大量的外交工作，希望帮助中国也一圆奥运梦。毛泽东、周恩来等领导人马上敏锐地看到了体育的外交意义，因此在百废待兴的新中国成立之初，马上开展了体育人才的选拔，因此极大地促进了新中国体育事业的蓬勃发展。

1952 年 2 月初，芬兰驻华公使向中国外交部表示，芬兰政府希望中国派出运动员参加第 15 届奥运会。然而当时台湾地区仍然占据着国际奥委会原有的中国席位，为此，国际奥委会同时邀请中国代表盛之白和台湾地区代表郝更生参加第 47 届国际奥委会全会。在众多国际朋友的支持和声援下，7 月 17 日，国际奥委会以 33 票对 20 票通过了邀请中国代表团参加第 15 届奥运会的决议案。7 月 18 日晚，在奥运会开幕式的前一天，中国方面才接到第 15 届奥运会组委会主席、赫尔辛基市市长佛伦凯尔的电函，邀请中华人民共和国运动员参加第 15 届奥运会。

在周恩来总理的指示下，7 月 23 日，中国体育代表团仓促组成，仅选派了足球队和篮球队，以及游泳选手吴传玉。全团以荣高棠为团长共 40 人，匆匆上路，但到达赫尔辛基时，奥运会已接近尾声，中国已无法参加足球和篮球比赛，但中国体育代表团仍然举行了隆重的升旗仪式，曾参加过第 14 届奥运会的足球选手张邦伦，荣幸地成为升旗手，可见当年国家对足球项目的重视。赫尔辛基奥运会结束后，中央马上决定成立中央体育运动委员会，简称中央体委，任命贺龙为主任，荣高棠为秘书长，中国体育正式走向正轨。

3. 南粤精英志四方

正是新中国希望通过选拔体育人才，组建强大的国家队，参加国际比赛，争取新中国的国际空间，因此才有了新中国成立之初，一系列从省市到大区，再到全国的足球比赛。鉴于广东雄厚的足球基础，广东马上成为输送足球人才的重要地区，广东一大批青年足球运动员，先后加入中国人民解放军或考入军政大学，其中陈复赉、陈克亮、杨霞荪、龚伯强、潘培根等入选中国人民解放军足球队；李林、杨友标、冼迪雄、曾雪麟被召入西南军区足球队；潘永建加入公安军足球队。

中南区为组队参加第一次全国足球比赛大会，于 1951 年 10 月 20 日至 11 月 2 日，在广州举行了中南区足球比赛大会。来自广东、广西、湖南、湖北、河南、江西和广州、武汉等六省二市的八路足球队麕集于广州越秀山体育场，进行单循环赛，选拔精英。结果，广州队荣获冠军（广州队未参加省选拔赛），经全省足球选拔赛挑选出来的队员（以冠军队梅县队为主）组成的广东队获第三名。由此，广州队的冯荣灿、卢柱洪、龙仕君、梁利生、莫七、扈光、温沛泉和广东队的邓镇、蔡利生入选中南区代表队，参加当年 12 月在天津举行的全国足球比赛大会。

1953 年，为选拔队员组建中南区体育工作大队足球队（专业队），在武汉举行第 2 届中南区足球比赛大会。结果广东队的王海华、李珉、张宏元、姚家华、饶秉钦，广州队的龙仕君、李文俊、李松杰、梁利生、徐增祺和莫七入选。

同年，广州组织了青年足球队参加在上海举行的全国青年足球赛。赛后，就读于中山大学的苏永舜和身高 1.73 米的门将任文根同时入选中央体训班足球队（即当时的国家队），他们成为新中国成立后第一代广州籍国脚。遗憾的是，由于当时的政治环境，拥有海外关系背景的苏、任两人最终未能成为次年赴匈牙利留学的 25 名年轻球员之一。

值得指出的是，新中国成立之后，从建制上看，广东足球发源于广州足球，也就是说当时只有广州足球队是专业队，成为广东足球的代表，因此"广州队时代"堪称新中国成立后广东足球的开山时代。

随着抗美援朝战争的结束，国内经济蓬勃发展，人民生活不断提高，足球热潮开始升温。1954 年 2 月，在江西南昌举行了中南区六省二市足、篮、排三大球比赛大会，当时已渐趋成熟的广州足球队又以七战七捷的战绩夺魁，雄踞中南。4 个月后，广州市正式组建广州市足球队（后命名为中南体院竞技指导科足球队白队，简称"中南白队"）。广州与武汉、重庆等单列城市一起成为最早成立市级专业足球队的城市。

历史上第一支广州足球队的领队是黄秉和，教练员是 20 世纪 20 年代生于上海的骆敌智，队员有曾林、冼永泉、许志雄、罗荣满、罗北、梁树、吴添来、陈坑、陈中民、关辉舫、胡洪斌、梁辉元、杨霏荪、林效才、陈汉、杨兴连、梁国伟、张文禄。队伍主要由广州本地和香港、澳门、梅县的有志青年联合组建，张文禄甚至还是越南归侨。

第一批广州队的教练员和球员都是新中国体育事业的开拓者，除了个别在日后从商之外，大部分人毕生都从事着与足球或体育有关的工作。

1955 年 2 月举行全国大、中城市足球分区锦标赛，国家体委特许"梅县混合队"参加比赛。结果该队获武汉赛区冠军。为此，广东省人民委员会拨出专款给梅县，分别在梅城、西村、梅江、西阳、畲江、松口等区镇和学校新建或维修足球场 47 个。由于梅县足球运动开展得较好，为省级以上足球队输送了不少运动员，梅县代表广东参加重大足球比赛成绩也显著，所以 1956 年梅县获得"足球之乡"荣誉称号。

4. 抱憾一、二运会

金色的跑道、青翠的绿茵、金色的麦穗以及鲜红夺目的"1"字构成了 1959 年第 1 届全运会的会徽，麦穗代表新中国成立 10 年的丰硕成果，而似乎要冲出跑道的"1"字恰似上升的"箭头"，象征着在第一个"五年计划"全国人民热火朝天建设新中国的激情。

20 世纪 50 年代，世界开始进入冷战时期，体育运动自然难以独善其身而不遭受政治的影响。新中国成立后，中国刚刚走出战争的阴霾，各项事业百废待兴，而以美国为首的西方国家对中国实施战略封锁，中国急需一种方式来提振民族精神，全国性的体育发展规划在这时应运而生，"发展体育运动，增强人民体质"不仅是新创建的全运会的口号，也成为中国体育事业发展的核心纲领。

1954 年的国际奥委会第 50 次雅典全会上，国际奥委会以 23 票对 21 票通过决议，承认了中华全国体育总会是中国的国家奥委会，然而当时的国际奥委会主席布伦戴奇却未经全会讨论，就悄悄地把台湾地区的奥委会以所谓"中华民国"的名义列入国际奥委会承认的国家奥委会名单里，造成了"两个中国"的局面。

　　1956 年，奥运会在澳大利亚墨尔本举行。为备战这次奥运会，中国做了充分准备，在广州二沙头修建了封闭式训练基地，并开始集训运动员，组建了实力雄厚的中国体育代表团。但是，当 11 月黄中带领代表团先遣组进入奥运村时，发现台湾方面已经进入奥运村并升了旗。国内获悉后立即发表声明，坚决反对国际奥运会制造"两个中国"，交涉无效后，中国奥委会在奥运会开幕前夕被迫宣布退出该届奥运会，并撤回已在广州集训的大批运动员队伍。随后，中国奥委会在多次抗争无效后于 1958 年与国际奥委会"断交"。

　　在这种国际和国内背景下，中国将体育目标从原来的国际舞台，转到了国内。1959 年是新中国成立 10 周年的大庆之年，这一年第 1 届全运会应运而生，既有体育意义，又体现了重要的国家意义、政治意义和团结意义。在这种情况下，全国体育界掀起了集中全力参加全运会的热潮，作为体育大省的广东，自然不甘人后。

　　1958 年 11 月，为迎接第 1 届全运会，广州足球队由广东省体委接管。原领队常荣、主教练郑德耀留任，调入原八一队的教练陈虞添协助训练，罗荣满任助理教练。广东足球队从此有了正式编制。全运会也成了广东足球迈向全国足坛巅峰的第一大舞台。

　　第 1 届全运会足球比赛共有 26 个省市区和解放军组队参赛，广东队以南宁赛区第一名身份，跻身全运会决赛周。决赛阶段，广东队先后以 4 比 2 击败甲级联赛亚军辽宁队，5 比 1 大胜劲旅上海队，2 比 1 击败了最后的冠军解放军队及陕西队，0 比 0 踢平亚军河北队（该队的曾雪麟、任文根和苏永舜都是广东籍战将），最终憾居第 5 名。

　　1960 年 3 月，广东队首次参加全国甲级联赛。第一阶段获广州赛区第一名，决赛排名

1959 年，第 1 届全运会在北京工人体育场隆重举行

第 5。11 月 3 日，广东队与天津队争夺全国锦标赛锦标，以 1 比 2 失利，屈居亚军。这一阶段，广东足球在国内外一系列比赛中取得了良好的成绩，是新中国成立后广东足球的第一个高潮时期。主教练郑德耀受到国家体委嘉奖，出席了 1960 年 6 月在北京举行的全国文教群英会。

20 世纪 60 年代，参加全国比赛的足球专业队在广东地区如雨后春笋般涌现：广州队、广州前卫队、广东青年队、广州工人队、梅县队和广州部队队等，显示出了广东足球雄厚的人才储备和深厚的足球底蕴。1963 年，张均浪、梁德成入选国家队，参加了第 1 届新兴力量运动会。1964 年 10 月，广东省足球协会成立，曾生任名誉主席，秦元邦任主席，陈远高任副主席。1965 年广东队在全国甲级联赛中排第 10 名，降为乙级队。广州队也因在乙级联赛中仅获得第 6 名，未能晋升甲级。广东足球一度陷入低潮。

为备战 1965 年第 2 届全运会，广东队进行了较大调整，因此影响了在甲级联赛的成绩，名列第 10 名降为乙级队。新组成的广东队于 1965 年 7 月参加青岛赛区预赛，以无失球、无红黄牌、无伤员的空前纪录，获得赛区第一名进入决赛阶段，可惜 9 月北京决赛前，广东队临阵易帅，7 名主力更被调去参加全国乙级联赛，终获二运会第 8 名。

1966 年发生了"文化大革命"，广东足球队处于瘫痪状态。

1969 年，广东足球队重建，由张日扬任班主任，陈汉燊和赵勇为教练。

5. 邓小平认定的并列冠军

足球运动是身体、体能、技术、配合、意志、对抗、战术等综合素养的比试。广东足球一向给人技术出众的印象，但因身体条件所限，对抗能力不强。

1971 年初，亚洲足球劲旅朝鲜国家队在广州二沙头体育训练基地进行长达一个多月的冬训。广东队主教练陈汉燊从朝鲜队的训练中得到启发，制定了边上套路训练法：将队员分作两队，用两只球，同时在纵向 1/2 球场"长条"区域进行攻防练习。由守门员将球发出，送给边卫，转交前卫，内锋拉边接得来球后传中，边锋反插射门。强调快速、密度和对抗性。通过实践，提高了训练强度，收到较好效果，极大地改善了广东足球的弱项。5 月古巴国家队来访，广东足球队以 2 比 1 击败对手；1972 年 6 月在北京举行全国五项球类运动会足球决赛，广东足球队夺得亚军。9 月，广东足球队赴喀麦隆、赤道几内亚、刚果（布）访问，取得 9 战 3 胜 4 平 2 负的成绩。

1973 年春，苏永舜重返广东队出任主教练，陈汉燊、黄福孝辅助。在 1974 年冬训期，苏永舜紧抓技术和身体训练，以推进"广东足球风格"的发展。他根据队员基本技术好、灵活的特点，设计出 15 米范围内三人交叉换位短传的练习，着重提高队员的传接球成功率和配合意识。

1975 年第 3 届全运会足球决赛阶段比赛在北京举行。9 月 28 日，在三运会闭幕式上，广东队和辽宁队决战。结果 90 分钟内，双方踢成平局，并列冠军。这是新中国成立后，广东足球队第一次获全国冠军，开创了广东足球运动的辉煌。

1975年，广东队获三运会冠军，图为球队当年的全家福。后排左起：苏永舜（主教练）、容志行、关至锐、杜庆恩、吴志英、张日扬（领队）、蔡锦标、许华福、杨福生、梁德成、陈汉舞（教练）；前排左起：杨伟湘、陈熙荣、叶细权、何佳、谢志光、欧伟庭、陈伟浩、杜智仁、梁润

说起三运会足球并列冠军，还有一段未见正史记载的"轶事"。据广东队当时主力阵容中年纪最小的"拼命三郎"谢志光回忆，三运会期间，广东队下榻于北京部队丰台招待所，球队去先农坛体育场、北京工人体育场比赛都是乘坐军车前往。

"昔我往矣，杨柳依依"，此句来自诗经《小雅·采薇》，描写一名征夫，回想当初出征时，杨柳随风飘扬，如春风杨柳般心情舒畅的著名诗句。谢志光表示，当时征战三运会时，正值柳絮满天，给第一次上京的他留下了如诗一般的深刻印象：

"决赛那天，气氛挺紧张的，因为邓小平同志要来看球。当时邓小平同志刚刚重新恢复工作，出任副总理。我们与辽宁两队的球员都希望能够让小平同志看到我们精彩的表现。从形势上讲，我们好于辽宁，而且又有技术优势。90分钟打完，比分还是1比1，时任国家体委主任的庄则栋突然走进运动员休息室，对我们说：'领导有外事活动，说不加时了，并列冠军'。"

事实上，这枚全运会金牌对于广东乃至整个中国体坛，都具有里程碑式的重大意义，正是在夺得三运会上最后一枚金牌，也是最重的一枚金牌后，广东代表团的金牌数达到了38枚，第一次登上了全运会金牌榜首位。之前的两届全运会，拥有国家队般选拔优势和实际实力的解放军代表团，一直是国内体坛的盟主，要想超越解放军代表团，简直比登天还难，但是广东代表团就是在三运会上，创造了这一似乎不可能发生的奇迹，超越点就是这枚足球金牌，三运会奠定了广东体育在中国体坛的霸主地位。

二、足球超越——首夺甲级冠军

1. "广东足球教父"——苏永舜

苏永舜，不仅是开创新中国成立后广东足球辉煌的"教父"，而且在中国足球史上也堪称神级人物。苏永舜少年时代曾侨居加拿大，后回国就读于广州圣心中学（即现广州市第三中学）。在1951年第1届中南区足球大会上，年仅17岁的苏永舜就入选了广州队。并在决赛中以主力身份出战，他以出众的身高及良好的争顶能力，被教练用以克制武汉队中锋闵观祥、余敏俊双煞的高空球，最终帮助广州队夺冠。苏永舜作为一颗新星在广州上空冉冉升起，之后更是成为影响中国足球历史的重要人物。次年，品学兼优的苏永舜考上中山大学生物系，1954年入选国家集训队。1957年国家足球白队转轨改名为天津足球队，苏永舜代表天津队征战当年的全国甲级足球联赛，获得联赛亚军，翌年荣膺"全国运动健将"。1959年从天津队退役后，苏永舜返回广东，担任广东队的教练，他见证了广东足球在20世纪60年代崛起的全过程。

"广东足球教父"苏永舜

1973年，"文革"期间被下放到边远山区广东云浮干校的苏永舜回到广东队担任教练。从这个时候开始，苏永舜对推进广东足球风格的发展作出了巨大的贡献。他根据队员基本技术好、灵活的特点，设计出一整套地面配合、短传渗透的打法。从此，广东足球进入了一条发展的快车道。1975年第3届全运会，苏永舜率领的广东队与辽宁队并列冠军，取得了广东足球历史上首个全国冠军。

1979年全国甲级联赛从2月25日至11月5日，分两个循环各三个阶段进行，经过全年30场鏖战，广东队以积41分，入球37个，净胜球23个的佳绩，勇夺广东足球第一个全国甲级联赛冠军。在苏永舜的培养下，广东队涌现了如容志行、何佳、陈熙荣、蔡锦标、欧伟庭、杜智仁、关至锐等大批国脚。广东足球地面渗透、两翼齐飞的"南派风格"进入了成熟期和辉煌期。同年，广东青年足球队在全国青年联赛中夺得冠军，此后该队有8名球员进入国家队；广东少年足球队参加第4届全运会少年组足球赛，获得冠军。这年，广东足球一、二、三线队伍均获得全国冠军，这在广东足球史上可谓是空前盛况，1979年堪称"广东足球年"。

凭借广东队的优异成绩，苏永舜于1980年至1982年期间，顺理成章地成为中国足球第12任国家队主教练，在他的率领下，中国队"克"朝鲜、"斩"日本、"擒"沙特、"屠"科威特，如果不是沙特"卖球"，中国队将首次进军世界杯。那届中国队被誉为"最具观赏价值"的一届国家队。

苏永舜带领广东队在20世纪70年代两度在国内登顶，被认为是"南派"风格走向成熟的关键缔造者。回顾"南派"风格60年的发展历程，苏永舜曾有过深刻的总结："广东足球60年来有起有伏：20世纪50年代有过一些成绩；60年代回落；70年代在50年代的基础上继续发展，创造了第一个高潮；80年代继续发展；90年代开始大幅回落，直至'恒大王朝'的建立。历史证明，广东足球什么时候能贯彻自己固有的技术风格，就一定能取得成绩，什么时候不尊重这个规律，那成绩一定不理想。'南派'风格绝不会消亡，因为它符合现代足球发展的核心追求。"

苏永舜同时指出，"南派"风格并非一成不变，但讲求丰富和融合，也绝对不能把本质的东西抛弃掉。"一个球队的风格，与一个教练员的战术思路是相吻合的，但关键还是要靠有能力的球员实现。不管这个球员来自南方还是北方，只要他技术过硬，那么他适应'南派'风格就不会有任何问题。"苏永舜说，"一支整体技术含量高的球队，即使有其他类型的球员加入，只会丰富综合战斗力，而不会改变打法风格。比如，强力中锋拉尔森去了巴塞罗那，并不会改变巴塞罗那华丽的进攻风格。"

苏永舜离任中国队主帅岗位后移居加拿大。1996年，苏永舜曾回国出山担任辽宁队主帅征战甲B联赛，后因为身体原因辞职。如今移居海外的苏永舜仍十分关注中国足球和广东足球的发展，并著有回忆录《球场不平》。2014年11月14日，海内外弟子们在广州，为从加拿大回国探亲的苏永舜举行了一场八十大寿庆寿会，以永远铭记这位"广东足球教父"的赤子之心、桑梓之情。

2．半壁江山

广东足球作为中国足球南派打法的旗帜，更为重要的是体现在对中国足球国家层面的巨大贡献和成就上。

1976年第6届亚洲杯足球赛在伊朗举行，虽然当时国际足联尚未恢复新中国的合法席位，但在伊朗巴列维国王的努力下，新中国第一次在亚洲杯亮相。当年就有多达6员粤将入选国家队，容志行、陈熙荣、蔡锦标、杜智仁、何佳、关至锐作为中国队主力，为中国队首次获得亚洲杯季军奖牌，立下了汗马功劳。

4年后，1980年12月21日至1981年1月4日，古广明、杨宁、陈熙荣、容志行、蔡锦标五位广东大将作为中国国家队的核心主力，参加了第12届西班牙世界杯足球赛亚大区预选赛第一阶段比赛，荣膺第四组第一名，其中中国队在小组决赛中，4比2击败了宿敌朝鲜队，震惊了亚洲足坛。容志行赛后被评为"最佳攻击球员"。古广明、容志行、蔡锦标还入选了中国足协官方评选的"1980年中国足球最佳阵容"。

1983年广东队的杨宁、谢志雄、池明华、王惠良、古广明、吴育华、黄德保和广州队的冼惠良、麦超、赵达裕先后入选国家足球队，参加了1984年第8届亚洲杯足球赛及1985年第13届世界杯足球赛亚大区预选赛。其中1984年亚洲杯亚军的成绩是中国足球的最好成绩。

1985年，池明华、麦超、吴群立、郭亿军入选中国二队，参加第13届世界大学生运动会，为中国足球首次在世界大赛上斩获铜牌，实现了历史性的突破。其中，最值得骄傲的是吴群立射入6球，获金靴奖。同年，广州伦志明入选中国青年队，广东谢育新入选中国少年队，中国少年队在第1届国际足联16岁以下柯达杯世界锦标赛中进入前8名，并入选"柯达杯最佳阵容"。

1986年，为备战第10届亚洲运动会，中国足球队组成红队和黄队角逐代表资格，广东王惠良、郭亿军、麦超、赵达裕入选红队。

1987年，为迎战第6届全运会，从广东万宝一、二队和广州白云队抽调主力组成广东队。但由于组建国家队的需要，广东队除了麦超、池明华、杨宁、吴育华、郭亿军、谢育

新、孔国贤、张小文、吴群立等被抽调外，剩下人员还要按照国家队的要求陪练。从 3 月中旬至 5 月中旬，广东队与国家队一道，足迹遍及韶关、三水、海南、肇庆、广州，进行模仿对手的热身赛。

即使这样，广东足球却迎来了又一个足球运动竞技的高峰。在广东体育研科所陈克亮的协助下，全队到韶关进行强化训练，以加强队员的连续奔跑的能力和顽强奋战的作风，期间除保持南派风格外，还糅合了北方的硬朗风格和长传快攻的新风格，使广东足球更加全面。

1987 年 12 月 5 日，广东队在与辽宁队决赛中，麦超头槌顶进了制胜之球，终使广东队在新落成的天河体育中心夺得了第 6 届全运会最重的一枚金牌——足球冠军！

3. 外战内行

1955 年 1 月 3 日，中国足球协会在北京成立，从此开启了中国足球国际交流的曲折航程。同年 10 月，新中国历史上第一支外国国家足球队——缅甸国家足球队到访广州。当时正是"万隆会议"结束之后，中国与缅甸关系良好。缅甸体育界在总理吴努的支持下，派出国家足球队访华，最后一站是广州。

当时周恩来总理专门打电话给时任广州市市长的朱江，要求他务必使这场比赛打得精彩，要打出中国足球的水平。朱江市长当即前往越秀山体育场看望广州队的全体队员，希望他们认真比赛，争取在比赛中先进球。广州市体委对比赛高度重视，派出专人赴当年位于白云路的广九火车站迎接缅甸队。

缅甸曾经是英国的殖民地，自然受到英国足球的影响，缅甸队于 1966 年和 1970 年接连在第 5 届和第 6 届亚运会上获得足球比赛冠军；1968 年在第 4 届亚洲杯足球赛中获得银牌。即使是 20 世纪 50 年代，缅甸队也是亚洲足球的强队，1954 年夺得过第 2 届亚运会足球比赛的季军。

1955 年 10 月 25 日，初出茅庐的广州队在越秀山体育场迎来了新中国南粤足球的第一场国际比赛，最终广州队与实力不俗的亚运会季军——缅甸国家队在 90 分钟内，以 3 比 3 打成平局，为中国南派足球赢得了声誉。

之后，外国球队都把广州作为访华的重要战场。无论是当时代表广东足球的广州队，还是后来重组的广东队，都在一系列对阵外国球队的国际比赛中保持不败：1956 年 1 比 1 战平巴基斯坦国家足球队，3 比 0 击败刚夺得首届亚洲杯殿军的越南队；1958 年 2 比 1 击败阿富汗王国教育部混合队（国家队）；1959 年 3 比 3 战平拥有众多在法国踢球的职业球员的阿尔及利亚国家队，先后以 3 比 3 打和、0 比 0 逼平当年世界亚军、瑞典全国冠军"尤哥登"俱乐部足球队（该队中拥有 12 名瑞典国脚），3 比 2 战胜了苏联"托姆斯克人"队；1960 年广东队 6 比 0 大胜黎巴嫩"雷星"俱乐部足球队，并创了越秀山体育场上国际赛事主队入球纪录。同年，广东队出访越南三战三捷，先后以 4 比 1 大胜越人民军队，1 比 0 胜越公安军队，3 比 1 击败越中央体校队（国家队）。

1964 年 5 月，巴西马杜雷拉队作为第一支国外高水平职业足球队来华进行了 5 场访问

2014 年，马杜雷拉发行的访华纪念版球衣

比赛。50 年后，马杜雷拉俱乐部特别出版了一款新球衣纪念当年轰动足坛的事件：印有"1964"的纪念版球衣以五星红旗为原型，上有"禁止旅游"（当年巴西禁止访问社会主义国家）的中文。更巧合的是，2010 年转会并在恒大效力 4 年的穆里奇的母队正是马杜雷拉俱乐部。

当时中巴尚未建立外交关系，当中国邀请马队访华时，马杜雷拉队提出了中方从未听说过的"出场费"——4 000 美元的"天价"，使得访华比赛差点"流产"。后来人们才知道，是时任国务院副总理的邓小平同志亲自批示，才使比赛如期举行，巴西甚至扣押了新华社记者作为人质。不过，鉴于广东队是中国足坛技术型打法的代表，当时马杜雷拉队点名要首战广东队，虽然广东队终以 3 比 5 失利，但广东球员不输巴西球员的细腻脚法和强劲的攻击力，让来自"足球王国"的巴西人顿时对广东足球肃然起敬，之后马队访华的另外 4 场比赛中，马杜雷拉队保持不败，全身而退，让中国第一次认识到了"足球王国"的最高水平，但在马队访华的 5 场比赛中，唯一在对战广东队时丢失了 3 球。能够三破当时世界一流职业俱乐部队马杜雷拉队的城池，这在当年绝对算得上是足坛奇迹。广东足球"外战内行"的美誉不胫而走。

广东足球之所以能在外战中总有出色的发挥，还与其善于取长补短，肯学习钻研有关，用现在术语讲就是"学习型团队"。

1971 年初，亚洲足球劲旅朝鲜国家队在广州二沙头体育训练基地进行长达一个多月的冬训。当时的广东队主教练陈汉燊从朝鲜队的训练中得到启发，制定了边上套路训练法，战术上强调快速、密度和对抗性，极大提高了广东队的训练强度。之后数月，广东队迎战来访的古巴国家队。作为中国足坛一代球王，刚刚入选广东队的容志行在这场比赛中一传一射，技惊四座，一战成名，广东队以 2 比 1 力克对手。鲜为人知的是，正是这支古巴队，竟然打进了第 21 届奥运会足球赛，甚至曾经创造了逼平奥运冠军波兰队的奇迹。

正是由于广东足球在国际比赛中的优异表现，国家体委从 20 世纪 70 年代开始，把一些原本应该是国字号球队出访的任务，安排广东队代表出访，广东队先后出访了希腊、也门民主人民共和国、阿拉伯也门共和国、喀麦隆、赤道几内亚、刚果（布）、巴基斯坦、

缅甸、菲律宾、巴巴多斯、圭亚那、苏里南、特立尼达和多巴哥等国，斩获多项冠军，取得了不俗的战绩。

不过，让广东足球真正"外战内行"声名鹊起的是与欧美足球劲旅的对抗。国际足联恢复中国合法席位之前，中国主要是与东欧和亚非拉国家进行友谊赛，随着中国重返国际足坛大家庭，作为中国足球不可或缺的组成部分——广东足球，开始绽放出技术的光芒。

1975 年，广东队在广州越秀山体育场竟然以 1 比 0 击败了联邦德国奥林匹克队，轰动了足坛；1979 年，广东队以 0 比 0 相同的比分，先后与瑞典冠军队柯士达队和瑞典国家队握手言和；至今仍令许多老球迷津津乐道的是 1980 年，苏永舜率领广东队在香港以 3 比 3 战平了当年德国甲级冠军汉堡队（两年前汉堡队历史性夺得了该队唯一一次欧洲冠军杯），之前，处于全盛期的汉堡队以 7 比 1 横扫拥有众多外援名将的香港甲组冠军精工队。

1989 年 8 月，以博士球星苏格拉底领衔的巴西名旅桑托斯队访华，当时该队在 8 月份接连转战天津、北京、大连、沈阳、上海、武汉、广州 7 城，战胜了包括中国国家队和国家二队在内的国内最顶尖球队，使得当年中国足坛"谈桑色变"。8 月 24 日，桑托斯队抵达广州，与广东队进行原计划中最后一站访华比赛，来自桑巴王国的足球艺术大师们，从北到南，势如破竹，为此他们根本没有把广东队放在眼内，扬言"广东队将是我们要战胜的最后一个对手！"

果然，一开场客军就占据了主动，37 分钟就轻松叩关得手。然而下半场广东队换上国脚吴群立后，战局顿时大为改观，上演了"苏格拉底被吴群立完爆"的逆转大剧。当广东队以 2 比 1 力斩桑队于马下后，佛山队也想来个"趁火打劫"，力邀桑队推迟回国行程，8 月 29 日与佛山队加赛一场，却被桑队以 4 比 0 大胜。可见桑队并非是访华近一个月，到最后已是强弩之末。广东队能够打破巴西足球不败神话，完全靠的是实力。

1989 年，广东队代表中国参加第 8 届亚洲俱乐部杯（亚冠前身）赛，首先在小组赛中夺得亚军，取得复赛资格。在之后的复赛 A 组比赛中又获第二名。

三、开放超越——省港杯与"凤先飞"

1. 改革开放"足"先行

1978 年 12 月 18 日至 22 日，十一届三中全会召开，这标志着历经"文革"磨难的中国，拨乱反正，重回正轨。更为重要的是，十一届三中全会的召开标志着中国开始走上了改革开放的道路。

然而，中国改革开放迈出的第一步却是由足球"踢"出来的。比十一届三中全会早了 11 天，在新华社香港分社总编辑李冲、香港足总主席许晋奎的陪同下，时任国际足联执委、著名爱国人士霍英东不顾国际体坛当时仍限制同中国进行比赛的禁令，率香港足球总代表团，到广州洽谈创建省港杯足球赛制，并与以陈远高为首的广东足协代表团，在广州市东方宾馆签署了《广东省足球协会、香港足球总会足球赛（简称省港杯足球赛）协议书》。

1979 年 1 月 21 日，首届省港杯足球赛在越秀山体育场隆重上演，欧伟庭打进了省港杯第一球。

在苏永舜的记忆中，20 世纪 70 年代是香港足球不折不扣的"黄金年代"。"香港足球那个时候的水平在东南亚乃至整个亚洲范围内都比较高，足球运动员在社会上的地位也比较高。"

苏永舜说，"中国足球由于受'文革'影响，一度退步很严重。香港足球界那个时候都认为内地足球水平不如他们。"

"不过，广东队当年的整体水平处于上升阶段，而且我们虽然是非常时期，但队伍一天保持三练，训练水平还是很有保证的，足以和半职业性质的香港联赛抗衡。"苏永舜回忆，"所以经过针对性的准备，我们在首届省港杯两回合都击败了对手，在香港和内地都产生了轰动的效果"。

虽然省港两地足球水平相差不大，但一提到当时大家的生活水平差别，苏永舜就笑了。"我们那个时候工资还很低，球员一个月拿 40 元出头，教练员则拿 80 多元。而香港球员一个月可以拿过万元港币。我们打比赛时穿的衣服还是很老土的款式，紧紧巴巴，没有弹性。香港队球员的衣服已经是漂亮的国际名牌球衣了，而且我们对香港球员留长头发还感到很新奇……"

不过，当年省港杯创立之初，在两地的受关注度实在是太大了。"越秀山第一回合全场爆满，去香港政府大球场打也有 2 万多人看，最后香港总督麦理浩还亲自发了奖杯。那个时候，一方面是大家娱乐的方式还很简单，另一方面省港两队的对抗确实达到了很高的水平。"

值得指出的是，省港杯的创立，霍英东居功至伟。自 20 世纪 50 年代退出所有国际体育组织后，中国几乎是"与世隔绝"。作为著名爱国人士，霍英东一直不遗余力，积极推动中国重返国际体坛。正是 1979 年 1 月 21 日，霍英东率领香港队在广州打了第一场省港杯后，一举打破了国际对中国体育的封锁，最终在 9 个月后，创造性地促使国际足联恢复了中国的合法席位，同时又让中国台湾地区以"中华台北"的名义保留参赛资格，这一重大突破，也使国际奥委会不久后采用了同样的模式，解决了中国与中国台湾地区在国际组织会籍的难题，中国从此全面重返国际体育社会。中国体育从此作为先行者，通过体育健儿的骄人战绩，让世界认识了中国，让中国了解了世界。

省港杯的创立不仅具有重大的体育和外交历史意义，还具有重大的改革开放、社会创新的政治意义和经济意义。事实上，省港杯是由邓小平亲自批准创设的足球赛事，也是新中国历史上由中央政府批准的第一个地方性的涉外体育竞赛制度。省港杯在广东这个改革开放的前沿地区掀起了巨大的波澜，社会影响大大超出了体育本身。改革开放初期，由于长期缺乏了解，许多港商不敢贸然回国投资经商。霍英东便利用每年的省港杯比赛，组织香港富商成立"嘉宾团"回内地观看球赛，借机与广东的乡镇企业洽谈"三来一补"业务，省港杯真正起到了"体育搭台、经济唱戏"的作用，不但促进了省港两地足球运动的发展，而且加强了省港多个领域的交流与合作，一时成为举国瞩目的大事。

2. 女足世界杯开先河

习主席曾经对中国足球有"三大梦想"，其中之一就是举办一届世界杯。事实上，敢为天下之先的广东，早在1991年就举办了第1届女足世界杯，不仅在中国体育史上，而且在世界足球史上，也开了先河。更值得载入史册的是，无论男足世界杯，还是女足世界杯，都仅由一省承办，绝对空前，也可能是绝后。

"阳春三月小桃开，笑语飞过百花台。五彩毛团翻上下，原是双娇踢球来。"我国汉代蹴鞠已有女子参与，南阳汉代画像石中便有女子踢球的形象。

广东是中国女子现代足球运动发祥地之一。早在1934年1月，国立广东高等师范学校附属中学（即现广东省实验中学）初中部就创办了班际女子足球赛。新中国成立后，梅县和广州均出现过自发的女子足球运动。

1979年国家体委倡导女足运动。广州市宝岗体育场、荔湾体育场相继成立了女子足球队。梅县举办了第1届女足邀请赛，并建成梅县女子足球队。

1980年5月，时任全国人大常委会委员长的叶剑英元帅回到家乡梅县视察，观看了东山中学和丙村中学的女足表演赛，接见了运动员并合影留念。他鼓励大家说："国际上有的，我们也要有。女子也可以踢足球嘛。"叶帅对梅县女足运动的关怀，极大地鼓舞和推动了梅县地区女足运动的发展。

1981年3月，广州市体委决定组建2支女子少年足球队。招考之日，有200多名姑娘前来应试。5月2日至4日在省体育场举行了广东省女足邀请赛，赛后选拔了一批优秀运动员，组建成广东和广州两支女足集训队。

根据万里副总理"中国女子有志气，搞女子足球很有希望"的指示，1983年5月24日，广东省体委接到省编委批复，正式组建广东女子足球队，任命吴琴为领队，陈汉燊为教练。同年，国家体委组建国家女足集训队。第一批队员有广东队的李小兰、吴伟英，广州队的刘杏薇、杜静、林少玲。1985年1月，广东万宝冰箱厂与广东女足共建，广东足球又一次"试吃螃蟹"。1986年12月，吴伟英随中国女足赴香港参加第6届女足亚洲杯，获最佳运动员奖。

此时，国际足联开始致力女足运动的全球推广，认为有必要研究创办女足世界杯的可行性。1986年，国际足联致函中国国家体委，委托中国举办国际女足邀请赛为世界杯"试水"。1988年6月2日至12日，广州国际女子足球邀请赛举行，加拿大、科特迪瓦、荷兰、澳大利亚、巴西、挪威、泰国、捷克斯洛伐克、日本、瑞典、美国、中国等12支队伍参加。中国女足最终打进了四强。赛事组织得非常成功。

同年10月26日，广州奇星药厂与中国足协在北京人民大会堂签订协议，共建中国女子足球队。奇星药厂每年斥资建设中国女足，参与部分管理工作，开创了国家与企业共建国家级体育队伍的"奇星模式"。这无疑是超出当时体制范畴的一次大胆的尝试。

1990年12月11日，广东半球企业集团公司在中国足协、广东省足协的指导下，成立广东半球女足俱乐部。这是中国第一个职业女足俱乐部。该俱乐部运动员面向全国招聘。

1991 年首届女子世界杯足球赛 26 场比赛入场观众达到了 51 万人次，场均 19 615 人次，甚至超过了多届男足世界杯的数据，令国际足联从此对中国另眼相看。图为该届女足世界杯会徽

中国足协名誉主席程子华特地为俱乐部题词"普及女子足球运动，培养优秀足球人材！"

1991 年，广东女足夺得了全国女足锦标赛冠军，这也是广东女足获得的第一个全国冠军。1997 年，广东海印女足还获得了第 1 届女足超级联赛桂冠。当时广东女足发展的环境和条件可谓是世界一流。吴伟英、陈霞、韦海英、赵利红、施桂红、髙红、邱海燕等都是不同年代中国女足中叱咤足坛的广东女足明星。

正是鉴于 1988 年广州国际女足邀请赛的成功举办，1990 年女足第一次被列入亚运会正式比赛项目。国际足联决心将首届女子世界杯足球赛举办权交给中国广东。值得一提的是，霍英东先生为女足世界杯的顺利举办，独力承担了巨额举办经费，为女足发展立下了不可磨灭的功劳。

1991 年 7 月 24 日，首届女子世界杯足球赛中国组委会在广州成立，副省长卢钟鹤任主任。11 月 16 日，首届女子世界杯足球赛在广州天河体育中心揭幕，翻开了世界足球史上崭新的一页。之后半个月内，女足世界杯在广州、番禺、佛山、江门、中山 5 地 6 座体育场举行。女足世界杯在中国广东的空前成功举办，直接推动了国际奥委会于 1996 年将女足第一次列为奥运会的正式比赛项目，女足世界杯为女足运动在全球的蓬勃发展作出了重要贡献。

四、精神超越——志行风格永存

1. "中国贝利"

1948 年 7 月 30 日，浩瀚的印度洋上，一场暴风雨即将来临，从中国开往印度的英国"沙丹拿"号邮轮，在巨浪的波涛中，就像摇篮一样不停地摇晃着，这时从船上的统舱里传出了一阵婴儿刚降生的啼声：中国足坛一代球王容志行诞生了。

容志行的父母早年为了谋生，远赴印度，当时邮轮航行时间很长，身怀六甲的容母在船上生下了容志行，这也增添了容志行一生的传奇色彩。1953 年在新中国的感召下，容家从印度回国，从小就喜欢踢足球的容志行开始了他绚丽的足球生涯，如同他的名字"笃志立行"。容志行 8 岁进入广州海珠区宝岗体育场业余体校足球班，16 岁被选入广州工人足球队，1966 年加入广州队，1969 年进入广东队，1972 年入选国家队，逐渐成为中国队的中场灵魂核心。1980 年获"运动健将"称号。他代表中国先后参加过两届亚运会和两届亚洲杯，以及第 22 届奥运会预选赛和第 12 届世界杯亚大区预选赛，1979 年、1980 年、1981 年连续三年被评为

容志行与贝利 1977 年的球王世纪之会

"全国十名最佳运动员"之一，这也是中国足球运动员获得过的最高荣誉。1981 年容志行获国家体委颁发的体育运动荣誉奖章，1984 年被评为"中华人民共和国成立 35 年以来杰出运动员"，1994 年荣获"新中国成立 45 周年体坛英杰"，1999 年当选为"新中国成立 50 年新中国体育 50 星"，2009 年入选"60 位最具影响力的新中国体育人物"。

在足坛，容志行有"中国的贝利"的美誉。1977 年，美国宇宙队访华，"世界球王"贝利随队到访，在上海江湾体育场与容志行领衔的中国队进行了有历史意义的一场比赛，赛后，贝利面对人们的赞扬，回答说："中国队的 11 号也是一位世界级球星。"这个中国队 11 号，就是容志行。贝利对容志行给予了很高的评价，他认为容志行是有灵魂的人，因为他在场上的风度和风范，体现的不仅仅是高超的足球艺术，还有高尚的道德情操。比赛结束后，两位伟大的球王惺惺相惜，互赠球衣留作纪念。

2. 足球榜样　中国精神

不过与高超的球技相比，容志行更为可贵的是至今仍然为人们所津津乐道的"志行风格"。在中东一场国际比赛中，身穿 11 号球衣的容志行带球杀入对方禁区，对方两名后卫从左右两边向容志行飞身撞来，被容志行变向闪开，两名后卫却撞到一块双双受伤倒地，已面对空门待射的容志行见状立即停球，主动上前伸手将二人扶起。观众看见容志行放弃了胜券在握的射门机会，在刹那的惊奇之余，场上爆发出潮水般的掌声。赛后，一批当地球迷涌进场内，有节奏地呼喊着："11 号，11 号！"一直将容志行等中国队员送到所住的旅馆。当地一家媒体这样评论："在洪水暴风一样的比赛激烈气氛中，中国队的 11 号竟能取得一种节制，避免了比赛流于过火，他是在经受了多次粗暴攻击后吹起良心道德号角的。"

容志行最让同行和对手钦佩的是赛场上"打不还手，骂不还口"的品行。容志行说："我在场上比赛时，所有的注意力都在球上，从来不会去报复踢人。我永远记得这么一句话：对对手最好的'报复'就是把球踢进他们的球门。"容志行从进入广东队、国家队到退役，在近 18 年中，参加各种国内外比赛近千场，从未得过一张黄、红牌。这是极其惊人和罕见的，几乎是一个奇迹。

中国体育界唯一用个人名字命名的精神"志行风格"，就源自他在赛场上高超的技术和对对手充分尊重的良好赛风——勤勤恳恳，任劳任怨，刻苦训练，技术出众，从不做粗野动作，不报复对方球员，不与裁判争执，获荣誉不骄矜，表现出高尚的体育道德，成为中国体育界一笔宝贵的精神财富。

1981年世界杯亚大区预选赛上，人们看到了国家队队长容志行的精彩表现：4比2破朝鲜，四球中他助攻三球；3比0大败科威特，他拖着刚缝了十几针、被纱布裹得密密麻麻的小腿上阵，并首开纪录，下场时全体观众起立为其鼓掌致敬，高呼"祖国感谢你，人民感谢你"。这一胜利，极大地振奋了民族精神，当时全国许多城市的群众自发结队游行，欢呼"振兴中华"的口号，容志行也成为人民心中的英雄。

值得指出的是，"志行风格"在1981年初就已广为人知，"女排精神"则是中国女排在1981年至1986年获得"五连冠"后才总结出来并广泛传播的。换言之，"志行风格"比"女排精神"更早被全国人民熟知。"志行风格"成为当时最能体现民族精神的口号。当时有媒体对"志行风格"的诠释是：尊重裁判，顾全大局；尊重对手，强调体育风格；尊重队友，重视合作；其中最核心的内容是为祖国荣誉奋不顾身的拼搏精神。

2009年10月16日，第11届全运会即将开幕之际，时任中共中央总书记、国家主席、中央军委主席胡锦涛同志接见了新中国体育发展60年来涌现出的优秀运动员和教练员代表、全国群众体育先进单位和个人代表，原中国足球队中场核心容志行也在其中；胡总书记接见容志行时握着他的手说："中国足球还要继续发扬'志行风格'。"

2014年9月30日，在国庆65周年招待会上，容志行作为足球界唯一代表受邀出席，受到习主席的亲切接见，这也是中国足球界代表近年来首次获邀参加国庆招待会。正如容志行自己的感言："最高国家领导人对'志行风格'的肯定，其实是对中国足球的勉励和寄望。"

3. 代表国家队征战敢担当

广东足球以技术流著称，但对外向来秉承广东人务实低调的传统，从来不习惯也不喜欢夸夸其谈，吹牛自负。在政治上更多是克己奉公，不喜出头。然而，当国家需要自己挺身而出时，广东足球敢于担当的精神气概，却是无人可敌，体现了对于国家荣誉至上的崇高思想境界。

1991年，国奥队兵败吉隆坡，中国足球又一次陷入了低谷。当时通过竞聘身兼国家队和国奥队主帅两职的徐根宝，尚未在国家队上任就被免职，国家队一时"真空"。1992年春，中国足协又突然接到亚足联关于中国队参加当年4月20日至26日在新加坡举行的第10届亚洲杯赛第5小组预选赛的通知。中国足协抓狂之际，临时决定将国家队任务"下放"给地方队，由粤穗联军代表中国征战亚洲杯小组预选赛，这在中国足球史上可谓开了先河。事实上，当时亚洲杯预选赛每个小组只有一个晋级名额，粤穗联军面临着"不成功便成仁"的巨大压力。然而，粤穗联军在狮城所向无敌，三战三捷，以狂进7球，1球不失的骄人战绩，昂首为中国夺得了进军广岛亚洲杯决赛阶段的资格。虽然之前在1980年，广东队曾经以"中国二队"的名义参加过泰王杯足球赛，但泰王杯仅属国际B级赛事，

1992 年代表国家队横扫亚洲杯预选赛，则是广东足球队第一次代表国家队出征国际 A 级比赛。

1984 年由于广东队以不败战绩夺得了尼泊尔杯赛冠军，使得尼泊尔足协致函中国足协，要求中国教练员赴尼执教。当时中国足协就指派了广东名帅岳永荣外派援教，写下了足球外交传奇的一笔。

五、体制超越——勇吃螃蟹之先

1. 白云山模式的创举

纵观广东足球的诸种"超越"，体制超越最为难能可贵，创新之举的影响意义远超体育范畴，甚至直接带动了中国经济体制的转变。

1983 年第 5 届全运会上，广东登上了金牌榜霸主宝座，并宣布广东将举办 1987 年第 6 届全运会。1984 年 6 月，中国长城杯国际足球锦标赛第一阶段首次安排在广州举行，同年 7 月，为迎接六运会，在广州天河机场旧址上举行了天河体育中心奠基典礼。7 月 29 日，许海峰在第 23 届洛杉矶奥运会上夺金，实现了中国在奥运会上金牌零的突破。广东共计有 27 名运动员、5 名教练员和 1 名裁判员参加了该届奥运会，曾国强、陈伟强斩获金牌，谭良德屈居银牌。顿时"体育热"席卷南粤大地，一向敢为天下先的广东人，通过从体育一系列的历史性突破中寻觅到了超越的灵感，一个伟大的超越体制的创举孕育而生。

1984 年 10 月 1 日，当共和国欢庆建国 35 周年之际，广东足球也迈出了中国足球改革的第一步。广州白云山制药厂宣布以每年赞助 20 万元的条件，与广州体委共建广州白云山足球队，这也是新中国第一支由企业冠名、共同培养的球队。

竖起中国足坛第一面与企业相结合的大旗后，当晚，在全国足球甲级联赛中，广州白云山足球队在越秀山体育场迎战八一劲旅，虽遇雨天，却勇克八一，近 3 万广州球迷，冒雨支持这支新易帜改号的球队。同年，广州白云山足球队还参加了首届中国足协杯比赛，当年代表国家队参战尼赫鲁金杯赛，凭一记快速而难度极高的凌空射门而击败阿根廷队的"矮脚虎"赵达裕被评为首届足协杯"最佳运动员"。

说起来，白云山模式的创建多少有点无心插柳柳成荫的味道。当时，广州足球办公室鉴于广州全社会对足球运动热情高涨，希望尝试利用广州雄厚的足球基础和经济实力，建立 12 支半脱产的球队，上午工作，下午训练，球员配摩托车，年薪 3 万元，这些条件在当时极具创意和吸引力。1984 年，广州足球办公室向各区、单位、企业发函，征求组队意见和意向，当时反应最积极的是白云山制药厂。时任该厂厂长的贝兆汉对足球市场非常看好，开始他希望与广东足球队合作，但是当时广东省体委受计划经济体制所限，以从来没有与企业合作办运动队的先例为由婉拒了贝兆汉。在这种情况下，广州白云山制药厂与广州足球队的"联姻"也就顺理成章。

"白云山模式"可谓在中国炸响了一声春雷，这种突破体制上的局限，向足球市场化迈出了具有划时代意义的一步，不仅极大地改变了中国体育体制的原有格局，而且还直接启发和推动了中国当时从计划经济体制向市场经济体制的转变，这也是广东精神"敏于行"的当代体现，广州足球再次一夜成名。

2. 体制模式试验场

一石激起千层浪，此后全国各地足球队，以及不同项目的运动队都以此作为模版，与企业开始共建合作，这极大地盘活了体育资源，促进了当时中国的思想解放，其他领域也以"白云山模式"作为借鉴，各种新的体制形式如雨后春笋般茁壮成长，极大地推动了中国社会经济的发展。

广东作为当时全国思想最解放、经济最活跃的改革开放的前沿地，"白云山模式"引起的巨大连锁反应，更是超出了人们的想象。

1985年，广州华南缝纫机工业公司与广州青年队单独合作，成立了广州华南足球队，当时以高薪招募人才，这在当时体制局限之下，也一度引起了轰动。

1986年，广州白云山队创出多项"吃螃蟹"之举，打破传统的人事体制，先是聘请原国家队教练戚务生任主教练，之后引进了路建人、李公一、黄庆良、黄启能、李勇等非穗籍球员加盟，迈出了国内人才交流的第一步。

1988年，白云山队对足球职业化的管理制度作出新的尝试，实行球员生活自理的走训制，打破队员集中住宿、训练的惯例，当时引起了国内的强烈反响，被誉为"中国足坛的一次地震"。

有意思的是，"白云山模式"的出现，还引发了广东省内企业赞助足球队的热潮。被白云山制药厂抢喝了"头啖汤"的广东万宝电器集团（简称万宝集团），迈出的步伐更大，1985年1月2日，万宝冰箱厂与广东足球队共建的"广东万宝足球俱乐部"成立。这是一种"官办民助"的形式。万宝俱乐部注意人才梯队的建设，将广东青年足球队、广东少年足球队、广东女子足球队归于一体，还创办了"万宝儿童走训班"，举办了"万宝杯"业余体校足球赛。最神奇的是万宝集团之后竟然还把"手"伸到了北京，把北京足球队也变成了万宝队。尽管当时北京许多企业家不服气，但无奈还是在财大气粗的万宝集团面前低下了头。

看到省城企业横扫千军，广东其他富裕地区也各出奇招。如顺德神州燃气具联合总公司，由《足球报》做"媒"，竟然与上海足球队"联姻"，使上海队变成了"神州燃气队"。广东企业竟然一举拿下了"北上广"中国足坛诸强球队的冠名权，气势之磅礴，可谓空前绝后！

当时掀起的企业赞助热，基本上都是一家企业独资。曾经作为中国历史上"四大名镇"之一的佛山，又一次显示了广东人敢想敢干的开拓精神。1988年11月，佛山30家企业联盟，集资500万元，组成佛山足球发展基金会，脱离传统的体委管理模式，参考欧洲职业足球模式，向全国高薪招贤，允许随队家属落户佛山，创办了佛山足球队，丰富了足球体制模式。佛山队首任主教练王杭勤，当年参加全国乙级联赛，即夺得桂冠，跻身翌年

全国甲级（B组）行列；1995年深圳民营企业金鹏集团公司建立深圳金鹏足球俱乐部，成为中国第一个由民营企业独资组成的职业足球俱乐部。一时之间，广东成为名副其实的各种体制模式的试验场。

3. 专业足球时代的繁荣

体制上的改革，也激发出了教练球员的最大潜能和斗志。1991年，以彭伟国、胡志军等广州新一代球员为主力的广州白云队，重返甲A第一年就表现出蓬勃朝气，不仅保级成功，而且在全国优胜者杯（即足协杯）赛中名列亚军；1992年，"少帅"周穗安挂帅，在麦超、吴群立、李勇等一班老将和以彭伟国为代表的年轻球员拼搏下，广州白云队一举夺得了甲A亚军，为专业时代的广州足球写下了最辉煌的一页。

1992年红山口全国足球工作会议吹响了足球改革的号角，中国足协把广州和大连确定为中国仅有的2个足球特区，1993年1月26日，"广州足球特区管理委员会"在广州正式挂牌成立，把足球体制改革推向了前所未有的高潮。

为了肯定广东足球体制改革的成绩，同时也为了探索全面组建中国足球职业联赛，中国足协于1992年12月22日至1993年2月28日，在广东珠三角六市一镇8个体育场，推出了模拟职业主客场制的首届全国足球俱乐部锦标赛。广东无疑成了中国足球改革一片生机盎然的沃土。

4. 留洋学艺屡先行

值得一提的是，体现广东足球体制大胆变革的另外一项突破，就是广东球员，他们成为中国足球运动员出国踢球的第一批勇吃"螃蟹"的先行者。

1986年，得到时任广东省副省长王屏山的特批，古广明终于成为进军欧洲足球职业联赛的第一人，加盟成立于1898年的德乙劲旅达姆施塔特（Darmstadt）队。1987年7月22日，在达姆施塔特队客场对阵萨尔布吕肯队的比赛进行到第83分钟时，技术出众，灵活如泥鳅的古广明攻进一球，帮助达队2比0获胜，这是中国球员在德乙赛场，也是在德国职业联赛打进的第一球。古广明从1987年至1991年，作为球队主力右边锋，共效力了5个赛季，出场109场，入球8个，在德乙风光一时，成为中国运动员在国外职业赛场征战的楷模。

1987年2月，广东万宝二队的谢育新应邀加盟荷兰兹瓦鲁市PEC82足球俱乐部，成为中国足球运动员通过转会形式到国外踢球的第一人。

1989年10月，入选中国少年队的广东籍球员吴崇文，应英国著名球星博比·查尔顿邀请，参加在英国举行的国际足球技术测验，因基本功扎实，取得第二名，获得参加1989年西班牙巴塞罗那训练的资格。这在当时也是中国足球的一项纪录。

虽然对于健力宝集团的李经纬，仍然存在诸多争议，但对于他满腔热忱对中国足球的鼎力资助，历史是不会忘记的。1993年11月14日正午，初冬的北京晴空万里，22名16岁足球少年以中国健力宝青年足球队的名义，飞赴地球另一端的"足球王国"巴西训练和学习。此后4年，他们分别在圣保罗州的瓜拉尼和巴拉纳州科里蒂巴的竞技俱乐部进行了系统训练，在巴西度过了难忘的青葱岁月。2013年底，当年足球队的小伙伴们再度聚首，重走巴西路，再度探访了曾经训练过的巴西各个俱乐部和当年的老朋友。虽然曾经的翩翩少年已是人到中年的大叔，但他们无不感谢健力宝集团当年的义举。事实上，当年健力宝集团资助中国健力宝青年足球队赴巴西留学，也是广东在体制限制之下，民营企业对体制超越的伟大之举。

六、竞争超越——职业足球的兴衰

1. 旭日东升

"当太阳升起的时候，我们的爱天长地久。"

这首曾经名满天下的太阳神公司企业歌曲《当太阳升起的时候》，无疑是广东足球在进入职业足球初期，如旭日东升，霞光万道的辉煌写照。尽管之后，太阳神公司以某产品电视广告歌曲《真我》与《当太阳升起的时候》旋律极为相似为由，进行了长达6年官司诉讼，最终在2004年，以太阳神集团胜诉，获赔偿50万元人民币告终。但此时太阳神集团已经退出足坛，广东足球也陷入了曲折崎岖的弯道中。

1993年1月8日，以公开招标形式，广州市体委选中了1992年销售额达到13亿元、占据了中国保健品市场份额63%的广东太阳神集团作为合作方签订合约，正式成立了中国首家股份制职业足球俱乐部。并在次年开启的中国足球职业联赛中，在学院派少帅周穗安的率领下，夺得了亚军，彭伟国获得"金球奖"，胡志军以17个进球荣膺"金靴奖"。有"保健品行业教父"之称的怀汉新也因此成为为中国足球职业化进程做出贡献的又一位广东企业家。

事实上，当年太阳神足球俱乐部不仅成绩彪炳，而且在经营上很有手段。在当时球队要出高价请电视台转播的中国特色下，一度竟将球队电视转播权卖到了140万，而140万在甲A初年已是一家俱乐部全年的经费。同时，球队胸前广告以17万美金（当时折算为150万元人民币）卖给日本三菱，当年球票收入190万，使得职业俱乐部收入达到了欧洲职业俱乐部的"三三三"超前模式：俱乐部收入三分之一来自门票，三分之一来自广告，三分之一来自电视转播版权。这种俱乐部自我造血的先进模式，即使放在今天的中超，也仍然只是一种美好的梦想。

2. "甲午风云"

"德比"，源于英国赛马的一个词语，是特指同城竞争之意。甲A时代最早的德比就出自广东。其实所谓德比就是竞争，正是在中国改革开放最前沿的广东，通过职业足球的开创，迸发出了最能体现市场经济活力和动力的"荷尔蒙"——竞争。

中国足协曾经担心广东球队之间会有什么默契，所以在安排甲A联赛赛程时，想当然

地没有将粤穗之战按照"蛇形排列"进行正常的赛程编排,而是把广东两队德比之战提前。事实上,广东球队之间德比战全部都是"打真军",甚至是惨烈的血战。1996年,广州太阳神队与兄弟球队广州松日队的德比血战,创造了中国职业足球史上红、黄牌的惊人纪录——5红9黄!

十分有趣的是,虽然广州太阳神足球俱乐部作为中国第一个职业体育俱乐部诞生于广州,但其实老板却来自东莞黄江镇。而当年甲A年代第一次"德比"另外一个主角广东宏远,老板陈林同样也是如假包换的东莞乡镇企业出身,因此当年第一次职业联赛的粤穗之战,也是"东莞老板德比"。

1995年,黎兵以64万元人民币的创纪录价格,从辽宁队转会广东宏远队,成为当时中国职业联赛的转会"标王"。

1996年广州一城之内出现了3支甲A球队(广州太阳神、广东宏远、广州松日),广州足球达到了自职业化以来的顶峰,再加上佛山佛斯弟、深圳金鹏两支甲B球队,一省竟然拥有5支甲级队的广东在全国足坛刮起了最强劲的"甲午(五)风云",再加上连升3级的深圳队,广东一省之内竟然有多达6支的甲级俱乐部队,使得广东一度试图创办省内的职业小联赛,可谓羡煞旁人。

鉴于广东职业足球的鼎盛发展,中国足协也前所未有地于1997年春,将全国足球工作会议特意安排在广州举行,这在一定程度上也是对广东足球的一种肯定和认可。

值得指出的是,纵观广东足球在职业化初期的空前繁荣,足球投资人居然全部都来自民营企业,这与当年广东乘改革开放之东风,敢为天下之先,大胆先行先试,可谓是一脉相承,也是20世纪90年代最流行的"东南西北中,发财到广东"的具体体现和真实写照。

3. 谁主沉浮

然而,随着其他省市国企资本的大举进入,再加上联赛之中假、赌、黑丑恶现象泛滥,原先公平竞赛的良好环境和平衡被摧毁,广东职业足球风光不再,并很快陷入低谷。

1997年至1999年短短3年间,广东宏远、广州太阳神和广州松日3队相继从甲A降级,佛山佛斯弟和深圳金鹏挥泪相继转卖外省。最为悲壮的是,随着广东足球的"老大哥"广东宏远被转让给青岛之后,进入21世纪的广东足球,差点连足球职业俱乐部的种子都保不住。

广东省人民体育场,俗称"东较场",肇始于唐代,距今已有1 300多年历史,是迄今我国以传统形式保存时间最长的唯一的古体育场。清朝光绪年间,按照现代奥林匹克运动竞赛规则在此举办了广东省首届运动会,也是中国最早的现代运动会。这座体育场承载了广州的历史沧桑、文化辉煌,浓缩了古今南粤体育的风云际会,难怪被称道在关键时刻"显灵"。

2000年9月23日,甲B联赛最后一轮,当曾庆高在补时最后一分钟,一记左脚远射,攻入为广州队保级的生死之球,最终使广州队"把根留住"的那一刻,数千球迷竟然不顾当值新加坡主裁判尚未吹响完场哨声,就冲入球场之内,有的扒太阳神队球员的衣服、球鞋,有的去抢比赛用的足球,有的甚至想拆了球门,"东较场"再次写下了让人永远不能忘怀的神奇一幕。

2001年初,广州太阳神正式宣布退出职业足球圈,从此之后的6年间,广州足球先后四度转换东家：吉利、香雪、日之泉、广药，最终在阔别中国职业足球顶级联赛 10 年之后，广药队在原国奥队和北京队主帅沈祥福执教下，提前 3 轮夺得了 2007 年中国足球甲级联赛冠军，升上中国足球超级联赛。

2009 年，中国足坛掀起了天翻地覆的反赌风暴，次年连领导层都被一窝端的中国足协，在中超、中甲球队出现大面积假球的情况下，仅对曾经涉假的广药队和成都谢菲联队进行了最重的处罚：降入 2010 年中国足球甲级联赛。2010 年 1 月 1 日，广药集团正式退出，俱乐部暂时由广州市足协托管。

为了备战 2009 年第 11 届全运会，广东省足协与日之泉集团于 2007 年以广东青年队为班底，成立了广东日之泉足球俱乐部，并于 2008 年夺得中国足球乙级联赛亚军，冲甲成功，广东足球重新拥有了一个甲级联赛席位。2009 年，以日之泉队为主干的广东全运队，夺得了 11 枚足球银牌，是 1997 年八运会以来的最佳战绩。不过令人遗憾的是，接连冲超功亏一篑，心灰意冷的日之泉老板林勤于 2014 年底，宣布球队转让陕西，后因注册问题，中国足协注销了该队的参赛资格，广东日之泉足球队也从此画上了历史的句号。

2011 年 6 月 25 日，广州富力地产股份有限公司在深圳凤凰足球队濒临解散之际，仅出资 1 460 万元就收购了该队，并正式更名为广州富力足球队。3 个月后，广州富力战胜广东日之泉，夺得了 2011 年中甲联赛亚军，神奇冲超。2014 年广州富力异军突起，荣膺中超联赛季军，获得代表中国征战亚冠联赛的资格，锻造了广东足球的又一段神话故事。

4．移民城市的胜利

当 2004 年深圳队获得首届中超联赛冠军时，有多少人知道，这座昔日的小渔村，直到 1984 年 12 月，才第一次在家门口观看到了专业足球队的比赛。当时，刚成为经济特区的深圳，第一次举办了红山花足球邀请赛，邀请了广东、天津等 4 支甲级队参赛，足球一下子进入深圳人的视野之中。

1991 年，大名鼎鼎的一代球王容志行出任深圳体委主任，深圳足球的发展速度也从此如同该城市的发展速度一样，坐上了火箭。深圳足球俱乐部于 1994 年 1 月 26 日正式挂牌，当年在首任主教练、原国家队守门员教练胡之刚的带领下，获得乙级联赛冠军，次年（1995 年）升入甲 B 联赛并获得冠军，成立第三年（1996 年）升入当时的中国足球顶级联赛甲 A 联赛，凭借"三连跳"创下了足球圈内的"深圳速度"。

作为年轻的移民城市，深圳接连聘任了两位名帅，使深圳足球名噪一时。1998 年深足聘请了亚洲足坛名宿、韩国铁帅车范根担任主教练，在国内外引起强烈反响。2000 年，"健力宝足球之父"朱广沪走马上任，深圳足球开始攀登中国足球的最高峰。

2004 年 11 月 24 日，首届中超联赛第 20 轮，深圳健力宝以 3 比 1 战胜上海申花，提前两轮获得球队历史上第一个联赛冠军。这也是甲 A 联赛更名中超联赛以来，中国职业足球顶级联赛的第一个冠军。更令人咋舌的是，由于深足投资集团出现严重问题，球员的工资和奖金累计拖欠达到 9 000 万。一支球队 7 个月都没有发放任何工资和奖金，竟然还能夺得中超冠军，这不得不说是广东足球的又一奇迹。

七、变革超越——"恒大王朝"奇迹

1. "历史的弯道"

以雄、奇、险、峻而闻名于世的晴隆二十四道拐抗战公路，古称"鸦关"，堪称险峻公路建设史上的杰出典范。在倾角约60度的斜坡上以"S"形顺山势而建，二十四道拐蜿蜒盘旋至关口，全程约4公里。作为全国重点文物保护单位，晴隆山的二十四道拐抗战公路于2015年8月24日，被国务院评定为"国家级抗战纪念遗址"，成为名副其实的"历史的弯道"。

正如本卷之名"弯道"，广东足球也如晴隆二十四道拐，历经风霜洗礼，起伏沉浮，曲折坎坷，终于结束了漫漫长路，不仅实现了弯道超越，由全新变革的广州恒大创造了中超五连冠的伟业，而且两度笑傲亚冠，称霸亚洲足坛！

由于2009年底在中国足坛反赌风暴中，被揭发曾经在2006赛季先后两次参与打假球，广药队受到了中国足协的处罚，与另一支涉假球队成都谢菲联一同被降级到2010年中国足球甲级联赛。这个消息对所有广州足球人无疑是晴天霹雳。人们常说：大难临头各自飞。当广药队跌落深渊后，广药集团撤资，徐亮、白磊、李本舰、拉米雷斯等核心骨干纷纷离队。此时当年征战中超的主力只剩下李帅、吴坪枫、李建华3人，所有人都认为广州足球会再次进入黑暗时期。

最危难的时候，"救世主"出现了！

仅仅在被降级一周后的3月1日，恒大集团以一亿元买断广州足球俱乐部全部股权，球队正式更名为广州恒大足球队。鉴于恒大之前完全没有接触足球的经历，所以外界抱着旧有的观念和思维，并不看好广州恒大能够搞出什么"大头佛"。

2015年11月21日，许家印与马云为球队将士再夺亚冠奖杯倒酒庆功

2. 恒大的"Paradigm Shift"

范式转换（Paradigm Shift）原意是对长期形成的思维习惯、价值观的改变和转移，也叫"命律转移"。最初是由美国著名科学哲学家托马斯·库恩提出的。

该理论认为，一个稳定的范式如果不能提供解决问题的适当方式，它就会变弱，从而出现范式转换。按照库恩的定义，范式转换就是新的概念传统，是解释中的激进改变，科学据此对某一知识和活动领域采取全新的和变化了的视角。通常，范式转换是一个由某一特别事件引发的过程。范式转换理论揭示了事物发展的历史状态和内在发展规律，对人们厘清所从事领域的发展路径，以及把握其领域的未来走向，都有启发作用。

近年来，范式转换理论开始被引入，对于长期徘徊不前的中国足球而言，的确需要对中国足球旧有的模式进行改革和突破。

恒大集团主席许家印以其独特的企业家视野、胸怀、理念、意志和力量，从俱乐部运营到球队建设，采取了一系列颠覆性的变革，实现了恒大体制、文化、模式、管理、实力等全方位的历史性超越，不仅创造了前无古人的足球奇迹，建立了气吞山河、6年10冠的"恒大王朝"，还彻底打破了中国足球的传统和格局，营造了中国足球全新的环境和市场，而且将其影响力扩大到了亚洲，乃至国际足坛，更惊人的是恒大变革伟业，不仅扩展到了整个体坛，甚至辐射到了各行各业，成为当今中国改革大潮中独一无二的夺目旗帜！

经

部

2015 年 11 月 21 日,恒大将士继续捍卫"恒大足球皇朝"之"赢"道,再登亚洲之巅

经者,旨在论述思想智慧和成道境界。
经验是思想的结果,思想是行动的结果。

门道

黄河西来决昆仑，
咆哮万里触龙门。

——唐·李白《公无渡河》

气势恢宏的恒大足球学校大门，成为恒大足球门道的象征

古语云：门者，入必由之，上栋下宇，以待风雨。

对足球几乎是一无所知的许家印，却以企业家独有的战略眼光，一眼相中了足球巨大的市场价值和全球性影响力，视球非球，视球全球，把足球的门道，直接变成了为我所用的营销平台，建成了高不可攀的"足球帝国"。

人的一生就是体道、悟道、得道的过程。

一、国际长途电话"敲门"　元宵节"威斯汀谈判"

1. 降级退出　逢低吸纳

2010 年 2 月 28 日，农历正月十五日，元宵节。

40 层高的广州威斯汀酒店，距广州市新中轴线中信广场东北方向仅 126 米，此时已经是华灯初上，马上就一片灯火辉煌。

刘江南，时任广州亚组委副秘书长、广州市体育局局长，作为 2010 年广州亚运会的倡导者，他应邀前往当年即将举办第一届青年奥运会的新加坡考察、交流，因为毕竟广州亚运会与新加坡青奥会是在同一年举办的国际综合性运动会，十分需要互相借鉴。

不过，正当刘江南在新加坡与新加坡青奥会组委会交流之际，他接到了来自 3 740 公里之外的广州的越洋国际长途电话。

许家印，恒大集团董事局主席。3 个月之前，恒大成功在香港联交所正式上市，许家印个人凭借持股 68％ 将 479.49 亿港元收入囊中，一举登上中国大陆首富之巅，成为海内外炙手可热的新闻人物。此时此刻，许家印在国际长途电话中未与刘江南作过多的客套和寒暄，而是单刀直入，直接表达了恒大集团希望接掌广州足球的强烈意愿。

2009 年，新加坡联赛中出现的中国籍球员打假球事件，引发了一场天翻地覆的中国足坛打黑风暴，这场空前也可能是绝后的风暴，不仅把中国足坛的诸多俱乐部和球员卷入了旋涡，甚至令中国足协领导层也身陷囹圄。当时的广州广药队被揭发曾经在 2006 赛季先后两次参与打假球，虽然事实上，中超、中甲的众多俱乐部都有过"假赌黑"的劣迹，有的严重性甚至远超广州广药队，但是中国足协却只处罚了广州广药与另一支涉假球队——成都谢菲联，宣布穗蓉两队一同降入 2010 年中国足球甲级联赛。正是在此背景下，广药集团退出，俱乐部暂时由广州市足协托管。

当时，广药集团退出，通过评估，要求广州市体育局归还广药集团 2 100 万元，作为回购股份。虽然广汽集团愿意出资 2 500 万元冠名广州队征战 2010 年中甲联赛，但是按照当时球队最基本的运作费用，一年花费在 3 000 万元以上，如果加上回购广药集团股份的费用，以及教练球员的欠薪，最少也要有五六千万元才能重新启动，这对广州市体育局和

57

广州市足协来说，的确"压力山大"。

正是在以上背景之下，当接到许家印的越洋电话后，刘江南马上指示广州市体育局相关领导与许家印展开谈判，他自己则立即乘飞机赶回广州。下飞机后，家也没有回就直奔许家印约好的谈判地点——威斯汀酒店。当晚正是元宵佳节，在中国人的传统观念中，年还没有过完，谈判居然安排在元宵节，恐怕只有务实的广州才能上演这样传奇的故事。

事实上，元宵之夜的威斯汀谈判，除了绝对的男主角许家印之外，还有一个不能遗漏的重要人物——广汽集团总经理曾庆洪。当时的情形是，刘江南代表的是广州市体育局，即广州足球的原股东。曾庆洪虽然不是股东，但当时为了全力支持广州足球，广汽集团已经与广州市足协签订了以2 500万元冠名广州队的协议，是左右时局的重要砝码。但曾庆洪毕竟是大企业家，在关键时刻不仅支持恒大入主广州足球，而且原来许诺的冠名赞助费，也照样支付。

2. 三方谈判　一亿收购

正如威斯汀谈判之日的"黄历"显示：庚寅年，戊寅月，己酉日，酉时，主有远人来相会，吉；五行之中最旺金。对于正处于创业发展阶段的人来说，各种困难很多，只要能坚持中正的方针，依正道办事，注意调查，处处小心谨慎，并根据情况的变化，采取应变措施，事业可顺利前进。

许家印、刘江南、曾庆洪恰好分别来自北、南、东北三方，巧合地代表了"财神""福神"和"喜神"的方位，如有神助，威斯汀谈判总体上进行顺利。

当广州市体育局与恒大集团达成整体转让意向时，刘江南向许家印提出3大条件：一是必须冠名广州，主场留在广州；二是如有重大变化，必须与体育局沟通；三是如果恒大放弃，只能把球队还给广州市体育局，不能转卖给其他企业或机构。许家印对此并无异议。

当许家印与刘江南、曾庆洪三方达成共识之后，刘江南指示由广州市足协秘书长谢志光与恒大方面具体敲定转让方案和协议。而当天恰逢中国球王容志行因病住院，作为昔日的亲密队友，谢志光正在深圳探望容志行。一接到刘江南的指示，谢志光马上飞车从深圳赶到威斯汀。

由于谢志光经历了太多的广州足球换老板的事情，以往通常都是赞助商一退出，就留下一地鸡毛，让广州市体育局和足协去收拾残局，因此他当时对许家印接管广州足球的诚意和实力，仍然带着问号。所以，当他与许家印面对面，进行广州足球又一次的"改朝换代"谈判时，抛出了一块多少让许家印略感唐突的"试金石"：要求恒大集团在第二天召开发布会之前，必须向广州市足协的银行账户打入1 000万元的保证金。事实上，这对于财大气粗的恒大而言，更重要的是对于经过多方调查研究，已经下定决心的许家印而言，并不是问题。因为许家印本身就是传奇的代名词。

2010年3月1日，许家印（中）正式开启恒大足球的新篇章

许家印不愧为骑兵连长之子，作风向来都是旋风式的。第二天一大早，甚至在银行还没有开门之前，广州市足协的财务人员就向谢志光报告：足协账户突然多了1 000万元，支付方：恒大集团。

一诺千金的许家印不仅迅速拨付了2 000万元专款，将广药俱乐部拖欠球员的工资奖金全部付清，而且又在一天之内将俱乐部对外欠款全部付清。

将在2010年举办广州亚运会的广州市政府机构，也在此时表现出了优异高效的工作素养。威斯汀谈判结束第二天，即2010年3月1日，广州市政府、广州市体育局与广州市足协马上召开新闻发布会，恒大集团正式宣布以一个亿的价格收购广州足球发展中心有限公司100%的股权，成为广州足球史上的第七任老板，如此神速、如此价格，在广州足坛，甚至中国足坛都是一个轰动性的消息。3月1日也从此成了广州恒大足球俱乐部的生日。不过相比而言，更应载入史册的是2010年2月28日元宵节，许家印捏出了广州足球新的"元宵"。正是这一天，恒大正式迈过了资金这道不知绊倒过多少英雄豪杰的门槛，广州足球历史也从此开启了全新的篇章。

二、许家印曲折的身世　上市的"三通战鼓"

1. 地灵人杰　磨难励志

许家印出生于"大跃进"的1958年，这似乎注定了他的一生充满了传奇。

许家印的老家河南省周口市太康县高贤乡，因孔门七十二贤之一的高贤而得名。太康作为河南历史文化名城，是三国时期才高八斗、曾作著名的《七步诗》的曹植的封地。同时这里也是兵家必争之地，揭竿而起推翻秦朝统治的吴广正是太康人；敢造隋炀帝反的李密，1 400年前也是在太康起兵。这里还是革命老区，许家印出生的具台岗村，曾经是八路军冀鲁豫军区睢杞太地区水东独立团团部所在地，许父在抗日战争中，是水东独立团战功卓著的骑兵连连长，后因战斗负伤提前复员回乡。

"我的小学在没有窗的茅草房中读完，六年里，我都是蹲在一个泥台子上听课并完成作业。高中住校时睡的是大通铺，每人墙上挂个竹筐，里面一年四季的窝头是我全部的粮食。冬天可以吃一周，夏天只能吃三天，就这样还是要长毛的。没关系，洗洗就可以吃了。"

回忆起青少年时期，贫穷反而成为激发许家印立下远大志向的动力。

2. 三跃龙门　成立恒大

诗仙李白作过咏叹大气磅礴的黄河的名句：黄河西来决昆仑，咆哮万里触龙门。作为中原黄河之子，许家印终于等到了鱼跃龙门的历史时刻——1977年恢复高考。1978年，许家印以周口市"探花"的成绩，考入武汉钢铁学院（今武汉科技大学）。对于选择钢铁学院，许家印曾经透露，他以当时的眼光耍了点小聪明，因为钢厂都是在城市，他相信学了这个专业，一定可以跳出"农门"。

4年之后，许家印成功实现了这个愿望，成为河南舞阳钢铁厂的一名"钢铁人"。已经开阔了眼界的他，对这一毕业分配不太满意，但别无选择，短暂失落后，许家印打起精神，从头干起。进厂两年后，他成为车间副主任，第三年成为车间主任。

当时的许家印"工作像个陀螺，十年里未休息一天"，工作能力强，但不喜欢讨好献媚领导。这让他在成为车间主任后，一直得不到提拔。干了7年车间主任后，他对工厂失望了。1992年，邓小平南方讲话的春风吹遍了神州大地。许家印毅然辞别奉献了10年青春的舞钢，南下改革开放前沿地深圳，进入一家名叫"中达"的贸易公司打工，从业务员做起，3年后成了分公司的老总。

1994年，也是中国足球职业联赛开创之年，许家印第一次出差到广州，马上被广州这座千年商都独特的市场环境和氛围所吸引。回深后说服老板，外派他到广州干起了房地产生意。在广州，许家印操盘的第一个项目"珠岛花园"就赚到2亿多的利润，但他的月薪仍然只有3 000多元，没有任何挂钩的业绩奖赏。当他鼓足勇气要求老板给自己涨到10万元年薪时，老板拒绝了他。确切地说，是为了省下6万多块钱放弃了他。

如果说考上大学是许家印人生中第一次"鱼跃龙门"，那么从舞钢到深圳则是他跳跃的第二道龙门。香港回归的1997年，许家印第三次跳跃了龙门——他第二次辞职了，也是最后一次，因为这次他已经是"蛟龙入海"，自己当上了老板，成立了恒大实业公司。

3. 创造奇迹 上市触礁

恒大者，古往今来连绵不绝，曰恒；天地万物增益发展，曰大。

许家印从创建恒大之始，就把以上对取名"恒大"的解释，直接运用到实战当中——"用最少的钱拿更多的地，发展的时间持续更长"。1997年，赤手空拳的许家印向银行贷款500万元，打造了恒大的第一个项目——广州金碧花园，创造了开盘仅一个上午，323套住宅全部售罄，回笼现金8 000多万元的奇迹，许家印赢得了自己的第一桶金，恒大也因此一举成名。

从此，恒大一发不可收拾，开始了在房地产业的逆袭：在短短三年内，就从当时广州1 600多家房企中脱颖而出，成为前十强。到2003年，恒大已经跃居广州房地产企业第一名，并首度跻身中国企业500强、中国房地产企业10强。

随着恒大在全国范围加速扩张，许家印开始认识到融资难是国内房地产企业难于做大做强的命门所在，因此他采取借壳上市的办法，敲响了恒大上市的第一通战鼓。然而，国内A股市场的萎靡不振，使许家印很快退出。

2007年，碧桂园集团以1 163亿港元的市值成功在香港上市，年仅29岁的杨惠妍受其父惠泽，一夜之间成为中国首富，这极大地刺激了许家印，也激励了许家印，由此，赴港上市成为许家印的努力方向和工作重点。

"别人是有多少钱干多少事，他是兜里有2块钱要做20块钱的事，拽也拽不住。"一位与许家印合作过的投行人士评价说。志在必得的许家印，第二次播响了上市战鼓。

2008年，许家印手握4 578万平方米土地储备，私募融资累计超过15亿美元，坐等上市。然而，人算不如天算，席卷全球的金融危机突然袭来，恒大上市折戟。

4. 临危不乱 铮铮铁汉

熟悉房地产业的资深人士曾经有这样的评价：许家印是地产大佬圈子里一位铁托似的人物。他既不像王石、李彬海拥有"国姓"渊源，可以敏锐把握主流思想，渡商海、历风雨而稳居潮头；又不像富力地产的李思廉，能够用制衡术让战友同自己，相得益彰地共创一片天地；也不像碧桂园的杨国强，以大魄力和大决心扶持二女儿，逐步完成从家族制向现代型企业的转型；也不像朱孟依、郭梓文这些大鳄们拥有众多兄弟旁系……他凭借一己之力，将恒大地产从1997年的单盘草创，逐步发展壮大成今天布局全国的大型房地产企业。

在2008年遭受最大危机之际，昔日的"钢铁汉"许家印表现出了超群的胆识和魄力，面对悬崖毫不畏惧。上市失败后3个月，许家印一直在香港寻找"救命钱"。天无绝人之路，经过艰苦努力，许家印终于得到香港大亨郑裕彤、杨受成等人的相助，筹集到5.06亿美元。同时，之前的国际风投也主动找上门来与许家印协商解困之法，因为恒大一旦倒下，这些投资者之前的投入将血本无归，他们只能选择力挺许家印，并没有像 2015 年爆发的"万宝"危机，"站在门口的野蛮人"的投机商那样，反而成为"站在恒大门口的守夜人"。

终于渡过险滩的许家印，马上抓住房地产市场"金九银十"的契机，采取"开盘必特价"的销售手法，竟然在生死存亡的 2008 年，最后实现销售收入 118 亿元的奇迹，第一次晋身房地产界"百亿豪门"，一扫上市被迫搁置的晦气。

2009 年 6 月，恢复元气的恒大在内部宣布重启上市计划，擂响了上市的第三通鼓声。在这个关键时刻，许家印在楼盘销售时，聘请成龙、谢霆锋、范冰冰等明星出席。在大打明星牌的过程中，他无意间灵光闪动，决定为了扩大影响力，毕其功于一役，必须要从娱乐明星转向体育明星，也终于请出了其大学时期的"明星偶像"——郎平。

三、恒大女排初试水 恒大足球打真军

1. 郎平助力 上市首富

说起来，许家印与体育结缘可以追溯到恒大成为房地产界"华南五虎"之一的 2004 年，当时，恒大提出"二次创业"的号召，着力实施立足广州、布局全国、全方位拓展产业发展空间的经营战略。许家印频频出席公益慈善活动，当年协办了 2004 年广州国际龙舟赛和广州横渡珠江活动，出资 150 万元赞助男子乒乓球世界巡回赛；2005 年 1 月 2 日，恒大地产集团在未来恒大足球队的主场天河体育中心，举行了"恒大支持亚运，健康成就未来"宣誓大会暨集团员工运动会，独家冠名 2005 年女子乒乓球世界杯赛；2008 年，喜欢打乒乓球的许家印出资 2 000 万元，冠名在广州举行的第 49 届乒乓球世界锦标赛。

不过，在许家印的体育记忆中，中国女排才是最崇高、最强烈的符号。1981 年，中国女排七战七捷夺得了女排世界杯冠军，这是"中国三大球"中的第一个世界冠军，顿时在全国掀起了一股空前高涨的爱国热潮。女排夺冠当晚，即将大学毕业的许家印兴奋得把寝室的扫把和草席点燃作为火把，成为校园内狂欢队伍的领导者。2004 年，中国女排在雅典奥运会最后一战对阵俄罗斯队，3 比 2 反败为胜夺得金牌，重新唤醒了许家印 23 年前的美好回忆。这也使许家印 2009 年萌发了借助女排的影响力，为恒大重新上市点燃最后一段导火索的大胆设想。

2009 年 8 月 1 日，许家印以年薪 500 万元，聘请中国体育界的旗帜型人物郎平出任主教练，以 2 000 万元资金创建广东恒大女排，这个数字几乎等于女排甲 A 联赛所有球队的运营费用和冠名费用的总和。6 天后，恒大向香港联交所递交了上市申请。10 月 19 日，恒大地产正式重启 IPO。

11 月 5 日，在历经了上市险途九九八十一难之后，恒大地产终于取得真经，修成正果，在香港联交所主板挂牌上市。在恒大上市挂牌仪式中，除了众多国际投资者和香港大

曾经在意大利执教的郎平与里皮成为难得的知音

亨外，郎平也星光熠熠地来到了现场，成为对齐恒大上市魔方的最后一方色块。以恒大地产上市当天705亿港元的市值计算，恒大不仅成为IPO重启以来，内地房企赴港上市的最大赢家，已届天命的许家印更以个人持股68%的479.49亿港元的收入，问鼎中国首富。

2. 体育营销　无师自通

有人说，恒大的每一步发展，都聚集了很多许家印的行为哲学。在他身上，中原博大精深的底蕴与岭南千年来的商业内涵似乎恰到好处地找到了一个结合点：高调不失务实，执着不失谋略，我行我素而不按常规出牌，但往往是不鸣则已，一鸣惊人。

有人说，许家印是一匹来自北方的狼。其实，与远赴冰岛购地引起外交事件、个性更为张扬的黄怒波把狼直接做成标本放在办公室相比，许家印的"狼性"更深埋于心里，却体现在每一次决策中。因为许家印一直将狼性作为恒大集团的企业文化，并告诫员工，在踏入某个领域的那一刻，就要把自己调整到狼性状态、与对手血拼、尽一切可能战胜对手。为此，许家印特地把曾在全国两会上大出风头的爱玛仕皮带，换成了"七匹狼"。

对于借助郎平的号召力和影响力，恒大终圆上市之梦，固然像某些媒体评论的那样："许家印重金雇佣郎平执教恒大女排，更像是完成了自己年轻时对偶像的一个追星梦。能够确定的是，这位青年在他大学人生观确立之时，曾受到郎平与女排队员们释放的国家主义的感召，这种感召深刻到竟然延续到今日，他的精神底色是国家主义者。"然而，容易被人们忽视的是，正是通过创建恒大女排，使得许家印真正认识到了体育营销的巨大魔力。同时，恒大上市之后，为上市而压低了预期市盈率的恒大股价，必须要有更强烈的刺

激去提升，恒大需要借此机会，进一步树立外界对恒大的信心，扩大与其他企业合作共赢的领域，使恒大的品牌、规模和效益能够真正再上一层楼。相对而言，女排的影响力毕竟有限，恒大必须要有更大的体育营销平台。

正是此时，刚进入 2010 年，中国足协宣布将广州足球队降级，原赞助商广药集团因此退出，经过多方论证，许家印决定进军足球，并以霹雳手段迅速全权掌管了广州足球。这不仅是恒大为了上市后更好营销推广，更为重要的是，深谋远虑的许家印经过上市一波三折的惊涛骇浪后，开始考虑恒大集团今后多元化发展的战略。以世界第一运动——足球开路，扩展到文化产业，并带动涉足其他产业，避免把"鸡蛋"全部都放在房地产行业一个"篮子"，为恒大集团今后可持续发展、做大做强铺路。

3. "中国阿布" 治足秘笈

常言道"师傅领进门，修行靠个人"。许家印在入主足球之前，几乎没有看过一场足球比赛，即使是恒大集团负责管理足球俱乐部的人员也都是"门外汉"。用许家印的话来说："当时是被忽悠进足球圈的。"可以说，这次迈进足球这道门，完全是靠个人的修行，根本没有"师傅"的指引。

如果硬要找一个"师傅"，可能就是"俄罗斯寡头"、英超切尔西足球俱乐部老板罗曼·阿布拉莫维奇。因为巧合的是，许家印与阿布几乎同时成为各自国家的首富。就在许家印以 1 个亿全资购入广州队之际，2010 年 3 月，根据《福布斯》杂志的统计，阿布的资产达到 112 亿美元，成为俄罗斯首富。恒大重返中超的第一年，球队队服居然也是像切尔西那样的蓝色。

2003 年，阿布在花费 1.3 亿英镑购买了处于经济困境的切尔西队后，又投入 2 亿多英镑为球队还清债务和购买球星。至 2015 年 5 月 3 日，切尔西共赢得 5 次英格兰顶级联赛冠军，7 次英格兰足总杯冠军，5 次英格兰联赛杯冠军，4 次英格兰社区盾杯冠军，2 次欧洲优胜者杯冠军，1 次欧洲超级杯冠军，1 次欧洲冠军联赛杯冠军，1 次欧罗巴联赛冠军。

阿布这个足球门外汉，居然可以把一个 50 年间一直不愠不火的俱乐部突然变成英超和欧洲最盛名和最成功的俱乐部，这不是简单地只从金钱层面就能做到的，因为有钱的俱乐部不少，会花钱的老板却不多。阿布清晰的经营思路是：雇佣拥有丰富经验的专业管理层和教练，这也是他成功的关键。而他用人不疑和圆滑处世的生活态度，更让蓝军有了长期发展进步的基础。阿布就这样征服了斯坦福桥，改变了英国足球，创造了更多的竞争，当然也招来了不少羡慕嫉妒恨。

许家印几乎用相同的手法来经营恒大，聘请高水平的教练组全权执教、管理和运营球队。这就不难理解许家印为何在购入球队 25 天后，就用韩国"铁帅"李章洙换掉了本土"少帅"彭伟国。

当然，许家印仅是在足球方面，找了阿布这个"师傅"。许家印真正的过人之处是，把恒大集团成功的管理经验和运行模式，直接移植到球队，嫁接到俱乐部，并从此开创了中国足球的新篇章！

正如陀思妥耶夫斯基那句名言所指出的："一个真正伟大的民族永远不能甘心在人类事业中扮演次要的角色，甚至不甘心扮演一个重要角色，而是经常地和专门地扮演主要角色。"

"内圣外王"，就是雄才伟略的许家印，创造奇迹，打造霸业的门道。

王道

九天阊阖开宫殿，
万国衣冠拜冕旒。

——唐·王维《和贾舍人早朝大明宫之作》

"冠军终归这里"，已经成为恒大足球王朝的第一战斗口号

从未带领过中甲球队的李章洙，在 2010 年中甲联赛开赛前一个多星期接手广州恒大，开始了一场他执教生涯中最大的冒险。

签下执教合同后，李章洙第一时间和球员见面。面对陌生的球员们，他努力去记忆每个球员的名字。然而一周后，带队出现在中甲赛场的李章洙依然没能将所有球员都对上号。"这有什么办法呢？"李章洙说，"要记住每个人，要了解每个人的技术特点，只有一个星期的时间，这是一件很困难的事情。"

当时球队的大名单上有 28 名球员，分别是守门员：支鑫华、董春宇、李帅；后卫：李志海、约翰·坦布拉斯、戴宪荣、郭子超、涂东旭、陈建龙、唐德超、张宏楠；前卫：德拉尼、李岩、胡兆军、冯俊彦、梅尔坎、杨一虎、李健华、徐威龙、徐德恩、蔡尧辉、李智聖、彭绍雄、石鸿俊；前锋：查尔斯·比奇、倪波、吴坪枫、郜林。

现在再看这份名单，即使是看着这支球队成长的球迷，对一些球员的印象也已是模糊，更何况是当时刚刚接手球队的李章洙。

六年光景过后，这份名单已经发生了翻天覆地的变化。当年那支刚刚经历降级之痛的中甲队伍，早已蜕变为不折不扣的"亚洲之王"。

一、初试啼声——1 000 万的中甲处子战

李章洙入主恒大之初，球员们面对他并没有太多的拘谨，反而经常和他开玩笑，这使得球队的气氛极好。李章洙也乐得如此，虽然他以"铁帅"著称，但活跃球队气氛却有他自己的一套。

他可以在独自一人的时候紧锁双眉，但在球员和记者们面前却时不时露出笑容，将压力埋在心里。"一旦你签下了那份合同，就说明你应该能够面对所有的困难。否则我也不会签下合同。"李章洙说。

1. 主场迁增城：万事开头难

那个时候，广州恒大仅仅在转会市场引进了郜林这一名国脚级球员，除了资金雄厚和一班忠实的球迷之外，什么都还没有。但偏偏外界都认定：只要球队有钱，成绩就应该如何如何好，这是李章洙的压力根源所在。

强装笑颜的李章洙最终还是度过了最初一周多的煎熬，迎来了 2010 年中甲联赛的开始——4 月 3 日，恒大迎来了他们组队之后的第一个正式比赛对手——北京理工。

然而，一个简单的中甲联赛开局，却让广州恒大知道了什么叫作"万事开头难"。

原来，球队在中甲联赛的主场定在越秀山体育场，但由于亚运会场馆改造，越秀山体育场在上半年不能作为球队主场，因此广州市体育局和足协将球队的主场定在天河体育中心。

但临近开赛，同样在进行亚运改造工程的天河体育中心还是一个大工地。在广州恒大入主之后，广州市体育局和足协都要求俱乐部尽快抓紧落实主场工作，但可惜初来乍到的

广州恒大并没有这方面的经验，他们与广州市公安、消防等多个部门的主场协调工作会一直拖到3月31日。

待到俱乐部联同几个部门到现场检查时，才发现这里是一片工地，天河体育中心根本无法承担球队的首战任务。考虑到天河体育中心的情况，恒大俱乐部此前已经做好了"零观众"的准备，但即便如此，依然遭到了中国足协的否决。

广州恒大不得不启动第二套方案，将距离广州市区70公里外的增城体育场作为球队主场，当晚赶到增城去检查验收。场地牵动着一系列的问题，俱乐部因此也一直没有启动新赛季的门票印制和发售工作。只在此前举行过套票发售仪式，售出了一部分的套票。为此，俱乐部采取新的策略，决定在比赛当天安排70部大巴接送广州市区的球迷，同时采取免费门票措施。

多年以后，当人们谈论"恒大模式"的执行力时，2010年中甲主场风波的这段插曲，成为不能不提的必选项。

2. 千万投入的中甲处子战

在各方面的忙碌中，中甲联赛的第一场比赛如期到来。这个赛季对于广州恒大而言，带着一丝的"过渡"性质，因为广州的其他企业也伸出了援手。广汽集团就在这一年为球队提供了2 500万元的资金，获得了俱乐部的冠名回馈。

4月3日这天，广汽集团和恒大集团在增城体育场"争"起了地盘，旌旗飘飘，活脱脱将增城体育场打造成一个售楼部，或者说是售车部。恒大甚至为此邀请了全国150多名记者到场采访比赛，在全国20多个城市的电视频道购买了直播时段。

单是这一场比赛的造势和布置，广州恒大就投入了1 000万元人民币。场面的宏大宣告着广州恒大终于在中国足坛踏出了第一步。

正是这场用1 000万元人民币打造出的中甲开局，使广州恒大"土豪"的形象，深深烙印在各方审视者的内心。

毫无悬念的，在面对全年费用仅有500万元的学生军北京理工，恒大以3比1取得了中甲首场比赛的胜利，郜林梅开二度，唐德超锦上添花。

这场比赛让李章洙松了一口气，但他知道更多的未知挑战马上会接踵而至。

二、顺利冲超——广州足球完成"赎罪"

在4月10日的第2轮中甲联赛，李章洙面临的艰难困境终于展现在人们眼前。恒大在客场被上海中邦以3比3逼平，球队两次领先又被两次追平。

这个3比3的比分还无法令李章洙产生如坐针毡的感觉。毕竟在他眼中，未来的一周轮空足够令球队的防守上升一个层级。然而事与愿违，在4月22日，李章洙带队在主场对阵沈阳东进，最终竟然以2比3落败。

赛季首败这么快到来，不仅是联赛的一个冷门，还让球队教练组惊出了一身冷汗。已经被贴上"土豪"标签的球队，是绝对不被允许这么快就出现失败的。

1. 李章洙的第一次失眠

首败的副作用在赛后立刻爆发，国内各界开始大声质疑恒大俱乐部的"金元策略"。

尽管遭遇开局不顺的结果，许家印却作出"今年冲不上超没有关系，恒大搞足球是长期行为"的指示来安抚球员。

球队首败引发的波澜还未平息，又一场平局的到来让球队内部风雨飘摇。4月25日，恒大在客场战平成都谢菲联，这两支球队都是在赛季前被中国足协降级的球队，同时也是这个赛季冲超的热门球队。

当时成都谢菲联的资金问题并没有像后期那样被媒体广泛报道，外界对他们资金方面仅有的印象是投入不高。于是在这场平局之后，贴着"土豪"标签的恒大俱乐部再次受到了质疑。

开赛5轮，恒大仅拿了4分（第三轮轮空）。这一段时间李章洙受到的压力很大。在签约恒大后的两年内，李章洙曾有两次失眠。第一次失眠就出现在这个时候。失眠往往说明一个人的精神压力到了极点，随后会出现茶饭不思甚至精神崩溃的情况。幸好李章洙还没有到这一地步。

同样受到冲击的还有球员，"金钱"标签让这些球员们感到委屈，郜林、冯俊彦、李帅等球员在一年后说起这段时期时，直言当时害怕看到网络上的批评，他们不得不将手机关机、电脑断网，把自己隔绝在批评声之外。

许家印的安抚、俱乐部的危机公关、球员们的自我调整，都成为球队及时的积极自救。此后，李章洙带领的球队终于走上了外界认为正常的那种轨道。

5月1日，恒大以1比0击败安徽九方，球队度过了面临的短暂危机。5月7日，恒大客场击败冲超热门球队上海东亚，并一举打破广州足球在3年来"逢夜战不胜"的宿命，在广州媒体的大肆宣扬下，这个局面令人欢欣鼓舞。

在5月22日0比0战平延边队之前，恒大还以3比1击败了北京八喜，获得了三连胜。到了5月29日，恒大在雨中凭借一个略有争议的进球战胜了广东日之泉，获得了中甲"半程冠军"。

从高调亮相到一度备受质疑，再到夺取半程冠军，李章洙率领的球队在一波三折中终于获得了球迷的肯定，此前的诸多质疑也在无形中消散。这个成绩的出现，令李章洙的球队在2010赛季后半段的征程中再无压力可言。

半程冠军带来了舆论支持上的转折，随之而来的夏季转会则给广州恒大提供了绝对的实力保证。

2. 首个引援高潮　开启王者时代

6月28日，恒大俱乐部高调召开新闻发布会，宣布引进郑智和孙祥。这两名经验丰富且有"海归"履历的国脚的加盟,令恒大在冲超道路上多出了厚实的筹码,这也是这支球队后来获得"中国切尔西""中国皇马"等诸多称号的肇始。

两天后,恒大俱乐部再次宣布巴西前锋穆里奇加盟恒大。在巴西联赛小有名气的穆里奇以 350 万美元签约四年的身价,打破了当时中国职业联赛涉外转会费的新纪录,也开始了其在中国联赛的全新传奇经历。

7 月 17 日,中甲联赛重新开战。恒大在客场以 1 比 1 战平湖北绿茵,暂时失去联赛榜首的位置。在夏天转会市场上出手不凡的恒大俱乐部貌似又要遭受打击,一些不利的传言在这个时候又有浮现,不少人都等着再看这支"金元"球队的笑话。

不过,这个时候李章洙和他的球员们却成功地 HOLD 住了。7 月 21 日,一场 10 比 0 的创纪录比分惊现中国足坛。该场比赛,恒大将主场移到佛山世纪莲体育场,在面对南京有有的比赛中,新援穆里奇一口气打进 4 球,比奇、郑智、石鸿俊、冯俊彦各进 1 球,郜林收获 2 球,恒大在中甲第二阶段的首场胜利令人震惊。在外人眼中,这象征了广州足球的强势复苏。

果然如此,携 10 比 0 之威的恒大在中甲赛场上势如破竹,7 月 24 日以 1 比 0 击败湖南湘涛,7 月 31 日以 3 比 0 击败北京理工,8 月 7 日以 3 比 1 击败上海中邦,8 月 21 日以 2 比 0 击败沈阳东进。

8 月 25 日,一个令人担忧的事件发生了,郑智在对阵成都谢菲联的比赛中吃到红牌,导致球队最终以 2 比 2 战平成都谢菲联。当时郑智和成都替补席上的布兰登发生冲突,两人均被裁判出示红牌直接罚下,而场上恒大也开始少打一人,领先优势迅速被扳平。当时成都谢菲联在多赛一场的情况下,领先恒大 2 分而领跑积分榜。

那场比赛郑智的冲动成了焦点,许家印和俱乐部管理层立即对郑智做出了处罚,并且开始整顿球队风气。当然,相对于这些整风运动,李章洙最急迫的事情是调整阵容,自从 6 月份郑智加盟之后,他一直就是球队战术的核心球员。在失去郑智之后,球队的韧性受到了极大的考验。

8 月 29 日,恒大客场 4 比 0 击败安徽九方,随后在 9 月 4 日,恒大虽然在主场被上海东亚逼平,但还是以 1 分的优势继续占据积分榜榜首。9 月 12 日,恒大客场 2 比 1 逆转战胜北京八喜。9 月 18 日,恒大主场 2 比 1 击败吉林延边。

更多的胜利让恒大看到了冲超的康庄大道,球队也开启了冲超的冲刺模式,俱乐部提出了"争夺中甲冠军"的口号,并且提供 500 万元的冲超奖金。而恒大当时已以 45 分占据榜首,离中甲冠军的距离已不遥远。

9 月 25 日,恒大再次赢下"南粤德比",以 3 比 2 击败广东日之泉。同一天,由于湖北绿茵未能击败上海中邦,因此恒大以 48 分的积分提前 3 轮顺利冲超。

在冲超成功的基础上冲击联赛冠军,已是水到渠成的事情。在随后的 3 场比赛中,恒大先以 2 比 1 击败湖北绿茵,继而以 5 比 0 战胜南京有有。不过,由于成都谢菲联也同时连胜,因此该年度的中甲联赛冠军争夺被拖到了最后一轮联赛。

10 月 30 日,在两万多名广州球迷的见证下,恒大回归越秀山主场并以 3 比 1 击败湖南湘涛,成功夺取了 2010 赛季中甲联赛的冠军。郜林也一举夺得了当季的中甲"金

靴奖"。

继 2007 年之后，广州足球再次获得了中甲联赛的冠军。对球迷来说，2010 年的这个中甲冠军给他们带来的兴奋程度肯定无法和三年前相比，毕竟，这次冲超并非十年磨一剑式的"励志片"，更多是带有"赎罪"的味道。

然而，回顾这一年的征程，可以说这不仅是广州足球重新复苏的开始，而且是初来乍到的恒大俱乐部建立信心的一次成熟之旅。从广药集团的仓促撤资、中国足协的一纸处罚，到广州恒大的强势进入。广州职业足球本要熄灭的火焰又一次复燃，并且越烧越旺。

广州足球，经历了许多次的低谷和徘徊，但正是广州社会各界对足球的热爱，令足球火种保留至今并光耀四射。

这，或许就是广州职业足球的底蕴所在，就是广州足球的"王气"所归。

三、华丽开局——5 000 万的中超亮相战

2010 年 12 月 25 日，圣诞节，这是广州恒大一个新纪元的开始。

在这天，广州球迷收到了恒大俱乐部送来的圣诞节礼物：恒大俱乐部宣布冯潇霆、张琳芃、姜宁和杨君正式加盟。

4 位国字号球员的加盟，令广州恒大正式构建了中国足坛的"航空母舰"。广州恒大在中超联赛对成绩的野心开始显露在世人面前。

1. 克莱奥引领的巴西外援群 1.0

在 2011 赛季中超联赛开始之前，广州恒大参加了香港的贺岁杯赛事。他们首先以 1 比 0 小胜香港南华，接着在决赛中点球败给了天津泰达。由于这时正处新年期间，广州恒大的备战热身并没有引起外界的过多关注，即使当时来自北京的杨昊已经出现在球队阵容中。

2 月 10 日，广州恒大再次出现在媒体的视线里，他们以新闻发布会的形式介绍了球队引进的新球员，这个时候人们终于正视了杨昊的加盟。然而他们均不是主角。

真正让人吃惊的是巴西前锋克莱奥，这位曾经代表贝尔格莱德游击在欧冠赛场两破阿森纳球门的前锋，以 320 万欧元的身价加盟。

随后，广州恒大在这段时间的大手笔不断——

2 月 13 日，韩国前国脚赵源熙加盟。

3 月 2 日，巴西后卫保隆加盟。

3 月 8 日，巴西中场雷纳托加盟。

由穆里奇、克莱奥、保隆、雷纳托组成的"巴西外援群 1.0"，成为广州恒大逐步走向强大的基础。而此时中超诸强，对恒大一系列令人眼花缭乱的大手笔引援举措，尚在云里雾里。

直到 3 月 18 日，许家印为韩国拉练归来的球队制定了"三个五"队规和"513"奖金

发放政策，中国足坛才开始真正重视这个新来者。而这种重视的感觉并不好，广州恒大被视为中超固有游戏规则的"破坏者"。

4月2日，兵强马壮的广州恒大迎来了2011年中超的开局。

这一年的中超开幕式在广州举行，广州恒大用5 000万元巨资打造了开幕式的表演。不过现场的将近6万球迷对开幕式的表演内容其实并不太在意，他们关心的是恒大这艘"中超航母"的启航表现。

这天，广州恒大在主场对阵八冠王大连实德。上半场的闷战令李章洙都感到不安，所有人都清楚的一点是，在花大力气打造出一场表演后，广州恒大如果没能在中超联赛取得开门红，玩笑就开大了。

克莱奥在场面僵持时找到了感觉，他在第47分钟的入球帮助广州恒大以1比0击败了大连实德，终于艰难地取得了中超联赛的开门红。

"能不紧张吗？我都紧张了。"已经与广州媒体记者混熟的李章洙毫不掩饰自己的心情。

李章洙曾经给2011年中超联赛的开局做了一个总结，他认为球队处于磨合期当中，加入的新球员太多而导致球队的原有架构完全被打乱，要经过一定时间的重新磨合。

当然，"513"巨额赢球奖金带来的压力，以及其他球队遇到恒大就铆足了劲的情况，也让广州恒大受到了巨大的考验。尽管李章洙称所有一切都在于球队自身的实力，外部的因素并不是重点。但是，外界却并非如此认为。

4月9日，恒大在第二轮被南昌衡源1比1逼平，如同上赛季贴着"土豪"标签的恒大不被允许输球一样，新赛季以"航母"身份亮相的恒大即使平局都是不能接受的。

毫无疑问，外界的质疑批评之声如同一年前那样袭来。

2．李章洙的第二次失眠

和过去不同的是，在这次质疑声中，除了抨击恒大的"金元政策"难以成功之外，还有针对李章洙本人的，认为他的水平无法执教这样的球队。

李章洙昔日在重庆力帆的弟子高峰，就在微博上对球迷问到的李章洙的下课时间进行了预测。高峰写道："李是一个很聪明的外籍教练，在中国确实赚了不少钱，应该说他是一个很好的体能教练，我觉得像驾驭这样的球队还是有一定难度，好听点说5轮吧。"

这段言论并没有引起什么轩然大波，因为这也仅仅是质疑李章洙执教能力的所有言论中的一个。但对于李章洙来说，却如同当头一棒。这里面涉及的个人恩怨且不去说，批评言论却是直接指出了李章洙当时面临的困境，在球队配置不断强大的情况下，广州恒大必须取得更多的胜利才会有说服力。

战平南昌衡源之后，许家印曾再次到球队做起"心灵鸡汤"，帮助球队缓解压力。球员的压力是缓解了，但李章洙的压力却倍增。

不巧的是，在球队刚刚喝下许家印的"心灵鸡汤"后，4月17日，广州恒大又在主场战平了北京国安。如果这场比赛放在从前，2比2的比分还是合理的。不过在赛季初期

到开局的一系列口水交锋中，北京国安都被视为是几大门派围攻光明顶的领头人。

没有拿下北京国安，似乎对手们营造的"打倒新土豪"有胜出的迹象，对李章洙质疑的人们也在这场比赛后欢欣鼓舞。在对阵完北京国安之后，李章洙和一年前一样，又一次失眠了。他试图找到自己犯下的错误。

李章洙的自我反省并没有被辜负。4月23日，广州恒大开始走出低谷。那是客场对阵青岛中能的比赛，广州恒大2比0获胜。

心有所感的李章洙在赛后新闻发布会上抛下了"很多人希望看恒大的笑话，也有很多人希望看恒大倒台，但对不起，我们不会"的话语，当时的他心中充满了一种异样的舒坦。

当天晚上，李章洙和青岛的朋友吃饭，对高峰的言论进行了评价，底气已然十足的李章洙说："马上就第5轮了，让他看看我会不会下课？"

李章洙不仅没有下课，还借此打开了胜利之门。

4月29日，恒大2比1击败辽宁；5月4日，恒大足协杯3比2击败贵州；5月8日，恒大1比0击败深圳。连续的胜利让恒大首次登上了中超积分榜榜首。

5月13日，许家印再次到球队给全体教练球员"上课"。究其原因是广州恒大在足协杯第二轮经过点球大战，总比分11比12输给陕西人和。球队在足协杯上被淘汰，但许家印依然给予球队很高的评价。

这个时候的恒大俱乐部和球队教练组都已经考虑到了一个新的问题，那就是这个赛季虽然许家印并没有要求球队拿出具体的成绩，但以开局的形势观察，这一年就去争夺中超联赛冠军似乎有很大的成功机会。

球队内部将这次许家印到球队所开的会议戏称为"遵义会议"。也正是从这次会议开始，广州恒大正式确立了争夺2011中超冠军的主基调。

四、中超首冠——创"凯泽斯劳滕神话"

有了明确的目标，恒大的执行力自然就有了更大的释放空间。广州恒大开始了争冠的准备，球队对球员的生活纪律管理更加严格，球员在训练场的积极性也开始被鼓舞起来。

从5月15日开始，恒大连续要面对强队山东鲁能、长春亚泰、天津泰达、陕西人和、江苏舜天，这是广州恒大最需要经受考验的一个时期。

5月15日，广州恒大在主场3比1击败河南建业，继续领跑中超联赛。这场比赛的胜利被认为是球队为"魔鬼赛程"开了一个好头。

1."最贵外援"孔卡登陆

在战胜河南之后，5月20日恒大客场战平山东，比分是0比0。5月29日，恒大1比1战平长春。6月12日，恒大1比0击败天津。6月18日，恒大2比0战胜陕西。6月26

日，恒大 2 比 1 击败江苏。

"魔鬼赛程"中的表现直接奠定了广州恒大的夺冠基础。这支球队在其他中超队伍眼中已经成为冠军的必然候选，所谓"反恒大联盟"也在这样的成绩下瓦解。从此时起至日后多年中，恒大已经习惯了双线乃至多线作战的各种"魔鬼赛程"。

与此同时，恒大俱乐部依然在给球队提供足够的弹药支援。

6 月 27 日，位于南海里水的足球基地竣工，球队告别了无基地的历史。

7 月 2 日，广州恒大宣布以 1 000 万美元的价格购入巴西联赛 MVP 球员孔卡，这笔交易在国际范围都引发了轰动。由于外媒的竞相报道，中国职业足球联赛第一次大规模地展现在世人面前。

中国职业足球历史上"最贵的外援"孔卡的登陆，使恒大这支球队"疯狂"得令人无法阻挡。

7 月 2 日，恒大 3 比 1 击败杭州绿城，提前锁定了中超联赛的半程冠军。李章洙也成为中国职业足球顶级联赛首位率队获得 100 场胜利的主教练。

7 月 6 日，恒大 4 比 0 击败成都，这场胜利并不令人意外。作为"被降级"的难兄难弟，又是一起冲超的两支球队，在这个时候已经有了天壤之别。成都的资金困难已经被广泛提及，与恒大境遇迥然不同。成都的境遇令人唏嘘不已，而这场比赛当中令人惋惜的还有雷纳托，久久无法融入球队的雷纳托在最后 15 分钟登场，进行了在广州的告别赛。雷纳托必须为孔卡的到来让路，只身回到巴西。

胜利已经成为恒大此时的习惯。7 月 10 日，尽管恒大以 3 比 1 击败大连，但这场比赛并不是人们关心的话题。所有的媒体和球迷都在期待孔卡的亮相。

两天后，孔卡在出席完新闻发布会后就亮相训练场，他的到来吸引了许多媒体记者和球迷的关注，阿根廷人带来的足球旋风也在这一天开始向全国范围席卷。

7 月 14 日，孔卡在对阵南昌的比赛中亮相。他在第 65 分钟替换克莱奥上场，20 分钟后就用一记远射破门。这场比赛恒大 5 比 0 大胜，孔卡首秀获得了超级成功。

2. 广州职业足球首次登顶中超

广州恒大的命运，如同既定的剧本一样迅速展开。8 月 1 日，广州恒大客场 1 比 1 战平北京国安。和赛季首回合的对抗一样，没有战胜北京国安又成了恒大球员和球迷的遗憾，不过这时的广州恒大已经在积分榜上领先北京国安 9 分之多。

李章洙在平局出现后相对淡定了许多。从北京返回广州之后，李章洙带队进行了他极其不愿意参加的一场热身赛，对手是西甲豪门皇家马德里。

这场商业比赛，广州恒大以 1 比 7 的悬殊比分败北，和所有人预料的一样，大家迅速忘记了这场比赛。中超联赛的继续挺进，才是球队和球迷所关心的问题。

8 月 6 日，恒大对阵青岛，在孔卡的出色发挥下，球队以 4 比 0 轻松获胜；8 月 12 日，恒大 1 比 1 战平辽宁；8 月 17 日，恒大 4 比 1 击败深圳；9 月 10 日，恒大 2 比 0 击败山东；9 月 14 日，恒大 2 比 0 击败上海申花。

取得 23 轮不败纪录的恒大，在此时已经开始为亚冠联赛做准备了，他们在积分榜上领先第二名多达 15 分。不过，这个成绩还是让恒大球员有所松懈，在 9 月 18 日对阵长春亚泰的比赛中，恒大就遭遇了赛季的首场失利，以 1 比 2 输给对手。这次输球令恒大"不败球队"的称号作古。

9 月 24 日，广州恒大以 4 比 0 击败天津泰达，这令他们在积分榜上有 12 分的领先优势，足以让他们提前夺冠。

9 月 28 日，恒大在古城西安成就了一个令广州球迷永不忘记的夜晚。这一天，恒大客场以 4 比 1 击败陕西，提前获取了 2011 赛季中超联赛的冠军头衔。

是夜，狂喜的全体将士在酒店打开香槟，进行了简短的庆祝。而李章洙和队员们在当时都流下欢乐的泪水——这是广州职业足球 17 年来首次在顶级联赛问鼎！

3. "凯泽斯劳滕神话"的思考

10 月 16 日，广州恒大俱乐部将夺冠庆祝放在了主场比赛之后，广州恒大在比赛中以 3 比 0 击败上海申花，随即现场的球迷和球员一起为夺冠进行庆祝。

然而令人心痛的一点是，刚刚完成夺冠庆祝的广州恒大，在接下来的一场比赛中以 2 比 5 输给江苏舜天，提前夺冠令广州恒大在比赛中毫无精神气质，松懈不堪。

后来许家印在公开场合指出，这场比赛是整个赛季他记忆最深刻的一场比赛，堪称耻辱之战。不过许家印依然对于球队的自我纠错能力表示满意。在这场比赛结束之后，球队一回到广州，李章洙就带着检讨书前往恒大集团请罪。

痛定思痛之后，广州恒大再无一丝松懈，球员们在最后的两场比赛中都十分卖力。整个 2011 赛季的中超联赛，也在这个时候画上了句号。

广州恒大连续以中甲冠军和中超冠军的身份，创造出中国足球的"凯泽斯劳滕神话"。但广州恒大依然在整个赛季中暴露出这样那样的不足。

幸好，这是广州恒大在中超联赛的第一个年头，他们有更多的时间和机会去强化自身。

12 月 10 日，2011 中超联赛年度颁奖典礼在广州举行，国家体育总局副局长蔡振华、广东省副省长许瑞生、中国足协秘书长韦迪以及亚足联特邀嘉宾、国家体育总局领导和中国宋庆龄基金会代表、众多足坛名宿出席了本次颁奖典礼。

本次颁奖典礼共颁发了 10 个奖项，包括备受关注的"最佳运动员""最佳新人"等 5 个单项奖，以及 5 个团体奖。广州恒大成了大赢家，"中超最佳运动员"与"最佳射手"两个最具含金量的奖项由广州恒大巴西籍前锋穆里奇一人包揽。中央电视台体育频道、中国网络电视台对本次颁奖典礼进行了全程直播，这也是中央电视台自中超联赛举办以来首次对颁奖典礼进行现场直播。

当晚 20 时，中超颁奖礼进行最后一个颁奖环节，中国足协给中超冠军广州恒大颁发奖牌和奖杯。蔡振华将中超冠军奖杯——火神杯颁发给广州恒大。这尊奖杯由 5 548 克纯金铸就，底座为和田玉，目前的市场价值高达人民币 2 000 万元，广州恒大是第 6 支刻名字于火神杯上的中超队伍。

广州恒大的全体将士现场打出一条横幅——"衷心希望中国足球重新崛起"！

五、惊世构想——许家印要"五年内夺亚冠冠军"

首夺中超联赛冠军的广州恒大迎来了新的考验，没错，那就是亚冠联赛。

2011 年 12 月 6 日，2012 亚冠联赛小组赛抽签结果公布，广州恒大与日本联赛冠军柏太阳神、韩国联赛冠军全北现代和泰国联赛冠军武里南同组。

试图在亚洲范围展现俱乐部力量的广州恒大迅速做出了准备。亚冠抽签结束的 20 天后，广州恒大宣布引进荣昊、赵旭日、李建滨、彭欣力四名国脚球员。

兵强马壮的广州恒大无法想到之后发生的动荡，或者说是李章洙根本没有想到。

1. 亚冠令李章洙成为"弃子"

在 2010 年冲超庆功晚宴上，许家印首次提出了"五年内夺亚冠冠军"的构想。

对于一位"不懂足球"的老板，这个说法换来的是大家的善意一笑，然后是不以为然。假如恒大日后在亚冠赛场上一败涂地，这甚至可以成为人们嘲弄许家印的内容。

2012 年的开局之战是 2 月 25 日的超级杯赛事，借助克莱奥的梅开二度，广州恒大 2 比 1 击败天津泰达，成为超级杯重新启动后的首个冠军。

3 月 7 日，广州恒大在韩国全州世界杯球场迎来了亚冠联赛的首场比赛。这场比赛在多年后依然令球迷记忆犹新，凭借克莱奥（2 球）、孔卡（2 球）以及穆里奇的进球，广州恒大以 5 比 1 血洗全北现代。

这场胜利被赋予的意义高大无比，这是中国球队历史上对韩国球队的最大胜利，这也是中超球队对阵全北现代 6 连败的终结。更大的影响力在未来数年内逐步浮现，这是让韩国球队和日本球队"恐恒"的一个开始。这一期间恰逢许家印在北京参加两会，史诗般的胜利让这位足球投资者一时风光无限。

然而，这种美妙的开局没有得到延续，在 3 月 11 日进行的中超揭幕战中，广州恒大勉勉强强地以 2 比 1 赢下上海申鑫，取得了一场并不顺利的开门红。

而后的遭遇更让李章洙头痛不已，3 月 16 日的广州德比，广州恒大 0 比 2 输给了广州富力。3 月 20 日的亚冠小组赛，广州恒大又 1 比 2 输给了泰国武里南。

在 5 月 15 日深夜突遭下课打击之前，李章洙带队的成绩其实并不算差，他的球队在中超逐渐站稳脚跟，在 0 比 2 输给富力后，恒大还进行了 8 场中超联赛，其中仅有 4 月 8 日 1 比 1 战平贵州、5 月 11 日 1 比 3 输给大连是失分，其余的比赛全部获胜，况且 5 月 11 日的比赛是为了保障亚冠联赛而尽遣预备队成员参赛。

真正致命的是亚冠成绩，在输给泰国武里南之后，恒大在 4 月 4 日以 0 比 0 战平日本柏太阳神，4 月 17 日以 3 比 1 击败柏太阳神。但 5 月 1 日主场 1 比 3 输给全北现代的比

赛，让广州恒大在亚冠小组赛中步入了险境。

李章洙最终带队在 5 月 15 日的客场凭借孔卡的点球绝杀，以 2 比 1 击败了武里南，确保了球队的亚冠小组出线。然而，这已经难以挽回李章洙下课的命运。当天晚上，李章洙在泰国被刘永灼通知下课。

后来有人评测是李章洙的性格造成了这种命运的不可逆转。广州恒大邀请李章洙是因为韩国教练的强硬管理手段和性情，但这也无法避免地造成李章洙与孔卡之间矛盾重重。孔卡被处罚和内部停赛事件更是 5 月份的轩然大波。

然而这种说法仅是猜测而已，真正造成李章洙下课的却是恒大的企业文化——"要做就做最好"，这也一直是这家企业遵循的方式。当俱乐部确定能够邀请到世界冠军级别的主帅里皮时，李章洙成为"弃子"就是必然的选择。

2. "银狐"里皮的处子赛季

里皮上任后带来了 7 场不败的成绩，其中包括中超联赛、亚冠联赛和足协杯。

7 月 15 日，广州恒大在天河主场以 0 比 1 输给广州富力，这和前任李章洙的成绩相比并没有什么太大的区别。然而人们不会去想象李章洙如果继续带队，将在中超和亚冠联赛获得什么样的成绩。

足球世界本就没有如果。李章洙如果不是面对着双线作战而出现的疲累，他可能会走得更远。

在李章洙下课之前，恒大 5 月 2 日宣布了超级外援巴里奥斯的加盟，这个消息足以让李章洙对未来有更多的信心，但当 6 月份巴里奥斯抵达球队时，享受引援成果的人却已经成了里皮。

在固有的认识当中，里皮取代李章洙是一次"质的飞跃"，是俱乐部长远规划中必不可少的一个环节。的确，对比李章洙总是低调地表达对胜利和成绩的渴望，在众多的球迷眼中，时刻将"伟大球队"挂在嘴上的里皮更具有世界级的范儿，他手中拥有的荣誉同时也让球迷看到了未来的美好前景，教练员是这个时候中国足球唯一能够让球迷与"世界级"联想在一起的人。

于是这个赛季唯一的不美好一幕逐渐被人们淡忘，人们从此乐于接受世界级的教练团队出现在中国足坛，同时也乐于让意大利人和中国足球进行漫长的磨合。

因此，当 9 月 20 日广州恒大兵败沙特吉达伊蒂哈德时，人们给予里皮团队更多的是宽容和鼓励。10 月 2 日第二回合赛事，广州恒大在主场以 2 比 1 击败伊蒂哈德，但已经无法阻止是年亚冠被淘汰的命运。

不过，恒大依然因此成为中超联赛的骄傲。广州恒大是 6 年来第二支闯入亚冠八强的中国球队，之前是 2006 年的上海申花。而从 2009 年亚冠再度改制扩军后，广州恒大是首次打入亚冠八强的中国球队。

里皮的成功之处是他在球队三线作战中表现出的大师风范，恒大在进入亚冠八强、足协杯四强之后，从 9 月 19 日到 10 月 7 日总共 18 天的时间内，进行了亚冠、足协杯、中超总共

6 场比赛，而且场场都是生死战，正是在这一段魔鬼赛程之中，恒大奠定了夺冠的基础。

恒大在这个赛季受到了德拉甘率领的江苏在中超的紧追。10 月 20 日，恒大与江苏的"天王山之战"在南京奥体打响，这可能直接决定恒大是否能提前夺冠，但在首回合较量主场 5 比 1 击败江苏的里皮，未能如愿，双方战成 1 比 1。

但这个平局对恒大来说并没有遗憾之处，它让恒大的主场庆祝夺冠成为现实。10 月 27 日，广州恒大在主场对阵辽宁宏运，如果另一场比赛江苏舜天无法击败北京国安，那么广州恒大即使平局也可以夺冠。

里皮在比赛中至少询问了 50 次江苏舜天的比赛，这个意大利人在关键战役中同样表现出了紧张的情绪。令人高兴的是，江苏舜天在终场哨前都和北京国安保持平局，而广州恒大却在比赛 90 分钟由郜林打入了绝杀球。里皮因此率队提前一轮获得了个人在中超联赛的首个冠军奖杯。广州恒大也成为历史上第一支卫冕成功的中超球队。

里皮的脚步没有停止，11 月 18 日，恒大主场迎来了足协杯决赛，里皮率队 4 比 2 击败贵州，张琳芃、巴里奥斯（2 球）、孔卡为球队带来了胜利。加上一周之前首回合的 1 比 1 平局，广州恒大以总比分 5 比 3 夺取了足协杯冠军，同时加冕了这个赛季的中超和足协杯双冠王。

广州恒大继山东鲁能、大连实德之后，成为第三支包揽联赛和足协杯的队伍。即使在广州恒大日后完成中超五连冠的时刻，这个足协杯冠军依然是恒大入主广州足球后收获的唯一一个足协杯冠军奖杯。

六、问鼎亚冠——"恒大王朝"征服亚洲

时常将"伟大"挂在嘴边的里皮，在 2013 年就打造出了一个伟大的王朝。

这个王朝之所以"伟大"，是因为其强大的攻击能力一直是未来批评球队的参照物，这是球迷沉醉其中不愿醒来的回忆。乃至于斯科拉里在 2015 年同样夺取中超和亚冠双冠，却依然要被拎出来和 2013 年进行对比。

如果从大环境来考量，这是广州恒大真正振奋人心的一年，掀起了中超联赛的军备大战，至少从表象上，这一年开创了中超联赛的繁荣气息。

1. 势不可挡的"中超三连冠"

有了 2012 年亚冠联赛的初试啼音，广州恒大在 2013 年的方向很明确，许家印将亚冠联赛的成绩作为最重要的目标。幸运的是，里皮团队最终达成了这个目标。

单纯就这个赛季的转会而言，恒大的操作并不如此前那般大手笔，在引进的 5 名内援曾诚、冯仁亮、赵鹏、弋腾、郑龙当中，仅有曾诚、郑龙在日后展现出强大的实力，而郑龙因为伤病的原因荒废时间太长，真正的"崛起"只能算在 2015 年。

里皮最成功的引援是在外援市场，埃尔克森在 2012 年圣诞节期间出现在媒体的广泛

报道中，金英权同样是出色的引进球员，不过韩国人的加盟是里皮在上任后的夏季转会中钦点的。李章洙留下的财富让里皮受益匪浅，尤其是穆里奇的存在直接决定了广州恒大在2013年的亚冠夺冠。

强大的外援能力决定了里皮在2013年的道路必定是一帆风顺的。这个赛季在2月份以一场亚冠小组赛为开局，恒大干净利落地在主场3比0击败了浦和红钻。

3月3日，恒大在超级杯上1比2不敌江苏——这可能是意大利人不感兴趣的奖杯，里皮在执教的过程中从来没有染指过超级杯，后来甚至派预备队应付。或许在里皮眼中，中超和亚冠才是自己真正的主战场。3月8日，中超燃起战火，里皮带领球队5比1击败上海申鑫，迎来了2013中超开门红。从此恒大一发不可收拾。

这是一个疯狂的赛季，恒大的强势在中超联赛中表现得淋漓尽致，没有任何球队能够阻拦恒大前进的脚步。天津泰达可能算是其中的一支，其在8月31日的联赛第23轮主场以1比0击败恒大，但这仅是恒大整个中超联赛的唯一一场失利，这个对手也曾经在5月5日广州客场以0比3倒在恒大脚下。

恒大在中超第27轮就已经可以将冠军奖杯带回家了，里皮在10月6日带队客场对阵山东，恒大只要平局就可以夺冠，然而里皮的球队依然以4比2击败了对手，提前4轮卫冕中超冠军。恒大因此成为中超历史上首支完成三连冠的球队，这已经追平了大连万达和大连实德在甲A时代的纪录——"恒大王朝"正式建立。

2013年，恒大在30场中超联赛中取得了24场胜利，另外还有5场平局，这让里皮的球队以77个积分刷新了2006年山东鲁能创下的69分中超得分纪录，这同时也是1994年中国足球职业化以来球队单赛季的最高积分。恒大在这个赛季展现出的超级统治力还体现在积分差距上，排名第二的山东鲁能的最终积分仅为59分，冠亚军之间的18分差距同样是中超历史的新纪录。

同样令人津津乐道的是球队的攻击力，埃尔克森、穆里奇、孔卡组成的"三叉戟"在联赛中所向披靡。恒大以5比1击败上海申鑫作为开局，又以5比0击败武汉卓尔收官，这个赛季恒大进球数达到78粒，一举超过了山东鲁能曾创下的74球纪录。

2. 中国俱乐部首次登顶亚冠

如果仅是中超联赛的疯狂战绩，尚无法让一支球队的建设达到"伟大"。更重要的还是恒大随即在2013年登顶亚冠，登上了亚洲足球之巅。

从2月26日主场2比0击败浦和红钻开始，恒大在14场的亚冠比赛中仅小组赛客场输给了浦和一场，那是4月24日客场2比3的失利，而且那场比赛公认是输给了裁判。

"稳定"是里皮带给球队最大的气质变化，尽管这个赛季的恒大依然经历了巴里奥斯的出走，但这位意大利人用自己丰富的经验和魄力让整支球队的气质得到了升华，"习惯胜利"深深烙印，成为恒大宝贵的财富。

"广东，一个很伟大很伟大，了不起的地方。"87岁高龄的星云大师，11月5日在广州中山纪念堂作了"看见梦想的力量"专题演讲，盛赞广东的人杰地灵。4 天后，广州恒大在亚冠大决战中，就充分体现了"梦想的力量"，一举登上了亚洲足坛之巅，成功圆梦。事后有人称，4 年前的 11 月 5 日正是恒大上市的大日子，星云大师此日再祭出"六祖慧能"法宝，广州焉能不胜？

11 月 9 日是中国足球史上重要的一天，广州恒大在天河体育中心以 1 比 1 战平首尔 FC，从而以总比分 3 比 3 的客场进球优势压倒对手登顶。这是 23 年来中国足球再次获得亚洲俱乐部赛事的冠军，亦是中国足球史上第一支亚冠冠军球队和第一支打进世俱杯的球队。穆里奇以 13 个进球获得亚冠金靴，同时还成为亚冠 MVP，穆里奇超越了其巴西同胞奥利维拉创造的单届 12 个亚冠进球纪录，成为"亚冠历史射手王"。另外，他在本赛季亚冠联赛中还贡献了 5 次助攻。

在巨大的成功背后，尽管在这个赛季的最终之战——12 月的足协杯当中，恒大两回合总比分 2 比 3 不敌贵州，里皮失去了成为"三冠王"的最佳机会，但没有人会去在意这个小小的瑕疵。中超和亚冠的"双冠"已经足以让广州这座城市为之自豪。

随后的世俱杯赛事让广州球迷的自豪感更盛。12 月 15 日，广州恒大在摩纳哥世俱杯亮相，并且首场比赛以 2 比 0 击败非洲冠军埃及阿赫利，成功挺进半决赛并获得直面欧冠冠军拜仁慕尼黑的机会。

12 月 18 日，广州恒大在半决赛中 0 比 3 不敌拜仁慕尼黑，但在世界上最好的球队面前，广州恒大展现出了亚洲球队的风范和斗志。

12 月 22 日，广州恒大在第三四名决赛中与南美解放者杯冠军米内罗竞技打得难分难解，虽然最终被对手的一个越位球绝杀，但世俱杯的表现为广州恒大带来了空前的声望，这支中超的球队赢得了世界足坛的尊重。

首次在世界舞台的正式比赛中与超级球队对阵，让广州恒大看到了自己的不足以及差距，而这些差距恰恰是球队前进的动力。这也是许家印对世俱杯向往的原动力，这位广州恒大的掌舵人在一年后提出"迈向世界前二十"的目标。在"五年内夺亚冠冠军"的宣言实现后，没有人再会去看轻这个中超俱乐部的野心。

七、四夺中超——恒大真的赢够了吗

经历了一个成功的赛季之后，广州恒大在 2014 年的征途上一度充满了迷茫。

除了世俱杯冠军之外，广州恒大在此时已经夺取了中超球队能够夺取的所有冠军荣誉：中超联赛冠军、足协杯冠军、超级杯冠军、亚冠冠军。

当一支球队站在巅峰之时，它的选择无外乎两种，一种是缺乏欲望走向下滑，一种是保持雄心继续前行。2014 年的恒大恰恰是在这两种状态之间摇摆不定。

"注意力、求胜欲望、松懈"，是里皮在这一年度使用最为频繁的词语。这些词影响了意大利人对于俱乐部和球队构建的野心。

1. 里皮欲复制"意大利路线"

里皮是一个公认的"足坛野心家"。即便是在 2013 年实现了恒大的巅峰战绩，里皮依然有种"如鲠在喉"的感觉。

严格来说，2013 年的恒大并不完全是"里皮烙印"的球队，孔卡、穆里奇的"大杀四方"恰恰是李章洙留下的。

里皮想用自己的风格给中国足球上一堂课，所以这个赛季他爽快地放走了伤病中的穆里奇，并且借助孔卡离开的机会，试图将球队完全打造成自己最钟爱的"意大利路线"。

在内援市场，梅方、董学升、刘健、于汉超、李学鹏等几名球员补充了恒大的阵容厚度。里皮对外援的动刀则完全遵循着自己理想中的战术需求——雷内、迪亚曼蒂和吉拉迪诺接踵而至。

任何战术风格的打造都需要一段漫长的时间，即使是里皮也无法逃避这种规律。于是在 2014 年，恒大一改过去一个赛季的强势，在双线作战中变得缓慢而拖沓。

这种感觉无法在成绩中直接体现。2 月 16 日，恒大在超级杯上以 0 比 1 不敌贵州，但此时人们依然对恒大 2014 赛季充满美好的憧憬，因为在 10 天之后，里皮的球队就在亚冠小组赛首轮中 4 比 2 击败了墨尔本胜利，迪亚曼蒂的精彩表现更是让人忘记了孔卡的离去。

3 月 8 日和 3 月 15 日，恒大在中超开局的 2 场比赛中分别以 3 比 0 击败河南建业，以 4 比 1 击败哈尔滨毅腾，美妙的开局预示着又一年成功赛季的到来？至少当时的人们是如此憧憬的，即使在 3 月 23 日，恒大在主场 1 比 3 不敌长春亚泰，过早地遭遇了一场失利，人们也并不放在眼中。

然而随着里皮对球队战术改造的不断进行，人们发现恒大在比赛中开始缺乏绝对的统

恒大足球俱乐部为里皮执教广州恒大 100 场特意制作的纪念海报

治力，尽管比分结果依然令人满意，但整个过程往往是混乱不堪。

在 5 月 21 日到 7 月 20 日的 3 场联赛中，恒大连续遭遇三场平局：5 月 21 日主场 1 比 1 平贵州、5 月 26 日客场 1 比 1 平北京、7 月 20 日主场 0 比 0 平山东。加上 5 月 9 日在广州德比中 0 比 1 输给富力，里皮改造球队战术的弊端此时有所浮现。

7 月正是吉拉迪诺登陆广州的日子，人们希望前意大利国脚能够带来球队进攻上的转变，但他们很快就失望了。尽管恒大在中超继续赢球，但北京国安在积分榜带来的压力，以及恒大令人担忧不已的进攻过程，让人们开始质疑里皮的引援和战术。

2. "意大利化"的失败分析

迪亚曼蒂和吉拉迪诺的到来打破了俱乐部为外援引进设置的年龄门槛，但更大的争议是他们在场上未能带来令人神清气爽的胜利。此前孔卡、穆里奇适应着李章洙时代的中路渗透和快速反击，但里皮要打造的风格却并非如此。

这里需要提到的自然是里皮的战术风格问题，代表性的阶段是 1994—1999 年、2001—2004 年两次执教尤文图斯，以及 2004—2006 年在意大利国家队的执教。就里皮在恒大的一系列安排和改变来说，他试图嫁接的是其在第二次执教尤文图斯时使用的战术风格。这个战术风格比里皮一期时代更具高效率，讲究无球跑动和整体阵型的移动。而里皮战术的鲜明特点是：注重中场压迫、边路突击，以高点作为桥头堡。

恒大引进迪亚曼蒂和吉拉迪诺的做法正是为了实现这个战术，甚至可以说内援引进董学升也是为此做准备。引进迪亚曼蒂的主要目的，并非复制一个技术型中场，而是完成现有球员前场进攻的优化——传统的高中锋吉拉迪诺在前场作为桥头堡存在，埃尔克森、迪亚曼蒂在其身后穿插，不仅实现前腰突进插上进攻的作用，还完成了边路突击的要求，而这些都是里皮惯用战术的特点。

关键点在于中场的布置。在上半赛季里皮使用穆里奇来担任中场组织者，取得了不错的效果。然而穆里奇的离开，令球队缺乏中场组织者，虽然这个现象在郑智复出的时候有所缓解，但在郑智受到伤病的影响或者状态不稳定时，中场组织就成了最弱项。里皮一度想让郑龙来担任这个重任，然而郑龙在 2013 年 9 月受伤后一年未能复出。

在这种情况下，里皮不断让迪亚曼蒂和埃尔克森尝试担任中场组织者，而正是这样的不断尝试和磨合，让恒大在一系列比赛中都显得生疏，直接影响了前场进攻的效率。球队的磨合度完全无法达到战术的要求。

另外，里皮在尤文图斯和意大利国家队期间，都注重中场双后腰的拦截，例如 2006 年意大利国家队皮尔洛、德罗西（加图索）和佩罗塔的组合带来的是一种攻守平衡，皮尔洛偏重进攻，德罗西或者加图索偏重防守，佩罗塔则是攻守兼备。在广州恒大身上，则是郑智或者廖力生偏重组织插上进攻，赵旭日、雷内偏重防守，黄博文则是攻守兼备。但按照这些球员的具体能力，想法和现实往往有点走偏，几个球员被要求担任的职责经常变化，即使雷内和赵旭日也是频频前插。这就是比赛混乱的另一个原因。里皮在尤文图斯期间，因为中场后腰戴维斯的离开，导致了后场防守的减弱，甚至导致了赞布罗塔也无法在

边路频频前插助攻。移植到恒大身上，在没有强力后腰防守的情况下，张琳芃和孙祥的频频插上却丝毫不减，自然导致了后方防守的漏洞频现。即使雷内频繁后撤到中后卫位置也无济于事，毕竟雷内的身体条件并不算上佳，无法做到一夫当关，万夫莫开的程度。

3. 里皮卸任恒大主帅

中超诸强在这个赛季已经开始加大投入，外界环境的竞争加强也是造成恒大步履蹒跚的原因之一。在这个赛季，不断在磨合的恒大拖至最后一轮才以战平山东的平局得分夺取冠军，北京国安在中超构成的压力让恒大显得艰难无比。

如此的处境同样影响了恒大多线作战的战绩。球队在足协杯赛事中仅生存了两轮就告出局，7月15日进行的足协杯第三轮比赛，也是恒大首轮足协杯赛事，球队1比0击败了完全放弃的日之泉，而7月24日，恒大直接在客场1比2输给河南。

这个赛季的亚冠联赛可以说是里皮的一个最大遗憾。在小组赛中无惊无险头名出线后，恒大在1/8决赛中两回合5比2击败大阪樱花，然而在8月份对阵澳大利亚西悉尼流浪者的两回合中，在总比分2比2的情况下被对手以客场进球优势淘汰。这两回合赛事还招致了里皮、郜林等人禁赛，西悉尼流浪者最终夺取了这一年度的亚冠冠军。

2014年对于里皮而言并不是美好的一年，至少这位意大利人在这一年做出了两个令他自己后悔的决定，第一个决定是引进迪亚曼蒂和吉拉迪诺，强硬地对球队风格进行新的改造；第二个决定是在球队风格还未能改造完毕的情况下，主动放弃帅位。

在11月2日率队夺取球队中超四连冠后，里皮在赛后新闻发布会上直接宣布这是他执教的最后一场比赛。里皮随后解释称，自己年事已高，下个赛季不想再担任主教练，而会有另一位教练取代自己的位置。里皮将担任球队技术总监而不会在替补席上指挥比赛以及带队训练。

尽管一年之后里皮对自己的离职表露出悔意，但在2014年末，里皮确实已经开始脱离广州球迷的视线，人们的目光已经开始转至里皮口中的"另一位教练"身上，那就是卡纳瓦罗，前"世界足球先生"，足球历史上最伟大的后卫之一。

八、双线登顶——"新五年计划"平稳起步

2015年12月20日，恒大在日本横滨结束了整个赛季的征程。斯科拉里率领的球队在世俱杯上以1比2不敌东道主广岛三箭，未能取得世俱杯成绩的突破。然而再次出现在世俱杯赛场上已让中国球迷欢欣鼓舞，尤其是在这个赛季的艰难环境之下。

斯科拉里感谢了卡纳瓦罗，在该年6月4日夜晚，当卡纳瓦罗带领恒大在主场2比2战平天津泰达之后，这个意大利人接到了下课通知，于是一夜之间恒大的意大利元素完全消失。

接替者正是斯科拉里，这位曾在2002年率领巴西国家队夺取世界杯冠军的老帅，成

〔经部·卷四·王道〕

了广州恒大第二位世界冠军级别的教练。

1. 卡纳瓦罗："菜鸟"级少帅

卡纳瓦罗的到来是广州恒大的最无奈之举，当执教了两个半赛季的里皮出人意料地"撂下担子"时，广州恒大不得不接受了里皮的推荐，让卡纳瓦罗坐上了帅位。

这是一个为了留下意大利教练团队的平稳过渡之举。事实上当里皮去意已决时，刘永灼已经在许家印的授意下寻找新的主帅，而标准自然是"世界冠军级别"。

这种选择的根本原因并非卡纳瓦罗不成功，这位年轻的帅哥教练在广州积聚了此前教练们从未有过的强大人气，他深受球迷喜爱，与球员亲如兄弟。但是卡纳瓦罗有一个致命点——他是教练席上的"菜鸟"。

2015 赛季，广州恒大迎来了新的"五年计划"。许家印给出的第二个五年计划目标直接指向世界范围——"要与世界顶尖俱乐部全面接轨，跻身世界一流俱乐部前二十名"。毫无疑问，许家印的这个新目标和第一个五年计划的"夺取亚冠冠军"相比，艰难得多！

"有一支好的运动员队伍和一支好的教练员队伍，再加上严格的管理和良好的球队文化是肯定可以踢好球的。"许家印强调，"2015 年是第二个'五年计划'的开局之年，至关重要。祝愿大家今年中超五连冠，重夺亚冠冠军。"

卡纳瓦罗并非没有机会完成中超和亚冠夺冠的目标，在他离职之前，广州恒大在中超联赛领跑，在亚冠小组赛中也占据头名。这对于一个"菜鸟"教练来说，已经是相当漂亮的成绩。

2015 赛季的广州恒大受到了最为残酷的挑战，球队面对的压力不仅有北京国安、山东鲁能、上海上港在联赛排行榜带来的竞争，还有球队自身的伤病问题。

这个赛季，恒大以 1 500 万欧元引进高拉特、1 100 万欧元引进阿兰，再次创造了中超引援的新纪录。这本来是一个"意气风发"的赛季，然而赛季开局却令人失意。阿兰在仅仅亮相 2 场比赛（超级杯、亚冠小组赛首轮）后就遭遇了整整一个赛季的伤病，3 月 3 日，在亚冠小组赛客场对阵西悉尼流浪者比赛前一天的训练场上，阿兰意外遭受十字韧带重伤的打击。

严重的伤病让广州恒大在双线作战中如履薄冰，卡纳瓦罗还需要去启动自己的战术思想，尽管这位意大利师哥延续了里皮的大部分战术理念，但他同样希望在自己的首次执教中实现自己的理想。

于是，一支磕磕绊绊的广州恒大出现在球迷视野中。伤病甚至让这支球队在大部分时间里只能依赖高拉特一名外援，"全华班"出战的情况也屡见不鲜。

艰难的状态往往考验着一个团队的凝聚力，很不幸的一点是，意大利教练团队也出现了裂痕。卡纳瓦罗与里皮留下的教练团队有着天然的隔阂，这种隔阂源于资历和理念，例如卡纳瓦罗与原体能教练高迪诺之间的矛盾。年轻主帅信任自己的西班牙体能师加西亚，这一直被认为是球队伤病过多的原因之一。

卡纳瓦罗在告别广州的时候，对自己在这座城市的执教依然充满骄傲，"我走时球队亚冠晋级，联赛排第一！"这位意大利帅哥在自己的推特上写道。从2014年11月5日收下俱乐部的聘任书以来，卡纳瓦罗在下课前一共带队212天，这期间卡纳瓦罗带队进行了23场正式比赛，成绩是11胜6平6负。其中，中超成绩为7胜5平1负，亚冠成绩为4胜1平3负，足协杯和超级杯各为1负。

卡纳瓦罗能够将一支"榜首球队"交到斯科拉里手中，更重要的是得益于里皮时代打造出的球队自信气质，即使是在"全华班"条件下，球队依然能够以强队的姿态赢得胜利，尽管过程非常艰难。

2. 输了帅位，赢了广州球迷的心

2015年6月8日晚，身在广州白云国际机场的人们可能永远不会忘记自己目睹的一切。数千名广州球迷把白云机场的国际出发大厅挤得水泄不通，他们呼喊的主角只能跳到值机柜台上来维持场面秩序。球迷唱响的经典粤语歌曲《讲不出再见》，在整个候机大厅形成了奇异的气氛，这种气氛带着壮烈，带着悲伤。

这种令人情绪高涨甚至昏厥的场面，出现在广州球迷送别卡纳瓦罗的时候，现场的旁观者可以在若干年后对自己的子孙道出当时的震撼。这在广州足球的历史上，在广州白云机场建成后，是从来没有出现过的场景，以后也很难再有。卡纳瓦罗，这位贴着"帅哥"标签的意大利"菜鸟"教练，在短短的7个月时间里征服了广州球迷。

卡纳瓦罗一直用自己的勤奋和善意，融化着自己与媒体、球迷之间的隔阂。广州的媒体记者们从来没有见过如此勤奋的教练，在每一次的客场归途中，当大部分旅客还未能登机就座时，卡纳瓦罗就已经在座位上打开了自己的电脑，研究着上一场比赛的录像，并且对场面的一些要点进行详细的记录。无论是在客场酒店还是在自己居住的公寓，在夜深人静之时，卡纳瓦罗依然孜孜不倦地进行战术的研究和学习。

这是一个温暖的男人，阳光、通达、乐观、爽朗，微笑是他传达善意的武器。这种微笑甚至让媒体记者们不忍心将一些尖锐的话题在他面前抛出，而即使是面对那些难以回答的问题，卡纳瓦罗也总是会带着微笑努力完成回答。刚开始的卡纳瓦罗并非如此，他谨慎得如同自己的老师里皮那样在面对媒体时滴水不漏，套话连篇。但当媒体记者当面指出他这种"不合作"之后，微笑的卡纳瓦罗立刻接受了建议并且展现出自己真实的一面。真实的一面来得有些迅猛，卡纳瓦罗成了媒体面前的"段子手"，他总是能够用各种开玩笑的方式来表达自己的想法。

数千名广州球迷送别卡纳瓦罗

在球队内部，卡纳瓦罗当之无愧是更衣室的完全掌控者，这种感觉非常微妙，他不像是严厉苛责的师长，更像是一位老大哥，是球员们的兄弟。"就好像他才是真正的队长。"即使是郑智这样的更衣室老大哥，也在内心将卡纳瓦罗当作自己尊重和信服的兄长。球员们可以任意地和卡纳瓦罗开任何玩笑，并且在这种相处中找到温暖的一面。李帅形容这种关系时，用了"兄弟连"的比喻。这是对战火中结下的深厚友情的描述，广州恒大的球员们在卡纳瓦罗的执教下，上场的时候只有一个为自己和为兄弟而战的念头。这样的感觉前所未有。

卡纳瓦罗是这个团体的老大哥，在客场征程中，卡纳瓦罗总是以身作则带着教练组前往经济舱就座，他更愿意将头等舱和商务舱这些更舒适的位置留给球员，甚至是前一晚因做准备工作而太过劳累的球队工作人员。这是卡纳瓦罗对兄弟们的"爱护"。在训练当中，卡纳瓦罗的"严格"更多地表现在"教训"上，这不是一种言语上的侵略，而是卡纳瓦罗拉着球员亲身示范，一遍又一遍地纠正球员的错误。他乐于与球员们分享自己对球场局势的解读，就像是高年级学生给自己的学弟解惑。

在生活中同样如此，卡纳瓦罗以自己的球员亲身经历，对球员们的生活进行帮助，他理解球员的生活，并且鼓励球员热爱生活。这种宽容的态度，是球员们所热爱的，球员们甚至在一些私人问题上也愿意寻求他这个过来人的建议。

可是尽管卡纳瓦罗逐渐征服了媒体以及球迷，他却无法征服许家印的野心。誓言要进入世界俱乐部前二十排名的许家印，无法接受一个履历空白的"菜鸟"教练带领球队去实现目标。这是卡纳瓦罗面对的无奈现状，他不得不将自己的位置让给世界杯冠军教头斯科拉里，就像李章洙黯然被里皮所替代那样。当里皮离开广州恒大帅位的时候，俱乐部已经着手寻找新的主教练来替代卡纳瓦罗。

3. "巴西老农"的中国赌博

斯科拉里来了。人们想到了2002年韩日世界杯的罗纳尔多，还有带着巴西国家队登顶的巴西老头。更多的人想起来2014年巴西世界杯半决赛巴西国家队1比7负于德国队的比赛，带队的同样是这个巴西老头。媒体却想起来，这不是一个很好相处的教练。

这样的念头有理有据。最早的证据出现在1996年，那一年的4月春光依然明媚，48岁的斯科拉里带领格雷米奥不远万里来到了北京。在此前的3年里，他带领格雷米奥豪夺7座奖杯，其中就包括了最重要的南美解放者杯，春风得意。

但斯科拉里对中国足球的水平不屑一顾。在北京工人体育场，凭借"爱国哨"的帮助，北京国安以3比2击败了格雷米奥，这让斯科拉里恼火不已，他对着当时还年轻的央视记者黄健翔手中的麦克风说："我终于知道你们是怎样赢下那么多强队了，如果你们一直以这样的方式赢球，那么中国队永远进不了世界杯，永远！"

显然，这是个有着火爆脾气的教练。他还有一个外号叫作"指帅"，因为无论是在球场还是在训练场，他总是喜欢用手指指着目标大声开骂。这个动作在无数关于斯科拉里的照片中得到定格。

斯科拉里和广州还是有一定的缘分的。在2008年7月21日，斯科拉里带着切尔西到广州进行商业比赛，这次淘金之旅是斯科拉里执教切尔西的处子秀——这场比赛斯科拉里对阵的对手，就是广州恒大的前身广州医药。

这肯定不是斯科拉里职业生涯中值得书写的一笔，人们更在意的是赛后新闻发布会。这是一次并不美妙的发布会，媒体记者的提问惹恼了"大菲尔"。有人说，弗格森质疑切尔西主力太老，竞争力不足。斯科拉里强硬地回答："对我来说，这不是问题。"有人问他有信心超越穆里尼奥吗？斯科拉里显得恼火："这个问题，我不予置评，没什么好说的。"尴尬的发布会就这样结束了。后来的事情人们同样知道，斯科拉里在切尔西待得并不愉快，尤其是和英国媒体的关系闹得很僵。

所以，这不是一个好相处的教练，而且还很倔强。人们还停留在对卡纳瓦罗的同情和眷恋当中，斯科拉里的到来并不是时候，这种同情和留恋转移到接替者的身上，产生的是仇恨和敌视。"看，这是 1 比 7 那个教练。"媒体和球迷都在重复这些观点，"他的时代早就已经过去了。"

但这仅有的观点无法将斯科拉里从广州赶走，"巴西老农"是人们对斯科拉里的又一种不屑，土得掉渣的形象让人们对斯科拉里的观感不佳。但奇怪的是，斯科拉里避开了这些争执，他将自己的火爆脾气埋在了岁月里。更令人吃惊的一点是，上任后的斯科拉里拒绝了一切的采访要求，包括来自巴西、美国、英国以及中国的。他主动向被拒绝者道歉，表示这并不是接受采访的最佳时机。

经历了 2014 年巴西世界杯的低谷，斯科拉里显然完成了一次新的蜕变。这种蜕变还表现在与媒体的交往上，尽管他拒绝专访，但在有限的赛前赛后的新闻发布会上，斯科拉里展现出了温和的一面。他的措辞依然隐藏着锋刃，但是对任何问题都知无不言，诚诚恳恳地回答着每一个问题，同时还会经常在新闻发布会上"加料"，例如对国内球员毫无掩饰的夸奖。媒体记者开始用"接地气"来形容斯科拉里。

深谙《孙子兵法》的斯科拉里，在中国重新找到了在巴西失去的尊严

如果说，里皮的风格是一个严厉的管理者对着一个团体，卡纳瓦罗的风格是营造兄弟般的关系。斯科拉里呢？郑智不假思索地就说出了巴西老头的风格，"就像是一个大家庭。"是的，一个巴西式的大家庭。众多的巴西外援也认同这个观点，尽管斯科拉里总是喜欢叫嚷，但他是用这种情绪和方式表达对每一位家庭成员的爱。"有点像父亲。"埃尔克森说。这种叫嚷并不是人们认为的"骂"，在大部分时间，这位家长更喜欢对球员进行鼓励。

可是斯科拉里还是那种战斗型的人。"足球比赛就像是场战争，我要做的就是杀死对手，而不是被杀。"这句话他在执教葡萄牙国家队时就说过，在执教恒大后，他也经常这样提醒球员。"去战斗！"是斯科拉里对球员的最基本要求。有球员开玩笑，把这句话改成"去吧，皮卡丘。"但他们没在斯科拉里面前说。

4. 2015 并非简单复制 2013

斯科拉里的上任带来了运气，球队的伤病开始得到好转，从拿着两名替补门将才能凑齐 17 人名单，到最后的伤病球员不断复出。

斯科拉里的到来也给予了球队巨大的帮助，球队在下半年迅速恢复霸气，没有给其他球队任何机会。

在中超联赛中，斯科拉里迎来了开门红，6 月 20 日，恒大客场 2 比 1 击败了夺冠的竞争对手山东鲁能；6 月 25 日 0 比 0 战平另一竞争对手北京国安；6 月 28 日客场 1 比 1 战平石家庄永昌。这 3 场比赛作为斯科拉里的开局赛，1 胜 2 平的战绩看似没有什么太大的说服力，但对于刚刚接手球队的斯科拉里而言，这已经足够能使其获得球迷和媒体的支持，原因是恒大告别了上半年的磕磕绊绊，进攻更加流畅并且前景喜人。

伤病球员的持续回归让恒大重新回到正轨，斯科拉里不止一次回忆自己的首场比赛：当时缺兵少将的他不得不带着两名替补门将来充实名单。但在数场比赛之后，恒大已经不再担忧阵容的问题。斯科拉里带领球队征战了 17 场中超联赛，获得了 12 场胜利和 5 场平局，其中包括与争冠球队的直接较量。9 月 12 日，恒大客场 3 比 0 击败上港，这是两支竞争冠军球队之间的直接较量，3 比 0 直接打垮了对手的斗志。

10 月 25 日，原本可以提前夺冠的恒大在主场对阵山东，因为助理裁判穆宇欣的一次严重误判，导致最终结果为 2 比 2。尽管恒大在联赛积分榜上依然占有小小优势，但争夺联赛冠军的悬念依然被保持到最后一轮。

10 月 31 日，在北京工人体育场，广州恒大以 2 比 0 客场击败北京国安，在联赛历史上首次攻克了工体这一强大堡垒，成功夺取了联赛冠军。

恒大在中超完成了五连冠，在亚冠联赛，斯科拉里的球队也同样越战越勇。恒大在淘汰赛中先后淘汰了城南 FC、柏太阳神、大阪钢巴等韩日球队，与西亚劲旅迪拜阿赫利会师决赛。在两回合的决赛中，恒大客场 0 比 0 战平对手，后在主场凭借埃尔克森天才般的一个进球，最终夺取了 2015 亚冠冠军。这是恒大三年间第二次捧起亚冠冠军奖杯。

2015 年 12 月 10 日，恒大迎来了世俱杯的战斗，首轮 2 比 1 击败墨西哥美洲后，随后

分别以 0 比 3 输给欧冠冠军巴萨、以 1 比 2 输给东道主广岛三箭。但无论如何，首战对阵墨西哥美洲的获胜，已经让球迷看到比 2013 年世俱杯的进步。

2015 年并非对 2013 年的完全复制，毕竟这一年恒大遇到了更大的困难，并且在困难中展现出自己的雄风。斯科拉里在仓促接手之下依然创得佳绩，不得不说这是球队整体实力和素质的一个大迈进。

2013 年，穆里奇、孔卡、埃尔克森的作用不容置疑。而 2015 年，尽管有保利尼奥、高拉特的出色发挥，但正像斯科拉里在赛季结束后不断强调中国球员的作用那样，包括郑智、邹林、郑龙、于汉超、黄博文在内的中国球员，成为 2015 赛季令人印象深刻的恒大功臣。

从 1 比 7 的低谷中走出，斯科拉里在异国他乡赢下了一次赌博，他获得了崭新的开始。2015 年 12 月 6 日，斯科拉里打开了自己在珠江新城广粤天地的房间大门。在这一天，他对曾被拒绝过专访的广州记者发出了邀请。这是他执教广州恒大后第一次接受专访。"我很感谢你们关注我，所以请尽管问。"

这次专访是斯科拉里在新闻发布会释放善意的升级版本。巴西老头直接让记者们决定时间，结果一个多小时的畅谈甚至耽搁了午饭时间——这还是在现场的媒体记者不忍老头无法吃午饭而提醒快点结束的情况下的时间。

这次的专访为他赢得了赞誉。这是斯科拉里内心转变的一次胜利，他愿意将这次专访作为一个宣言：过去已死，重新开始。从 2014 年围绕着他内心的阴霾，在这个时候宣告散去。"我已经开始黑转粉了。"一位媒体记者在专访结束后说。

斯科拉里绘声绘色地描述着自己在桂林自驾旅游的场景，他两手夸张地挥舞以重现自己目睹的"农家乐"现场杀鸡的场景。这个时候的斯科拉里已经完全放松，他的一举一动都表露着对中国的热爱。在佛山里水的恒大基地附近，看着汽车、摩托车和行人来回混乱地穿梭，成为斯科拉里的最爱。

斯科拉里已在足球的世界浪迹了 40 多年，广州或许是他最终的归宿。因为作为一位喜欢中国文化、喜欢《孙子兵法》的巴西人，斯科拉里在这里赢下了自己的幸运轮盘。

结束了既无比艰难又轰轰烈烈的"新五年计划"元年，恒大 2016 年的目标是"中超亚冠双卫冕"。毫无疑问，广州恒大在运营模式、引援思路、战术打法等方面都将迎来结构性巨变——对于这艘中国足球的"航空母舰"来说，未来的航向将值得整个亚洲足坛的关注！

业 道

寄治乱于法术，托是非于赏罚。

——战国·韩非《韩非子·大体》

2016 年 2 月 21 日，10 尊冠军奖杯压阵，许家印与球队中外将帅召开新赛季管理会议，如同召开一场董事局会议，军威严整，业道森然

2010 年 3 月 19 日，韩国首尔的天气依然寒冷，李章洙在首尔江南区的高档住宅中接到了一个电话，李章洙一边听着电话那头说话，一边陷入了沉思，"这真是一个疯子！"

这是广州恒大俱乐部董事长刘永灼第一次致电李章洙。前者提出了一个充满诚意的执教邀请，但李章洙用一句"我想休息休息"就结束了这个电话。

2009 年下半年从北京国安下课之后，李章洙回到韩国，生活得非常惬意，每天睡 11 个小时，下午就去打高尔夫球消磨时间，然后晚上和朋友们吃吃饭、喝喝酒。但他的妻子，一个传统的韩国女人敏锐地觉察到李章洙给她一种与过往不同的感觉，那种感觉是失落感。

就在李章洙挂断电话的当天，"疯子"又来了第二个和第三个电话，内容一致，态度坚决，电话里刘永灼所传达的信息，是足够让一名职业教练疯狂的计划。

李章洙点燃了一支香烟，做出了他人生中最重要的一个决定："好吧，到北京吃饭再聊。"

事实上，正是这种近乎"疯子"的办事效率和执行力，不但征服了一个又一个大牌教练、化解了一次又一次内外危机，更成为中国职业足球"恒大模式"的核心价值观。

一、许家印与李章洙

2010 年 3 月 22 日，正好北京国安到韩国城南打亚冠客场，李章洙决定去看一下北京国安的老朋友们，然后再去北京与刘永灼见面。

这天下午，李章洙提前两个小时出门，他计算这段路程大概需要 40 到 50 分钟。不过，韩国的天气变化莫测，一场暴雪让高速公路拥堵起来，李章洙到达城南的时候已经是下午 5 时 15 分。李章洙看完训练后与朋友吃饭，回到家时已经是次日的凌晨 4 时。李章洙在家里睡了 4 个小时，早上 8 时起床洗澡出门，并对他的妻子说："中国有点事，我要过去一趟。去看看而已，很快就回来。"李章洙此刻只是抱着礼尚往来的心态，到中国向刘永灼表达谢意，并且顺便在北京玩玩高尔夫球，仅此而已。

甚至连换洗衣服都没有带的李章洙坐上了飞往北京的飞机。但他这一去中国，却是两年半的时间。

1. 两天的速度与激情

有点出乎李章洙意料的是，刘永灼并没有在北京的见面中继续提出让他执教广州恒大，而是执着地邀请李章洙到广州作客。当晚，李章洙到达广州并且入住了御景半岛的恒大酒店。把李章洙送入房间休息的时候，刘永灼对李章洙说："明天，我们许教授将会和你面谈。"

这个晚上李章洙在床上躺了很久才睡着，"当时我对这个许教授有着很大的好奇，也很想见见这个能够提出疯狂计划的老板。"3 月 24 日晚，许家印和李章洙坐在了一起。

说是谈判，实际上却是简单的聊天。当时李章洙并不知道许家印是什么人，只知道对面坐着的刘永灼口中的许教授，是广州恒大足球队的投资人。

李章洙抛出了自己的试探："我在中国很多年，有自己的原则。我要去一个俱乐部执教，首先这个俱乐部必须是稳定的，俱乐部老板必须有一个长远计划，如果仅仅是短期行为，我是不会去执教的。"

"这个你放心，我们要长远搞俱乐部。我们恒大的风格就是，要么不搞，要搞就搞最好的。要不然我们不会在开赛前这么短时间还去换教练。"许家印反应很快。

李章洙依然举棋不定："我是个固执的人，大部分时候不喜欢别人干涉我的执教，甚至是俱乐部的老板，我知道这样在中国并不受欢迎。"许家印已经开始"将军"——"你放心，如果你来恒大，就和郎平一样。郎平现在是我们女排的主教练，我们奉行的是董事长领导下的主教练负责制，你需要什么助手，尽管带过来，你需要什么队员，我知道现在已经来不及了，但二次转会的时候，你只管开名单，我们会想尽一切办法弄过来，我相信我们有能力将他们弄过来。"

李章洙的心理防线开始松动。"能不能先让我在联赛上半程的时候观察一下，中间世界杯的时候再过来？"许家印回答说："不行，要过来就一定是现在，如果你不来，我们马上启动第二、第三人选方案。"许家印最后还给了李章洙一个承诺，会提供一份长期的合同，至于薪水待遇，直接让李章洙在空白处填写。

"你很难拒绝这样一个老板，很难拒绝这样的办事方式。"李章洙说，"另外我对他那长远的计划充满了好奇，我很想看看这份在中国足球环境中足以被称为'疯狂'的计划，是否能够得到实现。更重要的是，我还不想退休。"

3月25日上午，李章洙在广州恒大提供的合同上签下了自己的名字。新闻发布会的时间定在下午4时30分，李章洙没有第一时间打电话把这个消息告诉在韩国的妻子，而是趁着这段时间和中国的朋友们一个个打电话，告知"他胡汉三又回来了"的消息。他忍不住好奇地向朋友们询问广州恒大的情况，结果令他愕然——直到这个时候，他才知道许家印是当时的中国首富。

下午4时左右，广州的新闻媒体齐聚天伦大厦的恒大总部，发现现场居然采取了视频交互直播的模式，包括广州在内的全国19个地区同时进行新闻发布会，这也创造了历史上中国足球单个俱乐部新闻发布会的一个全新纪录。30分钟后，李章洙在刘永灼的带领下出现在新闻发布会现场。刘永灼直接宣布李章洙成为广州恒大主帅——这一天，离2010年中甲联赛的开锣仅有9天的时间。

外界一直认为李章洙之所以接受广州恒大的邀请，是因为财大气粗的广州恒大抛出了令人难以抗拒的高薪。但李章洙自己并不这样认为。"我有一个并不成功的球员时代。当我成为职业教练的时候，我就想着有一天能够拿到一个顶级联赛的冠军，恒大打动了我。"李章洙说，"我年纪已经不小了，我知道广州恒大可能是我执教生涯的最后一次，如果我没有抓住这个机会，我可能永远也实现不了我的梦想。所以我很肯定地说，那次签约我作出决定的时间还不到两天，但那却是我人生中最重要和最正确的一个决定。"

李章洙的父亲是土木建筑商人，家里相当富裕。李章洙在进入延世大学后，就成为夜

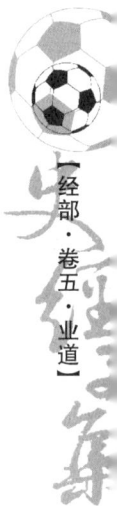

总会的常客，而且他去的并非大学附近供学生消费的低价夜总会，而是首尔当时最高级的 TOWER 酒店的夜总会。年轻的李章洙当时喜欢打扮，夏天穿花衬衫，其他季节穿笔挺的进口名牌西服，喜欢穿白色皮鞋，喜欢在身上喷男士香水。这个"白马王子"当时想尽一切办法前往夜总会，甚至在当时宵禁的情况下买通宪兵，坐着宪兵队的摩托车前往夜总会，甚至还曾利用清洁车前往。

李章洙每次偷偷跑到夜总会，总能够在主教练张云秀醒来之前回到宿舍，并且若无其事地参加晨练。因为像夜雾般来无影去无踪，所以李章洙在大学期间的外号是"新村夜雾"。不过最后主教练张云秀还是抓到了李章洙夜不归宿的蛛丝马迹。为了教训李章洙，张云秀经常让全队跑 20 圈，跑最后的几人挨罚。虽然夜不归宿，但李章洙每次都能在跑步中得第一，这让张云秀头痛不已。直到后来张云秀让李章洙出任球队队长，李章洙才有所收敛并开始以身作则，把心思放在足球上。

李章洙在大三时入选韩国国家队，毕业后又加盟了当时的"豪门"釜山队。但可惜李章洙在年轻时由于喝酒过度患上了肝炎，到了 30 岁时后遗症明显，不得不提早退役。这是李章洙最为遗憾的事情，不过这也促成了他想成为成功的职业教练的梦想。

这段经历也让李章洙的执教风格变得十分严厉，甚至固执到不通人情，在中国他获得了"铁帅"的称号。

2. 恒大用人唯贤的企业文化

恒大在 2010 年 3 月曾经提出要以 4 000 万欧元的重金邀请欧洲名帅，但那时恒大作为一支中甲球队，找欧洲名帅并不现实。而且当时的欧洲名帅们大多有合同在身，而找一些赋闲在家的，又缺少时间去操作。中甲联赛开赛在即，就算能够找到一个欧洲名帅，也是对中国足球一无所知。恒大不愿意去冒这个险。

当然，仅仅以朋友的推荐就敲定李章洙，是一个极其冒险的行为。广州恒大随后也迅速地对李章洙展开了解，许家印对用人有自己一定的套路。在他看来，视野决定着成就，一个人取得的成就不会超过他所看到的视野。而李章洙在中国对职业足球的执着，在做事做人方面的正直严格，还有在韩国联赛带队的表现，都得到了许家印的欣赏，符合许家印选人的标准。

在恒大集团内部，许家印经常要求公司员工树立远大的志向和抱负，只要能力足够，他便会提供最宽广的平台。有一次许家印连续提拔了 20 多名刚毕业的大学生担任经理级职务。

许家印用人的风格在聘请郎平和李章洙的时候显现无遗，他给予女排和男足的教练无上的权力，这就是他所声明的"董事长领导下的主教练负责制"。

在广州恒大足球队里，董事长刘永灼只负责后勤、买卖球员的谈判和签署支票，主教练李章洙全权负责球队事务。许家印还命令刘永灼不得进入更衣室半步。

许家印的这种做法，就是为了防止俱乐部高层对球队事务进行干涉。就连许家印自己，在两年的时间内几次到球队与球员、教练谈话，说的也仅仅是俱乐部未来的战略方向或是一些"心灵鸡汤"，从未对球队的具体事务指手画脚。

许家印的用人文化，用他自己的话来说，是尽量做到公平公正和任人唯贤。在恒大集团上班的新人，总是发现内部有许多条规定要去遵守，"失去法则和标准，就不能对事情的是非曲直做科学公正的评判，我们的工作就会陷入混乱无序的状态。"许家印说，"我们干工作、做事情，心中一定要有一把尺子，知道什么事能干，什么事不能干，有所为有所不为。"

这也促成了李章洙手中"尚方宝剑"的存在，在"董事长领导下的主教练负责制"的说明中，许家印特地强调，不管是年薪多高的球员，不管是花费多高转会费买来的球员，不管是多么大牌的球员，只要违反了球队的纪律，李章洙就可以弃之不用。在球队的几次内部纪律处理中，俱乐部和李章洙做得极其"残酷"，罚款金额一次次刷新中国足球的纪录。在处罚的过程中，也没有"隔夜仇"的存在，像郜林、郑智这两位在李章洙任期内拿到罚单最多的球员，被处罚过后，依然和李章洙关系亲密。即使是孔卡、穆里奇、克莱奥和保隆这四名南美外援，由于 2012 年初归队迟到了几天，也纷纷被课以重罚，罚单总价高达 125 万人民币。

李章洙在任期间用人最为大胆的一次，是选择了韩国外援赵源熙。过去，李章洙一直避免去用韩国籍的亚洲外援，原因很简单，一是韩国的出色球员往往不愿意到中国足球联赛踢球；二是在国内转会"抽水"泛滥的情况下，李章洙要回避"瓜田李下"的嫌疑。事实上，赵源熙并不是李章洙力主引进的，甚至李章洙在引进这名球员的时候还有些犹豫。这名韩国球员在英超的表现吸引了刘永灼的注意，而许家印也对这名球员充满了兴趣。他既有韩国国字号的水平，又有英超联赛的经历，这一切符合建队标准。

赵源熙到广州之后，一直都是球队的万金油，哪里不行就塞到哪里。最开始，无论是避嫌也好，观察也好，李章洙并不准备将赵源熙放在主力阵容当中，但后来赵源熙的品行改变了李章洙的想法。赵源熙在训练和生活中表现出来的敬业态度和自律精神，让李章洙不能不喜欢这个球员。

二、恒大式"中央集权"

在 2010 年 3 月 1 日正式宣布入主广州足球之后，恒大足球俱乐部宣传工作的主要目标是消弭外界称他们"财大气粗""烧钱"等说法。原因很简单，因为许家印觉得这是对他投资足球的一种误读。

无论是对内部还是外部的宣传，恒大一直都在强调"管理"是这支俱乐部球队最为成功的法宝。此后出现在人们视野中的是许家印在 2011 年 3 月 18 日定下的"五必须、五不准、五开除"管理条例，还有几个被无限放大的处罚事实。

如果不联系恒大集团和许家印本身特有的管理理念，就很难理解恒大足球俱乐部的管理与恒大集团的管理制度本身为何会有千丝万缕的关系。

1. "紧密型集团化管理模式"

许家印于 1997 年成立恒大集团，而早在随后的第一个房地产项目金碧花园取得成功之时，许家印就开始考虑企业内部建制的问题。许家印最终确定的管理模式叫作"紧密型集团化管理模式"，即公司运营中的重大事项都由集团进行统一管理。

这种模式就是强化集团公司对各地公司的垂直化管理，包括人力资源、资金财务、工程建设、成本控制、合同履约、项目营销等房地产开发建设的重要环节。换句话来说，这种模式是企业管理上的"中央集权"。许家印在此基础上建立了由董事局、投资决策委员会、经理层构成的三级管理体系。董事局是决策的最高机构，拥有重大事项的最终决策权；投资决策委员会则由公司高管、专业人员和外聘专家构成，对企业发展战略和重大投资进行分析论证；经理层则负责执行决策。

这种三级管理体系在一定程度上相互制约，可以最大化规避风险。但在恒大集团内部人士看来，这种三级管理体系上面只有一个总开关——许家印。

"紧密型集团化管理模式"在许家印强势的个性下发挥得淋漓尽致，即便如今恒大集团在全国的员工数量已超过 20 000 人，许家印依然乐于亲自操控一切。恒大集团总部大约有 2 000 多名工作人员，这些工作人员却仅仅起神经末梢的传递和协调作用，只为传递和执行许家印的决策服务。

2011 年就出现了一个有趣的细节。球队的守门员李帅在一次和朋友外出的时候见义勇为，救助了车祸受害者。这在当时社会上出现了"小悦悦"事件的背景下，本来是一个极好的人性光辉闪现的报道题材，也是广州恒大可以借助用以宣传球队正面形象和品牌的好素材。然而在李帅救人后的几天时间内，广州恒大没有一点对此事进行宣传的征兆。原因就是许家印不知道这件事，没有作出任何指示。恒大集团是一部在许家印完全控制下的精密机器，每个员工要做的就是执行以及排除一切困难去执行。

2. 许家印的"红海战略"

另一件体现许家印强硬管理风格的事件是广州恒大入主之初的"换帅风波"。

广州市足协当时的态度是重点培养广州籍教练和广州籍球员，彭伟国从 2009 年底就一直担任广州队的主帅。当时球队刚刚经过降级换血，加上联赛开赛在即，不适宜赛前更换主教练。

但许家印的态度也相当坚决，他在广州市足协不同意的情况下依然将换帅工作高效进行。

2010 年 3 月 25 日上午，广州市体育局、广汽集团和许家印等悉数到驻地慰问球队，广州市体育局局长刘江南甚至还要求彭伟国率队必须打出"帅气"。殊不知此时，李章洙已经和广州恒大俱乐部签约。中午时分，广州媒体也被恒大方面通知当日下午集体前往恒大集团总部天伦大厦参加一场"有大新闻发生"的新闻发布会。更让人有点难以接受的是，俱乐部的董事长刘永灼甚至当天下午还邀请彭伟国到天伦大厦参观恒大总部。下午 3

时，彭伟国率队到天伦大厦，准备参观完后再返回基地训练。不过这时，彭伟国却单独被邀请到刘永灼的办公室，教练组其他成员被要求率领球员在会议室等候通知。半个小时后，彭伟国出来与教练组成员低语，他已经被广州恒大"炒鱿鱼"。4时30分，刘永灼带着李章洙如同空降兵一样出现在新闻发布会现场。

许家印对集团采取的"中央集权"管理方式，提高了企业的运营效率，同时他的几个措施也让机器上的齿轮运转得更快。用管理学的术语来说，就是员工有着超强的执行能力。在这条"流水线"上，许家印通过董事局发出的一个指令，可以在半小时之内传达到最基层的员工。

许家印的几个措施的重点是目标计划管理。恒大集团自创立以来，始终坚持每年一次为期7天的年度计划会，每年四次为期3天的季度计划会和两周一次的例会。恒大通过目标任务细化分解，落实具体责任单位和责任人，明确指标，限定时间，奖惩考核。"计划、考核、改进、落实"已成为恒大各项工作的标准运作流程。在每年年初的管理会议上，各部门都出台年度"十大目标"，为实现工作目标，每个员工都加班加点，近似工作狂。

这些员工的热情建立在严格的考核制度上面，"重奖"和"重罚"是恒大管理的一个特点，也是许家印对于员工管理的一个措施。2010年上半年，曾有一个分公司经理因为未能在规定时间内完成目标，年薪被降了差不多10倍。事实上，一个员工因为工作出色而在一年内工资暴涨几倍的事情，在恒大集团内部早已屡见不鲜。

从恒大集团的管理模式中，大家很容易看出广州恒大足球队的管理完全是恒大管理模式的一个延伸。在球队里，主教练控制掌握着一切，其他的教练和球员都是主教练决策的执行者。而提前确定的"中超冠军""亚冠冠军"的目标计划，还有重奖和重罚政策的实施，都是照搬恒大集团的管理模式。

同时，许家印主张的"红海战略"（在现有市场空间中竞争）在球队建设上的作用也十分显著，在现有的中超联赛空间中，许家印的引援和高薪政策，为自己的球队打造出一把"好刀"，在现有竞争格局中占据质量优势。

三、里皮效应

许家印带领俱乐部走向世界舞台的野心，决定了广州恒大在度过了草创阶段后，必须弃用李章洙，接任者自然应该是更有名气的教练。世界级别、世界冠军级别，是许家印衡量主帅的标准。于是里皮来了，"银狐"集欧洲五大联赛冠军、欧冠冠军、世界杯冠军于一身，这是渴望打造一个王朝的许家印所需要的。

2006年德国世界杯决赛在柏林举行，在意大利赢得大力神杯后，里皮在球场中央惬意地点燃了一支雪茄，那是他人生最得意的时刻。中国球迷没有想到，有一天可以在中超赛场看到点燃雪茄的里皮。所以当里皮上任的消息传出时，恒大御景半岛聚集了200多名来自全国各地的记者，当地的电视台甚至还出动了卫星直播车，央视体育频道也对里皮上任进行了直播。

"里皮效应"在他刚刚踏上广州那一刻起就已经开始出现。而在他开始执教恒大后，他的名字往往是那些客场俱乐部拉动票务的保证。

1. "李章洙下课"是必选项

李章洙执教恒大的这两年多，是恒大队在中国足球圈异军突起的阶段，同时也是"恒大足球管理模式"逐步建立的阶段。

在这个过程中，许家印与李章洙之间、与俱乐部管理层之间、与球队之间，并非所有事情都一帆风顺。许家印正是靠着自己的人格魅力和高超的管理手段，以"实事求是"的态度，切实解决了这个阶段的各种困难。

其一，球队设立了史无前例、赏罚严明的制度，并且让教练、球员都不会心生怨恨。

其二，许家印给球队营造了良好的生活环境。此前广药时代，球队一直居住在白云山药厂的宿舍，生活条件在整个中超里面算中等水平。许家印一来，就把球队的伙食标准提到了每人每天 200 元，许家印甚至专门安排酒店的大厨去给球队做饭。之后他令球队搬到御景半岛的恒大酒店，球队的饮食居住更加方便舒适。俱乐部建立的两个训练基地，也给球队提供了很好的硬件设施。

其三，在严明的纪律下和不断引进高水平球员提升全队水平的情况下，球员在训练比赛中有着清醒的头脑和坚定的立场，同时付出情感和务实行动。

其四，在发扬民主作风方面，虽然许家印和李章洙皆有强硬的性格，但他们两人总能发挥自己的人格魅力，每次商谈的结果都是皆大欢喜。

其五，调查研究一向是恒大做得最好的一个方面。在 2011 年中超联赛确定了自己来年的亚冠资格之后，恒大就四处派员前往日本、韩国、澳大利亚和泰国等地，考察有可能在亚冠小组赛中成为对手的球队。在足球学校建校方面，恒大也是展开了长期的调查，派员前往欧洲各国考察当地知名的足球学校。而在内外援引进方面，恒大的技术人员总是会坚持长期的现场考察和技术分析，最终提交所考察的球员是否值得引进的报告。

其六，大胆实践是恒大另一个做得出色的方面。恒大能够创先河地开出高额奖金，能够全力投资足球学校，也能够给球员买巨额保险，在外界看来，这些行为无疑是大胆的。

其七，俱乐部在球迷管理上正在走欧洲化的道路，而球队商务的开发也在学习日本和欧洲足球俱乐部的先进模式。

其八，在俱乐部，每一笔支出都要通过监察机构的审核。同时在球队奖金方面，监察机构的约束力也保证了每个球员的利益不受损害。另外，恒大很在意媒体的监督，许家印要求手下每天将关于恒大的新闻报道集中在文本当中，交给他浏览。

不过，经过两年蜜月期之后，随着恒大俱乐部运营标准的建立和管理模式的确立，李章洙反而慢慢成为球队继续向高位发展的短板。尤其在恒大不断走向"国际化"和"亚洲中心"的目标时，李章洙视野和经验上的不足、他与高水平外援之间的文化冲突，更是一个天然的死穴。

2. 里皮带来的"绝对权力"

无须赘言里皮在意大利有多么成功，至少在恒大的执教岁月里，这个意大利老头完全符合成功的定义。即使他最终将帅位甩手给自己的弟子卡纳瓦罗，但毫无疑问，里皮打造出了"恒大王朝"，这让再后来的斯科拉里也压力甚大，巴西教练无时无刻不在提醒自己"前人栽树，后人乘凉"的现实。

里皮的成功在于他的谨慎以及智慧。恒大俱乐部可能让李章洙感到不悦的一点是：他们提前一年就已经联系上了里皮，而"银狐"也正是用了这一年的时间来考察研究广州恒大，才最终决定接手这支中国足坛的新贵。

这一年的考察让里皮一接手就做了一件最重要的事情，他让球队达到了一种均衡——这不仅是指进攻和防守方面的战术平衡，更重要的是指教练与俱乐部的关系平衡。

2012年英超曼联访华期间，曾安排有一场与广州恒大的商业比赛，但里皮拒绝了。这一点和李章洙有着截然不同的结果。李章洙2011赛季曾想拒绝与皇马进行商业比赛，但最终他还是带队出现在赛场上。

里皮对球队的掌控达到了前所未有的境界，他甚至拒绝将俱乐部对球员的内部处罚公开。

这是里皮的固执，但是里皮当得起。许家印希望用最短的时间打造出一个有国际竞争力的俱乐部，所以许家印愿意。更多的事例证明着里皮的绝对话语权，例如他改变了球队的集中管理模式，直接实行全走训制。他在平时的生活中也不干涉球员，这让整个球队无人不服，无人不为之卖命。

从2012年5月17日上任开始，里皮一步步地将恒大队的潜能激发，无论是在球队战术上还是在球队气质上，广州恒大都产生了蜕变。强队的精神和气质，习惯胜利的方式，让广州恒大彻底变成了冠军球队。

里皮最出色的能力是对全局的掌控游刃有余。在恒大处于下风或打不开僵局的时候，里皮总能通过换人来改变比赛结果。例如：2013赛季亚冠联赛对阵柏太阳神一战，恒大在上半场毫无任何优势可言，但里皮在下半场做出换人调整和阵形调整后，恒大一举将对手击溃。恒大在里皮执教期间被称为是"下半场惹不起"的球队，里皮在临场观察后的及时变动，无疑是关键所在。

里皮是当之无愧的战术大师。在2013年亚冠决赛第二回合，里皮在首发阵容中排出了奇怪的三后腰阵型，他用赵旭日顶替了郜林。而这种三后腰阵型里皮也只是曾经使用过两次，但是那两次的效果并不算太好。可是偏偏在这场对阵首尔FC的比赛中，三后腰的存在牢牢地遏制了对方强力中锋德扬的发挥。在首尔FC将比分扳平之后，里皮再次做出了调动，他用郜林换下赵旭日，用秦升换下穆里奇。最后时刻广州恒大的场面虽然让主场球迷看得提心吊胆，但结果是首尔FC难以形成有效的进攻，里皮的临场变动让球队在防守上固若金汤。最终广州恒大凭借这场平局和客场净胜球优势登上了亚洲之巅。

广州球迷都爱里皮，这是毫无疑问的。中国球迷同样爱他，甚至产生了让里皮执教中

国国家队的想法。但是再长久的爱都有分离的时候，在 2013 年率队获得亚冠后，里皮突然就产生了离开的想法。广州恒大在亚洲的强势也决定了他们需要做更多的事情，除了中超联赛、足协杯和亚冠联赛之外，还有世俱杯。从 2013 年 1 月 5 日开始，一直到年底 12 月 23 日世俱杯，一个完整的赛季才结束。这对于年事已高的里皮来说，太累。

里皮还不止一次抱怨过长途飞行，亚冠比赛广州恒大需要前往澳大利亚还有西亚，这需要长时间的飞行。就连中超之旅都是如此，去一趟东北的客场，比去日本的亚冠客场时间还长。他还非常想念自己的家人。每次球队有较长的假期，他总会在当天比赛结束后就直接前往机场返回意大利。这对里皮来说是一种煎熬。当然，引进"意大利二老"的失败案例导致其引援绝对权力的失去，也是里皮最终选择离开的一个重要原因。

于是里皮很潇洒地撂下担子，将担子交给了自己的弟子卡纳瓦罗。

四、一张红牌引发的"重罚"

好的制度可以充分调动成员的积极性和创造性，可以让一个集体不断前进，保持持久竞争力。好的制度保障，比靠一两个杰出人物带动前进更具有效性和持续性。

"奖罚分明"是一个好的制度的具体表现。对积极进取有功者奖赏，对懒惰危害者处罚。奖与罚两个措施都很重要，但哪个对人更有刺激性？

人对失去的恐慌远大于对得到的追求。事实上，制度中的处罚会比奖励更有促进作用，也更有效一些。

毫无疑问，在恒大的足球管理模式中，"重罚"制度是一个必不可少的手段，其执行力度之大、之果断至今依然是职业体育界的楷模。

1. "五必须、五不准、五开除"

许家印在 2010 年 7 月 25 日曾与球员进行了内部谈话，重点是让俱乐部成为"三最"俱乐部。其中在解释"最受人尊重的俱乐部"时，他要求"俱乐部教练员和运动员在任何时候、任何场合都要非常低调——我们有实力但是我们不说。在任何时候、任何情况下，所有的球队都是我们学习的榜样，所有的球迷都是我们感谢的对象，所有的媒体我们都要去尊敬。"

同年 8 月 25 日，广州恒大主场对阵成都谢菲联，郑智在离场治疗后回场的途中受到成都谢菲联外援布兰登的挑衅，郑智因掌掴布兰登而吃到红牌。这一事件让广州恒大俱乐部内部震惊不已，同时球队在郑智停赛的情况下，冲超路途也似乎变得一下子不乐观起来。在郑智拿到红牌后的几个小时内，李章洙就和教练组制定出新的规章制度，决定在此之后对球员场上的不冷静行为进行严惩。许家印在一年后对那次的处罚条例还记忆深刻，他说："俱乐部在管理上是很严格的，在奖罚上是很分明的。举一个简单的例子，我记得当时有一场比赛郑智先生有一点冲动受了处罚，结果我们也没输球。但大家很郁闷，第二天饭都吃不下，我听说后就到基地看望球员，去给大家鼓劲。我记得非常清楚，郑智站着不敢坐下来，我说了几遍都不坐下来，他一定要检讨，我说认识到问题，以后不要发生就可以了。我就问李指导，制度上怎么规定？当时就定了可以罚款3万到10万，大家说没有意见，也拼命鼓掌。"

这个规定出台不到几个月，郜林第一个被惩罚。当时，郜林在对阵湖北绿茵的比赛中因不满裁判而与裁判发生争执，领到一张黄牌。当天观看电视直播的许家印立即打电话给刘永灼和教练组，他在电话里说："比赛结果很重要，但是比赛中出现的情况和一些苗头更值得关注和警惕。希望教练组对场上个别球员的不理智行为认真分析总结，严格按照既定的管理制度严肃处理。"

郑智的红牌，为恒大严格的管理制度进入球队带来了契机。而郜林的一张黄牌，则让许家印首次提出了将集团公司从严管理、奖罚分明的特点带入球队。

2011年3月4日，以全国政协委员身份参加在北京举行的两会的许家印，闲暇时间依然在考虑足球俱乐部的未来。

这次许家印在两会期间提交的提案是《加大老城区城中村改造力度，降低房价稳定市场》。显然，许家印对于房地产界的问题轻车熟路，而对于足球，他却有一种难以把握的感觉。

但他自己在经过了几天的思考之后，再次用强势个性决定了一系列的俱乐部工作安排，这其中包括购买高水平的外援、高奖金政策以及严格的球队管理制度。这并不是对广州恒大俱乐部的一次大刀阔斧的改变，而是一次加快速度的推动，许家印展现出了自己的风格，展现出了整个恒大集团高效的执行能力，他不愿意再去等待。

3月18日，已经回到广州的许家印，在球队的新赛季全体会议上，提出了球队的管理办法，这是恒大集团管理模式全面进入足球俱乐部的时候。

在这次全体会议中，"五必须、五不准、五开除"的球队管理条例正式问世，这被称为是中国职业联赛历史上最为严格的管理条例。

"五必须"是：（1）赛前赛后必须向全场球迷示意、致谢；（2）比赛中必须尊重对手，打不还手、骂不还口；（3）比赛中必须无条件服从裁判判罚；（4）训练比赛必须努力拼搏、疯狂拼杀；（5）必须尊重媒体，言谈举止得体。

"五不准"是：（1）不准迟到、早退、怠训、旷训；（2）未经主教练批准，不得擅自离队；（3）不准泄密及发布不负责任的言论；（4）不准与俱乐部管理人员相互吃请、送礼；（5）不准拉帮结派，互相攻击。

"五开除"是：（1）不服从主教练安排者，开除；（2）使用违禁药物者，开除；（3）联赛期间抽烟、饮酒者，开除；（4）参与假球、赌球、消极比赛、违背职业道德者，开除；（5）损害公司品牌形象者，开除。

最早在"三个五"管理条例上触霉头的是杨昊。当时在参加完国家队训练比赛之后，疲惫至极的杨昊因为睡过头而在训练中迟到，因此在中超开幕前一天被俱乐部处罚500元。这500元虽然数目不大，却令杨昊感到不好意思，因为他总是想起当时队友们的"一脸坏笑"。

2．令出必行，违者必究

广州恒大的严厉管理条例出台之后，在2011年一共依据条例处罚了四起违例事件，被处罚的人数达11人，其中更包括了一队教练李章洙，预备队教练彭伟国，涉及的处罚金额将近100万元。这四件事尽管牵扯到球队的一些负面新闻，但在俱乐部赏罚分明的背景下，处罚更多起到的是正面作用，俱乐部在风纪管理上的作为再次引起了举国关注。

其中关于"雷纳托退场"事件的处罚，涉及的处罚金额创下了当时中国职业联赛球员处罚金额之最，被外界认为是恒大俱乐部管理严格的标志性事件。2011年4月17日，广州恒大主场对阵北京国安，巴西外援雷纳托在比赛当中被替换下场，当时雷纳托一口怨气在胸，对教练组替换自己的决定非常不满。这个获得的出场时间不多的巴西外援选择了自己的退场方式，直接走向了更衣室，然后离开了天河体育中心。

俱乐部在处罚决定中列出了退场雷纳托的两条错误，分别是退场时未向球迷致谢，退场时未与教练和对手握手而直接回到更衣室。最终，雷纳托受到的处罚是"全队通报批评并扣罚当月工资2万美元，扣罚前三场比赛个人所得奖金30万元人民币"。另外雷纳托在内部被停赛三场，下放预备队进行训练。这份罚单直接涉及的金额是43万元人民币，再加上三场停赛，雷纳托在经济上损失惨重。同时雷纳托也彻底失去了通过更多正式比赛融入球队的机会，他最终成了恒大更换的第一个外援。

2011年5月和6月，广州恒大俱乐部连续开出两张罚单，一共开除三名预备队球员，分别是李嘉麒、史庭亮和朱鹏飞。前两名球员在5月份利用微博辱骂恒大俱乐部，原因是预备队的合同月薪比他们的期望值要少，同时预备队的比赛没有赢球奖金。

许家印曾在2010年10月2日的内部会议上，提出"中超扑面而来，二队建设这个阶段可以适当放慢一点，现在的头等大事是一队的队伍建设"的说法，这也导致了俱乐部将全部的精力都放在一线队伍。而根据恒大集团在员工管理上一贯使用的"优胜劣汰"竞争原则，预备队球员在工资待遇上难以达到一个比较高的标准，恒大更希望球员在残酷竞争中进入一队以获得高薪。所以在预备队球员"爆粗口"的事件出现后，刘永灼和俱乐部管理层连夜召开会议，并且第一时间请示许家印。许家印认为这是对恒大集团管理模式的一次挑衅，当即指示绝对不能姑息。

开除朱鹏飞则是在6月份的中乙联赛当中。当时朱鹏飞在客场对阵四川大学队的赛事中与裁判发生冲突，在赛后朱鹏飞追打裁判。广州恒大在开除朱鹏飞的同时，也将预备队主帅彭伟国降职为代理主教练，彭伟国与教练组成员李勇、田野、许书忠都被扣罚了6月份50%的工资。

广州恒大这个赛季的最后一个处罚对象是主帅李章洙，还有球员郜林和穆里奇。在8月12日广州恒大客场对阵辽宁宏运的比赛中，双方多名球员在场上发生争执，在混乱中穆里奇拉了肇俊哲的头发。同一场比赛中，郜林在进球后跑到助理裁判面前，将手放在耳朵边进行庆祝，这个庆祝动作被主裁判认为是一个挑衅，因此郜林拿到黄牌。在经过一场令人啼笑皆非的"听证会"后，穆里奇被中国足协课以停赛5场并罚款2.5万元的处罚，郜林则没有再被追加处罚。

在中国足协的处罚决定公布之后，恒大俱乐部内部也开出了一张令人咋舌的罚单："李章洙在监督执行球队管理规定时未能很好地起到表率作用，给予全队通报批评并扣罚人民币15万元的处理；穆里奇未能按照球队管理规定高标准严格要求自己，给予全队通报批评并扣罚人民币10万元的处理；球员郜林未能按照球队管理规定高标准严格要求自己，给予全队通报批评并扣罚人民币10万元的处理。"

3. 中国足球史上最昂贵的罚单

难能可贵的是，恒大的重罚制度竟然得到所有人的认可，甚至连"最大牌"的外援也没有抵触，即使是里皮也不例外。比如2012年10月4日，在中国足协公布了对里皮、张琳芃、唐德超的处罚后，恒大俱乐部也发布了对以上三人的内部处罚。

为了备战亚冠联赛，恒大队2012年提前进入冬训。1月3日，是广州恒大规定的队内外援报到日。

但就在这一天，球队的五名外援仅有韩国外援赵源熙一人归队。实际上赵源熙一直都是广州恒大签约的"边缘人"，尽管在2011中超赛季表现出色，但赵源熙与俱乐部的合同时间并不长，因此他要提前回到球队，一边与球队的国内球员一起训练，一边与俱乐部商谈合同续约，有点试训的性质。至于其他4名外援孔卡、克莱奥、穆里奇和保隆，因为有长约合同在身，完全可以在度过新年假期后，于1月3日轻松归队。

孔卡、克莱奥、穆里奇和保隆分别在1月7日、1月8日和1月10日才回到广州。俱乐部当时并没有马上考虑给这些外援处罚，而是通过对话了解外援的迟归原因，穆里奇的回答令人感到同情，他岳父的去世令他不得不留在巴西处理后事。而其他的外援亦都是因为在航班预订方面遇到了问题。

外援自述的迟归原因，放在任何一家俱乐部都足以令人理解和原谅。但随之而来的情况让俱乐部有些措手不及，有部分媒体在报道这次外援迟归事件时，解读出"外援延期归队是对续约加薪和合同不满，集体示威"。可以说这是导致四大外援最终遭受处罚的原因。

事实上当时的这些外援与俱乐部的关系还算融洽，也仅有穆里奇在与俱乐部洽谈合同续约。其他的外援如孔卡已经对自己的薪水很是满意，克莱奥整天担忧的是自己的伤病是否影响饭碗，至于乐天派保隆想的只是有什么新的流行歌曲可以下载。

广州恒大俱乐部的高层从部分媒体的解读中看到了危机，实际上和前面所说的一样，他们的一切工作都必须保证广州恒大的品牌形象。当"外援示威"的传言出来后，恒大内部对外援在时间观念上的散漫感到不满，同时也对那些传言无可奈何。

危机公关里面有一个很重要的环节，就是如何转换被动局面。单方面的解释会使得事件本身变得更加复杂，而不解释则会让传言更多。在这个时候，俱乐部采取了另外一种方式，他们意识到了该事件带来的另一个机遇。俱乐部高层们开始对外援迟归事件进行研究，最终确定了处罚方案。

即使是穆里奇在这件事情上也没有得到宽恕，被列入处罚名单中，理由是穆里奇此前

并没有通过电话告知俱乐部方面自己会滞留巴西。出台的处罚方案的高明之处就在于简洁明了，俱乐部发布的公告对外援迟归的原因一字不提。

在这份公告里，克莱奥被罚款 50 万元，穆里奇、保隆各被罚款 30 万元，孔卡被罚款 15 万元。这次高达 125 万元人民币的罚单，是广州恒大对 4 名南美外援没有在归队日期准时报到的惩戒，罚单金额之高创造了中国职业足球历史上的罚单纪录。

几个月之后，恒大再次在个人处罚金额上创造了匪夷所思的新高——100 万元人民币！收到处罚的是被球迷们称为"天体之王"的孔卡，起因则是孔卡在广州恒大期间著名的"微博门事件"。

五、从"513"到"国八条"

一种新的激励手段，即使不能立即带来成绩的实际提升，但如果创造了新话题，对中国足球来说，这已经成功了。

恒大永远不缺少这样的话题。

在严格的管理制度下，许家印更深知什么能够成为球队前进的推动力，那就是在制造球队成长进步的合格环境的前提下，提供给球员难以拒绝的物质条件。

许家印有一句著名的话是："钱能解决的问题就不是问题。"这在球队最初两年的建设当中随处可见。

多年过去之后，恒大的"重奖"金额已经不再为外界咋舌，甚至不少俱乐部已经在奖金方面赶超了恒大。然而，恒大"重奖重罚"背后的逻辑很值得中国职业足坛思考。

1. 史无前例的超高奖金刺激

李章洙上任的时候，尽管当时恒大并没有公开提到其薪金待遇，但小道消息称"500 万把李章洙砸昏了"；原来的一队教练彭伟国，随后得到了二队教练的职务，薪金也比原来在一队教练位置时多出了 30%。恒大在买入球员的过程中，薪金纪录不断被刷新，从最初国内球员 200 万、300 万、500 万年薪，到后来孔卡的 700 万美元年薪。

2010 年 3 月 30 日，许家印在御景半岛的恒大酒店宴请了全队球员，在这里他第一次提到了给球队的经济保障。他说每个月都会给球员和教练发放激励奖金，平均水平达到球队工资总额的一半。

同时恒大俱乐部为每个球员和教练都提供了齐全的社会福利保障，包括养老保险、医疗保险、失业保险、工伤保险、生育保险和住房公积金。球队的伙食标准从每天每人 60 元提高到每天每人 200 元——这些仅仅是球员得到的最基础保障。

许家印随后宣布了 2010 赛季的比赛奖金，奖金的税后标准是"球队主场胜利将获 100 万元奖金，客场胜利将获 120 万元奖金，主场和客场的平局将分别获 50 万元和 60 万元奖金，三场比赛为一小结，胜两场、平一场将额外获得 80 万元奖金，连胜三场将额外获得

150 万元奖金"。这份奖金数额当时已经超过了许多中超球队的水平，更不用说在中甲了。难怪许家印一提出巨额奖金方案，顿时全队群情激昂、士气高涨。

一年之后，一个当时的恒大球员回忆起现场的感觉就感慨万千："至少我从来没有经历过这样的场面，如果是直接的 120 万元赢球奖金，大家并不会太过于激动，但后面的三场一结就不同了。当时大家都有冲超的信心，并且明白球队的实力在中甲联赛里面的情况，这个奖金方案简直就是白给我们送钱。"

2010 年 4 月 26 日，许家印为鼓励球队而决定拿出 200 万元作为球队 5 月份评选"拼搏球星"的奖励。对于当时满足于高额奖金的球员来说，这 200 万元仅仅是一个调剂，尽管许家印承诺在赛季后还有一笔更大金额的奖金作为"拼搏奖"出现，但这个时候金额已经不是球员们关注的焦点，反而是那个"拼搏奖"的设立让球队士气高涨。

两个钻石拼搏球星，三个白金拼搏球星，四个黄金拼搏球星，赛季 9 个奖项让球员们都很清楚，如果拿到这些奖项，至少能够保证自己在球队的主力位置，不会被球队随便抛到转会市场。事实证明球员们的顾虑是多余的。在 2010 赛季的俱乐部庆功会议上，奖项的繁多几乎达到每个球员都不落空的程度。

在 2011 年 3 月 18 日的中超新赛季全体会议上，刘永灼在宣布"三个五"管理方案的同时，也宣布了新赛季的奖金方案，那就是著名的"513"奖金方案。

"513"震住的并不只是恒大的球员，几个小时后，这份奖金方案在全国范围内引发了热议，无论是在网站还是第二天的报纸，人们都能寻找到"513"的话题，并且他们对恒大感到好奇，"他们在干什么？""他们下一步会干什么？"

事实上，这并非广州恒大进入中超后打响的第一炮，此前他们高薪引进内外援的事例就令人津津乐道。但这是恒大在中超联赛被视为"炒作"的开始，与高薪引进"物有所值"的高水平外援不同，这个奖金方案令人感觉恒大已经"疯狂"。

在颁布"513"奖金方案的会议上，许家印的讲话让球员们感到不可思议，因为他说"513"奖金方案并不是他自己的最初设想。许家印说："我们的奖金制度是奖罚分明的奖励政策，也就是'513'，赢一场奖 500 万，平一场奖 100 万，输一场扣 300 万。原来我想的是'505'的政策，赢一场奖 500 万，平一场不奖不罚，输一场扣 500 万。但考虑到运动员和教练员还没有真正体会和完全适应恒大这种奖罚特别分明的政策，所以还是手下留情过渡一下，才用到'513'的政策。"在场的球员们没有时间去考虑未来，没有时间去考虑什么"过渡"，他们仅仅知道一个事实：一个恒大的新时代到来了。

2011 年 11 月 3 日，广州市政府在香格里拉大酒店为恒大举办中超夺冠庆典，在庆典后的记者交流会上，许家印再次就球队奖金政策进行了回答，显然他认为球队"513"奖金政策已经完成了过渡。"明年的目标是亚冠，因此'513'政策可能会放到亚冠中，中超联赛可能是 X0X，可能是 101，也可能是 202，也可能是 303，更进一步地体现了恒大的奖罚分明，打平了没有奖励，赢了就奖，输了就罚，这就体现了恒大的管理文化，体现了公司奖罚分明的制度。通过一年的不断完善，作为集团的层面，我们认为是完全可以实行X0X 的。但是在亚冠的立场上是明确的，我们要作出最大的努力，因此会在明年的亚冠上实行'513'。"许家印说。

对于这个史无前例的高额奖金策略，人们有着不同的看法。在刚刚推出的时候，外界有人认为这是恒大市场营销的"炒作"手段，将带来负面效应。加上此前恒大高价购买外援的行为，所谓的"足球市场泡沫"的说法被放大。而即使在广东本土，人们也担忧恒大的奖金政策会让球队在联赛中树敌过多。某些中超俱乐部甚至指责恒大"破坏了行规"。

然而，从许家印进入足球界开始，他就没有考虑过什么行规。就如同他一贯不按常规出牌那样，他回应说："有人说恒大破坏了规矩，破坏了行规，但恒大是从来不怕别人说什么的。"打破一种规则，正是许家印对于中国足球"破而立"的振兴方式。

2. 五个赛季奖金总额超7亿

广州恒大这个"破坏者"的出现，导致很多令人啼笑皆非的事情出现，例如一些俱乐部和媒体就希望中国足协来阻止恒大的奖金策略。但在当时的中国足球大环境下，中国足协巴不得企业对联赛投钱越多越好，因此明确提出"这是俱乐部事务，足协无权插手"。

有趣的是，恒大当年刮起的"513"奖金风暴在为国内足球圈所熟知后，全国各地很多球队都开始模仿起恒大的这一套，无论是职业队还是草根队。只不过，"5""1""3"后面可能是"十万"，可能是"万"，也可能仅仅是"千"。

当一种模式被人刻意模仿的时候，至少证明它在影响力上是成功的。这正是恒大永远追求的方向。

其后出现的奖金方案，可不是他人能够模仿的。2012年，广州恒大得到了在亚冠联赛施展拳脚的机会，俱乐部为亚冠开出了"6306"方案，赢一场600万元，平一场300万元，输球不扣罚任何奖金，每晋级一轮就额外奖励球队600万元，每场结算。在中超联赛，广州恒大采取的是"303"方案，赢一场300万元，平一场不发放奖金，输一场罚300万元，每五场结算一次奖金。许家印此前的"X0X"奖金方案得到实现。另外在这一年，还有足协杯赢球60万元，平局30万元，输球不扣罚奖金的方案出现。

2013年，俱乐部的奖金方案没有太大的变化，在亚冠联赛依然保持"6306"方案，中超联赛和足协杯赛事则同样与2012年相同。值得注意的是，这一年设立了"为国争光奖"，这同样是球队刷奖金的最好方式，每场净胜对手一球就能够获得200万元奖励。"为国争光奖"早在2012年就已经出现，只是在2013年特别出现在文件当中。在2012年广州恒大首次亮相亚冠时，首场比赛是客场对阵韩国全北现代。当时在北京参加两会的许家印为球队设置了这个专门针对净胜球的奖项，结果广州恒大以5比1客场击败全北现代，在1 400万单场奖金的烘托下，许家印在北京成为焦点人物。

2014年，广州恒大的奖金方案终于有了变化，这种变化完全是建立在球队2013年登顶亚洲之巅的考量上的，许家印认为俱乐部已经开始进入稳步发展阶段，不再需要大额奖金的过分刺激。这个赛季的奖金方案以亚冠"3103"（赢球奖励300万元，平局100万元，输球不奖不罚，每晋级一轮奖励300万元）、中超"101"（赢球奖励100万元，平局不奖不罚，输球罚100万元）、足协杯"3006"（赢球奖励30万元，平局不奖不罚，输球不奖不罚，每晋级一轮奖励60万元）的形式出现。

2015 年，出于前一赛季止步亚冠淘汰赛的原因，俱乐部在亚冠赛场上提高了奖励力度，这个奖金方案为"31031"，虽然取胜依然是奖励 300 万元，平局奖励 100 万元，输球不奖不罚。但是"为国争光奖"调整到每净胜对手一球奖励 300 万元，并且每晋级一轮的奖励也达到了 1 000 万元。在其他方面广州恒大并没有做出大的变动，中超奖励依然延续上年，而足协杯奖励也仅是在赢球奖金方面翻番变成 60 万元。

这个变动带来的结果是，广州恒大最终在这个赛季再次夺取亚冠冠军，一个赛季的总奖金达到 1.99 亿元。2011 年总奖金 1.04 亿元，2012 年总奖金 1.275 亿元，2013 年总奖金 2.218 亿元，2014 年总奖金 8 740 万元。恒大五个赛季奖金总额高达 7.397 亿元。

3. "国八条"出台的正反面

2013 年 7 月 10 日，广州恒大在足协杯主场对阵大理锐龙，媒体席上坐满了来自全国各地的记者。一场中超双冠王对阵乙级联赛球队的比赛，难道真的有足够的魅力吸引这么多关注？其实，众多记者云集广州并不是为了足协杯比赛，而是为了恒大整风。

在恒大中心 40 楼会议室，许家印、夏海钧联袂出席"'恒大国脚八项规定'传达大会"，这是 2013 年 6 月 15 日中国国家队以 1 比 5 输给泰国队的那场耻辱比赛引发的结果。在 1 比 5 的那场惨败中，广州恒大的冯潇霆、赵旭日、秦升和赵鹏都出现在比赛的首发阵容中并且遭到媒体和球迷的批评。

"中国足球代表着整个国家在足球方面的荣誉，国家队的比赛好了，才代表着中国足球的水平高了。一个俱乐部打得再好，仅仅是代表俱乐部。"许家印在会议上慷慨激昂，"国家队以 1 比 5 惨败给泰国队，这场比赛我看了，确实是忍无可忍，是所有中国足球人的耻辱。我们恒大俱乐部有比较多的国脚，这让我们进一步地意识到，国家荣誉高于一切，国家队好，才是中国足球好。"

就是在这样的大背景下，广州恒大经过近一个月的规划，出台了《恒大国脚八项规定》。按照许家印的说法，这八项规定是站在推动中国足球崛起的责任感和使命感的高度，经过很多次认真研究制定出来的。

《恒大国脚八项规定》并不复杂，但再一次引起舆论哗然，这是一份有着典型恒大奖惩风格的文件。"八项规定"分别是"监督检察""荣誉奖罚""违规处罚""训练奖罚""比赛奖罚""伤病保障""动员教育""培养奖励"。看起来不外乎是"监督""奖罚""教育"的内容，但每一条都相当吸引眼球。许家印号召恒大国脚在"任何时候、任何情况"下都要将国家队的训练及比赛摆在第一位的说法，是建立在为中国足球"献身"的基础上的。

许家印列出了一系列的奖励措施，例如恒大球员入选每期国家队集训名单，每人每次 10 万元荣誉奖。每期国家队集训，评出集训期间认真刻苦的球员，颁发"认真刻苦训练奖"并向社会公布。每场国家队正式比赛，评出表现突出国脚，颁发"拼搏奖"并向社会公布。俱乐部每为国家队输送一名 23 岁以下的自己培养的优秀国脚，集团予以俱乐部

1 000 万元的"培养国脚奖"。恒大国脚因国家队集训及比赛导致伤病的，缺席俱乐部比赛期间的工资、奖金和福利保障与参加比赛的场上主力完全一致，恒大国脚因国家队集训及比赛导致严重伤病、影响职业生涯的，集团给予最高 3 000 万元的光荣保障金。

而在处罚方面，上期入选而因自身不努力导致本期落选的球员，处以每人一次性 20 万元处罚。未按时入队、未按时作息、生活不自律、诈伤消极的球员，返回俱乐部后立即停训、停赛一个月，同时封闭参加一个月的爱国主义及职业素养学习班。每期国家队集训结束三天后，评出不认真刻苦训练的球员，处以每人 10 万元的罚款并停训、停赛一天，同时封闭参加一天的爱国主义及职业素养学习班。每场国家队正式比赛，评出拼搏精神末位的球员，处以 10 万元处罚并停训、停赛一天，同时封闭参加一天的爱国主义及职业素养学习班。

综观这八项规定的中心意思，有三个方面是清晰的：其一，俱乐部将一切以国家为重；其二，俱乐部为国脚提供为国效力的充分保障；其三，俱乐部严惩不尽职的国脚。

对于恒大新规，舆论有着正面和反面的评价。一方面，人们认为金钱的奖和罚不能拯救中国足球，有人认为国家荣誉不应该与金钱挂钩。同时这样的奖罚条例的出现，可能让俱乐部"越位"管理了国家队的成员。另一方面，球员态度是否认真、是否投入等细则在认定上也难以有清晰界定，并且这些比较主观的认定，可能对球员造成不公平的评定。

总体而言，在当时中国足球又一次遭遇低潮的时候，恒大俱乐部拿出"全力支持国家队"的态度，是值得称道的。

六、"巴里奥斯案"和"刘健案"

2013 年 6 月 18 日，善于在转会市场挥洒金钱的广州恒大遇到了前所未有的麻烦。当时球队的前锋巴里奥斯在重新集结规定日期后仍未归队，却在国际社会上大肆发表对恒大不利的谎言，意图以"自由身"转会。

2014 年与恒大在转会市场上闹出大矛盾的则是青岛中能俱乐部。起因是刘健的"阴阳合同"，此后则发展到青岛中能为了阻止刘健以"自由身"转会，不惜代价进行"合同做假"。

恒大在这两个关乎"自由身"的案件处理上都体现出了专业的态度和能力，赢得了足球界和法律界的肯定。

1. 捍卫中国足球国际形象

在 2013 年 6 月 1 日与山东鲁能的比赛结束后，广州恒大球队有一周的假期。按照原来计划，国内球员要在 6 月 8 日重新集结备战，里皮等意大利教练组成员则在 6 月 12 日返回广州。由于这段时间国际比赛频密，因此国家队成员获得了更多的休息时间，他们在国家队集训归来后有 3 天的假期。

巴里奥斯所代表的巴拉圭队和智利队的比赛在 6 月 8 日进行，按照规定巴里奥斯应该在 6 月 12 日左右就回到球队，但延期一周后，巴里奥斯依然没有回到广州。一些迹象表明，这个巴拉圭人正在寻找新的东家，包括意甲的国际米兰、那不勒斯、佛罗伦萨以及巴甲的圣保罗、国际都和巴里奥斯扯上了关系。

这种行为引发了恒大的怒火。更重要的是在寻找新东家的过程中，巴里奥斯捏造了自己"自由身"的谎言，并且还编造了"恒大欠薪""FIFA 仲裁"等一系列说法。这些说法被刊登在德国《踢球者》杂志上，直接导致的后果是恒大向《踢球者》发出了律师函，恒大强调自己一直都在遵守合同，根本没有欠薪的可能性。"欠薪"一事在广州职业足球界确实是匪夷所思的事情。从太阳神时期到现在，即使是在球队最困难地窝在中甲无赞助的时期，也没有发生过欠薪的事情。这一直是广州市足协骄傲的地方。

在恒大愤怒发函的第二天，德国媒体就将该报道撤下。巴里奥斯还在个人网站上发表声明，抨击恒大有逃税行为。这是彻底触怒恒大的一个举动。俱乐部在 6 月 28 日聘请了欧洲最大的律师团队，正式将巴里奥斯告上了 FIFA。恒大在逾百页的申诉材料当中，历数了巴里奥斯无故缺席训练比赛、擅自发表不当言论、发表虚假言论、私自接触其他俱乐部寻求转会四宗罪状。要求巴里奥斯赔偿合同违约金 2 500 万欧元，同时处以巴里奥斯 6 个月的全球禁赛。

国际足联争议解决委员会（DRC）的介入让事件逐渐明朗化，2013 年 7 月 26 日，他们正式回函广州恒大俱乐部，并且告知巴里奥斯本人，确认启动诉讼程序并要求巴里奥斯在 8 月 16 日前针对广州恒大俱乐部提出的诉讼予以答辩及提交相关证据材料，如在限期内未做任何回复，则将直接根据广州恒大俱乐部提交的申诉材料做出判决。同时，DRC 确定在诉讼期间，将不受理球员的临时转会申请。

DRC 的函件成为击垮巴里奥斯及其经纪人心理防线的最后武器，巴里奥斯的经纪人一改此前的"隐身"状态，不断主动联系恒大，并且向恒大俱乐部表示道歉并提出和解，希望用正常渠道走上转会途径。巴里奥斯的经纪人还不断向恒大提供各家俱乐部的报价信息，甚至以提高报价的形式来寻求恒大的谅解。最终在经历两个月的曲折后，恒大成功地将巴里奥斯以 700 万欧元转会到莫斯科斯巴达克俱乐部。

此前德罗巴曾为上海申花效力，但由于德罗巴的经纪团队向 FIFA 上诉催讨数百万欧元的欠薪，并且解除剩余合同，最终德罗巴以自由身离开中国。巴里奥斯也曾经一度想利用这种方式来逃离中国，不惜以"自由身"和"临时转会证明"的谎言来游说欧美俱乐部。中国足球的声誉之糟糕可见一斑，一些俱乐部在没有调查真相之前，居然就相信了巴里奥斯捏造的谎言。

恒大这次用法律手段挽回了声誉。一方面改变了中国足球在国际转会市场的弱势地位，另一方面则展现了中国足球俱乐部的职业化，同时也给其他中超俱乐部提供了案例，让以后中超俱乐部在处理球员合同和转会问题上更加谨慎和专业。在过去，中国足坛出现转会争议，一到 FIFA 总是出现一边倒的败局，而恒大却告诉大家，只要有专业严谨的合同和转会运作，中国足球在 FIFA 面前也能够昂首挺胸。

2. 中超"阴阳合同"之祸

2014年1月3日，恒大俱乐部宣布刘健携梅方一起加盟，这也是恒大从防线补强的角度进行的引援，毕竟刘健和梅方都是国脚级球员，且能打多个位置。然而当晚，青岛中能发表声明，坚称刘健和中能的合同到2017年1月1日才到期，恒大以"自由身"签下他违反了中国足协转会相关规定，中能俱乐部坚决不同意其转会。

青岛中能的声明发出后，刘健本人则迅速表示，自己从未与中能签过任何续约合同。次日，刘健在网上公布了自己所持的两份与中能的合同：一份是在中国足协备案的，2013年12月31日到期。另一份则是俱乐部实际执行的，2014年1月1日到期。这两份不同的合同，即中国足坛比比皆是的"阴阳合同"。

不过，青岛中能随后却宣称自己手中持有一份与刘健续约至2017年1月1日的合同。

1月6日，刘健带着恒大御用律师来到中国足协提交仲裁申请，同时提交"笔迹鉴定"申请。这意味着刘健与效力15年的青岛中能俱乐部彻底翻脸，也让这起涉及可能存在"阴阳合同"的转会纠纷基本失去斡旋机会。

2月18日，青岛中能俱乐部手上的那份"神秘合同"的原件出现在中国足协仲裁委员会首次仲裁过程中。3月初，中国足协仲裁委员会将争议合同文本提交司法鉴定机构鉴定。4月5日，中国足协得到鉴定结果，但并未向外界透露，青岛中能官方回应称以足协仲裁结果为准。

4月8日，中国足协召开仲裁委员会，长达160分钟，达成一个双方庭外和解的结果。然而两天后，双方庭外和解谈崩，恒大坚持刘健必须以自由身加盟球队，同时以2 000万元转会费购买中能两名球员。而中能则坚持刘健不能以自由身转会，中能到中国足协提交补充证据，要求再找权威机构进行补充鉴定，足协收下了材料。

4月11日，恒大率先宣布中国足协已经裁定刘健"自由身"，足协将为刘健办理注册手续。中能俱乐部称未收到中国足协仲裁结果，要求刘健归队。足协在恒大发表声明4个小时后才公布相关信息。而为刘健办理出场手续的工作人员却因为北京堵车，未能将证件及时送到天津，刘健错过了恒大和泰达的这场中超联赛。

当日下午，青岛中能俱乐部召开新闻发布会，发布会上中能对于鉴定结果提出质疑，坚称刘健的合同真实性毋庸置疑，并指出刘健存在替换合同的可能，中能将采取一切必要措施进行申诉，维护自身权益。4月18日，青岛中能俱乐部再度发表官方声明，强调与刘健的续约合同有效。一天之后，刘健在中超联赛恒大对阵上海绿地的比赛中首发登场，第一次代表新东家亮相。

7月2日，青岛中能俱乐部在中国足协听证会上从仲裁程序、仲裁证据、仲裁结论等多个方面批驳了仲裁委员会的仲裁结论，而中能提出篡改合同的问题更是直指中国足协。此外，青岛方面还态度强硬地要求中国足球纪律委员会重罚广州恒大俱乐部和刘健本人。7月下旬，中能俱乐部委托律师正式向刘健发出催告函，要求其返还自2009年至今为其代缴的数百万元税金。

到了 8 月 14 日，中国足协正式公布刘健转会案的处罚决定，青岛中能足球俱乐部因违规违纪被罚款 40 万元，扣除 7 个联赛积分。至此，这桩持续了 224 天之久的转会以及合同纠纷案终于尘埃落定！恒大凭借自身专业的法律维权意识，再一次在中国足坛的纠纷中获得了球迷的尊重。

星光大道

致安之本，惟在得人。

——唐·李世民《贞观政要·择官》

广州恒大为纪念里皮在俱乐部的执教经历专门发布海报

广东足球向来善于人才交流，无论在 20 世纪 80 年代的专业足球时代，还是 20 世纪 90 年代职业化之后，广东的球队都是最早引进内援和外援的。

广州恒大俱乐部自成立以来，一直走的都是大投入、高质引援的路线，他们打造了"国脚＋最强外援"的模式，这也是他们创造"6 年 10 冠"伟业的强力基础。

2016 赛季的冬季转会期，中超各队在国际转会市场上的总投资仅次于英超。即使作为次级联赛的中甲，引援总投资居然也能位列世界第四名。整个 2016 赛季冬窗转会期全球最贵的单宗引援，中超竟然占据了 5 宗——如此狂热的"军备竞赛"引起全球足坛的侧目！

除了在国际转会市场体现疯狂的购买力，中超国内球员的身价从 2015 年冬天开始达到一个匪夷所思的地步：普通的边缘球员或从国外"镀金"回来的年轻球员可以 2 000 万元起步，主力球员 5 000 万元起步，如果是国脚级别的球员则至少开价上亿元！

中国职业联赛呈现疯狂的"金元化"是多种原因造成的，而毫无疑问，这一切确实是恒大当初的投资策略带动的。不过，是否仅仅"不差钱"就可以复制恒大过去多年的成功？是否买回了世界一流的外援，就能管理好他们，从而让自己的球队突飞猛进？

事实上，恒大重金引援的"星光大道"模式是一个"人才战略"不断深化的动态过程，其中既有表面风光的成功之道，也有不为外人了解的经验教训。

在 5 年 80 亿的巨资版权费注入的背景下，未来中超如果真的要往"亚洲英超"方向发展的话，必然离不开全方位的"人才战略"升级。

一、孔卡：中国第一位"千万先生"

达里奥·孔卡在 2011 年 7 月 11 日抵达广州的时候，根本没法想象自己将会和这座城市有怎么样的故事。这位阿根廷球员当时带着"1 000 万美元先生"的光环，还有巴甲联赛 MVP 的头衔。

7 月 12 日，孔卡与中国媒体和球迷的见面会安排在恒大御景半岛运动中心三楼的排球馆进行。这种安排让人觉得奇怪，孔卡是恒大俱乐部历史上唯一一个在这里召开见面会的球员。在这座属于恒大女排的训练馆中，当时容纳了来自全国各地的 200 多名媒体记者，还有数百名的广州球迷，他们一起见证了这个"大场面"。

刘永灼津津乐道于自己三次邀请孔卡的举动，这是恒大在国际市场引援的一个经典案例。刘永灼将刘备三顾茅庐邀请诸葛孔明的故事告诉了孔卡，并且将自己和孔卡之间的故事比喻成那次历史上的伟大会晤。"我和孔卡谈过这个故事，早在 1 800 年前，刘和孔就有不可磨灭的关系；1 800 年后，刘和孔又在异国他乡走到了一起。"刘永灼说出这个故事时，台下的每个倾听者几乎都是笑容满面和意气风发。

其时，广州大雨滂沱。这可能就是未来孔卡在广州生活的真实心境写照——兴奋，但并不算清爽。

1. "天体之王"的性格缺陷

"我从来没有见过这么大的场面。"孔卡在当时的见面会上说。

作为彼时中超历史上身价最高的外援，孔卡的加盟更像是开启了一个新时代。这个时代让广州球迷享受了登上亚洲巅峰的喜悦，也让广州球迷经历了心情的大起大落。

在球场上，孔卡拥有无法比拟的足球天赋和技术，这让孔卡在足球赛场上有着无法阻拦的气势。在广州这块历来崇尚"南派技术"的热土上，孔卡的存在能够在短时间吸引无数的拥趸。而此后的实战更证明，当孔卡出现在中国的足球赛场时，他就是场上那颗最闪亮的明星——孔卡在广州恒大的100场登场纪录中，留下了54粒入球和36个助攻，这是孔卡的价值所在。

2011年7月14日，孔卡在广州恒大5比0大胜上海申鑫的比赛中迎来了自己的首秀，替补登场的孔卡轰出了远射世界波。这个时候已经有媒体将"天体之王"的绰号拟好，作为第二天报道的标题。

孔卡除了展现了自己"精湛球技"这个标签之外，还在当晚展现了自己的另一个标签——"特立独行"。一众媒体记者在球场等到灯光渐黯，依然无法看到孔卡从球员通道离开。而再等一个小时之后，孔卡出现在媒体记者的视野中，这位阿根廷球员甚至没有任何的停留，径直走向了专车。

恒大俱乐部赛后不得不为孔卡的行为作出解释。"他比较含蓄内敛，不太擅长和媒体打交道。"恒大集团的宣传人员为给每一位媒体记者打电话说明而忙得焦头烂额。

对于广州恒大而言，在孔卡到来之前，穆里奇和克莱奥的前场组合已经足够让对手们闻风丧胆，孔卡的到来虽然在实力上将球队提高了一个档次，但他更大的作用是恒大集团本身的一种营销标签——此前的中国足坛，从来没有俱乐部运作过千万美元级别的外援。孔卡的性格天生内向、害羞，甚至有些敏感。比如在每次的飞行旅途中，孔卡总是抱着一本《圣经》来寻求内心的安慰。这种性格让孔卡和公众之间始终保持着若即若离的关系，他极少主动向媒体发声。

2015年底的世俱杯后，高光的李帅和续约的郜林在谈到广州恒大时，最直接的印象就是在这里可以安心踢球，没有什么其他顾虑的事情。但这些恒大俱乐部的管理优势，在孔卡身上却无法体现出来。孔卡渴望自己能够安心踢球并一心投入到训练和球场当中，却因为自己的性格而无法在恒大这个团队中完全做到。

孔卡赚取的巨额钱财是给自己带来压力的关键。他曾经说过自己赚的钱够全家人花几辈子，但他却始终不能接受外界对他"只是为了钱而来中国"的评价。

广州的媒体和球迷从一开始就乐于将孔卡和穆里奇进行对比，然而这种直接的比较对孔卡极为不利。许多人依然记得的是，穆里奇夫妇的生活较为节俭，而孔卡夫妇则热衷于将自己所有的行头都换成奢侈品牌。

另外，孔卡对许多中国人都怀有戒心。后来埃尔克森加盟广州恒大，在参加球队训练之初，曾随手拿起一个开过的瓶子要喝水。孔卡制止了埃尔克森，并且提醒他小心有中国球员会往里面吐痰。同样的，在儿子本杰明生病的时候，他拒绝信任广州的专家级医生，更愿意相信香港的普通医生。

在获得大量钱财后感到不安，对外界保持着很强的戒心，实际上是任何一个"暴发户"都会经历的过程。这类人只有两种结局：要不挥霍败尽家财，要不会热情地投入慈善活动当中以缓解内心的不安。孔卡此后的经历无疑是后一种方式，他保持着低调的生活方式，对身边的朋友非常友善，并且还不断地去当地的福利院送出爱心。

孔卡的"特立独行"实际上是对他人无害的一种可爱性格，但并不代表这种性格能够在一些场合行得通，例如在球队。

2. 孔卡和李章洙的文化冲突

孔卡的内向性格和戒心影响着他在球队内部和他人的沟通，首当其冲的就是李章洙。

恒大俱乐部当初购入孔卡其实并不在李章洙的计划中。

李章洙的担忧其实也是很多职业俱乐部教练的共同想法：他们并不愿意球队来了一个像孔卡这样身价和年薪的球员破坏球队中的平衡。

在这种背景下，李章洙会在一些不同的场合对孔卡进行"压制"，以便缓和其他球员的情绪和想法。

但最终的结果却是令人失望的。韩国主帅有强硬的管理手段，孔卡则有细腻的内心和敏感，再加上交流沟通的障碍以及孔卡不善表达的性格，两人的关系最终形同水火。

孔卡在 2015 年重归中超加盟上海上港之后，还曾经提到过和李章洙的矛盾，并且直指李章洙的弱点——"对球员动手"，这显然是南美球员无法接受的。

"在效力广州恒大时，我两次被处罚，时任主帅韩国人李章洙刻意向媒体撒谎声称我受到伤病困扰，而且李章洙对一些球员动手，我也曾被李章洙推过肩膀，但是被我甩开了。"

而在东亚足球圈，尤其是在韩国足球圈，主教练的这种做派实在是再正常不过了。

"有时候他只让我踢 60 分钟就换下我，有时候对手比较强，他说怕我受伤不想让我多踢。他经常利用这样的方式对我，让我感到自己不受尊重。他很不职业，和我在巴西时候的训练方式完全不同。"孔卡对李章洙的怨言显然很多。

矛盾爆发于 2012 年 5 月 1 日，广州恒大亚冠小组赛主场以 1 比 3 输给了全北现代。在那场比赛中，孔卡虽然打进一记点球，但在第 60 分钟被李章洙换下。被替换下场的孔卡一脚踢开了场边的水瓶并且丢掉了毛巾。这个举动让他涉嫌"不服从主教练"，从而受到俱乐部内部停赛一场以及罚款 10 万元的处罚。

李章洙赛后曾解释过这个换人的举动，他称："因为孔卡之前病了，比赛前两天才参加训练，所以教练组的计划就是让他踢 60 分钟左右。"

2012 年 5 月 3 日凌晨 0 时 56 分，孔卡用一段葡萄牙语更新了自己的微博。1 时 02 分，孔卡的微博出现了一段中文，这段中文是对前面一条葡萄牙语微博的翻译。

孔卡在微博上写道："我不明白为什么总是我被感觉疲惫，被轮休，为什么很久之前

生的病，现在上场比赛还要坐板凳？如果我上场，就证明我身体状况良好，反之就不会上场。试问，一个身体状态不佳的球员如何罚入那么重要的点球？为什么教练组的计划总是孔卡轮休？"

这段文字立即引发轩然大波，尤其是孔卡微博上特意翻译出中文全文的做法，不少人认为这是恒大俱乐部授意孔卡对李章洙的一次"逼宫"。不过就在一天前，广州恒大俱乐部董事长刘永灼还声称俱乐部将会誓死捍卫主教练的权威。为此广州恒大对孔卡做出了史无前例的重罚，禁赛9场以及加罚奖金100万元。

该事件最终以许家印的"特赦令"终结。

广州恒大无法承受在亚冠赛场失去孔卡所带来的压力，孔卡最终参加了广州恒大客场对阵泰国武里南的比赛。这场比赛的结果众所周知，凭借孔卡补时的点球绝杀，广州恒大勉强从亚冠小组赛中出线。然后在当晚，李章洙就失去了工作。

3. 两别广州：再见已是惘然

"银狐"里皮的到来并没有让孔卡的心情得到平复，他极力渴望逃离广州这座城市。

2012年7月的间歇期，孔卡提交了自己的转会申请，但再次遭到了俱乐部的拒绝。

这个赛季结束后，孔卡用自己的方式来表达不满：他不辞而别了。

按照巴西媒体当时的说法，孔卡给俱乐部留了个纸条。而按照刘永灼的解释，是孔卡留下了一封信，上面写着"我走了，再也不回来了"。

刘永灼说的可能是那封电子邮件，由孔卡委托翻译转发给俱乐部的。无论如何，孔卡的这种任性的行为让俱乐部感到头痛，但不得不承认的是，这位阿根廷人对合同有着极高的尊重，这或许也可解释为对违约金和官司的尊重。

孔卡最终还是回到了球队，并且在2013年伴随着球队登上亚洲之巅。这是孔卡对广州恒大合同的最后履行，一切按照合同的安排进行着，甚至包括离别。

对恒大俱乐部来说，"孔卡事件"也迫使他们今后无论遭遇什么执拗纷争，都必须遵照四个字的精神来处理——"按合同办"。

2013年11月3日，在该赛季中超的最后一轮比赛中，进球的孔卡展示出了自己的背心，上面写着"无论我身在何方，你们都在我心里"。

这种离别在2013年12月7日的天河体育中心同样进行着，当时是足协杯赛事，孔卡在国内赛场代表广州恒大参加最后一场比赛。除了比分之外，一切都是如此完美。

球场大屏幕上播放着迈克尔·杰克逊的经典曲目"YOU ARE NOT ALONE"（你并不孤单），展现本杰明的照片并且配以文字"本杰明，长大了常回来看看"。孔卡在现场接受了足协杯MVP奖杯，放下儿子本杰明和奖杯后，他跪地亲吻天河体育中心的草皮。

一切就这样结束了，两周后，孔卡随同球队参加完世俱杯的比赛后，直接从摩纳哥回到了巴西。

2015年5月15日，加盟上海上港的孔卡随队重返天河体育中心作战，赛场嘘声掌声参半，再见已是惘然。

二、成功打造"超级巴西帮"

2016赛季，中超土豪们进入了"超千万欧引援"的疯狂时代。在那些一个比一个贵的外援名字中，充满了浓烈的"桑巴味道"——拉米雷斯、法比亚诺、保利尼奥、塔尔德利、贾德森、拉尔夫、吉尔、高拉特、埃尔克森、特谢拉……居然有10多名身背"巴西现役或前国脚"光环的外援登陆中超。中国的俱乐部上演了"挖空"巴甲的壮举，这甚至让巴西圣保罗俱乐部向FIFA发函，希望后者出面干涉这种行为。

除了球员之外，还有斯科拉里、梅内塞斯、卢森博格这3位巴西国家队曾经的主帅在中国任教。中国联赛俨然已渐渐成为巴西国字号球员的一大海外"集中营"。甚至连巴西媒体都说，巴西国家队主帅邓加必须好好去看一下中国的联赛了！

事实上，作为世界足坛的第一大球员输出国，巴西的球员充斥全球各国联赛并不奇怪。中国足球职业化20多年来，登陆过两级联赛的巴西外援数不胜数。但是，从2016年开始掀起的这股"超级巴西外援风"却是空前的惊人，而这一切正是受到广州恒大此前在引援上的成功模式的引领。

1. 穆里奇：中国第一位亚冠MVP

"这段情越是浪漫越美妙，离别最是吃不消。我最不忍看你，背向我转面，要走一刻请不必诸多眷恋。浮沉浪似人潮，哪会没有思念，你我伤心到讲不出再见……"过去数年，恒大阵容中能够让整个天河体育中心唱响一首《讲不出再见》的人，只有穆里奇。

2014年7月15日，穆里奇在这里用泪水迎来了离别，广州失去了最伟大的外援。这位广州城市的"第一外援"，在留下133场比赛77球的荣光后前往西亚卡塔尔联赛的阿尔萨德。

2010年夏天，还在中甲联赛的广州恒大就展现出巨大的野心，穆里奇是计划中第一个引进的"天价外援"，身价高达350万美元。这个价格在今天虽然已经被淹没在更多的天价合同之下，在当时却是一个令人咋舌的数字。

350万美元在国际转会市场上并不是什么巨额投入，但在当时几乎相当于一支中甲球队一年的总投入。当时，中国的球队往往习惯于租借外援的模式，穆里奇这笔交易采用的"买断"形式形成了对国内转会市场的一次强烈冲击。

当然，穆里奇带来的更多的冲击体现在球场上。在他的中甲首秀当中（2010年7月21日），广州恒大以10比0的惊人比分击败南京有有，穆里奇在21分钟的时间内独中四元。从加盟第一刻开始，穆里奇就展现出了自己的高光，并且开启了自己今后4年完美的恒大效力生涯。

2011年中超MVP、2013年亚冠MVP和最佳射手、2013年亚洲最佳外援、亚冠单赛季个人进球纪录（13球）保持者——伴随着穆里奇的光环，恒大成为亚洲王者。如果没

有 2014 年那次转会的话，穆里奇一直都是恒大引援的典范和标杆，俱乐部喜欢他，因为他性格随和、极好管理。球迷喜欢他，因为他在足球场上能力非凡。媒体喜欢他，因为他极好打交道，并且其成长故事都是励志片段。

这种励志首先来自他的名字，"穆里奇"（Muriqui）的葡萄牙文字面意思是"绒毛蛛猴（卷尾猴科）"，但实际上他的外号源自家乡巴西里约热内卢州穆里奇镇的名称。穆里奇是这个人口约 5 000 人左右的小镇上唯一的职业球员，可能也是这个小镇上唯一的名人。

穆里奇之所以叫作穆里奇，是因为他在刚开始踢球时，教练想给他起个外号，这似乎是巴西球员的传统。不过穆里奇坚持要用自己的名字，这是一次错误的选择。由于名字太长，使用起来很不方便，于是在一次偶然被叫作穆里奇后，他接受了这个名字，后来很多巴西人都知道他这个外号，所以就无法改变了。这个名字让穆里奇更加热爱自己的家乡小镇，这是他每天都要回忆的地方，他出生在一个大家庭当中，有 25 个姨妈和 25 个舅舅，而父母、哥哥的名字一直以文身的方式纪录在他的皮肤上，如今还加上了他的妻子阿丽妮和儿子加布里埃尔的名字。阿丽妮同样是穆里奇在小镇上认识的，两人在镇上的教堂祈祷时相遇并相爱。"这一定是上帝的恩赐。"穆里奇经常这样说。

穆里奇儿时的家境不错，并没有受过太多的苦，让这位巴西小伙子记忆犹新的一次困难只是他睡在街上。那个时候的他只有十三四岁，平时需要花很长时间去训练场，有一次训练晚了没赶上公共汽车，身无分文的他只能在街上找一块纸板，然后睡在一家小店门前的地上。第二天穆里奇依然早早参加训练。"我总是回忆并思考自己经历过的事情。我曾经历过艰难，这些经历能够激励我自己。"穆里奇说。

有趣的是，穆里奇效力的第一家俱乐部是巴西的小球会马杜雷拉，而这家俱乐部在 20 世纪 60 年代曾到广州访问比赛，是新中国成立后第一家访华的巴西足球俱乐部。这仿佛也在冥冥中注定了他和广州结缘。

同样是低调的性格，但穆里奇受到的欢迎程度远远是孔卡无法企及的。原因是穆里奇不仅仅喜欢回忆和思考自己的过去，而且他还愿意向周围关心他的人倾诉。中国和巴西两国之间的文化差异，对于穆里奇而言同样存在，但穆里奇更乐观地去接受这些差异。

在恒大效力期间，穆里奇唯一做过的冲动的事情，是因 2011 赛季在辽宁客场发生"揪扯肇俊哲头发"的事件而遭到中国足协禁赛后，发表了一份个人声明，强烈希望通过转会退出中国足坛。而这份声明的出现，并不代表他对足协的处罚不满，他承认自己因做错事被处罚，只是希望通过这份声明让大家重视球场上丢瓶子、激光笔的不文明现象。与之相似的是，郜林在 2015 赛季因为在辽宁客场反击足球流氓而被禁赛——那同样是导致穆里奇被禁赛的客场。

穆里奇毫无疑问是广州恒大历史上最具性价比的引援，也应该是最佳引援。"巴西猎豹"的出色表现同样带动了整个中国足坛的风气变动。广州恒大在尝到甜头后更乐意在转会市场用重金引进外援，其后的克莱奥、孔卡、巴里奥斯、埃尔克森、高拉特、保利尼奥，外援引进的身价和级别在不断走高。而中超其他的俱乐部也因此开始在转会市场上挥舞支票本。

从 2011 赛季开始，中超俱乐部迎来大牌外援已经不再是稀奇的事情，同时更多的俱

117

乐部愿意采用永久转会的方式引进外援。穆里奇的成功引进，也让中超俱乐部开始对南美外援青睐有加，中超赛场上开始出现众多巴甲和巴乙联赛的优秀球员。

穆里奇另一个成功之处，是引发了中国足坛对"归化"的思考。

在穆里奇加盟广州恒大并展现出出色水准时，关于"归化"的讨论就已经开始。这位巴西前锋要在人才济济的巴西国家队谋求一席之地并不容易，而中国足球却需要像他这样的出色球员。

2013年，穆里奇直言不讳地表示自己完全愿意加入中国国籍。但由于包括政策在内的种种原因，穆里奇想加入中国国籍非常困难，此事只好不了了之。

中国队在2015年世预赛两次遇到中国香港队逼平时的那种无奈，加速了人们对归化球员的思考。而随着足球改革的逐步进行，中国足球的"归化"问题必将得到更广泛、更深层次的探讨。

2. 埃尔克森：从"水货"到"埃神"

2016年1月24日，大部分广州人惊喜地跑到户外和阳台，观看百年一遇的广州下雪的奇景。这个时候埃尔克森正在白云机场走向安检，他准备踏上前往上海的航班，新的旅程就要开始了。这是广州几十年来最冷的一天。

没有一场告别赛提供给媒体足够的煽情版面，也没有一场告别赛提供给球迷高歌，埃尔克森就这样离开了广州，带着对这座城市的不舍。

从2013年1月5日正式踏上广州的土地开始，埃尔克森就对巴西老乡穆里奇在广州受到的追捧感到好奇，他下定决心要成为能够载入广州足球史册的人物。这个心愿他显然已经完成了，所以在为广州恒大留下1 850万欧元的转会费后，埃尔克森走得很潇洒，尽管这个时候的他泪水满眶。

他的"告别赛"是在恒大御景半岛酒店六楼的会议室举行的，面对着受邀前来的广州媒体记者。这个告别待遇虽然比起孔卡、穆里奇来说总觉得差点气氛，但这也是此前里皮告别时采用的方式。对于埃尔克森来说，他已经完成了在广州留下丰碑的目标，他甚至把自己的名字写在了中国足球的史册上。

事实上，埃尔克森加盟广州恒大之后的首秀并不如意，那是2013年3月3日超级杯，埃尔克森在比赛中没有什么突出的表现。有人迫不及待地用"水货"来称呼他，而埃尔克森自己则是在赛后就向球迷道歉。然而接下来，埃尔克森迅速爆发了！

2013年3月8日，中超首轮广州恒大对阵上海申鑫，埃尔克森梅开二度，完成了自己在广州恒大的处子球。而更加疯狂的数据是，埃尔克森在随后对阵江苏舜天、北京国安、大连阿尔滨、长春亚泰比赛中均有进球，以5场联赛进10球的数据打破了耶利奇在2006赛季保持的5场联赛进8球的中超纪录，随后在对阵广州富力和天津泰达的两场比赛中也进球了，他在前7轮打进了13球。这个时候"埃神"的称号已经开始传开，从"水货"到"神"，时间就是这么短！

2014年10月18日，埃尔克森在这一天将自己的名字写在了中国职业足球联赛的史册

上。那是在贵阳，广州恒大在 2014 赛季中超联赛第 29 轮客场对阵贵州人和，埃尔克森在第 80 分钟接到郜林的头球摆渡，一个侧身抽射将球送入对方的大门。如果可以选择的话，埃尔克森可能更愿意是另一次射门：在这场比赛下半场开始不久，埃尔克森曾经有一记脚后跟射门，但是射出去的球打在横梁后又弹到了门线上，所有球员都以为这是一粒改写联赛纪录的进球，但主裁判示意比赛继续。

这粒进球决定了两个纪录的诞生：广州恒大由此攻破了贵阳奥体中心这个此前从未尝过胜利的客场；埃尔克森打进该赛季个人第 27 球，他将 8 年来都未能改写的中超单赛季个人进球纪录打破了。

李金羽在 2005 年创造了单赛季 26 球的射手纪录，埃尔克森在 2014 赛季仅用了 25 场比赛就追平了李金羽的纪录。作为连续两个赛季中超进球数超过 20 的球员，埃尔克森也是中国职业足球联赛"前无古人"的创造者。2014 赛季结束时，埃尔克森最终打入了 28 球，干净利落地创下了一个短时间内难以打破的纪录。

埃尔克森在 2013 年和 2015 年的亚冠决赛中均为恒大打入了制胜球，他是广州恒大成功站在亚洲之巅的关键人物。2013 赛季和 2014 赛季，埃尔克森两次获得中超最佳射手称号，并且入选亚冠赛季最佳阵容和中超赛季最佳阵容。埃尔克森在为广州恒大效力的三个赛季期间，一共在正式比赛中打入了 76 粒入球（另一统计是 77 粒，2013 年亚冠比赛中有一粒入球，俱乐部统计是由埃尔克森打入，而亚足联统计为孔卡进球）。这个数据令他屈居穆里奇（77 球）之后，无法在效力期间成为广州队历史最佳射手，这可能是埃尔克森离开时唯一的遗憾。

除了"埃神"之外，埃尔克森还有一个专属于广州球迷的称号——"小熊"。这个称号源于他呆萌的外貌神态，还有阳光直率的性格，他热爱在广州的生活并且感激广州球迷对他的拥戴。在两年的时间内，埃尔克森和俱乐部、球队、媒体、球迷的关系都非常融洽，大部分时间他都是球队的开心果，是迄今毫无负面消息的外援，他唯一的毛病可能是不太爱吃早餐，这让他在 2015 年不得不做了结石手术。

埃尔克森和穆里奇一样，是广州球迷最爱的外援，因为两人都有"勤奋"的标签。埃尔克森全身心投入每一天的训练，并且在训练之余会用更多的时间花在足球上，例如认真观察和学习欧洲和巴西的优秀前锋。他的业余生活都只与足球有关系，没有流连夜店的习惯，仅有的消遣时间是和队友们一起在外面吃饭聊天，或者在住所楼下的咖啡店等待一杯热咖啡。

他更多的时间是"宅"在家中，和队友或者自己的朋友玩实况足球游戏。热爱足球的他甚至对自己的旅行箱进行了改装，能够拉出屏幕并且随时玩游戏的构造令人惊叹高科技的神奇。不过和所有无法花费太多时间在游戏上的玩家一样，埃尔克森的足球游戏水平很一般，远不如他自己登场那样大杀四方。他还喜欢在没事的时候看看广州的野球，但限于职业球员的身份，埃尔克森克制着自己不去下场比赛。

埃尔克森是一位懂得感恩的人，他小时候就发誓要通过自己的努力让家人过上好的生活。埃尔克森身上的文身也不少，全与家人有关——左侧胸部，是爸爸妈妈的名字，葡萄牙文；右侧腰部，表哥、弟弟以及自己的名字，阿拉伯文；左小腿，奶奶的头像以及一个代表自己宗教信仰的十字架图案。

对于埃尔克森来说，父亲是让他免于挨饿的人，"我父亲是当地的一家销售重型机械的公司的销售代表。"埃尔克森出生在巴西东北部，那里正是亚马孙河平原，当地有大大小小的森林砍伐公司和建筑公司。"巴西很多人的童年都非常贫穷，很多球员小时候都有过挨饿的经历，但我的印象中，我从来没有这样感觉。我很感谢父亲。"

"我们家里所有人都深爱着妈妈，有一次她生了严重的病，一天回家后我突然看到她健健康康的，比之前好了很多，我永远记得，那时候我内心特别激动。我用心去感激我的父母，他们是我最钦佩和最重要的人。"

埃尔克森未成名之前，弟弟和表哥是他最忠实的观众，无论是比赛还是训练，两个人只要有空，都会来给埃尔克森加油。"在我们巴西，兄弟是个非常重要的概念。我的弟弟、表哥，包括我的其他一些兄弟，他们都是大家庭中的一员，我来广州以后，我也希望能对大家有更多的帮助。"埃尔克森把弟弟、表哥和自己的名字刻在腰上，为什么用阿拉伯文？埃尔克森说："没其他的含义，就是有时候看到阿拉伯文字也挺酷的，所以就文上去了。"

在10岁那年，他写了一生中唯一的一封信寄给老家的奶奶。而在19岁时，奶奶的头像和一个十字架，成了他身上的第一个文身。埃尔克森在提到他的奶奶的时候，用了一个很特别的称呼，如果用中文直译的话，就是"妈妈"。也就是说，奶奶在埃尔克森的心目中，是奶奶和妈妈的结合体。"我的妈妈，我的奶奶，让我的生命中，充满了爱。"

这位重感情的巴西人在告别的时候，甚至直言自己还没有转变角色，一直觉得自己还是恒大的一员。

3. 高拉特："飞翔的胖子"

1 500万欧元能够买到什么级别的外援？高拉特在2015赛季给出了答案。

在刚刚来到中国的两个多月的时间内，高拉特总是尴尬地考虑自己的肚腩问题，这几乎是他每次面对镜头都要被问起的话题。但如今广州球迷对此已习以为常，人们开始坦然接受并且使用高拉特"胖子"的绰号。这个绰号从少年时代就伴随着这位巴西射手，它不仅没有减弱高拉特在绿茵场上的得分能力，还让这位巴西人在这个时代因"呆萌"而更受欢迎。

"胖子"的昵称让高拉特在足球生涯的起步阶段吃尽苦头，但同时也让他成为足球场上的"奇迹"。高拉特小时候就身形肥胖，和哥哥儒尼尼奥（目前效力美国大联盟洛杉矶银河）形成鲜明对比。在初涉足球场之时，他曾和卡塞米罗（波尔图后腰）搭档担任圣若泽俱乐部的前锋，表现出色。但在2006年，15岁的高拉特和卡塞米罗一起到圣保罗俱乐部试训，结果卡塞米罗顺利过关，高拉特却被放弃。伤心的胖子最终落脚圣安德烈，混迹于巴西第四级联赛的俱乐部。

但这段经历最终却给高拉特的成长增添了"传奇色彩"，巴西圣保罗俱乐部可能为此前的选择后悔。高拉特在低级俱乐部获得了比同龄人更多的表现机会，他18岁就在圣保罗州联赛的一场比赛中顶替马塞利尼奥出场并为球队攻入首球，帮助球队以2比1击败伊

图诺，这让高拉特获得了首发位置。随后，高拉特开始受到其他俱乐部关注，他曾效力巴西国际、戈亚斯（巴乙）等俱乐部，保持着稳定的进球率。在多年的足球生涯中，小时候的肥胖身材依然在高拉特身上有所显现，但他已是一个身体强壮、速度惊人的"野兽型"进攻球员，他在克鲁塞罗担任的突前前腰的位置，大多数时间也可理解为影子前锋，这并非传统意义上的中场组织者或前锋，但他的速度和身体条件允许他能在比赛中高速插入禁区抢点，这也是他在克鲁塞罗成功的秘密。

高拉特的高光时刻是从 2011 年开始的，当时他被租借到巴西国际，出场 18 次，攻入 5 球，而 2012 赛季被租借到戈亚斯，出场 63 次，攻入 25 球，帮助球队获得了巴乙冠军。2013 赛季，高拉特转会到克鲁塞罗，第一年出场 33 场，攻入 10 球，助攻 5 次，帮助克鲁塞罗时隔 10 年后重夺巴甲冠军；2014 赛季，高拉特出战 26 场，攻入 15 球，助攻 5 次，且 15 个进球全部来自运动战，成为球队头号射手，并高居巴甲射手榜第 3，帮助球队再次卫冕巴甲冠军；在 2014 赛季的解放者杯比赛中，他出战 9 场，攻入 4 球，助攻 2 次。虽然在这一年的 MVP 评选中屈居他的队友里贝罗之下，但他在巴西足坛权威媒体——《记分牌》组织的年度评选中高票赢得 2014 年度巴西"金球奖"。

高拉特加盟广州恒大时因身价 1 500 万欧元而备受瞩目，这是中国职业足球历史上第一位转会费打破 1 000 万欧元级别的外援。然而由于之前有穆里奇、孔卡、埃尔克森在广州恒大取得的成功，初来乍到的高拉特给人的印象仅仅是他的肚腩。

"虽然很多人认为我应该去欧洲踢球，但我觉得去中国踢球也是一个好选择。这是一种新的尝试和挑战，中国足球这两年发展得非常好。世界上还有很多优秀球员到中国踢球，我愿意接受这样的挑战。"高拉特带着挑战的心态来到中国，他需要用实力证明自己。

令广州球迷惊喜的是，高拉特融入恒大队的速度十分惊人。他在 2015 赛季开始阶段就在中超和亚冠出场 14 次并且攻入 11 球，其中在开季的两场亚冠比赛中，他包了球队的所有入球。

出色的进球能力让球迷们忘记了他的肚腩，甚至因为"飞翔的胖子"称号，高拉特以场上萌胖的形象得到了人们的喜爱。他还有一个更有趣的外号，叫作"飞天红猪侠"。和传说中的侠客一样，高拉特有力挽狂澜的出众能力。

2015 赛季广州恒大面临着大面积伤病的困扰，甚至有些时候无法排全 18 人名单。在很长一段时间里，球队只有一名外援可以使用。这名外援就是高拉特，他用自己的不断进球宣告了广州恒大选择的正确性，他在大部分时间独自支撑着广州恒大的进攻，这也是人们还称其为"高大腿"的原因。

高拉特是恒大中超五连冠和再次夺取亚冠冠军的头号功臣，他在亚冠联赛中顺利夺得了金靴和 MVP，这也是亚冠历史上获得金靴的第 4 位中国联赛球员。在中超赛场，高拉特为恒大贡献了 9 个进球、11 次助攻，如此出色的数据令他力压当年加盟上港的孔卡，加冕中超 MVP。2016 年 2 月 27 日，在一场被誉为"13 亿之战"的中国足球史上球员总身价最高的超级杯赛场上，高拉特为恒大第二次捧得超级杯，他自己理所当然地又成了超级杯的 MVP。

这个拿着"三料"MVP 的巴西人，或许代表着恒大的未来依然充满竞争力。

4. 保利尼奥：朴实无华的"暴力鸟"

广州球迷对于保利尼奥最重要的记忆，或许是在 2015 年 8 月 25 日，亚冠联赛广州恒大客场对阵柏太阳神的比赛中。没错，在那场比赛中，保利尼奥的那记超远距离射球成为扎在日本球队心脏的尖刀。这记"长程导弹"还成了当年年度世界最佳入球之一。

如果说保利尼奥是 2015 赛季广州恒大最重要的引援，或许会引发一番争执，因为这个赛季引进的高拉特恐怕更为关键。但如果说保利尼奥是斯科拉里获得的"瑰宝"，一定是毫无疑问的。保利尼奥是广州恒大在该赛季中超夺冠、亚冠夺冠乃至世俱杯打进前四的不可或缺的一员。

2015 年 6 月 29 日，广州恒大宣布以 1 400 万欧元的价格从英超托特纳姆热刺签下保利尼奥。这笔交易在欧洲和亚洲都引起了巨大的关注，然而态度截然不同。热刺球迷大都是欢天喜地地送走这位巴西后腰，在 2013 年联合会杯的出色表现之后，保利尼奥高身价加盟英超托特纳姆热刺，迎来了职业生涯的辉煌。但随后，他在热刺、巴西国家队的表现都很低迷。

保利尼奥是球队当中唯一见过"大场面"的球员，除了效力英超联赛之外，保利尼奥还是广州恒大阵容中唯一捧起过世俱杯冠军的球员。2012 年，保利尼奥随同科林蒂安在决赛中以 1 比 0 击败切尔西，从而夺取世俱杯冠军，当时首发登场的保利尼奥在比赛中表现出色。

这是一位擅长于快速前插到对方禁区的球员，但在防守时回撤速度较慢，这个特点需要其周围有队友进行保护和补缺，然而在热刺他并没有得到这样的帮助，即使是在巴西国家队也并不稳定。来到中超，斯科拉里的战术布置是保利尼奥是否获得新生的关键。

然而亚洲球迷，尤其是日本球迷，对于这位价值 19 亿日元的巴西后腰却心存敬畏。尽管在传统意义上，但凡从欧洲联赛加盟中超的大牌球员，均是处于"竞技状态下滑得可怕"的程度。如果仅仅参照保利尼奥过去的表现，同样可以用这样的惯性思路去进行定义。但保利尼奥的年龄却依然让日本对手们忌惮，他的状态下滑可能只是暂时的。

"日本队天敌"，这是日本球迷送给保利尼奥的称号。保利尼奥代表巴西国家队一共打入过 5 粒进球，其中有两次攻破的是日本国家队的大门，分别是在 2012 年的国际 A 级比赛以及 2013 年的联合会杯。

"对日本那场比赛的远射太难忘了。（2012 年）"日本球迷在他们的论坛上写道。没有想到，保利尼奥此后在亚冠客场对阵柏太阳神的比赛中打出了一记更加可以称为"神级"的远射。

足球世界似乎没有起错的外号，保利尼奥在中国球迷中有"暴力鸟"的称号，这归功于电脑的汉字输入法——可是神奇的一点是，这个外号很好地总结了保利尼奥的特点：暴力地防守、暴力地射门、暴力地前插，这个强壮的肌肉男在比赛场上不断展现自己的暴力美学。

尽管保利尼奥已经闻名遐迩,然而他在日本亚冠赛场上打进的那记技惊四座的远射依然让这位巴西后腰有着"一战成名"的感觉,"这一定是我职业生涯迄今为止最精彩的进球。"保利尼奥说。

在加盟恒大之后,保利尼奥被球迷寄予厚望,然而现实是,斯科拉里为了兼顾罗比尼奥的使用,往往在中超联赛中以牺牲保利尼奥为代价,在换人的时候总是先行换下后腰球员,固定的套路就是用黄博文取代保利尼奥的位置,随后换上埃尔克森登场,与罗比尼奥、高拉特搭档进攻。这让保利尼奥在中超联赛的表现有限——即使是在这有限的表演时间,保利尼奥在跑位、防守、助攻中展现的状态都是外援中最稳定的一个。

尽管表现稳定,但保利尼奥很难改变斯科拉里的用人决策,媒体为他喊出的"不平"也显得势单力薄。然而从打进亚冠的超级入球开始,保利尼奥已经赢得了广州球迷的认同,他在球队的位置也更趋稳定。

2015 年世俱杯在日本大阪、横滨两个城市举行,保利尼奥同样让日本球迷感到吃惊,他在世俱杯上打入了两粒入球,而其中一粒入球还是对中北美洲劲旅墨西哥美洲的绝杀进球。

这粒入球让人想起在该赛季广州恒大客场对阵贵州人和的中超比赛中,保利尼奥接到罗比尼奥的直塞球后,晃过防守球员大力抽射完成绝杀。那是在比赛第 91 分钟,广州恒大在两球落后的情况下上演了三球大逆转,这个绝杀让球队继续领跑积分榜榜首,是这个赛季广州恒大完成中超五连冠的关键场次。

可以想象的是,在未来斯科拉里的阵容当中,朴实无华的"暴力鸟"将成为球队最为重要的球员之一。

三、重用"亚洲领袖级"国脚

除了在外援身价和质量上不断创造新纪录,打造了一个竞争力与日俱增的"巴西帮"外,恒大俱乐部这些年在人才战略上还十分看重国内球员和亚洲外援的引进——他们需要亚洲一流的"领袖级"国脚,而且这些球员是可以为球队服务至少 5 年的。

事实上,如今中超在"金元风暴"的引领下,国内球员和亚洲外援的身价泡沫化严重。不过,环顾整个亚洲市场,能达到"亚洲领袖级"水平的球员其实并不多。从 2010 年开始,恒大先后引进的郜林、郑智、孙祥、冯潇霆、曾诚、张琳芃、黄博文、郑龙、于汉超、金英权,无不符合这个标准。在这些年的中国男足国家队中,来自恒大的国脚总是每次集训都达到 8 人以上。

他们是过去多年来恒大主力班底中的"肱股之臣",也是恒大能一直领先国内诸强的重要基础。

1. 郑智："亚洲足球先生"

2015 年 11 月 29 日，印度新德里，35 岁的郑智在这里失去了"亚洲足球先生"的奖项。看着身边的奥马尔和哈利尔，这两位均是 24 岁的球员，郑智笑了笑，当时他在想什么？郑智说："站在这里就已经是胜利了。"在中国足球的历史上，还没有一名球员能够两次进入"亚洲足球先生"前三候选的行列，郑智已经得到了回报。

三年前，"亚洲足球先生"的头衔就已经落在郑智身上，这是对恒大队长的最高赞誉。2010年夏天加盟广州恒大的郑智，用他兢兢业业的态度和在英伦赛场的成功经历，成为中国无数青少年的偶像。

郑智得到尊重并不是因为年龄，而是他对待生活和足球的态度。2004 年 11 月 17 日，中国队7 比 0 击败中国香港队却遭遇耻辱性的出局，郑智在比赛中罚丢了一个无比重要的点球。11 年后的世预赛，中国队再次在生死战中面对中国香港

郑智当选 2013 年度亚洲足球先生

队，却得到 0 比 0 的刺眼比分。11 年之间，两队中，只有郑智一人还在默默坚守。他在比赛结束后安慰自己的队友，并且在其他球员难以面对媒体时，勇敢地站在了媒体的面前——"年轻人的压力，我来扛。"郑智说。

以前的郑智其实并不是这样的。当广州恒大 2010 年将橄榄枝抛向正处于留洋生涯瓶颈期的郑智时，作为主帅的李章洙还在犹豫不决。这种犹豫无关郑智的能力，而在于郑智的性格。作为中国最好的球员之一，郑智有致命的弱点，那就是火爆的性格。

曾几何时，他因为场上的不冷静遭受着无数的骂名，甚至还让自己背上了"球霸"的标签。他会在球场上用脏话怒斥裁判，也会在奥运会赛场上肘击对手而染红下场。而最为世人所熟知的，自然是 2006 年世界杯前踢断法国前锋西塞的小腿。这个问题在郑智加盟时还被媒体记者问起，郑智显得极为尴尬。

2010 年 8 月 25 日，广州恒大与成都谢菲联进行中甲联赛的榜首大战，下半场开始不久，在场边疗伤的郑智与成都谢菲联替补外援布兰登发生了冲突，郑智指着布兰登叫骂，越说越气并且上前将对方推倒。这一动作让场面变得极为混乱。主裁判鲍磊跑到场边分开纠纷双方，在询问边裁之后，对当事人郑智与布兰登同时给出了红牌。这一判罚让郑智更加恼怒，不但没有离场还追着裁判要说法，并与上来劝阻的比赛监督发生口角。这一处罚让广州恒大在场上少打一人，最终未能在领先的情况下拿下比赛。最终大家了解的情况是，郑智中了对方的圈套，布兰登在郑智经过时先对郑智破口大骂，据说骂的是"CHINA

PIG（中国猪）"。但这些已经无关紧要，人们认为郑智还是那个郑智，火爆的脾气没有丝毫改变。

但是李章洙不这样认为，在引进郑智后的长期观察中，李章洙认为郑智是能够为胜利全力以赴的球员，这很对李章洙的胃口。这件事后李章洙支持了郑智，"如果是我，我会拿石头直接砸他头上。"李章洙站在了郑智的一边。更大的支持出现在第二年，李章洙直接将队长袖标和 10 号球衣交给了郑智。经历了红牌事件的郑智也迎来了转折，他把自己的行事牢牢锁定在恒大严格执行的规章制度之中，主动拿起紧箍咒戴在头上。

从加盟广州恒大的那一刻起，郑智就用自己的职业素养征服了整支球队。在比赛中，郑智是球队的节拍器，是中场位置不可或缺的球员。在球场外，郑智的性格开始走向低调，沉默和谦和的态度让队友们感受到善意。最重要的是他对自身的自律要求近乎"变态"，他的作息时间和饮食规律一直是广州恒大球员们探求的"秘密"。

2015 年 8 月，郑智参加了一档真人秀节目。明星陈妍希与容祖儿在争执 10 号球衣的归属，郑智却将 10 号球衣挂在一面旗帜上。"10 号球衣不仅仅是象征着这名球员拥有出色的技术，更多的是一种精神，是让球队里的所有人都相信他的精神。"郑智说。

这就是郑智的号码，广州恒大的队长和灵魂的号码。郑智在比赛场上并不算是最闪亮的球员，但有着让所有球员都感到放心的踏实感，他总是球队团结奋战到最后时刻的"推动器"。

没有人天生就是领袖。郑智的气质来源于多年来的积累，还有对整个团队的热爱。在戴上队长袖标后，郑智更加希望以"过来人"的身份去影响球队的年轻球员。"我不敢说去教导年轻球员，我只是想成为他们的榜样。"郑智很珍惜自己的队长袖标。

在对待媒体的态度方面，郑智也有了质的改变。自李章洙时代开始，郑智便成为球队直面媒体的窗口，他出色的表达能力和语言的准确性，让教练们格外放心。而在比赛后的混合采访区，郑智即便是输球之后也不会躲着媒体绕道而行。"被你们说得我像是新闻发言人一样。我只是觉得，采访是你们的工作，球队输球了你们也得工作，这是相互配合、相互尊重的事情。另外，有些话年轻球员不太敢说，我反正就倚老卖老了。"郑智说。

作为一位 35 岁的老将、恒大与中国国家队的双料队长，郑智在 2015 年全年的出场次数达到了 49 场，这已经让许多中国足球的年轻球员感到汗颜。更让人们难以抑制惊讶的是，刘永灼一直在强调一个观点：郑智能够踢到 40 岁——所以广州恒大给郑智提供了一份新的五年合同，合同的结束期正好是郑智 40 岁的时候。

同样是老将，同样有过留洋经历，同样是具备领袖气质的球员，这些年在恒大队中的还有孙祥和冯潇霆。除了孙祥于 2014 赛季结束后以"自由身"回归上海老家，冯潇霆也在 2015 年底获得了恒大俱乐部的 5 年续约。对于恒大这样的"王者之师"，有核心凝聚力的老将压阵是必不可少的。

2. 郜林的成长史

2015 年 12 月，在恒大前往日本参加世俱杯之际，外界正沸沸扬扬炒着郜林要离开恒大的传言。但这个时候的郜林已经下定决心要与广州恒大续约，拨动他心弦的不是恒大开出的高达 8 位数字的高额薪水，更重要的是他想起了 2010 年的那个春天。

那是郜林加盟广州恒大的时候，作为恒大入主广州足球后的第一个重量级引援，郜林对这家俱乐部，或者说对恒大的同乡老板许家印充满了感激。"这可能就是缘分。"郜林说。来到广州的郜林开始收获各项冠军，这让他站在了职业生涯的巅峰。同时他还收获了爱情，有了第一个孩子，这是人生的巅峰。

郜林的选择能够成为职业球员的典范。球迷感慨着几年前的郜林还在中甲联赛，而如今他已经站在世俱杯舞台上对阵拜仁和巴萨。有趣的是，在 2010 年 3 月，深圳红钻董事长万宏伟曾满怀信心地要在转会市场拿下郜林，他声称郜林不太可能前往中甲球队。如今时过境迁，深圳足球早已被人遗忘。

有时候，郜林会想起在广药白云山球员宿舍外的小石椅上接受采访的日子。如果没有后来的冠军和爱情，这可能是郜林最快乐的日子，因为他刚刚逃离了一场噩梦。郜林当时与上海申花俱乐部投资人朱骏之间的故事，早已是坊间茶余饭后的谈资。刚来恒大的时候，郜林时常会说到这段矛盾和欠薪的往事，然后在言语中表达出对朱骏的不屑。那一年郜林随队回到上海滩比赛，他甚至直接向场边的摄像机摆出了一个猪头的动作。这是他发自内心的抗议。

将他从噩梦中带出来的，正是广州恒大。郜林拿出了自己的实际行动来回报广州恒大，在 2010 年的中甲联赛，郜林即使是面对次级联赛也毫不松懈，他凭借赛季 20 个进球荣膺中甲最佳射手，同时也打破了高洪波保持的次级联赛进球纪录以及拉米雷斯保持的广州职业足球单季个人进球历史纪录。

许多事情都是需要经过"比较"才能得到结果的，郜林的职业生涯就是如此。在广州恒大迎来了翻天覆地的变化之后，郜林知道自己是幸运的。按照他自己的说法，这里没有什么乱七八糟的事情，俱乐部提供的环境能够让球员安心踢好球，将一切心思都花在足球场上。当郜林找不到更好的词语来形容这种经历时，他会尴尬地用左手摸摸鬓角，然后笑一笑。

但人总是难以避免成熟的到来，郜林的成熟在于他的"自黑"，当他在公众场合第一次调侃自己的时候，他已经成长得让人侧目。这种成熟的背景在于甜蜜的恋情，郜林与王晨感情的成熟让他忘记了江湖的恩怨。

2012 年的时候，郜林因为在场上频频浪费表现的机会，被球迷冠上"郜飞机"的恶名。郜林自始至终都不喜欢这个外号，他一度用消极的方式来对待现状。例如在社交网络上与球迷据理力争，对媒体控诉自己的不满。奇怪的是这种状态并没有持续太久，很多人将这一切归功于王晨的存在，作为一名性格开朗的伴侣，王晨显然成功地改变了郜林的心态。

成熟的心态开始被郜林在各方面展现，在社交网络上，郜林勇于"自黑"来调侃自己。在媒体记者面前，郜林也毫不在意地开着各种玩笑。这种性格的转变给郜林带来了巨大的回报，球迷接受他并且更加热爱他，媒体则喜欢和郜林进行交流，并且还会给他提出建议。

最大的回报是在球场上。作为球队的本土前锋，郜林在中超联赛的位置逐渐受到克莱奥、巴里奥斯、埃尔克森的冲击，这让里皮不得不对郜林的位置进行调整。如果说之前的位置变动只是临时的，那么2013年，郜林就已经从一个传统的中锋变成了彻底的边锋，这代表着他的进球机会更少了。但在心态转变之后，郜林逐渐接受了这个现实。"其实踢边前卫的时间久了，心态也会慢慢地变化，这应该也和情绪有关。前两年多少还是有一些抵触情绪，尽管无论是踢边前卫还是参与防守，我都非常努力地去做，但还是有一些抵触的。但后来相对而言情绪就好很多了。应该说也接受了这个位置，也适应了这个位置，那就在这个位置努力做到最好。"郜林说。

郜林对新的位置非常努力，之前在踢前锋进不了球时，郜林每次在训练后都会主动加练上百次的射门。后来王晨经常调侃郜林和李帅是"好基友"，原因就是那个时候李帅总是被郜林拉去陪练，郜林射门，李帅守门。而在位置改变后，郜林开始加练的是传中。平时郜林也会与埃尔克森、穆里奇、巴里奥斯等外援进行交流，讨论队友之间的传球落点和跑位。这些努力没有白费。在恒大2013赛季的前6场比赛，郜林的助攻总数高达6次，甚至压过了以助攻著称（前德甲助攻王）的贵州人和的外援米西莫维奇。整个2013赛季，郜林在联赛的助攻次数达到11次，仅差米西莫维奇与张稀哲1次。2014赛季，郜林在中超联赛的助攻次数同样是11次。

助攻的不断上演，并不代表着郜林放弃了自己的射门，他在2013和2014赛季的进球都达到了8粒。2015赛季是13粒，如果不是遭遇中国足协的5场停赛，状态上佳的郜林远远不止这个数据。相对于进球数来说，郜林让球迷刮目相看的是命中率，改打边锋位置的郜林射门机会并不算太多，但是射门质量却非常高，时不时还打出精彩的世界波。比如：2013年5月对阵上海申花时吊进王大雷球门的那脚世界波，2014年客场对阵上海上港时打入的暴力远射，都是绝佳的例子。

2015年对郜林而言肯定不是完美的一年。在7月18日广州恒大客场3比1击败辽宁宏运的比赛中，郜林全场比赛遭到部分足球流氓的辱骂，梅开二度的郜林在比赛中用"打脸"庆祝动作回击。赛后离开更衣室前往球队大巴的路上，有球迷持续辱骂郜林以及他的妻子王晨，最终恒大前锋郜林暴怒扔鞋反击。这一事件同时带来的是对中国足球球迷文化和环境的深刻思考。郜林随队回到广州时得到了上百名广州球迷的接机声援。而在网络社交平台上，郜林也得到各方面越来越多的支持。但这些支持中没有中国足协。没有任何意外，中国足协在7月24日公布了对郜林的处罚决定，郜林面临停赛5场，罚款人民币25 000元的处罚。而对于犯事的辽宁赛区，仅仅是"通报批评"，处罚高高举起轻轻落下，更像是对足球流氓的表扬，大有罚酒三杯惺惺相惜的暧昧。事实上，一年后2016年中超第10轮恒大客场征战辽足之际，有了中国足协"撑腰"的辽宁球迷，在看台上由始至终，有组织、有预谋地用尽各种手段，不断起哄、辱骂、干扰郜林，可谓"流氓至极"。"足球流氓赢了。"这是郜林对该事件无奈的叹息。

"足球流氓胜利"的事件让当时正以12球位居联赛射手榜第二位的郜林跌落到状态的谷底。其后复出的郜林被国家队的佩兰弃用，斯科拉里也无奈地在更多的时间将他放在替补席。但郜林最终还是走出了这次事件的阴影，年底的世俱杯就是这样一个契机。当外界还在讨论郜林的续约去留时，郜林毅然将自己的未来交给了恒大，然后放松心态去迎接挑战。在世俱杯赛场上，郜林的助攻帮助郑龙打入了中国球员在世俱杯的首粒入球，那个出色的助攻让日本球迷也叹为观止，并且感叹为何日本难以诞生如郜林般出色的前锋。

"有时候，足球的事情，还是在足球场上解决。"时年30岁的郜林这样说。

2016年1月，恒大俱乐部最终与郜林续约5年。郜林在恒大的6年时间里学会了"成长"，收获了球技和性格上的成熟，不排除会选择最终定居广州。而在他之后，1987年的曾诚、黄博文、于汉超，1988年的郑龙，1989年的梅方、李学鹏，都在或多或少地重复着郜林的"成长史"，他们同样是未来5年恒大队中符合"国脚级领袖"特征的人物。

3. 金英权：为旅欧梦想而坚守

金英权从2012年7月加盟恒大起，便牢牢占据着主力中后卫的位置。仅仅一年之后，金英权随恒大首次获得亚冠冠军，显然已经是"亚洲第一中后卫"的节奏。

2015年12月23日，韩国足协在首尔举行了2015年KFA颁奖典礼，效力于广州恒大队的金英权获得年度韩国最佳男球员称号。这无疑是目前对金英权的最高肯定，他能够力压一众韩国的旅欧球员，并且以后卫的身份夺取这个奖项，自然要拥有极具说服力的能力才行。"韩国足球先生"自2010年开始评选，此前获奖的球员分别是朴智星、寄诚庸（2次）、孙兴慜（2次）。

这种成功对于金英权来说，是努力工作所得到的正常回报。自2012年加盟至今，金英权在广州恒大的后防位置非常重要，他也尽力展现出自己的能力。但金英权需要兼顾国家队和俱乐部的比赛，密集的赛程和高强度的对抗让金英权一度难堪重负。

在2014年世界杯期间，金英权受到了伤病的严重困扰，这让他的表现并不稳定，但恒大俱乐部的强力支持，让他度过了自己职业生涯的一段难关。

金英权的巅峰状态是从2015年初的亚洲杯开始的，虽然第一场韩国对阿曼的比赛，金英权还是在板凳上度过。但此后的比赛，金英权开始低开高走。作为主力中卫，他帮助韩国队一路杀进了亚洲杯决赛，这是韩国国家队自1988年之后，27年来再次杀进亚洲杯决赛。而韩国队能实现这一目标，得益于金英权在半决赛对阵伊拉克队的比赛中打入的一球。同时在防守端，韩国队6场比赛5场零封对手，金英权同样功不可没。而在同年8月份东亚杯赛场上，韩国队以不败的战绩获得冠军，金英权以新任队长身份出现，再次带领球队取得最佳成绩。

在广州恒大，金英权在2015赛季上半年受到了伤病的影响，但无论是在卡纳瓦罗还是在斯科拉里的带领下，金英权都是主力阵容的最佳选择。赛季中途获得的新合约，更是让金英权有了前进的动力。这个赛季广州恒大获得中超五连冠、亚冠冠军，还代表亚洲参加了世俱杯赛事，金英权作为一名效力于亚洲俱乐部的韩国球员，已经获得了自己能够获得的所有最高荣誉。在金英权2015年全年参加的45场正式比赛中，他只吃了5张黄牌，没有一张红牌，在控制犯规方面，做得非常出色。

在恒大表现出色的同时，金英权从未放弃追求旅欧的梦想。金英权曾与多家欧洲球会

联系，比如英超的桑德兰、斯旺西和苏超的凯尔特人等俱乐部。而埃弗顿主帅马丁内斯在接受媒体采访时，也曾公开表达对金英权的兴趣。在这样的情况下，金英权必须顾及与恒大俱乐部之间的沟通交流，毕竟不欢而散并不是最好的结局。

所幸的是，金英权的梦想同样获得了恒大俱乐部的全力支持。尽管对欧洲俱乐部的低额报价不屑一顾，但恒大依然对金英权的旅欧提供支持。2015 年 8 月，广州恒大与金英权续约 4 年，新合同于 2019 年到期。这份合同含有买断条款，只要有欧洲球队支付足够的买断金，就可以带走这位韩国后卫。

买断条款的出现，一方面免除了金英权的后顾之忧，一方面则让金英权更愿意为自己的梦想奋斗。亚洲球员要想得到欧洲俱乐部的重视，最好的方法莫过于加盟能够在亚冠取得好成绩并且出现在世俱杯赛场上的广州恒大——这也是金英权依然坚守在广州的真正原因。

金英权在恒大的成长故事和旅欧梦想，同样发生在与金英权几乎同龄的张琳芃身上。

2015 赛季，张琳芃饱受伤病困扰长期缺阵，对恒大和国家队双线都带来很大的影响。同时，关于张琳芃可能会前往欧洲留洋的传闻也一波比一波高，国际米兰和皇家马德里都是张琳芃绯闻中的"下家"。但就在该年的 7 月 20 日，广州恒大官方宣布与球员张琳芃正式续约，新合同期为 5 年，到 2020 年 12 月 31 日中止。

这意味着，张琳芃同样进入了恒大的"买断"战略中。这一举措既保护了张琳芃的利益，又兼顾了他未来旅欧的梦想，更确保了恒大未来持续的战斗力。

四、"世界巨星 + 潜力妖星"新模式

没有人会是永远正确的——这句话对于足球俱乐部的建设同样适用。

广州恒大在 2010 年开始成为中国足坛的焦点，备受瞩目的是俱乐部不断引援带来的出色成绩。但在穆里奇、孔卡、埃尔克森、高拉特、保利尼奥这些成功引援的背后，也有巴里奥斯、吉拉迪诺、迪亚曼蒂等引援带来的无奈。

这些失败案例当然有着各种各样的原因，足以让广州恒大在未来的发展道路上更加审慎自己的人才战略，甚至对中超其他俱乐部亦有借鉴作用。

从 2016 赛季开始，恒大的引援将进入"世界巨星 + 潜力妖星"的新模式。

1. "意大利二老"的"不兼容"

恒大老板许家印曾多次表示，恒大队引进的外援年龄不能超过 28 岁。经统计，从 2010 年到 2015 年，16 名外援加盟恒大时平均年龄为 26 岁左右，正值职业生涯的黄金期。其中，25 岁以下的有 7 人，30 岁以上的有 3 人。事实证明，超过 30 岁的外援在恒大很难取得成功。

2014 年，里皮要打造"全意大利化"的战术体系，其中最醒目的标志就是引进了迪

亚曼蒂和吉拉迪诺这两名年纪偏大的意大利球员。

"小提琴手"吉拉迪诺的到来，是里皮对球队战术改造的重要一环，他也是里皮所追求的中锋类型。但显然这种仓促的改造极不成功，吉拉迪诺这位状态下滑的球员难以适应中超赛场的环境，他在这个战术改造的过程中显得力不从心。当一名外援无法达到人们所期待的效果时，牵扯到的关系往往比大家想象中的更为严重。

吉拉迪诺就是这样的例子，他在中国赛场的失败，最终导致了恒大对引援权力的反思，"放权过大"成为直接原因，刘永灼代表俱乐部收紧了里皮的引援权力，最终导致了里皮和俱乐部之间矛盾的产生。很多人认为这是意大利冠军教头突然撂下担子离开的关键，因为这影响了里皮和身为其经纪人的儿子小里皮的利益链。

相比之下，迪亚曼蒂的引进最初却没有带来外界太多的质疑。这位意大利中场在加盟后的几场比赛中高光四射，人们迫不及待地想将"天体之帝"的称号安插在迪亚曼蒂的身上。事实上这也符合俱乐部的利益，当孔卡离开广州之后，俱乐部急于寻找一位孔卡的替代者。有华裔妻子的迪亚曼蒂，无论是从受欢迎程度还是宣传角度来说，都能够满足俱乐部的要求，他甚至还是意大利国家队的成员。

然而始料未及的是，迪亚曼蒂随后为里皮的战术改造付出了代价，他的位置时常发生变动，状态也因此起伏不定。更重要的是，技术风格完全有别于孔卡的迪亚曼蒂，根本没有可能成为"孔卡替代者"，这加深了球迷对恒大阵容改造的失望。

引进符合球队技术风格的球员，以及对教练的引援权力进行一定的遏制，是吉拉迪诺和迪亚曼蒂引进所带来的最直观教训。但是在整体战术的影响下，有些问题往往是无迹可寻的，例如2011赛季引进的雷纳托，虽然有着出众的能力，以及球队需要的技术风格，但与球队之间的融合却迟迟无法完成。还有2015年仓促引进的罗比尼奥，同样是未能在短期内达到应有的效果。甚至在内援方面同样如此，冯仁亮的引进就是难以达到预期效果的例子。

当然，有时候关于技术风格以及融入球队的问题并不能完全代表引援正确与否，职业素养同样是引援考察的重要指标。巴里奥斯在恒大的短暂存在就是这方面的反面教材。

2. 当了两天标王的"新锋霸"

2015年底到2016年1月份，中超各种疯狂引援消息层出不穷，但广州恒大依然按兵不动。

直到1月底，西班牙马德里的权威媒体《阿斯报》透露，由于中超转会市场的关闭时间晚于欧洲冬季转会窗口，因此马竞主动与恒大进行过深入谈判。马竞原本希望能在欧洲转会窗口关闭前出售哥伦比亚强锋马丁内斯，并购回旧将迭戈·科斯塔，但被蓝军老板阿布拒绝。

与此同时，马丁内斯不太愿意到亚洲发展，但马竞主帅西蒙尼明确告之他在队内已无位置，要求马竞负责人与恒大完成这桩交易。最终在欧洲著名经纪人门德斯的斡旋下，马丁内斯接受了恒大开出的合约。恒大董事长刘永灼亲赴西班牙敲定交易，马丁内斯随后在

合同上签字。

该消息传出后，刘永灼发了一条微博，他引用了一段哥伦比亚作家加西亚·马尔克斯在《百年孤独》里的话："只有用水将心上的雾气淘洗干净，荣光才会照亮最初的梦想……平庸将你的心灵烘干到没有一丝水分，然后荣光才会拨动你心灵最深处的弦。"似乎以此暗示敲定哥伦比亚前锋的加盟。

2016 年 2 月 3 日上午，广州恒大官方宣布，前马竞前锋杰克逊·马丁内斯加盟球队，转会费为 4 200 万欧元，签约四年。该球员将身披 9 号战袍，在体检合格后于 2 月 9 日直接飞抵迪拜同球队汇合投入冬训准备新赛季，至此恒大的冬季外援转会工作宣告结束。与此同时，马德里两大体育报纸均在头版放上了马丁内斯与广州恒大代表完成签约的照片。

在宣布马丁内斯加盟之后，恒大官网介绍："杰克逊·马丁内斯作为一名在欧洲顶级联赛长期闪耀的世界级锋线杀手，不仅俱乐部已持续跟踪观察至少三年时间，主教练斯科拉里对球员本人也非常认可，将其列为冬季引援的第一号人选。主教练认为杰克逊·马丁内斯是一名能更好领会贯彻执行主教练战术意图的世界顶级球员，将是球队实现'中超亚冠双卫冕'目标的决定性球员。集团董事局许家印主席也全力支持主教练意见，表态俱乐部引进处于当打之年的巨星可适当放宽年龄规定。"

2016 年即将年满 30 岁的前波尔图前锋马丁内斯于 2014 年夏天以 3 500 万欧元的身价加盟马竞，此前他一度和 AC 米兰队走得很近，也曾经是阿森纳的目标之一。在效力波尔图期间，他连续三个赛季夺得葡超金靴，平均每个葡超联赛赛季进球数约为 23 个，帮助波尔图夺得过 1 次葡超联赛冠军和 2 次葡超杯冠军。然而加盟马竞后，他仅仅出战 15 场打入 2 球，远远没有达到西蒙尼的预期。

这桩价值 4 200 万欧元的交易令中超的外援"标王"达到了一个全新的高度。不过，仅仅 2 天之后，江苏苏宁俱乐部宣布，以 5 000 万欧元引进巴西强锋特谢拉——中超外援的"标王"价位再度攀升！

3. 收购"留洋小将"着眼未来

在恒大的引领之下，"强援＋国脚"的引援模式正开始成为 2016 赛季众多土豪球队的标配。固然可以挥舞支票本向欧洲、南美等地招揽"强援"，但"国脚"级的球员已经是市场上的稀缺物，即使资本充裕也未必能够罗致。

恒大俱乐部很早就具有了这方面的战略意识。从 2014 赛季开始，恒大俱乐部就逐渐提携一些 1991 年之后出生的球员，从廖力生、杨超声、方镜淇、王上源、张佳琪乃至王军辉，都先后在中超、足协杯甚至亚冠的平台上出阵。

2015 年底，正当一些新土豪俱乐部用令人咋舌的超高转会费吸纳各路大牌外援的时候，恒大俱乐部竟一反常态，他们的引援目标居然是两名 1993 年出生的海外小将——徐新和李源一。

徐新司职中场，中国国奥队成员。2014 年开始代表西班牙马德里竞技 C 队征战西乙，同年升入马竞 B 队。李源一司职边后卫、边前卫、后腰等多个位置，中国国奥队成员。

2013 年 8 月加盟葡锦标博阿维斯塔俱乐部；2014 年夏，租借加盟葡甲莱雄伊什足球俱乐部。

2016 年 1 月，恒大再次引进了一名 1993 年出生的海外小将——韩鹏飞。司职中后卫的韩鹏飞在此之前留洋葡萄牙，效力于葡萄牙第三级别联赛马夫拉足球俱乐部。韩鹏飞曾经入选过国奥队，并且参加了 2014 年的法国土伦杯比赛。

恒大俱乐部对外宣称，引进这几名 1993 年出生的小将，是为了进一步丰富广州恒大队的人才储备，使恒大队的年龄结构得到进一步优化，同时也增加了球队阵容厚度。

2015 年是恒大"新五年计划"的元年，许家印梦想用 8 到 10 年时间打造亚洲一流水平的"全华班"阵容。这样的梦想虽然很丰满，但必须从骨感的现实着手。

随着 93 届国奥在 2016 年里约奥运会亚洲区预选赛上遭遇小组赛三连败，外界对 93 届国奥适龄球员的整体水平提出了强烈的质疑，甚至对当初中国足协针对这批球员搞的"留洋工程"进行了深刻的反思。

毫无疑问，93 届国奥球员因为受外援的挤占，在国内中超平台上基本得不到足够的锻炼空间。留洋海外的球员则大多数混迹低级别联赛，整体成材率不高。但这批球员依然是未来 10 年中国男足国家队的主体，恒大抢购这批球员既是无奈之举，也是为未来布局的现实举措。

对与错，只能由时间来评判了！

商 道

习兵战不如习商战。

——清末民初·郑观应《盛世危言·商战》

许家印与马云共同开启恒大淘宝足球俱乐部上市之门，亚洲足球第一股诞生

根据 2006 年底的数据显示，恒大地产当年主营业务收入均来自广州"金碧"系列 10 个楼盘，而其 2004—2006 年三年的房地产开发总收入仅为 47 亿元。

但在五年之后的 2011 年，情况却发生了惊天逆转。恒大地产以 803 亿元的销售额将老牌劲敌保利地产、中海地产拉下宝座，位列全国住宅开发商的第二位，仅次于行业一哥万科。而另外"四虎"中销售额最高的碧桂园也只有 432 亿元的进账，仅为恒大业绩的 50%。

是什么因素促使恒大在短短 5 年时间内从一家名不见经传的区域地产公司，迅速膨胀为全国房地产版图上举足轻重的巨鳄？在企业经营管理的多个维度上，一部恒大地产的企业发展史涵盖了资本运作、战略定位、内部控制、品牌建设、市场营销等现代企业管理的核心内容，其经历的起伏跌宕、曲折离奇堪称中国房地产企业之最。

时至今日，恒大已经把手中的"足球牌"打得出神入化，它已经把恒大从一家房地产企业变成多元化的"商业帝国"。

一、精准的"三年计划"战略布局

如果离开了资本运作，就根本不可能有后来叱咤风云的恒大地产。

借助资本"以小博大"的杠杆效应，恒大在短短的时间内从一家区域小公司迅速跻身国内地产军团的一线阵营。

许家印在 2009 年 11 月 5 日等来了恒大正式上市。

这一天，恒大地产股票在香港联交所挂牌交易。当天早间开盘即报 4 港元，较发行价 3.5 港元上涨 14.29%，当天最高和最低报价分别为 4.8 港元和 3.81 港元，并以 4.7 港元收盘，当日涨幅 34.29%。二度上市成功对于许家印来说意义非凡，最直接的便是他与其夫人凭借手中持有的 102 亿股恒大股份，以高达 479.5 亿港元（折合 422 亿人民币）的最新市值，超越比亚迪（01211.HK）董事局主席王传福，成为中国新晋首富。

许家印不仅是资本运作高手，还是中国房地产企业家中少有的战略专家。

他曾在许多个场合都说过意思相近的话："对于企业来说，对未来的战略定位很重要，而超前的战略更是企业成功的关键。"

关于这一点，从恒大地产成长过程中的若干个"三年计划"里足以窥见一斑。

1. "农村包围城市"实现"跨越式发展"

恒大集团的内部资料显示，公司自创立起，每隔三年就会制订一个"三年计划"，以保证发展不是短视的、盲目的，而是有战略性的、有计划性的。

1997 年，恒大刚刚运作之初，许家印就主导制定了第一个从 1997 年到 1999 年的"三年计划"。当时，他提出了"艰苦创业、高速发展"的口号，采取"短、平、快"的发展思路，确定以价换量的市场策略，此举奠定了此后恒大在房地产市场中独具特色的经营战略的基调，一批个性鲜明的广告语如"成本价卖楼""开盘必特价、特价必升值"便在此时出现。

恒大地产的第二个"三年计划"为2000年到2002年，提出了"苦练内功、夯实基础"的指导思路，以完善内部管理为主要目标。

在夯实自身实力的基础上，2003年到2005年的第三个"三年计划"提出了"二次创业、拓展全国"的目标，即将事业版图从广州一地拓展到全国范围。就在2004年，恒大地产开始了其在全国二线城市的第一次"跑马圈地"。

第四个"三年计划"为2006年到2008年，主题是"迈向国际、跨越发展"，这是恒大利用资本杠杆运作上市的关键时期，也是恒大最为纠结的一段历程。期间除了继续完善全国布局，还必须对股权结构以及内部管理进行根本性调整，在人才、管理、品牌、文化和资本五个方面制定了精细的制度，以配合上市目标的顺利推进。

第五个"三年计划"为2009年到2011年，主题是"稳健经营、再攀高峰"。第一个重要目标是公司的年度销售额实现连续翻番的跨越式增长。第二个目标便是继续增加公司的土地储备，以配合快速做大做强的企业战略目标。

"三年计划"使得恒大所走的每一步路都"有章可循"，而许家印"铁腕治军"般的决心和管理则保障了这些计划的实施。

从恒大地产的发展过程来看，尽管很多个"计划"在当时都显得高不可攀甚至有些不现实，但令人惊奇的是每一个目标几乎都能在既定时间内被实现和达成。若非如此，恒大的所谓"三年计划"恐怕早已如同许多平庸的企业曾经走过的路径那般，或流于空谈，或沉睡纸端。

在香港资本市场上，土地储备是投资者对国内地产开发商持续经营能力与估值评判的重要指标。为了迎合投资者的这一喜好，所有赴港上市的地产公司都不得不"为地疯狂"。早在2007年，碧桂园集团掌门人杨国强就在公司上市后四处圈地，为投资者奉上了4 000多万平方米的土地盛宴。紧随其后的许家印也为此坐上了一辆快速圈地的"极品飞车"。

2004年，恒大开始筹备全国布局。当时，以万科、中海、合生创展为代表的一批公司早已迈出了全国扩张步伐，并构筑完成了以珠三角、长三角以及环渤海大城市为中心的全国版图之雏形。企图后来居上的恒大地产在资金、人力上面均难以与当时的巨头们相匹敌，不得不采取当年毛泽东打天下的战略——"农村包围城市"，到二线城市寻找空间。

从2006年大刀阔斧地进入二线城市，到2008年恒大首次上市路演前夕，恒大地产在全国范围内签下的土地合约达到4 580万平方米，较2006年的600多万平方米翻了7倍。

这些新增的土地储备中，除了在2007年10月以14亿收购的上海陆家嘴金融贸易区地块和2008年1月以41亿拍得的广州天河区员村绢麻厂地块外，其余大部分项目位于各个二线省会城市。

在2007年以前，二线城市在中国房地产市场中的地位还不那么突出，绝大多数开发商尚沉浸在一线大城市和沿海发达区域的"地王"争夺战之中，一直到2008年的宏观调控引发的那一场房地产业寒冬后，一批后知后觉的公司才开始从一线城市的狂热中清醒过来，将目光投向下一个战略高地。万科便是其中最突出的代表，其于2009年起在"不拿地王"的口号下积极将战线推进到了二线城市。

2008年底国家的4万亿刺激政策出台，让二线城市的房地产市场被快速激活，开始了一场承接一线城市温度的接力赛，成交量呈跳跃式增长，价格如同出笼的猛虎，无论后来中央先后祭出多少道调控令，均难以将这头猛虎摁回笼中。

此刻，已经在二线城市潜伏多时的恒大地产无疑成为该轮热潮的直接受益者。2009年、2010年和2011年，恒大地产的全年销售额分别为303亿元、504亿元、804亿元，分别同比增长4倍、74%和53%。恐怕许家印自己也没有想到，全国布局之初的一个"无奈之举"成就了恒大在过去三年的突飞猛进。

上市之后的恒大没有放慢土地扩张的步伐。二线城市的根基站稳后，向三线城市挺进的战略又次第铺开。截至2011年末的数据显示，集团拥有房地产项目187个，土地储备面积1.37亿平方米，分布于全国103个城市，土地平均成本约600元/平方米；其中一线城市项目6个，二线城市项目84个，三线城市项目97个。

在一份公开的材料中，恒大地产将自己的土地战略概括为："前瞻布局、赢在战略"，这是集团获取优质低成本土地储备的总体思路。鉴于一线城市土地市场竞争激烈，房地产市场受到调控政策的影响日趋明显，集团在2004年以来"布局全国、进军二线"的基础上，于2010年首次提出"深耕二线、拓展三线"的长期战略，重心是中国广大的二、四线城市。

2. "标准化"运营战略确保高速运转

飞速扩张让恒大地产成为名副其实的庞然大物。如何使同时运作近200个项目的机器协调有效地转动，成为许家印需要攻破的一道瓶颈。

在此不妨作一个简单的设想：素来在企业中掌控一切的许老板即使每天考察一个项目，走一遍下来也需要半年时间。而在正常的房地产开发流程中，一个项目从规划到设计到施工再到销售，一年时间根本不足以完成所有的部署。

但是，精明的许家印却找到了最合适自己企业的管理方式来让"大象起舞"。数据显示，在2011年，恒大旗下的187个项目中已开盘项目121个，其中2011年1月1日前已开盘项目56个，2011年新开盘项目65个。许家印将这一成绩归功于其确立的"标准化"管理思路。

标准化，这个在制造业中颇为常见的术语，在中国房地产开发领域却难见成效，因为每块地皮、每栋房子、每个房间都因为所处环境的不同而各有差异。但有趣的是，标准化在成本控制、效率提高等方面的优越性始终吸引着一批房地产企业去探寻住宅的标准化、产业化之路，万科便是其中最执着的朝圣者，希冀通过住宅产业化的研究来彻底改变国内房地产行业低效而又高能耗的格局。

恒大没有万科那么多的理想化元素，其仅是利用标准化的高效来快速催熟产品，降低开发过程中的时间以及原材料的浪费，以达到成本的最小化的经营目标。为此，该集团早已研究出恒大金碧天下、恒大名都、恒大华府、恒大城、恒大绿洲、恒大雅苑等不同的项

目类型，每一个名称都包含了各自不同的规划、设计、施工、材料供应等一系列实施准则。

经过数年摸索，恒大已经形成了一套"总部通过紧密型集团化管理，对全国各地区公司实施标准化运营的运营模式"。这些标准化运营，包括管理模式、项目选择、规划设计、材料使用、招标、工程管理以及营销7重标准化，最大限度地降低全国拓展带来的经营风险，在确保成本控制的同时又能打造精品。

虽然在同行中仍然有"捍卫建筑之美"的开发商对恒大的"标准化复制"模式颇有微词，但不得不承认的是，只有这个模式才足以匹配恒大"做强做大"的跨越式企业发展战略。事实上，几乎所有追求大规模和高周转率的大型房地产企业，最终都不得不走上标准化之路，例如万科和碧桂园。而在资本市场的投资者看来，有效的标准化运作是企业得以在短期快速发展的必要条件。

在恒大地产内部，标准化被认为是能让全国2万多名员工保持强大执行力的重要手段。它的重点就是强化整个集团公司对各地公司的垂直化管理，包括人力资源、资金财务、工程建设、成本控制、合同履约、项目营销等房地产开发建设的重要环节。

有业内人士曾经向媒体披露："恒大在买地、规划、招投标、营销等房地产的关键环节都形成了一套系统的、模板化的东西。集团总部下达任务，分公司照目标完成即可""现在恒大能做到昆明和沈阳同一类型的项目，路灯的型号、大门、门把手都是一样的"。

许家印将恒大高速发展的秘诀归结为"精心策划、狠抓落实、办事高效"这12个字，许家印自己说，有了这个管理模式，"恒大用1年的时间能做完10年的工作量"。的确，他率领的恒大地产在2006—2011的几年时间内，实现了多项经营指标数十倍乃至数百倍的跨越。不得不说，恒大地产的崛起是一个难以被复制的奇迹！

2012年1月16日，许家印又出现在香港的众多媒体面前，这一天，他坦然地宣布"恒大高速扩张的历程已经过去"。在公司实现年销售额突破800亿，跻身全国第二之际，他说："一个企业的高增长是由条件、市场等多种因素综合决定的，永远保持80%、100%的增长是不可能的。恒大从2006年开始到2011年，很多的指标都是50%、80%，甚至是100%以上的增长，公司在达到今天的规模时，必然进入一个平缓的增长阶段。进入2012年，按照公司第六个三年计划，将进入稳定增长的阶段。"

这一次公开的宣告，意味着恒大地产突飞猛进、草莽生长的历程已成往事。但许家印和他的商业王国的传奇却仍在上演。

二、借足球实现"爆炸式营销"

2011年4月2日晚，恒大俱乐部承办了新赛季中超开幕式，一首旋律激昂的主题曲《崛起》响彻容纳6万人的广州天河体育中心。

当许家印的名字与《北京欢迎你》的创作者、著名音乐人小柯联袂出现在作词者名单中时，现场一片哗然。尽管事后证实许家印仅在后者的创作基础上进行了适当的修改润色，但这已经不再重要，因为人们对这个地产大亨的认识从此又增加了一个全新的维度。

尽管当时的球迷已经在北京奥运会开幕式中见识了所谓的超豪华场面，但在足球领域，依然没有人会忽略这场耗资 5 000 万元的中超开幕式给他们带来的震撼效应。

即使是原本对恒大地产并不了解的普通球迷也能够从此排场中读出恒大渴望借此盛会传达的信息。那么，许家印"炫富"似地把数亿元砸向足球，所为何事？无利不起早，一切还要从他擅长的"爆炸式营销"说起。

1. "恒大足球"：品牌营销的盛宴

自从恒大启动了全国扩张战略后，其市场营销就以极尽张扬的方式进行，其中最突出的代表便是明星助阵的"恒大式开盘"，很多娱乐圈的大腕如成龙、范冰冰、容祖儿等都是恒大楼盘开盘典礼上的常客。

明星的助阵，以及开盘前密集的广告轰炸，让恒大在全国各地的项目很轻松地解决了现场"人流量"的问题，无论其楼盘是否远离市区，均能制造出人山人海的现场效果。而许家印的算盘是："人来了，生意自然跟着来。"所以，纵使营销成本不菲，但其所促成的销售成果却总是能够让许家印满意。

2007 年十一黄金周，广州恒大御景半岛的开盘典礼，是许家印的第一次大手笔营销运作。请了英皇娱乐集团主席杨受成，影星成龙、范冰冰，知名主持人吴小莉等名人到场。有消息称为了制造轰动效应，恒大在项目上的营销费用共耗资数千万元，但仅开盘当天，其销售额就过 10 亿，其投入产出比不可谓不高。

在 2011 年初的一次记者招待会上，许家印在回答关于中超、排球投入时表示："投资足球对股价不应该有影响，其实这是营销的策略。比如说在中央台打广告的话一秒钟大概 15 万元，那么我们这一场球下来，比如说 4 月 2 日中超开幕式在广州举行，有 25 家电视台现场直播，有 300 多家媒体报道，有 11 个运动员穿着印有'恒大'两个字的背心，你说是不是很值钱？一个半小时的直播时间如果做广告要多少钱？所以我认为我们搞这个足球是非常正确的。"

2011 年中超开幕后，恒大股价连续几日一路飙升，连续拉出 5 根阳线，一举突破 5 港元，一度达到该公司股票挂牌交易以来的最高值。更为重要的是，连续几年在品牌打造上的高投入已经形成了累积效应，使得恒大地产的品牌价值迅速飙升。有市场营销专家这样评论：品牌打造需要一个长期的过程，不能在需要卖产品的时候通过"临时抱佛脚"短期实现。恒大通过盛大的体育赛事投入不一定会对短期销售造成明显影响，但从塑造品牌的角度可以让人们对"恒大"这个名字留下深刻印象，实际是先在消费者心目中把公司的"实力"铸就起来。

2014 年 1 月，恒大地产发布公告称，截至 2013 年底全年销售额达 1 003.97 亿元，年均增长率 8.8%；全年合约销售面积约 1 489.4 万平方米，年内合约销售均价为每平方米 6 741 元，年均增长率约 13%。这个数据代表着恒大已经进阶为"千亿房企俱乐部"的一员。伴随着强大的品牌效应，恒大地产已经在这一年开始转战一二线城市。2014 年，恒大

地产的销售额达到了 1 315 亿元。而到 2015 年 11 月，恒大地产的销售额已经突破了 1 500 亿元。

品牌效应带来的巨大帮助，还表现在恒大集团在其他项目上的突破。2013 年 11 月 10 日，恒大集团宣布推出高端矿泉水产品"恒大冰泉"，这个项目随着亚冠决赛的胸前广告推广，一度成为业界热闻。随后恒大集团还不断在各个战线进军，推出了恒大粮油、恒大奶粉等一系列产品，经历了几年的沉淀，这家房地产企业俨然成为庞然大物。

足球俱乐部在资本市场同样令人侧目，亚冠冠军的夺取让广州恒大成为足球市场上最耀眼的明星。2013 年 12 月 8 日，广州恒大俱乐部宣布与知名洗发水品牌清扬达成合作协议，清扬品牌将拥有恒大的整体形象权。当日，时任恒大俱乐部总经理的康冰透露，未来恒大的冠名价格以及胸前广告至少亿元起步。这句话在两个月后成为现实，东风日产的自有品牌"启程"以 1.6 亿元人民币的价格拿下了广州恒大队服的胸前广告，这其中有 8 000 万元为现金。

2．"地产化"带来中超资本风暴

毫无疑问，这些年的中超联赛已成为地产商在"跑马圈地"之外的另外一个角斗场。对于此种现象，有评论戏称："被中国人民吐槽编笑话最多的两个行当，壮丽会师。"

20 世纪中后期，在中国足球职业化逐步蓬勃之际，房地产企业介入足球最具代表性的是大连万达和河南建业两家俱乐部。王健林的大连万达在 20 世纪 90 年代的甲 A 联赛曾获得 6 年 4 冠的佳绩，并且创造了职业联赛 55 场不败的神话。而在河南，当时 39 岁的胡葆森用 160 万控股了河南足球队，令人对他刮目相看。不过人们没有想到的是，胡葆森和王健林辉煌的足球轨迹截然不同，河南建业在后面几年的时间内都在二级联赛摸爬滚打，甚至在 1998 年降级到乙级联赛。

回头看 20 世纪 90 年代中期中国职业足球的开端，很难找到强大房地产商的身影。即使是现在意气风发的广州恒大，其母体甚至是一家直到 1997 年才创建的公司。如果细数曾在过去激起过足坛波澜的房地产企业，除了大连万达和河南建业之外，也只有短暂高调的前卫寰岛，以及 1996 年在天津昙花一现的万科。

在中国足球职业化开始后的几年中，中国足球涉及的投资商大多数有着不同背景。四川全兴、青岛颐中、云南红塔代表烟酒行业，广州松日、上海申花后边站着家电行业，广州太阳神、延边敖东则是保健品和药业，另外就是以山东鲁能、北京国安为代表的球队，背后无一不是背景深厚的大型国企。

这完全是那个时代经济面貌的反映。在 20 世纪 90 年代，热门行业就是保健品、家电和食品等。而近几年火热的房地产行业，则从 1993 年开始就迎来了连续 5 年的低潮，直到 1998 年国务院决定党政机关停止实物分配福利房之后才开始翻身崛起。

2000 年前后这段时间，尽管中国的房地产行业已经进入高速发展的轨道，但依然很少有其他房地产企业愿意介入足球。中国足球越来越严重的假球、赌球、黑哨等各种乱象的滋生蔓延，以及取消升降级、豪赌奥运、腐败等各种因素的影响，中国足球失去了对地产富豪们的吸引力。

2006年，宋卫平和胡葆森的球队携手冲超，随后人和商业收购陕西队，由烟草、家电、消费品和制药行业过渡到房地产行业的中国足球格局已经开始出现。这是十多年来中国经济深刻发展变迁的必然结果。

在2011年中超俱乐部唯一和房地产足球没有关系的深圳红钻降级后，2012年出现的16支中超球队竟然无一不和房地产业务有着关系。于是有段子手立即编出了笑话，说把中国足协的"FA"称号中的"F"，直接从"Football"改为"房"的拼音"Fang"也不为过。

中国足球虽然并不发达，但受众广，上到国家领导人、商业巨贾，下到工薪阶层，都有不少喜欢足球的，这也意味着无论是顶级豪宅还是物美价廉的经济适用房，房地产商都能找到足够多的目标客户群。投资足球，非常有利于企业提高品牌的价值和公众认知度。房地产足球，首屈一指的要算广州恒大。在过去四年里，随着恒大足球的成功，恒大地产的年销售额也一路飙升，2009年为303亿元，2010年为504亿元，2011年为804亿元，2012年为923.2亿元，2013年为1 004亿元。所以，从营销的角度来说，房地产的体育营销已经被大家所认同，地产足球的出现也是一种"模仿行为"。

广告效应加上政策优惠，这对逐利的商人来说，焉有不扎堆之理。据不完全统计，随着房地产商人的进入，中国顶级联赛的总投入不断冲高。1994年的总投入才8 000万元、1996年就突破了1亿元，2010年为5亿元，2011年为15亿元，而2013赛季16支中超球队的花费加起来竟然达到了30亿元，这笔钱包括工资支出、海外拉练、聘请外教、比赛奖金、转会买人等。

在地产足球加大投入的同时，中超联赛的冠名费也水涨船高。此前，万达集团与中国足协签约3年，3年的冠名费是1.95亿元，每年6 500万元。而在2014赛季，平安保险以每年1.5亿元的价格替代万达。而到了2015年，中超的转播权居然卖出了"5年80亿"的天价！

三、亚冠巅峰与"多元化"变革

2015年是中国"十二五"规划的收官之年。中国经济在"稳增长"和"调结构"平衡间一改以往"高增长"态势，经济增速下行的压力有增无减。

在经济新常态下，处在"白银时代"变革风口的房地产业的表现差强人意，开发投资、土地购置面积、新开工等指标早早进入"寒冬"。销售与投资背离的现象并没有扭转，高居不下的库存问题仍是制约房地产开发投资回升的阿喀琉斯之踵，着力解决城市间的供求关系不平衡以及产品结构性供应过剩的问题仍将是行业调整的核心。

恒大作为房地产业的巨无霸企业，精明的许家印早就已经在这方面作出了前瞻性极强的应对。

2014年，许家印在集团上半年总结讲话中，把主题定为"深化管理、夯实基础，坚定实施恒大多元发展战略"。他表示，恒大先后经历了"规模取胜"战略阶段、"规模＋品牌"战略过渡阶段、"规模＋品牌"标准化运营战略阶段，现在将进入第四大阶段——"多元＋规模＋品牌"战略阶段。

许家印把自2015年到2017年的恒大第七个"三年计划"的主题确定为"夯实基础、多元发展"。他同时提出了未来三年的恒大的发展目标：确保2015年进入世界500强，三年内将位居世界500强前列。

1. "恒大冰泉"借亚冠之巅横空出世

2013年11月9日晚，广州恒大在天河体育中心的亚冠决赛次回合赛事中攀上了亚洲足球的巅峰。这是中国俱乐部在亚冠改制后的首个亚冠冠军奖杯。一夜之间，广州恒大变得家喻户晓，成为中国足球俱乐部的代表球队。

这一夜，同样家喻户晓的还有"恒大冰泉"的名字，即使若干年后回首，这也是让业界津津乐道的一次成功的推广营销。

在这场亚冠决赛的主场比赛中，广州恒大的球员比赛服上已经印上了"恒大冰泉"的胸前广告，教练员、工作人员的服装也同样如此。而在场地边，四只超人的矿泉水瓶被扛入场内，在夺冠之夜伴随着球队一起绕场庆祝。同样在这一晚，无论报纸、杂志，只要是与亚冠决赛有关的版面均会出现恒大冰泉的广告。这些广告在夺冠次日达到高潮，平面媒体完全被恒大冰泉的广告占据，这是一次"洗脑式"的营销。

11月10日，恒大借着亚冠夺冠的势头，召开了新闻发布会，正式推出"恒大冰泉"这一饮品，球队主帅里皮成为广告形象宣传的头号人物，这让恒大冰泉的消息推广又延续了一天。更重要的是，这个饮品得到了球迷的大力支持，恒大宣布里皮、郎平（中国女排主帅兼广东恒大女排主帅）、菲戈（前世界足球先生）、耶罗（前西班牙与皇马队长）担任全球推广大使。从此，恒大的球迷将恒大冰泉视为足球俱乐部的一部分。

借助亚冠夺冠的势头，高密度的广告投放让恒大冰泉完成了一次蜕变，这个刚刚面市的新产品，瞬间从零知名度进入了高知名度的行列。而这种营销策略是恒大集团所擅长的。在其后的几年时间里，恒大利用这种方式对其他产品进行推广屡见不鲜。

恒大冰泉的成功推广，也让外界对广州恒大胸前广告的关注加强。在恒大冰泉横空出世之前，围绕广州恒大胸前广告的争夺就已经有暗战，包括中国电信、王老吉、阿联酋航空、韩国三星等知名品牌都曾经向俱乐部报过价，其中不乏1.5亿人民币的巨额报价。但最终这些报价都被广州恒大拒绝，许家印显然早有预谋在亚冠决赛中推广恒大冰泉，这是极其重要的一部分。

可以说，恒大冰泉推广的成功，更代表着足球这一平台对于恒大集团的重要性。矿泉水这一快销产业仅仅是恒大集团多元化布局的一部分。暂且不说这部分的产出是否能够给恒大集团带来经济效益,至少直接为恒大集团甚至其他企业指明了一条道路。体育项目和产品推广的有效结合,媒体催生的免费营销——尽管过去中国职业足球一直是以广告推广平台的方式出现,但和这次恒大冰泉的推广相比,人们才知道什么叫作"小儿科"和"大手笔"。这或许也是此后几年无数资本涌入体育产业的一个示范和带动。

2. 联手马云:股权变革与互联网 +

2014 年 6 月 5 日,一个爆炸性的新闻从恒大御景半岛酒店传达到全国各地——马云成为广州恒大足球俱乐部的老板之一。

在现场数百名来自全国各地记者莫名的眼光中,许家印携手马云步入了会场。阿里巴巴和广州恒大一起宣布了雄心勃勃的计划,阿里巴巴向恒大足球俱乐部注资 12 亿,并通过增资扩股的形式获得恒大 50% 的股权。

全国一片哗然——即使早前已有传闻马云可能在中国足球方面进行投资,但谁又能想到这位巨富投资的球队是许家印的广州恒大?而作为已经登上亚洲之巅的球队,谁又能想到许家印愿意将自己手中的大蛋糕与他人一起分享?在这个消息传出后,A 股的足球概念股一路飙升,舜天、泰达、中信国安均大幅度上涨,许家印和马云的携手释放了一个信号。

在广州恒大夺取亚冠冠军之后,已经有各种传言对这家俱乐部产生了不利的影响,比如许家印将收缩投资,逐渐退出足坛。而这次马云的注资似乎让不少人瞬间想起这个传言。恒大方面也不得不向外界反复强调,这次马云的注资并非收购或者股权买卖,而是增资扩股的强强联手。这是一笔双赢的交易,俱乐部获得了更强大的资本介入,而阿里巴巴成功介入了中国最强大的足球俱乐部。许家印在下一盘很大的棋,只是这个时候他引入强大资本的目的,外人根本还想象不到。

许家印对恒大足球有着宏伟计划,这个计划不仅仅是五年内夺取亚冠冠军这么简单。作为计划的一部分,中超联赛冠军和亚冠冠军已经成为俱乐部的囊中物。而更深远的是,如何让一家足球俱乐部赚钱,这在欧洲可能会有更大的操作性,但在中超联赛基本上是难以解决的问题。但在资本市场,这只是一件小事。引进阿里巴巴的强大资本,是俱乐部在未来完成盈利任务乃至于上市的重要一步。许家印只用了短短的十几分钟时间就说服了马云成为合作者,也为俱乐部的未来发展打开了窗户。

中央从 2014 年就开始在经济发展上推出"互联网 +"的概念。马云渴望用互联网思维和创新理念来改变中国,恒大同样需要这种帮助来改变自身。双方的合作并非仅是资金和足球层面,试图进入更多行业的恒大,在这次合作后完全可以成功借助阿里巴巴的资源,完成从传统房企到多元化集团的转变。而马云则希望用自己的方式,将中国足球当作一门生意做,他在发布会上强调"不相信足球不能赚钱",这显然是马云投资恒大的初衷。在中国足球圈里,如果广州恒大这种夺取亚冠冠军的俱乐部都不能赚钱,那么还有什么俱乐部能够赚钱?

在这次的合作中,马云得到了俱乐部的参与权,许家印给出的 50% 股份显然让马云感

到满意。任何野心勃勃的强势投资者，对于控制权都有天生的向往，马云就是这样的投资者。在这次的发布会上，马云为何不投资他老家的杭州绿城一直都是大家非常关心的问题。这个问题的答案其实非常简单，那就是绿城老板宋卫平不愿意将控制权拱手相让。在俱乐部的股份控制中，49%与50%之间，是一道天堑。

3. "恒大粮油"：多元化布局完成

许家印与马云的合作向世人展现了恒大变强的野心，这显然不仅仅是在足球方面。

2014年8月27日的亚冠赛场，广州恒大球衣的胸前广告再次变成了许家印的营销阵地。"恒大粮油"正式亮相，"放心粮、放心油"字样出现在全场5万多球迷以及数亿电视观众的眼前。

虽然比赛场地并非亚冠决赛赛场，同时球队在亚冠赛场的战绩未如2013年那般辉煌，即便如此，人们还是在第二天震惊于恒大集团的布局。8月28日，恒大集团高调召开新闻发布会，宣布进军粮油、畜牧、乳业三大产业，刘永灼带着郑智夫妇和郜林夫妇出现在恒大中心为此进行宣传。

首批发布的产品包括恒大绿色大米、恒大有机大米、恒大绿色菜籽油、恒大绿色大豆油、恒大有机大豆油、恒大有机杂粮。四天之后，恒大再次召集了近4 000人（记者、销售商）在内蒙古阿尔山为粮油、畜牧、乳业三大集团揭牌。这是恒大多元化投资的又一步棋。在此之前，人们已对恒大的投资有所察觉，他们使用了近70亿建设和并购了22个农业生产基地，全面布局了大兴安岭生态圈。除此之外，齐齐哈尔、黑河、绥化、双鸭山和呼伦贝尔先后成为恒大农牧产品的六大产区。

恒大集团之所以在多元化的投入方面竭尽全力，是因为许家印的"计划"。这位擅于制定计划的集团领头人，将目标定位为快速进入世界500强行列。而多元化发展策略被视为敲门砖。

除了现代农业和此前的矿泉水行业，恒大早前已经向娱乐业发展，并且还建设了医院，入股华夏银行。加上后期对光伏能源产业的兴趣，恒大集团的多元化战线已快速形成。

"在研究了很多大型企业、世界500强企业后，我们发现绝大部分甚至百分之百的企业，发展到一定程度、一定规模的时候，都会走多元发展的道路。"许家印当时说。

2014年排名世界第500强的企业是雷神公司，其营业收入为237亿美元（折合人民币约1 455.9亿元），利润为19.96亿美元（折合人民币约122.6亿元）。而在2014年，恒大的营业收入为1 114亿元，核心业务利润为120亿元。这些数据表明恒大集团在利润指标方面已经接近世界500强门槛。

2015年3月30日，许家印在香港抛出了多元化的明确战略部署，他表示未来三年内，粮油、乳业、矿泉水将分拆在香港上市。而相较于矿泉水、粮油、乳业的布局，许家印在健康产业的投资进展更快。2014年12月，恒大以总价9.5亿港元收购杨受成产业控股持有的新传媒集团约6.48亿股股份，约占新传媒集团已发行股份总数的74.99%。3月30

日，新传媒集团宣布计划在博鳌乐城国际医疗旅游先行区投资建设集医学整形、美容美体和抗衰老保健为一体的医院，把健康产业作为未来的发展重点。

足球自然也被列入了上市日程。2013年恒大足球俱乐部的收入已经达到6亿元，未来三年的目标是实现独立盈利，然后再上市。

四、下一个目标——"金融帝国"

在阿里巴巴集团注资俱乐部的情况下，广州恒大淘宝足球俱乐部变成中国足坛的庞然大物，俱乐部甚至不需要等待三年就出现在了新三板上。

2015年7月1日，广州恒大淘宝足球俱乐部股份有限公司公布《公开转让说明书》，准备冲击新三板，主板券商为国泰君安。这意味着，广州恒大淘宝足球俱乐部将成为中国足球登陆资本市场的先锋军。广州恒大淘宝足球俱乐部此次拟发行股票37 500万股，每股面值人民币1.00元。

用"恒大足球"的超级影响力，打造一个"金融帝国"，是恒大的下一个庞大的商业计划。

1. 打造"亚洲足球第一股"

广州恒大淘宝足球俱乐部这次从恒大地产分拆上市，目的是作为独立的上市公司，实现独立运营、自负盈亏。这一方面有利于恒大地产专注核心业务，增强盈利能力；另一方面则有利于提高足球俱乐部的融资能力，将足球产业做大做强。这也是许家印和马云推动足球管理体制改革，颠覆中国足球运营传统和模式的重要一环。

恒大集团在2015年6月24日宣布再次注资4亿元，同时将恒大足球学校的核心资产（所有球员资产）注入俱乐部。因此原本阿里巴巴、恒大集团各持俱乐部50%股权的均衡被打破，这个变动曾一度让外界感到惊讶，甚至怀疑马云会为当初被50%股权吸引而注资的行为后悔。然而谁都没有想到许家印和马云更大的目标——上市计划已经开始启动。

据广州恒大淘宝足球俱乐部披露的招股书显示，近两年半的报告期内，公司净利润均为负。这主要是由于公司坚持市场化运营的理念，持续增加投入，一线球员及外籍教练组成本较高所致。2015赛季俱乐部拥有的3大外援中，高拉特转会费1 500万欧元、保利尼奥转会费1 400万欧元、阿兰转会费1 100万欧元。教练团队以世界名帅斯科拉里为首，同样坐享不菲的薪水。但尽管如此，广州恒大淘宝足球俱乐部依然是中超16强中收入最高的俱乐部。

广州恒大淘宝足球俱乐部已经是中国乃至亚洲球迷人数最多的俱乐部，主场比赛场均人数常年保持在4万人以上，上座率在中国乃至亚洲足坛首屈一指。在国际足联（FIFA）的权威报告中，广州恒大淘宝的主场是亚洲第一球市。恒大足校总投资超过18亿元，目前拥有近3 000名小球员，未来每年还将持续增加，未来这些球员资产的转让收益保守估

计都要远高于总投入。

广州恒大淘宝足球俱乐部要在亚洲足坛内成为"第一股"，有许多来自欧美的经验可以借鉴。

在欧洲足球市场，英超老牌劲旅托特纳姆热刺 1983 年在伦敦交易所挂牌上市，是全球第一个上市的足球俱乐部。阿森纳俱乐部约 96% 的股份集中在 3 大股东手中，每股股价高达 15 000 英镑。1991 年，曼联在伦敦证交所挂牌；2012 年 8 月，曼联在纽约证交所上市，目前市值超 30 亿美元。法甲豪门里昂 2007 年在巴黎证交所上市，成为法国首家上市的足球俱乐部。德甲豪门多特蒙德早在 2000 年 10 月就在法兰克福证券交易所挂牌。尤文图斯、罗马和拉齐奥是仅有的 3 家在米兰证交所上市的意大利俱乐部。

这些豪强的经验都可以给广州恒大淘宝足球俱乐部提供借鉴，"和世界一流接轨"也可能是广州恒大淘宝足球俱乐部上市的动力之一。

2015 年 11 月 6 日，许家印、马云现场敲响了俱乐部在新三板挂牌的钟声。广州恒大淘宝足球俱乐部总股本为 3.75 亿股，每股面值人民币 1.00 元，每股收益为 -1.53 元，是国内乃至亚洲第一家上市的足球俱乐部，从而成为名副其实的"亚洲足球第一股"。

2016 年 1 月，广州恒大淘宝足球俱乐部完成新三板挂牌后首笔融资，定向发行 2 173.40 万股，发行价每股 40 元，募集资金 8.693 6 亿元，发行后俱乐部市值达到 158.69 亿元。

2. 恒大金服进攻互联网金融

试图建立"金融帝国"的恒大集团，在金融战线的布局越来越大。

2016 年 3 月 16 日的亚冠比赛中，广州恒大球员身穿印有"恒大金服"的球衣亮相。在这个赛季胸前广告赞助迟迟没有宣布的情况下，这个变动引发了人们的广泛关注。

"恒大金服"是什么？这是许多人的疑问。答案在第二天就被揭晓，这是恒大的互联网金融平台。经典的"许氏营销"并没有因为球队在亚冠赛事的平凡表现而失去光彩，伴随着分散在各个小区电梯和公交站点的广告狂潮，恒大金服以一个高姿态的形式出现了。

恒大金服来势汹汹，它拥有保险经纪、保理等相关金融牌照及业务经营资质，利用互联网平台为用户提供互联网支付、基金支付、预付卡、基金销售等金融服务，包括但不限于理财、保险销售、基金销售、第三方支付业务及其他企业资产投资。

这是恒大集团在金融战线上的又一次重手笔，许家印从自己的合作伙伴马云身上看到了互联网金融的伟大前景。除了人们竞口相传的"余额宝""京东金融"之外，又一个大鳄出现了。市场数据报告显示，2016 年中国互联网金融行业市场规模将达到 17.8 万亿元，未来五年行业年均复合增长率约为 24.67%，到 2020 年预计将达到 43 万亿元。我国目前拥有超过 1 000 万家传统金融机构覆盖不到的实体企业。

可以预见，互联网金融市场存在巨大的发展空间与发展潜力。

恒大方面也表示，恒大互联网集团管理团队来自国内外多家知名互联网及金融机构，拥有 30 多年互联网及金融管理经验。有了强大的管理大脑，加上恒大一贯的执行力，恒大金服未来可期。他们的互联网金融产品具有显著的优势：恒大作为实力强大的知名实业企业，为产品对应资产的安全性作担保。首批上线产品预期年化收益最高达 8%，预期年化收益在同业突出。恒大金服的投资资金全程接受银行监管，确保了资金流动的安全。另外整支风控团队拥有 30 多年金融业风控经验，在平台建立了完善的金融风险预防及控制措施。

国家近期连续出台多项政策，鼓励互联网金融创新，为互联网金融带来了新机遇。早在 2015 年 7 月，《关于促进互联网金融健康发展的指导意见》正式对外发布，大力支持互联网企业设立互联网支付机构、网络借贷平台、股权众筹融资平台、网络金融产品销售平台。2015 年底，互联网金融写入"十三五"规划纲要草案，首次被纳入国家五年规划建议。2016 年 1 月，互联网金融写入中央一号文件，将引导互联网金融、移动金融在农村的发展，助力农业现代化。2016 年 3 月 6 日，互联网金融连续第三年写入政府工作报告。恒大金服正是搭乘了国家对互联网金融大力支持的顺风车。

在恒大诸多的多元化布局中，金融无疑是重点领域，此次进军互联网金融，也得益于恒大的多元化业务布局，恒大的互联网金融平台有先天的资源优势。首先依托恒大集团强大的实力、品牌、资源等优势，恒大金服本身具有很强的吸引力。恒大住宅产业在 170 多个主要城市拥有大型项目 400 多个；快消产业在全国发达地区设立 747 个销售分公司，130 多万个销售网点。恒大员工超 8 万，业主 500 万、每年新增 70 万~80 万，每年到访楼盘客户超 1 000 万；快消产业每年新增固定会员 100 万以上，恒大足球球迷更是数以亿计。风险控制是互联网金融发展的关键，而恒大多年来在住宅开发等领域已积累了大量风险控制经验，再加上恒大金服管理团队丰富的行业经验，恒大金服稳健发展已获根本保障。在渠道上，恒大近年来已与农业银行、中国银行等大型金融机构达成了战略合作，有利于恒大金服充分利用这些资源，强强联手，拓宽合作空间。

子

部

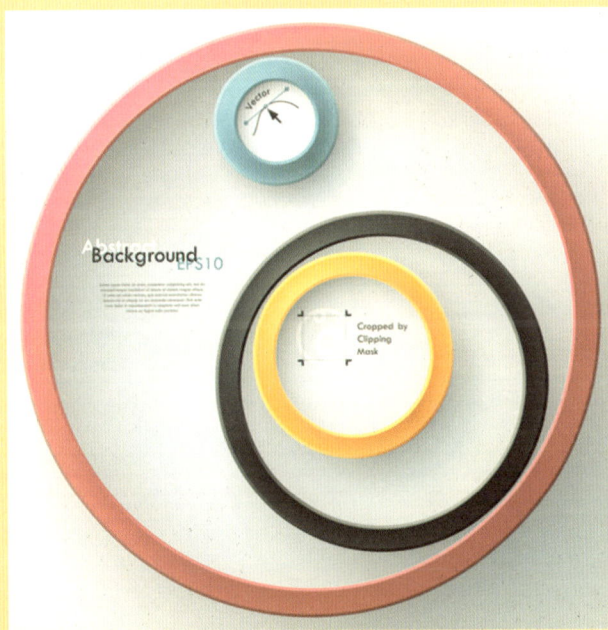

《论语·子罕》曰：
子绝四，毋意、毋必、毋固、毋我。

空手道

假作真时真亦假，
无为有处有还无。

——清·曹雪芹《红楼梦》第一回

高度重视南粤传统文化的富力足球老板张力

广州是中国足球职业化以来最早存在"德比"形态的城市，当年曾上演过广州太阳神、广州松日、广东宏远三支甲 A 球队共处羊城的经典一幕。不过，此后随着广州职业球队的式微，"广州德比"逐渐消亡——直到 2011 年，广州富力"横空出世"。

2012 年，广州富力晋级中超，与广州恒大并称中超"广州双雄"，使"广州德比"每年两回合的角逐成为中超一道独特的风景线。2015 年，广州富力和广州恒大甚至同时出现在亚冠正赛的赛场上，广州成为东亚区罕见的拥有"双亚冠球队"的城市！

横空出世了 4 年多的广州富力，始终是广州球迷争论不休的话题。谈及广州富力，就绕不开以下几个关键词：

首先是关于"血统"的争议。从沈阳金德，到长沙金德，再到深圳凤凰，最终成为广州富力——很多广州球迷始终不认同富力的来历，他们甚至给富力队起了个名字叫"富力般流浪"。

其次是张力的言论。作为富力集团的"双老板"之一，张力是富力足球的主要投资人。但外界这几年记得他的更多的不是对足球的投入，而是诸如"咸菜做烧鹅论""感恩说"这些经典的"金句"。

再次是"本土化"的目标。在广州恒大"豪华国脚 + 超级外援"阵容的对比之下，富力始终坚持的"本土化"发展愿景，却被很多人看作"空手道"！

一、张力为什么要搞足球

要提广州富力足球，就必须提到张力。可以说，没有张力，富力足球根本就不会诞生。

张力，富力地产集团联席董事长兼总裁、富力足球俱乐部董事长。1953 年出生，广州人，第一学历大专、恒生国际商学院 MBA、美国国立波士顿大学企业管理博士。2010 年 2 月，张力入选《福布斯》全球亿万富豪榜，排在第 556 名。

1. 从公务员到包工头再到开发商

张力 20 世纪 70 年代初参加工作，从工人做起，后来在广州郊区二轻局做团委副书记。1986 年，张力任花园村酒店总经理，不久又被借调去筹建白云区政府办公楼。在这段时间里，张力发现自己有做生意的禀赋。到了 1988 年，张力决定辞去公务员的工作，投身于当时中国人最热衷的"下海潮"中。

张力刚开始主要是搞装修，从接小工程起步，断断续续做了 5 年时间，积累了两三百万元。那个时候，中国内地的房地产行业刚刚起步，广州楼市开始急速升温，各路人马纷纷杀入。此时，做腻了"包工头"的张力开始寻思向房地产"开发商"的角色转变。当然，他自身还不够强大，尤其缺乏足够"做大事"的资金。

那时候中国资本市场还不成熟，张力并没有采取融资的方式来壮大自己。这个时候，张力认识了他生命中几乎是最重要的一个朋友——香港商人李思廉。1993 年，他和李思廉一共投资 2 000 万元，双方各拥有 50% 股权，组建了广州天力地产公司，即富力集团的前身，两人从此开始了长达 20 多年的合作。

雄心勃勃的天力公司在第一年就连续做了三个楼盘，但因手头资金有限，项目地块都选在广州市天河区和白云区的城郊结合部，而且多是廉价的宅基地（即农民自有建房用地）。第二年，他们在洽购广州氮肥厂职工宿舍用地重新开发的过程中注意到，很多广州老牌国有企业因旧城改造必须陆续外迁，而这绝对是一个在市区获取大块平价土地并将其改造为大众化住宅的好机会。

1994 年，他们买下一家外迁化工厂的地皮，开发了公司的第一个小区项目——南岸路的富力新居。后来张力曾回忆说，"当时那块地靠着煤厂，又挨着铁路，没人敢买，我们商量了一下就拍板买了下来。当时拿到那块地，地上的煤还有一寸多厚，我们把煤铲起来，再用水冲干净。房子一开卖，每平方米 3 000 多元，买房的人排起长龙，很快就卖完了。因为当时很少人搞普通住宅，市场上几乎没货，人人都去搞甲级写字楼、高档豪宅，这反而给了我们一个很大的机会"。

许家印的发家轨迹其实和张力也差不多——不过，当张力通过发展地产捞到"第一桶金"的时候，许家印还在广州的大街小巷为跑业务而奔忙着……

2. 冒险而务实的典型"广州商人"

"富力新居"出人意料的好业绩，给张力和李思廉二人打了一剂强心针，也使公司的战略发展方向初步明朗——此后富力在广州前前后后做了超过 20 个楼盘，半数以上都是靠买下市区旧厂房的拆迁地块。后来富力开始向全国发展，走的也大多是这条路线，比如令富力一夜之间名扬全国的"北京富力城"，其原址其实是北京起重机厂等五家老厂房所在地。

富力"旧厂房改造"的拿地思路集中体现了张力在商业上的精明头脑，更体现了他敢于冒险的鲜明个性。

比如占地 12 万平方米的广州富力广场，原为广州铜材厂和同济化工厂所在地。那时候要买这块地必须先付给工厂 3 000 万元定金，这笔钱对当时的富力来说可不是小数目，况且在还没有得到政府的正式批准前就把钱打到对方账号上也有很大的风险。

"当时高层们讨论到夜里 12 点半才下定决心，我认为即使有很多不确定因素，钱也要先给工厂，表达我们合作的诚意，先把这个大项目抢回来。"张力后来回忆说，"拿铜材厂那块地时，看到一片烂地，很多发展商都选择了退出。我们和厂方商量，看能不能分期付款，晚一点给钱。我们一个月后就开工，两个月后就卖楼。项目资金流动很快，结果付款很顺利，前后只用了 8 个月就交楼了"。

1996 年落成的富力广场，无论是社区环境还是户型都是当时老城区最漂亮的，均价卖到每平方米 6 000 多元。这个楼盘的成功令广州人从此对富力这家本不起眼的地产公司刮目相看，也为公司创造了巨大的品牌效应，至今仍被富力上下视为公司发展历程上的一大转折点。事实上，当时张力完全出于赌博的心态。假如那时候房子一下子卖不动，资金流

立即就会断，对富力的打击将是致命的，而事实却证明——张力冒险成功了。或许，后来张力之所以敢杀入他一无所知的足球圈，也与他的这种冒险性格有直接关系。

不过，很多富力的内部人士都强调，张力虽然天生不怕冒险，但有着典型广州商人的特质：他很注重实际，而且工作勤奋，反应敏捷，做事仔细。后来当张力已经贵为地产富豪之后，还经常顶着炎炎烈日四处巡视工地，且极为注重施工质量和产品设计效果。更重要的一点是，在张力的领导下，富力在成本控制方面一向优于很多同行企业。

张力这种广州商人普遍存在的讲实际、随和、谨慎的特点，在他搞了足球之后显得尤为明显。在恒大许家印"土豪"作风的对比之下，张力显得很小气，他"用咸菜价钱做出烧鹅味道"的经典语录、他在埃里克森被上港俱乐部高薪挖走后提出的"感恩说"、他认为"于汉超3 000万买回来根本不值，比外援还贵"，等等，无不被当时已经失去客观判断的媒体和球迷大加嘲讽。

而与许家印在公众面前现身时动辄8个保镖随身的那种派头相比，张力则显得太过随和，他的跟班多是几个女秘书，他可以一身休闲打扮，牵着自己的爱犬就来越秀山看球，比赛结束后他也不避讳和记者们谈笑风生，而且实话实说，不说客套话。

3. 中国商界罕见的"双老板制"

涉足房地产之初，张力和李思廉就进行了明确的分工：张力主管项目开发和工程管理，毕业于香港中文大学数学系的李思廉则主管公司财务和市场营销。

李思廉在多年之后仍然很自豪地向媒体说："我和张力一直合作得很开心，公司的各种事务都是双方共同参与的。只不过一般是张先生打'前锋'，负责工程开发及管理方面，而我是做'后卫'的，管着钱柜和销售。"

与张力敢于冒险的开拓精神相比，李思廉在资金运用和市场营销方面更胜一筹，他总能将资金及时地调配到最需要的地方。创业之初他们的资金总共才2 000万元，对于在广州这样一个大都市的房地产公司来说，显得有点微薄。如何调配使用，使之发挥最大的效益，是颇费脑筋的事，而李思廉总能平衡协调好。在楼盘销售上，李思廉更是善于策划和操作。

1995年，公司在广州珠村拿了一块宅基地盖富力花园。但房子卖了一半就卖不动了，此时李思廉果断决定，以很低的价格卖给天河区××学校做教师宿舍。表面上看这是亏了，但实际上既快速回笼了资金，又为公司赢得了声誉，形成了巨大的广告效应，为之后的楼盘销售创造了便利。

从起步时10多人的小公司，发展到后来名副其实的地产大鳄，多年来富力一直沿用当初合作时双方平分股权的"双老板制"。在中国商界，富力这种"联席董事长""双老板制"非常少见，甚至绝无仅有。很多合伙创办的公司，在创业阶段还能够很好地合作，但在公司做大做强之后，就矛盾丛生，最终分裂解体，有的甚至闹上法庭，反目成仇。而李思廉和张力这对朋友，却始终如一，友情促进了事业，事业又升华了友情。将友情当作人生最大的财富，使他们获得了巨大的成功。

关于两人之间的合作，张力曾表示，"我和李思廉 10 年没红过脸。我们之间没有签署过任何一份文字的东西，大家讲的都是信用"。

在经营决策上，两人也是心有灵犀，一个想到了，另一个几乎也会同时想到。2003 年初的一天，张力对李思廉说："你看，我们是不是使公司上市？"李思廉一听笑了："我这些天正在琢磨这事呢。"两人便坐下研究了起来。经过努力，富力公司于 2005 年 7 月 15 日上午 10 时在香港联交所正式上市。

除了商业上的默契之外，张力和李思廉也都是足球迷，尤其喜欢看英超，两人经常一起飞去现场看欧洲杯、世界杯这些重大国际足球比赛的决赛。

不过，如果自己真的搞足球呢？

在许家印的"忽悠"下，张力后来终于搞起了"广州富力"。假如仅仅是玩票性质，李思廉或许无所谓。但过去 4 年，富力在足球上的投入并不少，平均下来每年也在 2 亿元左右。虽然这笔大投入对于富力来说并非难以承受，但以两个老板一贯务实的作风，富力绝不可能复制恒大那种"烧多少钱无所谓"的豪气和"要做就做到最好"的高执行力。

过去 4 年，所有在足球方面与富力俱乐部有过合作的人和单位，最大的一个抱怨就是：富力回款太慢！富力不是不给钱，而是内部的流程太长太慢，最关键的是——任何合同最后都要两个老板一起签名才能生效。对于职业足球俱乐部这个追求高效率的项目来说，"双老板制"这样的运作模式就显得有点不伦不类。

更明显的问题是，在过去 4 年富力俱乐部的运作过程中，两大老板背后的团队各有掣肘，而即便是俱乐部内部也有不同派系的直接矛盾，涉及球队建设和俱乐部管理的所有领域。一直以来，富力足球的"大家庭文化"总被人们拿来与恒大足球的"军事化管理"相比较，而且总是扮演负面的角色。

广东职业足球历史上存在过很多"过客"式俱乐部，他们最终解散的原因大多与老板的投机有关——或为了寻租政府资源，或为了寻找资本运作的抵押品，甚至为了使其成为赌博牟利的工具。

但张力不是。他确实有钱，也愿意花真金白银到足球上，但总令外界感到"不爽"。或许，在"双老板制"的框架下，张力其实一直没有搞清楚：自己到底为什么要搞足球？！

二、"经适型冲超" 造成的误判

不可否认，张力确实是一个资深足球迷。尤其是广东本地的"南派足球"，张力从 20 世纪 70 年代开始就迷恋上了。那个时候的张力，喜欢去越秀山看球，喜欢看容志行等老一辈广东足球明星的比赛。

从 2002 年起，中国男足在亚洲赛场的成绩每况愈下，广东的职业足球更是半死不活，这让老球迷张力感到十分气愤。有段时间，他确实想自己站出来投资一支职业球队。但无奈的是，"假赌黑"的猖獗，最终还是令务实的张力打消了这个念头。

然而，许家印最终还是打动了他。许家印起初只是个女排迷，对足球可谓一窍不通。

但 2010 年投资广州恒大之后，许家印的知名度就像坐上了火箭一般嗖嗖往上蹿。作为自己的同行和好朋友，无论是在饭局还是牌桌上，许家印总是跟张力不厌其烦地谈足球——搞足球如何如何好，你还是跟我一起搞吧！

在许家印的一再劝说下，张力再次动了心。他想来想去，认为要在本地搞足球肯定还是先得打"广东日之泉队"的主意，一来毕竟该队在广东时间很长了，在球迷中有一定知名度，而且日之泉队的球员能力普遍还不错，加些好外援应该容易冲超。2011 年初，张力通过中间人和日之泉老板林勤吃了一次饭，当时张力向林勤开了不到 4 000 万元的价钱，林勤一口回绝了。毕竟当时林勤并不缺这几千万，另外林勤也觉得自己的球队两年内一定可以冲超。

2011 年，广州恒大在中超快速崛起，许家印风光无限。在他的再次"忽悠"下，张力实在坐不住了。在收购日之泉"此路不通"的情况下，张力终于抓住了收购"深圳凤凰"的机遇——只用了 4 个月时间和不到 4 000 万元，"广州富力"就从无到有，然后冲超了。

1. 从"深圳凤凰"到"广州富力"

沈阳金德曾经是中国足坛的一支东北劲旅。但由于经济环境太差，再加上受中国足球"假赌黑"风气的影响，沈阳金德于 2007 年搬到了投资商的总部——长沙，易名为"长沙金德"。

然而，长沙当地的球迷对这支球队毫无认同感，他们的主场上座率基本是中超各队中最低的。2010 年，这支经过更名和易地的球队在中国足球顶级联赛屹立 13 年后再次降级。就在长沙金德面临解散的危难关头，深圳突然向他们抛来了橄榄枝。

2011 年 2 月，美国 MAZAMBA 公司宣布完成对长沙金德的收购，并将球队主场迁移到深圳。当时这家美国公司有两个投资人，他们承诺至少会给球队投入 500 万美元。同时，李树斌成为主教练，与张增群、朱波等组成教练组。

后来，俱乐部给球队确定了新名字——深圳凤凰。这个名字首先是希望球队能"凤凰涅槃浴火重生"，另外深圳有座著名的梧桐山，而梧桐树能引来金凤凰，俱乐部也借此表明志向。由于当时深圳将举办世界大学生运动会，老场馆都在翻修，新场馆尚未落成，深圳凤凰只好将前几轮主场迁至东莞南城体育场。

但联赛开始后，美国方面承诺给俱乐部的注资却迟迟未到，球队也渐渐陷入了资金困境。当时深圳凤凰的总经理黄澍不仅自己垫付了大量的资金，还拉了不少朋友"下水"，结果搞得自己负债累累。尽管如此，球队巨大的运营开销依然无法解决。这支球队 6 个月没发一分钱，甚至连日常的吃住行都没法满足，逐渐走到解散的地步。

广州富力球员刘成后来回忆道："当时凤凰队连酒店都租住不起，结果球队住进了一个中学，床就是几个席梦思的垫子一拼，两个中学生上课的铁课桌上面放着电视机。"富力球员张烁则回忆说："俱乐部连打客场都没钱买车票，要找教练、队员借钱买车票。"当时的主教练李树斌后来也说自己实在撑不下去了："当时已经没有办法了，俱乐部的任何努力都不行了，只能解散了。"

一直耗到 6 月份，深圳凤凰的很多外援已经自己离队了，很多国内球员也连续罢训，看样子很可能在二次转会休息期来临之前就要解散了。

其实深圳职业足球出现这种"欠薪"的新闻早就不奇怪了，当时外界也都准备看凤凰解散的笑话。

不过奇迹最终还是发生了，"凤凰"也及时"涅槃"了——因为广州富力出现了。当时代表俱乐部去谈收购的是后来担任广州富力足球俱乐部常务副总的陆毅。

"当时深圳凤凰队第二天就要解散了，老板在报纸上看到了这个消息。大概晚上 8 点多的时候给我打电话，他说'有一支球队要解散了，你去谈一下把它收过来'，只有 3 天时间！"陆毅后来回忆起来也几乎不敢相信那是真的："我自己当时对足球完全不懂，只是知道老板这个意思之后就去干了。在中间人的帮忙下，我们和凤凰的人、球队的教练都接触上了。当时对方已经和很多企业谈过但都不成功，所以他们对富力的态度也是将信将疑。我用了很短的时间就说服了他们，并且带给了他们一个老板的指令：今年必须冲超！"

富力当时真的就在短短 3 天之内注册好了新的俱乐部，并与凤凰队开始办理转让事宜。当然，为了绕开美国公司，富力最终是和凤凰队原来的投资方金德集团谈的。

在获得凤凰队的实际控制权之后，张力要求球队必须赢下最新一场比赛，赢球奖金 60 万元，发现金！

6 月 25 日，深圳凤凰客场对阵沈阳东进，结果赢了个 2 比 0。回到广州的当晚，张力就直接把球队接到富力旗下的五星级酒店入住，入住妥当后张力用托盘托着 60 万元现金出现在队员们的面前。刘成描述当时的心情："一晚上的时间，感觉就像从地狱到了天堂，那种感觉没有办法用言语来形容，半年了总算见到钱了，大家都感到有了盼头！"

从那之后，"广州富力"开始正式亮相中甲联赛。

然而也正是从那个时候开始，广州富力被打上了"流浪"的标签。很多广州球迷能容忍恒大清洗掉所有广东籍球员，因为恒大的"血统"是正宗的"广州队"。而广州富力却是一支外来的球队。有人更借用英超布莱克本流浪的粤语译音（布力般流浪），把富力讥讽为"富力般流浪"。此后每当中超上演"广州德比"，"血统论"总是会在广州球迷中激起一轮又一轮的辩论。

2. 史上最快最低成本的"冲超"

2011 年 7 月 1 日，广州富力足球俱乐部召开新闻发布会，宣布正式接手深圳凤凰征战 2011 年中甲联赛。张力在这次会议上正式亮相，也首次在媒体面前大谈他对中国足球的认识。

当时中甲最热门的冲超球队除了大连阿尔滨，就是排在第二位的广东日之泉。但张力却很有信心能超过广东日之泉冲超成功，而且他还给富力定下了一个更高的目标——第二年就要进入中超三甲。他还说自己一定会让富力立足中超，所以肯定要花钱建基地、搞足球学校、建专业足球场，等等。为了实现"重振南派风格"的目标，张力还信誓旦旦地保

证自己今后一定会找更多广东本土球员加入富力。

在谈到投入方面，他认为多花钱不是问题，但必须靠管理出成绩。"我们要的是一支开心的足球队，大家都要开心，而不是一支金钱的足球队。对球员不要动辄开除、处罚，可以批评教育。有钱不是大晒。"当时他的这句话带来了巨大的争议——喜欢者认为他是在与许家印叫板，厌恶者则认为他口气太大。

张力的个人行事风格在这次新闻发布会上表露无遗。他敢于冒险，自信，但又透着广东商人的精明、务实。事实上，张力在第一次对足球的发言中所展望的愿景，有一半现在已经兑现了。而另一半，恐怕连许家印的恒大也很难做得到。

不过对于陆毅来说，他对张力的发言甚感头痛，由于老板的"口无遮拦"，他要做很多善后的工作。此后几年，每当张力发表骇人言论的时候，陆毅总是彻夜"满头冒烟"。

开完这次入主发布会之后，广州市足协成立了托管小组，辅助富力搞好余下赛季的生活和训练的后勤保障。市足协首先协助富力队清理了凤凰队的欠债，各种债务一共1 300多万元，然后帮助富力队解决了训练、住宿和联赛的主场问题。越秀山成了广州富力新的主场——而就在这一年的年初，广州恒大出于发展需要，放弃了将越秀山作为中超主场，最终落户天河体育场。不过，后来在很多广州恒大球迷的眼中，广州富力把越秀山作为联赛主场是"鸠占鹊巢"，最终激起了很多矛盾。

有了钱，有了固定的训练场所和住宿处，还有了良好的主场，富力队的球员终于把悬了足足半年的心安定下来。有了稳定的训练，球员的体能状况和竞技状态都明显提升了。俱乐部为了提升战斗力，二次转会还拉来了前英超悍将马龙·海伍德。尽管此君年龄偏大，但他的冲击力在中甲联赛还是管用的。在他的成功带动下，富力队于次年引进了一名同类型球员的"升级版"——雅库布。

下半赛季每赢一场球，富力集团都会给队伍发100万元赢球奖，关键场次还会发到200万元。有了钱和胆气，富力队此后都处于一种高度稳定团结的氛围中。教练和队员、教练和教练、队员和队员、俱乐部和球队之间都保持着良好的沟通。陆毅和主教练李树斌配合得也很好，身为沈阳人的李树斌用自己的人格魅力和专业精神，带领一帮子弟兵终于熬出了头。

最终，富力接手球队之后创造了12轮不败的纪录，提前一轮冲超成功，把广东日之泉拉下了马。

中甲创立以来，能成功冲超的队伍，当赛季平均投入在7 000万元人民币左右。而当时富力入主仅4个月，收购和运营投入总计不会超过4 000万元人民币，难怪有人说这是史上"成本最低"的一次冲超。或许这正体现了富力所代表的广州生意人的精明。为了应对2012年的中超联赛，富力俱乐部打算从教练团队、球员到俱乐部管理层进行全方位重组。

在房地产界，"经济适用房"是一个很常用的概念，广州富力当时的冲超完全可以定义为"经适型冲超"。

然而正因为这次"经适型冲超"过于顺利，使张力和广州富力走进了一个误区。

155

三、"咸菜"与"烧鹅"

张力是一个率性的人,这点与同为房地产大佬的许家印截然不同。在生意场上,这样的性格未必是坏事,有时候更会带给合作伙伴一种信任感。

然而,在足球圈,尤其是在中国足球圈,率性的人,往往结局都不理想。过去 4 年,张力在足球上发表的言论,似乎得罪了很多人,尤其是球迷。

许家印虽然和张力是好朋友,但两人不仅性格相悖,行事风格也大相径庭。许家印麾下的恒大追求"大而全",张力治下的富力则倾向于"小而精"。

具体到足球,恒大从一开始搞就怀着立足全国、放眼亚洲的理想,"下一盘很大的棋",投入之大史无前例。张力则不然,他依然希望在足球经营的思路上走"粤商模式",重实际,控制成本,追求性价比。一言以蔽之,在很多人眼中,恒大大方、富力小气,如此而已。

著名的"咸菜做烧鹅论",就是出自张力之口。而 2012 年带领广州富力征战中超处子赛季的,正是张力眼中的第一只"烧鹅"——巴西人法里亚斯。

1. 张力当初到底说得对不对

在广州富力刚刚接手深圳凤凰的那次新闻发布会上,张力的"敢言"风格已经让媒体有了初步的感性认识。但真正让外界叹为观止的,是他在冲超成功庆典上的发言。

当时,张力表示自己虽然真正涉足足球还不到半年,但对中国足球却有一肚子话,不吐不快,随后他发表了中国职业足球面临"三个不适应"的看法。

张力一上来就把矛头直指中国足协,他说:"中国足协的机制不适应职业化足球发展的要求和需要。我们的足协是政府任命和管理的,而先进国家都是俱乐部选出理事再选出主席,是市场机制;而我们现在的足协和俱乐部是分离的,相互之间沟通不到位,矛盾重重。"

张力把第二个"不适应"的抨击对象瞄准了裁判。"十几亿人的大国要请外国人来当中超裁判,这简直是个笑话!"张力说:"现有的裁判整体水平比较低,大学体育系没有裁判专业,中国足球要加强对裁判从文化到业务水平再到职业道德等方面的培训。"

最后一个"不适应",张力令人震惊地"鞭挞"了一部分"中国球迷"——"目前中国球迷是很多,但大部分球迷都是放着自己家门口的球不看,坐在电视机前看英超、西甲,这不能怪球迷,只怪我们联赛和国家队的水平太差。我们必须提高水平,把这些球迷从国外联赛拉回来,因为球迷才是职业化的基础。"

严格来说,张力说的这三点都没有错。但很不幸,这番言论最终得罪了中国足协、中国裁判和部分"伪球迷",这也是后来很长一段时间张力和富力俱乐部得不到外界足够支持的原因。

不过，相比上述三点抨击，对张力造成负面影响最严重的则来自于他针对恒大"金元政策"所发表的另一番著名言论。

用不到4 000万元成功冲超后，富力难免被外界拿来与当时在中超呼风唤雨的恒大相提并论。当时，广州恒大的主力国内球员年薪都在500万元以上，而奖金激励方面则正在采用最火的"310"政策。在恒大的带动下，国脚级的国内球员转会费都要2 000万元起步。

张力说："中国真正优秀的球员少之又少，我看中的辽宁的于汉超还有杨旭，过去一接触人家免谈；我看中的上海东亚的武磊，我托熟人找到徐根宝，徐三番五次地告诉我是非卖品；杨智倒是肯卖，但是价钱太贵了，3 000万，比买个外援还贵！"

但张力认为中国的职业球员根本名不副实——"技术、意识等东西就先不说了，单看中国球员的体能就知道是很业余的，完全达不到职业球员最起码的要求。当然，这种现象与中国足球的大环境和体制不无关系，并非都是球员们的错。我认为中国球员不值得拿那么高的薪水，更不值得发放那么高的赢球奖金。"

张力打了个比方："开饭店，对菜式的要求很高，色香味俱全。足球也一样，如果球队的水平不高，打出来的比赛很乏味，就不会有球迷愿意去现场观看比赛。如果能有恰到好处的投入，将球队调教成一支实力很强、能打出精彩比赛的球队，俱乐部又怎么会担心没有好的球市和招商底气呢？按照富力的风格，就是要用买咸菜的价钱，将一道菜做出烧鹅味！"

经过媒体的刻意夸大、球迷的以讹传讹，"咸菜做烧鹅论"就此诞生！甚至在一些本来就很偏激的球迷口中，广州富力从此被戏称为"广州富咸"（富咸，即英超的"富勒姆"，粤语译音为"富咸"）。

然而现在回过头看，张力当初说得有错吗？

从2011年到2015年，中超"标王"的身价从1 000万元飙升到6 600万元。而从2016年开始，国内球员的最高转会费甚至有可能"破亿"，连一些边缘替补球员都可以要价2 000万元！如今的中超俱乐部一年的运营成本要"3亿起步"，相比10年前足足升了10倍。相比之下，中国球员的水平有大幅度提升吗？2015年的世界杯预选赛亚洲区40强赛，中国队居然两战都被中国香港队0比0逼平，出线渺茫！在国际权威转会市场的评估系统中，中国球员的真实身价足足缩水至原来的十五分之一到十分之一！

如果说是"奇货可居""市场决定"，那么存在就一定是合理的吗？难道中超的"经济规律"竟然可以超越"足球规律"？这到底是中国经济过于"通胀"所致，还是被刻意吹出来的大泡沫？

2．法里亚斯是第一只"烧鹅"

2011年11月，富力俱乐部有两个重要的人事举措——从富力地产南京公司调过来的总经理助理章彬被任命为足球俱乐部的总经理，在中国职业足球圈浸淫多年的王宝山出任常务副总经理。

章彬是个年轻人，之前在南京公司当总经理助理，主要干人事工作，之前也从未接触过有关足球的工作。他之所以愿意来俱乐部担任要职，完全是被副董事长陆毅说服了。在章彬进入富力工作之初，陆毅就是他入职培训时的导师。

王宝山虽然难称为名帅，但他在中国足球圈却是一个有口皆碑的"能人"。他有前国脚的专业素质，又长期带领过中超、中甲的职业队伍，还有国字号球队教练的经验。富力当时邀请他过来，最主要是希望他能在引援方面有所作为。

由于实在没有办法在球员层面上与同城的恒大抗衡，广州富力俱乐部想到了从主教练的位置上入手——走名帅路线！

确实，恒大当时虽然夺得了中超冠军，但他们的目标是拿亚冠冠军，因此韩国铁帅李章洙自然会在他们的发展战略中被淘汰。富力既然暂时没有办法高价引进好的球员，那不妨从教练身上打主意，最起码要在名气和成绩上都优于李章洙！至于带领富力冲超的李树斌，富力当然不会再用他当主教练了。但考虑到原来的东北球员班底不能一下子全部清洗，所以富力让李树斌改当领队，还留着李树斌的人马组建未来的中方教练组以作为必要的过渡。

毫无经验的章彬开始参与人生中的第一次选帅。经过近 1 个月的紧张筛选，富力最终宣布与 44 岁的巴西籍教练法里亚斯签订了一份为期不短于两年的工作合同。

法里亚斯在巴西算是"学院派"教练，球员时代名不见经传的他早在 1993 年便开始了执教生涯。1999 年至 2002 年期间，他先后以助理教练的身份带领过巴西 U－20 和 U－17 青年队。尽管在巴西国内不算特别出名，但法里亚斯后来在亚洲却有很成功的带队成绩。尤其是 2009 年，他率领韩国的浦项制铁队夺取亚冠冠军。

这样的教练既有实力和经验，年龄也正当壮年，加上价钱还算合理，自然是富力眼中最合适的"烧鹅"。此外，法里亚斯还持有巴西体能教练师执照，他在体能训练方面的特长也是富力当时所看重的。而在法里亚斯眼中，"我是一个很喜欢挑战的人。富力俱乐部是一家很规范也很有想法的俱乐部。富力提供的合同条件和他们的理念是最终吸引我加盟的原因"。

富力俱乐部让法里亚斯与媒体的第一次公开接触并非新闻发布会，而是进行一次"家宴"——事实上，在富力俱乐部此后历次出现危机时，张力都喜欢用"家宴"的形式来化解。不过与恒大不同的是，许家印喜欢在"家宴"上解决问题，包括开出超高的物质条件。而张力则更多地希望用"家宴"的形式来向球队表白——我们就是一家人，讲心不讲金！

在那次"家宴"上，法里亚斯在媒体面前态度得体、有问必答，虽话语平平，但恰到好处。比如记者问他对广州的印象，法里亚斯说："除了狗肉，我什么都可以吃！"他还能熟练地使用筷子，因为他在韩国生活了 5 年，这表明他可以随时快速地融入当地的文化。他甚至可以用中文立即模仿出"谢谢"一词。

而在谈到外援的问题时，法里亚斯干脆地表示："我听说过孔卡和穆里奇，我们肯定也能找到这样的好外援。不过什么是好外援并没有标准，并不是价钱最贵才是最好的。好

的外援必须要适合我们未来队伍的风格，在理想的合同条件下，我希望能引进那些有强烈求胜欲望的外援。"这样的回答不仅得体，而且完全符合富力俱乐部的引援方针。

至于球队未来的目标，法里亚斯的回答更是令人震惊："我们首先要争取参加亚冠的资格。未来的亚冠我们必须追求胜利，最终的目标是拿亚冠冠军并参加世俱杯！"这样的"宏愿"当时即使是许家印也未敢豪言。

甚至在对待以李树斌为首的中方教练组问题上，法里亚斯也表达出极其友好的态度，他说："我知道我们的中方教练组去年带队冲超成功，他们是有能力的团队。我希望能在未来和他们一起并肩作战！"这真是一个标准的"东方式答案"！

从当时来看，法里亚斯和富力是多么的情投意合、惺惺相惜！

经过一个月的冬训，富力在这段时间还没有找到合适的外援人选，内援方面则引进了程月磊、卢琳、吴伟安 3 人，既考虑到了位置补强的需求，也符合逐步"本地化"的思路。然而，在 2012 年春节期间的香港贺岁杯上，法里亚斯带领的富力首秀却以 1 比 5 的比分惨败于韩国城南一和的脚下。

看看当时法里亚斯排出的首发阵容：程月磊、隋东陆、李喆、唐淼、刘成、许博、于贵君、文超、高增翔、高久龙、张烁。这个阵容，如今经过 4 个赛季还有几个保留在阵呢？答案是两个，程月磊和唐淼。其他人退的退走的走，当年的"沈阳金德"痕迹基本已经被清洗干净。

3. "法师"是怎样走下神坛的

2012 年香港贺岁杯惨败之后，法里亚斯帮助富力补齐了备战中超处子赛季最后的阵容拼图——张远成了最后到位的一名内援，外援是 4 个巴西人：达维、拉斐尔、祖玛、莱昂纳多再加 1 个澳大利亚亚援：罗伊斯顿。应该说，当时富力俱乐部为新赛季先后引进 9 名内外援确实花费了巨大的精力和金钱。

富力不是恒大，他们没有充裕的、近乎不计成本的引援预算；陆毅和章彬两个俱乐部的实际管理者都是新手，完全没有经验；副总王宝山虽然是行家里手，但国内引援主动权并非百分百掌握，他还会与法里亚斯甚至李树斌的一些意见相左；法里亚斯对亚洲外援的想法和俱乐部高层背道而驰；李树斌明知道富力的引援基本等于清洗之前的"沈阳金德"班底，但他还是出于惯性要保护部分老队员的利益……

尽管当时与恒大、申花、鲁能、国安等俱乐部相比，富力的 9 名新援无论名气和实力都逊色不少，但与中甲时代相比，全新的"广州富力"算是初步成型了。就在新赛季中超开始前两个星期，法里亚斯的全部助教团队和后勤班子都到位了，他也终于在训练和热身赛中让球员们找到了感觉，证明他确实是一个有能力的外教。

富力俱乐部把这个赛季的目标定为"力争上游"，并没有具体的排名要求，一般认为只要打进前 8 名就算完成任务。当然，更令富力球员们开心的是，俱乐部终于敲定了新赛季在中超的单场赢球奖金是 200 万元，平球 100 万元，输球不用倒扣。而广州球迷最高兴的则莫过于广州富力决定把主场放在越秀山体育场。

根据赛程，富力当赛季头两场比赛要先对阵上赛季中超亚军北京国安，然后再对阵上赛季霸主广州恒大。假如主场遭遇两连败，那广州富力这支球队就很可能要被钉死在保级区了。但就在外界普遍不看好的情况下，富力竟然豪取开局两连胜。尤其是在中超历史上的第一场"广州德比"上，法里亚斯率富力以 2 比 0 完胜李章洙率领的恒大。当然，那时首次参加亚冠的恒大正分心于亚冠小组赛，体能和状态都不在最佳状态。不过，能在越秀山击败恒大，张力很开心——这个结果既证明了他用法里亚斯是正确的选择，也在潜意识中增强了他对"咸菜做烧鹅论"的自信心。

此后整个上半赛季，广州富力在越秀山主场豪取七连胜，在积分榜上杀入前列，法里亚斯也被球迷称为"法师"。但问题随即而来：当时亚足联因为不满意中国俱乐部的亚冠主场条件，要求中国足协对 16 家中超俱乐部的主场进行大审查，一旦发现主场不符合举办亚冠条件的，必须进行整改。在亚足联的严格准入制度下，越秀山体育场最终因为诸多硬件原因被中国足协列为头号整改对象。无奈之下，富力只好把主场赛事暂时迁到了广州大学城进行。大学城体育场远离市区，这让广州富力的球市大受打击，上座率直线下降。

除了主场被迫外迁之外，法里亚斯倚重的巴西籍后腰悍将祖玛意外受重伤，不得不提前结束赛季。而另一名巴西前锋莱昂纳多，由于来广州之后一直有伤未愈，居然在前 12 轮仅以替补身份上阵过一次，以至于富力上半赛季实际只有 4 个外援可用。

此外，法里亚斯的一些用人方式开始令队内球员不满。比如，他总喜欢在上半场就开始换人，他总习惯于把一些球员定义为"替补球员"而在固定的时间上场，个别球员莫名其妙就失去了主力位置，等等。而李树斌很早就被法里亚斯边缘化，法里亚斯甚至从来不让他跟队去客场。

熬到中休期，陆毅和章彬忙得不可开交，一会儿是协调大学城场地问题，一会儿是与球员、中方教练轮番谈心，一会儿是与法里亚斯开长达 3 个小时的会议，一会儿是应对各路经纪人递送的外援前锋资料……

终于，王宝山因为受成都方面的邀请，在这个阶段请辞离开了富力。4 年之后，王宝山提起在富力任职的往事时，只讲了 3 个字——瞎折腾！

因法里亚斯上半赛季的成绩不俗，他的自信心膨胀了起来。对于外援前锋，他给俱乐部提供了很多名字，但张力认为都不够名气。最终，张力接受了经纪人的一个提名——英超的黑人锋煞雅库布！毫无疑问，这名尼日利亚的前锋在全盛时期的确是闻名欧洲足坛的一流前锋。但他当时已年过 30，接近职业生涯末期。

法里亚斯当时对雅库布十分抗拒，认为自己前半赛季为球队好不容易制定了一套 433 的打法，地面配合渐入佳境，而且两名巴西外援达维和拉斐尔都能起到很好的核心进攻作用。但雅库布一来，势必要让自己改变打法，围绕雅库布这个单箭头重新制定一套新的战术体系。然而在老板的坚持下，法里亚斯最终只能接受了雅库布的到来。

下半赛季的"广州德比"第二回合是雅库布代表富力的首秀。凭借一个很有争议的头球，雅库布打进了全场唯一一个进球，为富力创造了单赛季"双杀恒大"的优异成绩。此后，雅库布确实在比赛中展现了明显高于中国球员一筹的身体对抗能力，在锋线上的得分

效率完爆拉斐尔，法里亚斯只能接受雅库布从此成为铁打的主力单箭头这个事实。

或许受到大学城体育场"风水不好"的影响，富力下半赛季的主场胜绩寥寥可数，而"客场虫"的形象则一如既往，最终在赛季结束后只能拿到中超第 7 名的成绩。当然，这个成绩算是完成了俱乐部赛季之初制定的目标。但是，一场"倒法行动"已经在富力队内部不可避免地爆发了。

据说，有多名主力球员联合要求俱乐部高层必须炒掉法里亚斯。而通过某些渠道获悉这个消息之后的法里亚斯大发雷霆，他要求俱乐部必须开除掉那几名搞"兵谏"的球员，甚至拿出了当时恒大俱乐部孔卡和李章洙闹矛盾的例子来说事："同样是被提前替换下场，孔卡对于李章洙的不满就被恒大俱乐部严厉处罚，这是因为恒大俱乐部懂得维护主帅权威，否则这队伍没法带！"

张力最终还是维护了法里亚斯，不过他没有向球员开刀，而是下定决心让李树斌的团队走人。很快，黎兵接任了李树斌的领队位置。

经过俱乐部的万般努力，越秀山终于保住了中超比赛的资格。在耗费巨资对体育场进行硬件升级之后，富力 2013 赛季的中超主场终于重返越秀山。但令人没有想到的是，法里亚斯在富力队内的信任危机已经积重难返。

开局三连败、5 轮不胜、8 轮只赢 1 场，当这些冰冷的数字不断刺激着富力俱乐部高层神经的时候，法里亚斯与富力的缘分终于走到了尽头——当年第 10 轮在贵阳客场输球之后，章彬向法里亚斯下达了"下课通知"。接着，黎兵暂时代理球队主教练。

法里亚斯在下课之后发表了很多对富力不利的言论，中心思想就是认为俱乐部在出现内部矛盾之后选择了支持球员而不是树立他的权威，这是中国俱乐部才有的事情。他认为富力俱乐部的管理不但业余，在具体到"理疗师要听中方队医的指令"等细节上更是匪夷所思。

他尤其不满意的是，作为主教练在外援引进上没有绝对的主导权，"不是要听老板的，就是要迁就一些很奇怪的规定"。法里亚斯认为俱乐部引进的内援中只有姜宁是他想要的球员，而李健华和吴坪枫都是富力强加的附属品。即便是张耀坤，法里亚斯也认为年龄太大，绝对不是符合他要求的类型。

从 2012 年入行到经历"法师风波"，当时章彬也几乎想辞职了，"实在太累了，根本找不到方向"。他在与法里亚斯合作的这一年多时间里，总结了三个教训：第一，双方的合作必须建立在相互尊重的基础上，姿态要平等，而且需要讲究管理的手段；第二，和有性格的教练共事，一定不要把事情搞得太复杂，尤其不能引起对方无谓的猜测；第三，必须用合同、制度等来保障大家的合作。

不过，章彬当时认识到的这些问题，在随后的两个赛季里依然无奈地继续存在。

四、世界级名帅 VS 感恩说

2013 年和 2015 年的中国足球是属于恒大的，因为恒大拿下了亚冠和中超的双冠。不过，"恒大王朝"的正式建立还是在 2013 年，而这一切都与当时恒大主帅里皮的打造有直接关系。

"银狐"里皮，毫无疑问是中国职业足球历史上第一位"世界级名帅"。而第二位，就是 2014 年下半赛季加盟富力的埃里克森——广州从此进入了"世界名帅德比"的新时代。

1. 他的到来就是为了挑战里皮吗

法里亚斯下课之后，黎兵暂时接过了富力的帅印。但由于黎兵当时还兼任国青队的主帅，因此他注定是一个过渡人物。富力俱乐部当时选帅的人选多达 20 多人，最后筛选剩下的是李章洙、阿诺德、埃里克森三人。

李章洙曾一度是呼声最高的人选，毕竟他带过恒大，也熟悉广州的环境。不过，李章洙的名字在富力球员内部却极不受欢迎。李章洙后来也秘密到广州与富力的管理团队接触过，但价码很难谈拢，最后无疾而终。

当时担任澳超中央海岸水手主帅的阿诺德，以前担任过希丁克助手并出任澳大利亚国家队主帅，综合条件方面也比较突出。阿诺德该年带领中央海岸水手抵达广州参加与恒大的亚冠 1/8 决赛次回合赛事，富力方面也与之进行了接触，但谈判结果依然不理想。

最终，富力的选帅团队把所有希望都压到了埃里克森身上。

毫无疑问，埃里克森的名气之大与里皮已经不相上下。但当时外界并不看好埃里克森，主要担心的是他的能力问题。自 2008 年从曼城主帅位置退下后，埃里克森已经渐渐远离欧洲足坛一线，而他执教英格兰队时的"花边新闻"也多被球迷诟病。再加上埃里克森当时屡屡传出被人骗去巨额钱财的新闻，人们不禁担心埃里克森是否就是为了多捞钱而来中国。不过，富力最终还是下定决心和埃里克森签下了一年半的合同。

"即使埃里克森已经多年没有正式执教球队，但是以他的个人经验、影响力和地位来说，执教富力仍然绰绰有余。"陆毅当时谈到埃里克森给他的第一印象时说："他比较善于沟通，有人格魅力。可以感觉到他有很强的工作积极性，一来就问联赛的情况和俱乐部的情况，签约完成之后想很快投入到工作中去。在谈合同细节的时候，聊了很多球队和俱乐部的事情，例如球队目标、俱乐部长远规划、目标要求标准和细节，等等。我感觉他是沟通能力比较强、人格魅力强的人，是很想在这里取得成功的。钱，他真的没有过分的要求！"

章彬后来也表示，富力在整个换帅的思路上是吸取了与法里亚斯合作的教训，进行了严密的通盘考虑，既有技术层面的，也有战略层面的。"我们当时通过很多书面指标，对

很多候选人进行了比对。我们尤其注重新帅的沟通能力和性格。在决定选用埃里克森之前，有人跟我说过：一个能在英国这么多是非的国家当了6年英格兰队主教练的人，一定情商很高。事实也证明了这一点。在埃里克森入主之后，我们尽量简化与他的各种沟通手续。当然，在合同上面，我们也吸取了前任的经验，尽量做到更职业和更细化。"

很明显，在经历球队与法里亚斯的各种矛盾后，富力对新主教练的"情商"十分看重，埃里克森恰好符合这个硬指标。

后来的很多事实也证明了这点。比如他在引援问题上承诺自己会尊重俱乐部的意见，绝不会"一手遮天"；带领富力队在三水基地训练的第一天，埃里克森不但对中方教练组的每个成员都很客气，而且跟场地的工人都不会忘记打招呼。而在与球员的首次见面谈话中，几乎所有球员都认为这个老人很有亲和力，"他对我们表现出足够的尊重，这与法里亚斯简直有天壤之别"。不少主力球员都这样说。次年，广州富力在联赛中一度局面吃紧，张力亲自向埃里克森表达自己的想法，希望他多给卢琳机会。结果埃里克森真的听了老板的话，最终为了卢琳而改变阵型，并取得了极好的效果。

不过，对富力俱乐部来说，聘用埃里克森更大的吸引力是他对里皮有"心理优势"。

在当年意甲的赛场上，埃里克森和里皮共交手过24次，埃里克森以11胜6平7负、进37球失27球占据绝对优势。从成名时间上看，埃里克森甚至早于里皮，20世纪80年代初里皮还在桑普多利亚青年队执教时，埃里克森已经于1986年带领罗马队夺取意大利杯冠军。1999—2000赛季，埃里克森带领拉齐奥队夺取联赛和杯赛双冠王，其中在杯赛决赛时，埃里克森击败的正是里皮执教的国际米兰队。

"里皮是我的好朋友，我有时间会在广州尽快请他吃饭！"埃里克森当时向初次见面的富力高层如此谈及他和里皮的关系。

事实上，在此后的一年半时间里，埃里克森在广州确实经常和里皮在闲暇时间相聚。甚至后来的"广州德比"诞生了里皮和埃里克森之间著名的"饭局赌约"。

2. 成功的2014：稳定压倒一切

埃里克森确实是一个情商很高，且有丰富临场指挥经验的老帅。他上任之后的处子战带领广州富力在越秀山赢下了比赛，几个调动让人看到了他的能力，而最后的结果则让球队找到了久违的自信。

但无奈的是，埃里克森来的确实太晚了，俱乐部当时已经没有办法通过有效引援来增强球队的实力。当巴西后腰祖玛再次重伤不得不退出中超返回巴西后，富力在这个位置上换了一名高大的澳大利亚外援博斯纳作为过渡。除此之外，富力就没有在人员结构上进行过太多调整了。幸亏像雅库布这样的前英超大牌球员还愿意听从埃里克森的指挥，并在这个赛季最后阶段竭力发挥出自己的价值。

在埃里克森的指挥下，富力最终拿到了2013赛季的第6名，比上个赛季提升了一位。即使上任之后第一次在天河面对恒大，埃里克森也表现出很高的带队能力，最终仅以0比1小负。里皮赛后对埃里克森率领的富力大加赞赏，并鼓励富力一定要尽快打上亚冠，让大家在同一座城市良性竞争。

埃里克森的能力让富力俱乐部的高层看到了希望。"我们俱乐部成立只有短短 2 年的时间，从起步的一穷二白到逐步建立自己的梯队体系，建立起足球学校，这一系列动作都证明我们一直在努力。至少我希望在这个赛季之后，能让俱乐部的运作建立起更规范的标准。我不是一个喜欢预测的人，但我们相信在埃里克森的率领下，明年一定会把'打进亚冠'作为头号目标！"陆毅当时这样总结。

而埃里克森自己对球队的目标则有十分清晰的判断，他认为 2014 年才是他在中超真正开始施展拳脚的一年，他必须对富力在阵容和打法上进行彻底的革命。

这一年的冬训，富力全队在遥远的土耳其安塔利亚进行。而这一次冬训，是富力成立以来最艰苦的一次，也是最有效果的一次。事实证明，2014 赛季富力屡屡能上演大逆转、绝杀之类的好戏，与球队在冬训期间良好的体能储备有直接关系。

在埃里克森的战术体系中，防守的改变是最重要的，他知道过去两年富力的防守实在太差了。在这个基础上，埃里克森设计出一套快速反击的战术，而这套战术是围绕地面展开的，核心人物是达维。事实上，达维在法里亚斯执教的后期状态严重下滑，一方面与法里亚斯有关，另一方面也与他自己的生活不够自律有关，尤其在经历了离婚的家庭变故之后。而在埃里克森的激活下，达维在 2014 年简直脱胎换骨、满血归来。

在人员上，2014 赛季的富力引进了内外援和 U21 的球员共 10 人，可以说完全组建了一支真正属于埃里克森的队伍。在所有的引援中，张贤秀和朴钟佑两名韩国外援确实体现出了自己的价值，但更重要的是锋线上的哈默德。

在来中超之前，身为摩洛哥国脚的哈默德履历平平，对国内球迷来说绝对是一个陌生的名字。但熟悉北非足球的埃里克森最终还是说服富力俱乐部用高价把哈默德罗致旗下。中超开锣之后头两轮，富力遭遇两连平，哈默德的状态也相当低迷，其吃"独食"的球风更令队友们不满。球迷和舆论开始质疑富力是否买来了一个"水货"。

然而从第 3 轮开始，哈默德突然爆发了。在客场对阵上海申鑫和主场对阵杭州绿城的比赛中，他连续上演"帽子戏法"，成为中国职业联赛历史上唯一一个连续两轮上演帽子戏法的球员。此后，哈默德开始了他在中超疯狂攻城拔寨的一个赛季。这个赛季结束后，恒大的"埃神"打进了 28 球荣膺金靴，而富力的哈默德则打进 22 球揽走银靴——哈默德也被球迷昵称为"哈魔"。

这一年的"广州德比"，埃里克森和里皮各赢一次。但在恒大的天河主场，富力凭借哈默德的一脚定江山，以 1 比 0 击败了恒大，成为在恒大主场赢球最多的中超球队。

有了防守的改善，有了达维（下半赛季是卢琳）的激活，有了哈默德的存在，富力的成绩与 2013 年相比有了质的飞跃，全年基本稳定在积分榜前 4 名之内。而凭借充沛的体能和顽强的斗志，富力该赛季屡屡上演大逆转，比如在客场 3 球落后追平山东鲁能，客场 2 球落后逆转取胜长春亚泰，这些都成为富力队史乃至中超战史上的经典战例。

2014 赛季中超曾经出现了 16 队互胜的奇趣"食物链"

2014 年中超第 29 轮，广州富力在越秀山以 5 比 1 的比分狂胜已提前降级的哈尔滨毅腾，最终锁定了赛季第三名的位置，正式宣告取得参加 2015 年亚冠附加赛的资格。2015年的广州出现了"一城双亚冠"的超级新格局。

职业足球是骨感的"现实主义"，不存在丰满的"理想主义"。

毫无疑问，2014 赛季是富力足球最成功的一个赛季。一言以蔽之：稳定压倒一切！

3. 职业足球存不存在"感恩"

当初接过法里亚斯的"权杖"时，埃里克森和富力签下的是一年半的合同，他为自己和富力定下的目标是 2 年后打进亚冠。当 2014 年富力真的取得了亚冠附加赛资格之后，埃里克森首先考虑的便是和富力俱乐部续约的问题。

其实早在中超因 2014 年世界杯而暂停期间，埃里克森已经向富力提出了续约的问题。埃里克森当时的态度是很认真的，他提出了如果富力打进亚冠之后球队应该如何升级、引援的人选有哪些、俱乐部运作应该有哪些改善、梯队青训应该如何配合等问题。埃里克森的这些意见相当专业，但富力的高层并没有给出埃里克森肯定的答复。难点有二：一是当时富力还无法确定能否获得亚冠的资格；二是埃里克森提出的续约条件是至少 300 万美元的年薪。

此后，埃里克森先后几次向俱乐部继续提出续约问题。但基于此前的两个难点，富力俱乐部始终没有拍板。而就在这个时候，关于埃里克森下赛季要离开富力的传言漫天飞舞，其中最可靠的消息就是埃里克森肯定要去上海上港队。事实上，上港俱乐部确实也在联系埃里克森。尤其是该赛季上港主场输给富力、彻底失去竞争下赛季亚冠资格之后，上港方面的负责人就把埃里克森当作了必须要抢过去的"猎物"。

埃里克森一开始并没在意上港方面的邀请。毕竟经过 1 年多的磨合，他对富力俱乐部和球队已经基本熟悉了，和大部分球员之间的关系也比较融洽。但是在最关键的个人利益上，上港方面用足够的诚意打动了埃里克森——上港开出的价码，是埃里克森难以拒绝的。于是，在 2014 赛季还没有结束的时候，埃里克森就正式向富力俱乐部提出了赛季结

束后离任的请求。

这个时候的富力开始急了！但无论是张力亲自出马，还是富力高层的连番商谈，埃里克森始终没有答应富力希望他续约的要求。

进入11月中旬，富力俱乐部终于知道无法挽回，正式宣布与埃里克森终约。而过了一周，上港方面则正式宣布与埃里克森签约2年。随后，跟着埃里克森去上港的还有他的多名助手，最后还包括了达维。难怪当时不少球迷都戏称，上港"挖空"了富力。

埃里克森远走上海滩之后，张力在接受央视体育频道《足球之夜》节目采访时谈了自己的真实想法："我觉得埃里克森应该选择留在我们富力，主要有两个原因：第一，当时他的职业状态并不理想，是我们把他请来的，这点他自己最清楚。第二，埃里克森是我们在中国捧红的，从知恩、感恩这个角度，他应该留在富力。"他甚至表示："你做人不能只看眼前，谁钱多投靠谁，做人不能没有最基本的职业道德！"

继"咸菜做烧鹅论"之后，"感恩说"再次成为中国足球圈内当红的"张力语录"。

毫无疑问，埃里克森的离去，对富力俱乐部是一个沉重的打击，毕竟当时富力所有的布局都是按照埃里克森的想法去做的。他离开后，富力很难马上找到一个合适的"备胎"来顶替。这一系列的连锁副作用，在接下来的一个赛季中，在富力身上都体现得淋漓尽致。

职业足球谈的是"产品"和"收益"，球员和教练谈钱是天经地义的事，不需要满嘴仁义道德。当然，如果能预知后来连内援的价格都蹿升到几千万元人民币，估计张力在埃里克森刚刚提出加薪续约的时候就会拍板通过了！

作为职业足球人，他能用实实在在的表现拿到实实在在的薪酬，这就是真正的"感恩"！

可惜的是，富力足球偏偏在这样一个常识上纠结，并在此后一年付出了沉重的代价。

五、可怕的"亚冠综合征"

当2014赛季倒数第2轮拿下了亚冠附加赛的参赛资格后，张力当时踌躇满志地说："我们球队还不算特别强，特别是内援相对比较弱。往后我们会每年增加投入，目前还不敢夸下海口说到冠军，但我们会朝着这个目标前进！"

然而，埃里克森的意外离开令富力俱乐部顿时陷入被动，他们的首要工作变成了在全球物色新帅。至于如何升级管理俱乐部、如何更有针对性地引援、如何加强主场开发等工作，暂时无暇顾及。

虽然进入足球行业已经有3年多时间，但富力对于职业足球的管理始终缺乏可控感。最终，在遭受"亚冠综合征"的打击之下，富力的2015赛季遭遇了几乎"失控"的局面。

1. 中超首位五大联赛现役主帅

在富力苦苦寻找新主帅的时候，同城的恒大也在帅位上发生了重大变故——里皮退

出，43 岁的嫡系弟子卡纳瓦罗上任。这意味着，在埃里克森、里皮先后离开之后，广州将告别"世界级名帅"时代。

经过多轮面试和海外实地考察之后，富力俱乐部的选帅小组最终把目标锁定在孔特拉身上——当时执教于西甲赫塔菲队的 39 岁罗马尼亚籍少帅。

孔特拉在球员时代就以激情右后卫的角色著称，当教练之后虽然只是从自己家乡的小球会起步，却能在西甲带队站稳脚跟，这证明他有自己的一套。事实上，外表强悍的孔特拉最崇尚的并不是巴萨那样的踢法，而是西蒙尼麾下的马德里竞技——高位防守、全场逼抢、冲击力强、防守硬度、意志坚韧。

当时孔特拉在西甲的东家赫塔菲陷入了经济危机，他们急于在冬季转会市场抛售队里的球员来求生。这个时候，中超作为强势的买方市场恰好出现。但令赫塔菲方面没有想到的是，富力当时和他们谈购的并非球员，而是他们的主教练孔特拉。孔特拉当时带的赫塔菲虽然处在中下游，但并没有降级危险，他自己心里并不愿意离开西班牙：一方面，孔特拉认为自己作为年轻教练，很有必要在西甲多打拼几年然后去一些更有名气的欧洲俱乐部；另一方面，他从来没有去过中国，对中国的生活感到很陌生。

因此，当有欧洲媒体传出富力俱乐部在求购孔特拉的时候，孔特拉本人亲口否认。然而，赫塔菲俱乐部的高层最终还是经受不住中超的金元诱惑，富力开出很高的违约金给赫塔菲，开给孔特拉的薪水更是他当时的 3 倍以上。当然，富力愿意花在孔特拉身上的年薪与埃里克森当时提出的续约条件，至少还有 100 万美元以上的差距。

孔特拉最终还是认命了，他觉得自己还是值得去远东冒一次险的。在带赫塔菲打完最后一场西甲联赛后，他立即星夜从马德里出发赶抵广州。在抵达广州后，他又立即在俱乐部的安排下与广州各大媒体见面。有趣的是，当时孔特拉在洗手间刮胡子时不慎刮破了脸，大家和他开玩笑说："一来广州就'见红'，这是一个好兆头！"

孔特拉在受访时展现了自己激情的一面，他直言自己喜欢挑战："我在比赛中习惯站着指挥，希望把自己的信心与激情传达给我的球员！我比较年轻，我有想赢得一切比赛的决心！"对于同城的恒大少帅卡纳瓦罗，孔特拉说："我和卡纳瓦罗在西班牙和意大利都做过对手，有机会我一定会和他一起喝咖啡，但现在我更想早点见到我的队员！"

于是，广州富力成为中国职业足球历史上第一家引进五大联赛现役主教练的俱乐部。而孔特拉 VS 卡纳瓦罗，成为当时外界最为期待的"少帅德比"。

2. 双线飘红后的黑色下滑通道

留给孔特拉的时间已经很少了，因为根据亚足联的规定，从 2015 年开始，中超第 3 名球队必须参加两轮亚冠的附加赛才有机会杀入正赛。这意味着，孔特拉在接手富力 4 周左右就要开始进行正式比赛了，而且是富力建队以来首次面对的"亚冠比赛"。

在土耳其的冬训，孔特拉一边对富力队员进行体能储备，一边进行新的战术演练。在他的骨子里，是很想把富力按照他的战术风格进行"西甲化"的。但是，西甲除了讲究高位防守、快速攻防，还极其讲究球员之间频繁的交叉换位和传切接应。但在这一点上，中超的球队暂时还没有这样的战术"整体能力"。

当时由于要备战亚冠附加赛，富力的引援进行得相当早。联赛刚结束，就先后引进了北京国安主力后卫于洋和心仪已久的杭州绿城队长汪嵩，接着上海申鑫的主力门将刘殿座、阿尔滨的未来之星金洋洋、中乙最佳射手叶楚贵等纷纷加盟。而在外援方面，富力只有一个名额，那就是达维被上港挖走之后留下来的中场核心位置。孔特拉最终选择了他在赫塔菲的嫡系球员米切尔。身材略显单薄的米切尔名不见经传，但他脚法比较细腻，在土耳其冬训期间的6场比赛居然打进4球。

从富力当时的引援整体效果来看，内援方面除了中卫位置有了比较多的替补选择外，其余位置基本没有明显的补强。外援因为只有一个名额可以变动，所以空间很小，但米切尔的真正能力始终令人感到担忧。

就在外界的一片质疑声中，富力开启了他们的亚冠附加赛之旅。第一场附加赛，富力在越秀山主场以3比0轻取新加坡勇士；第二场附加赛，富力在澳大利亚客场以3比1击败中央海岸水手。这样，富力终于打进了2015年的亚冠正赛——这也令广州成为中国足球历史上首座同时拥有两支亚冠正赛球队的城市。

孔特拉和富力给人制造的惊喜还不算完。在亚冠的首场小组赛中，广州富力居然在客场以2比0完胜日本的"三冠王"大阪钢巴，哈默德打进了一记长距离单骑闯关的精彩进球。随后在中超的首轮比赛中，富力又客场击败了杭州绿城取得开门红。

富力成为"客场龙"、富力双线飘红、富力要成为亚冠黑马……一时之间，各种溢美之词包围了孔特拉和广州富力。

然而，经过开局双线飘红的短暂狂欢之后，富力在中超进入了一条急速下滑的黑色通道。

放眼国际足坛，因为受双线作战的拖累而导致双线崩盘，甚至在国内联赛降级的例子比比皆是。而中超第一次参加亚冠的球队，其实大部分都没有好的结果，比如此前的天津泰达、河南建业、长春亚泰、杭州绿城等，堪称"亚冠综合征"。

事实上，孔特拉的富力班底并不厚实，还不足以双线游刃有余地作战。在亚冠附加赛开始前，富力俱乐部召开了隆重的新援见面会。

会后，刚刚从杭州绿城转会过来的老将汪嵩恳切地表示："我认为今年我们的路子不好走，双线作战的困难不是所有人都能准备好的。"不过，汪嵩的这番评论当时并没有引起外界足够的重视。

3. 孔特拉的命运和佩兰相似

孔特拉没有任何在亚洲工作的经验，他对中超、亚冠的感知也是一片空白。尽管中外足球的规则是相通的，但对于中国足球的一些特点，尤其是中国球员与西班牙球员的区别，孔特拉并没有充分而准确的认识。

比如，在对嫡系球员米切尔的使用上，在赫塔菲，米切尔是433战术中的一个"全能型"中场球员，并非中超里面的"前腰""后腰"概念。在西甲，由于所有球员的技术能

力都很平均，因此米切尔的跑位可以很灵活，运动范围也很机动。但在富力，几乎所有球员都认为米切尔是填补达维空缺的，他应该有很强的进攻组织能力。结果，正是由于对米切尔作用的错误判断，导致孔特拉一些围绕米切尔的战术此后根本打不出来，米切尔也长期难以兼容于富力的既有战术体系中。

孔特拉自己很年轻，而他后来带来广州的助教团队更年轻，多人都是 80 后。这个年轻的团队虽然不能说缺乏经验，但明显与埃里克森时代助教团队的精细分工有很大的差距，尤其在体能的训练和恢复上，孔特拉团队与埃里克森团队相比则更显得手段落后。

亚冠正赛的第一场小组赛居然客场击败了大阪钢巴，这令孔特拉产生了一种误判，他觉得富力的整体实力与日本的顶级球队相差不大，富力完全可以从亚冠的小组赛出线——这甚至成为孔特拉带领富力队征战 2016 年上半赛季的主要目标。事实上，大阪钢巴当时还没有进入新赛季的联赛状态，体能储备刚开始，因此状态相当低迷。但当他们后来进入比赛状态之后，就开始在主场爆发威力，最终还以小组第一的身份晋级亚冠淘汰赛。

富力的主力阵容其实年龄已经偏大，加上冬训期间的体能储备做得并不算好，因此孔特拉所要求的"西甲化"高位防守战术，从一开始就让富力的球员难以执行。而孔特拉在接手之后，一度推行西甲式的训练方式，要求上下午双练，而训练量又不大，这些都令球员们无所适从。

除了孔特拉团队的种种犯错，富力俱乐部的管理层在这个赛季也出尽了洋相。比如，哈默德也受到上港方面的高薪挖角，他向富力提出要加薪才肯留队。富力最后把哈默德硬留了下来，但在加薪方面却没有果断的举措。但是富力队中另一名外援阿隆的薪水却得到了提升。不知道为什么，阿隆加薪的消息传到了哈默德的耳中，这就更进一步激化了哈默德与俱乐部的矛盾，进而直接影响了他的训练态度。

于是乎，哈默德在训练中屡屡迟到，曾经被孔特拉当场斥赶离场。而在比赛场上，哈默德不但吃"独食"的风格变本加厉，甚至还有消极怠工的情绪，多次错失得分机会令孔特拉暴跳如雷。哈默德甚至还在训练中、比赛后与不同的队友发生过斗殴。终于，富力俱乐部在上半赛季还没有结束的时候就忍不住了，他们把哈默德"束之高阁"，后来在二次转会期间将其送去了西亚。

不单哈默德闹情绪，一向以职业素养著称的朴钟佑这个赛季也很不顺。除了屡屡受伤，他还和孔特拉发生了很多不愉快，最终在二次转会期间主动离去。还有张贤秀，他在亚冠小组赛期间受伤，休息了很长一段时间，这让富力上半赛季大部分时间竟然只有 1~2 个外援可以正常使用，战斗力自然大幅下降。

更令富力俱乐部料想不到的是，越秀山的草皮这个赛季因为保养时间不够，加上广州持续多雨，场地条件十分糟糕，以往越秀山主场的威力一下子丧失殆尽，无论中超还是亚冠，富力在这里未尝一胜。为了改善草皮条件，富力俱乐部从 5 月份开始把主场赛事又移到了大学城体育场，一如 2012 赛季那样。结果，富力直到自己的第 8 个主场赛事，才在大学城赢下了杭州绿城——这个时候，中超已经结束了半程！

在球队各种内忧外患的影响下，富力整个上半年仅仅赢了 4 场球，中间曾连续遭遇 7 轮不胜。这样的成绩不但与 2014 年相比一落千丈，甚至早早就跌进了保级区。而在整个亚冠小组赛的6场比赛中，富力最终积分垫底被淘汰，他们甚至还在主客场遭遇了两个0比5的大比分惨败！

到底是球员问题、战术问题、对手问题、主场问题、场地问题还是运气问题？孔特拉那段时间真是急火攻心，但丝毫找不到解决的办法。俱乐部也急，但除了选择继续冒险地信任孔特拉之外，也是一筹莫展。

二次转会期间，富力拉进了两名外援救急。孔特拉的另一名嫡系弟子博基拉顶替了哈默德的前锋位置，而中场则从J联赛的川崎前锋高薪挖来了巴西球员雷纳迪尼奥。然而，一切还是没有起色。整个7月份，富力居然遭遇了中超"五连败"的惨剧。在主场输给了山东鲁能之后，俱乐部宣布孔特拉下课，由领队黎兵再次出任代理主帅。

在中国职业足坛浮躁的环境中，"换帅"是一件再普通不过的事情。成绩不好固然是直接导致"换帅"的推动力，但背后还与俱乐部的管理能力、外教的经验与性格、球队内部的氛围、球场的外部环境乃至运气息息相关。很不幸，2015赛季的广州富力把所有负面的因素都占全了！导致这一切的最初原因正是富力俱乐部的选帅过于仓促。

事实上，孔特拉在富力先扬后抑的遭遇，与佩兰在国足的境况如出一辙。

当初卡马乔离任，国足同样仓促选帅，最终选定了名气并不算大的佩兰。佩兰的性格同样倾向于刚愎自用。然而2015年的亚洲杯，佩兰率领国足小组赛三战全胜重返前八行列，令人眼前一亮，无数球迷和媒体对其大唱赞歌。然而40强赛开始后，佩兰用兵昏招频出，最终两个回合被香港逼平，客场又输给卡塔尔，出线前景渺茫。在2016年之初，中国足协终于痛下决心宣布与佩兰解约。

富力与国足的失败，固然与孔特拉和佩兰有关，但并非他们个人就可完全揽责。在整个选帅的过程中，在管理任用他们两人的整个过程中，富力的高层与中国足协的主事者均难辞其咎。

六、"本土化"的突围之梦

回顾富力与孔特拉不太愉快的大半年，其实可以折射出中超大多数俱乐部在管理和运作上仍然极不职业。

选帅过程中的一系列失误，反映的正是富力俱乐部运作效率上一贯的迟钝作风。不仅选帅，富力过去几年在球员买卖、商务运作、球迷建设等方面无不存在这种弊端，可以说与瞬息万变的职业足球格格不入！

富力队2015年在结构上存在极大问题，急需重建。越秀山虽然是富力的主场，但富力要做到"传承"可不是简单地换个草皮就能做到的。至于富力的"本土化"愿景，更不能流于口舌之快。

二次创业，是"富力足球"必须严肃面对的新使命！

1. "巴尔干马拉多纳"驾临富力

富力集团副总裁陆毅在 2015 年 5 月离开了俱乐部。陆毅原来在俱乐部所担任的副董事长职位，最终由年仅 36 岁的黄盛华接任。

黄盛华原来是法律界的公务员，受到张力的邀请而自愿接手俱乐部的职务。尽管之前没有从事过有关足球工作的履历，但他是专业田径运动员出身，平时也十分热爱足球，因此自觉可以胜任。于是，黄盛华与章彬两名年轻人一起联手共同应对富力俱乐部在 2015 赛季最后 10 轮严峻的保级形势。

黎兵注定是一个过渡角色。他虽然以代理主帅身份带富力打了 4 场中超联赛，但仅仅收获 1 胜 3 负的战绩，彻底陷入保级泥潭。无奈之下，俱乐部当赛季启动了第二次换帅的程序，前日本 J 联赛名古屋鲸八的著名教练斯托伊科维奇火速驾临广州，正式入主富力。

斯托伊科维奇曾经是南斯拉夫队的"三朝元老"，享有"巴尔干马拉多纳"的美誉。斯托伊科维奇少年得志，年仅 18 岁就开始在南斯拉夫甲级联赛上纵横驰骋，19 岁时被选入国家队征战 1984 年法国欧洲杯，并攻入 1 球。但真正让他声名鹊起的是 1990 年世界杯赛，他是在意大利表现最好的中场球员之一。意大利世界杯一结束，法国马赛队即以 500 万英镑将其网罗至门下，虽然球队当年夺取了法国甲级联赛冠军，但斯托伊科维奇却因踝伤困扰休养 6 个月，未能在法兰西绿茵场上一展英姿。次年他随队以替补身份参加欧洲冠军杯，但在点球大战中被母队贝尔格莱德红星队击败。

之后，状态不佳的斯托伊科维奇被马赛队租借给意大利维罗纳队，但仍未有任何转机，这使他猛然间失去了许多荣誉。然而更糟的事情接踵而至，斯托伊科维奇原指望利用 1992 年欧锦赛重整旗鼓，但由于政治原因希望变为泡影。1993 年斯托伊科维奇重返马赛，无奈俱乐部总经理塔皮行贿而使球队降入乙级。

虽然命运如此不济，但意志坚强的斯托伊科维奇重新振作起来。1994 年夏季他加盟日本 J 联赛的名古屋鲸八队，发现崇尚技术的日本是其展示优雅技术的理想之所，因此斯托伊科维奇在东瀛过得很愉快。同年联合国对南斯拉夫的制裁解冻后，前南国家重返国际足坛，国家队主帅桑特拉奇毫不犹豫地确立了斯托伊科维奇的队长和中场核心地位。

2000 年欧洲杯后退役的斯托伊科维奇担任过塞尔维亚和黑山足协主席，甚至当选过贝尔格莱德红星俱乐部的主席。2008 年 1 月，斯托伊科维奇重返日本，担任老东家名古屋鲸八足球俱乐部主教练。2008 赛季他率队获得了 J 联赛第 3 名，带领球队首次打进亚冠赛场。2010 年，他再次带领该队获得日本 J 联赛冠军并参加亚冠，直到 2013 年卸任。

其实本来在埃里克森离开之后，斯托伊科维奇就曾进入过富力俱乐部的选帅视野当中。只是，当时富力方面考虑到孔特拉是五大联赛的现役教练，所以才忽略了赋闲在家的斯帅。如今危局当前，富力俱乐部终于闪电般拍板，与斯帅签订了两年半的合同。

富力选择斯帅的原因很合理：他做过球星、当过教练、专业能力毋庸置疑；他长期在日本踢球和当教练，拿过 J 联赛冠军，打过亚冠，应该说对东亚区的足球十分熟悉，没有陌生感；他还做过俱乐部和足协的管理者，应该具有比较高的情商；他和他选择的团队，整体费用并不惊人。更重要的是，斯帅一向倡导的技术足球打法，与老板张力最喜欢的"南派风格"完全吻合。

作为富力历史上的第 4 位外籍教练，斯帅只有 6 场比赛的时间来决定球队的"生死"大限。

很不幸，斯帅接手的第一场比赛就在客场输给了上海申鑫，富力成为该赛季唯一一支被降级的申鑫"双杀"的球队！紧接着的"广州德比"，斯托伊科维奇和斯科拉里上演了"双斯会"——这也是"广州德比"历史上第 5 对外籍主帅的 PK。富力在越秀山一度领先恒大，甚至占据了场上的优势，然而幸运女神最终还是青睐了恒大。恒大以 2 比 1 小胜富力，在双方德比历史上以 4 胜 1 平 3 负的成绩稍微领先。

所幸，斯托伊科维奇在最后 4 轮比赛中拿下了两个关键的主场，涉险保级成功。

2. 日系风格打造"经适型强队"

成功保级后，广州富力上下并未表现出惊喜的情绪。这个赛季，富力的投入不算小，只是花了太多冤枉钱，走了太多冤枉路。保级只是加盟富力仅 2 个月的斯托伊科维奇开始工作的前提条件。现在，斯帅的工作才算正式开始。富力想要浴火重生的前提条件是，斯托伊科维奇必须获得足够的支持和对球队的掌控权。

加盟富力之后，斯帅带队打了 6 场比赛，每场都是保级关键战。他把这次保级任务称为"不堪回首的艰苦考验"，因为难度比他之前想象的大太多。接下来，斯托伊科维奇将展开对球队的重建工作，"我能保证明年球队一切都会不一样，将是一支全新的富力"。

斯托伊科维奇不满意阵中大部分外援的表现，他甚至认为只有雷纳迪尼奥一人有为数不多的亮点。尤其是富力客场 0 比 2 不敌北京国安的比赛，斯托伊科维奇对外援的表现懊恼不已，"那场比赛中，雷纳迪尼奥和米切尔都没能达到我的要求，所以我把他们换下，外援对球队的帮助应该更大"。在斯帅的心目中，除了雷纳迪尼奥和张贤秀具有超出一般中国球员的能力之外，米切尔、博基拉以及阿隆都应该在离队之列。最终，这 3 名外援在2016 年之初就全部被俱乐部租借出去了。

"我的足球哲学一直是要争取成为冠军，我希望把这个信念传递给球员。为此，我们要组建一支更强大的球队，让球迷获得更多的快乐。"斯帅憧憬地说。当然，2016 年中超竞争堪称历史之最，有多达 7 支球队拥有烧钱达 5 亿元的能力。

"2016 年会是很关键的一年，希望球队能够有好的表现打进前 3 名，打进亚冠。"打造一支强队的关键首先在于斯托伊科维奇到底能获得多少权力，"最重要的一点是，要让我来构建这支球队，现在这支球队并不是我的球队，只是其他人把球队组建好后让我来带。希望保级之后我能够大干一场，到明年把球队构建好，干出一番事业"。

斯托伊科维奇与斯科拉里的住所离得不远，算是邻居，他倒是并不在意同城有恒大这样一支强队，"恒大和上港的财力确实比富力要强，这一点我必须承认。恒大非常强大，有很充足的预算，看起来就像法甲的巴黎圣日耳曼。"斯帅说，"我会坐下来和俱乐部管理层认真谈一下，我们会做一个预算出来，不只为下个赛季，更为富力今后多年的发展"。

"我希望我们能够达成共识，并不是真的需要花很多钱买很好的球员，而是要在经济允许的条件下找出最合适的方案，按照预算挖到我们需要的、能够帮助到球队的球员，在位置上能够听从教练安排的好球员。"斯帅似乎已经有了一揽子的建队计划，"对这一切我还是挺有信心的，明年或者今后几年，我们能够组建更强大的球队"。不花大价钱堆砌球队，斯帅的建队思路与富力的思路不谋而合，至于"经济适用型强队"究竟会是什么样子，这只能等斯帅自己来揭晓答案了。

斯帅此前执教日本J联赛球队名古屋鲸八时，曾将多名新秀打造成材。如今，富力阵中有常飞亚、叶楚贵、曾超、王新辉等多名广东本土青训出品的年轻球员，亟待斯帅点石成金。

将年轻队员培养成材，相比花重金引援，自然是更"经济适用"之道。要知道，中国足球从2016年开始将进入"国脚枯水期"，有价值的国脚级球员基本不会再出现被某一家俱乐部集中"承包"的局面，各家俱乐部比拼的必须是实实在在的后备人才！

3. "本土化"是馅饼还是陷阱

很多人说，富力其实很像甲A时代的广州松日。

张力就如当年广州松日的老板潘苏通，当年潘苏通也是从飞机上看报纸得知太阳神二队要转让的消息，一下飞机就去谈收购球队；松日队后来也是在接手后的第一年就冲上了顶级联赛；甚至后来松日队的最好成绩也打到了第四名（不过当年还没有亚冠联赛）。

广州是国内最早存在职业联赛"德比"形态的一个城市。不过，当年的甲A还不流行讲"德比"这个词，太阳神和松日之间的对抗更多地被媒体称为"兄弟之争"。然而，那时候的"兄弟之争"丝毫不存在"兄弟"的温情，完全可以称为"血腥"。最经典的莫过于1998赛季，双方在东较场上演了9黄5红的火爆场面！时隔足足17年之后，2015赛季的中超"上海德比"（上海申花VS上海上港）才复制了相似的一幕。

那时候的"广州德比"，几乎没有高水平的外援和内援助阵，都是同一屋檐下的"兄弟相残"，是一场在广州本土有限的足球人才之间进行的最充分而又最残酷的"战争"。这场"战争"的结果关乎两支球队的市场生存空间，赢的留下输的离开。

当太阳神和松日相继从甲A降级乃至消失之后，广州的职业足球尽管长期在次级联赛中挣扎，但"本土化"之梦始终没有破灭。然而，由于职业龙头队伍的长期沉沦，广州本土青训的水平每况愈下，广州本土的优秀球员越来越难在顶级联赛的平台上涌现。而一旦遭遇强大的"外力入侵"，广州本土球员基本没有亮相的机会。

卢琳、冯俊彦都是2003年出道的本地精英，两人都效力过本地所有冠以"广州"称谓的职业球队。然而卢琳当年因为徐亮的存在，在自己最当打的年龄无法成长为广药队的领袖，最终蹉跎几年后才重新崛起；冯俊彦代表"正宗广州队"保持了在职业联赛出场次数最多的纪录，但他在恒大无法与强力外援和内援竞争，最终因打不上比赛而提前退役。

而随着中超水平的不断提升，大牌外籍教练和外援的不断涌进，"本土化"在中国的职业足坛基本已经成为一个被人淡忘的名词。

然而，从广州富力诞生的那一刻开始，"本土化"就是他们梦寐以求的目标。从2012赛季开始，富力俱乐部先后引进了卢琳、吴伟安、李岩、吴坪枫、李健华等多名本土籍或本土培养的著名球员。然而，除了卢琳"重发第二春"之外，其他人在富力越来越难获得存在感，最终只能选择退役或转会。

尽管如此，富力俱乐部始终不放弃"本土化"的愿景。从耗费巨资从北京国安手中购回"番禺仔"陈志钊开始，2016赛季的广州富力开始了"本土化"的"长征"。

这场"长征"的线路可以分成三步走：一是回购1989年至1992年出生的粤籍球员"漏网之鱼"；二是让1993年至1996年出生的预备队精英上一队，并尽量收罗该出生段的粤籍国奥、国青级球员，首选目标是杨超声、廖力生、廖均健等；三是跟踪1997年出生的海外低龄粤籍球员。

除了打造一线队阵容的"本土化"，富力俱乐部也将加强梅州足校、东莞、广州三地的青训体系，未来还要在广州大学城建立"富力足球学院"，保证俱乐部能输出14岁到18岁的优质青训产品。

当然，富力的"本土化"之梦不仅体现在人才出品上，还聚焦于"足球文化"上。越秀山体育场，成为广州富力足球未来一个重要的"文化符号"。

早在2015赛季之初，外界就盛传珠海方面向富力俱乐部开出天价，邀请他们把中超主场迁移到珠海。事实上，珠海方面确实有这样的想法，在接洽过程中富力的高层也一度动心。但富力最终综合考虑，决定不但把主场留在越秀山，而且向市政府提出了承包越秀山体育场自我经营20年的申请，表明他们要将富力足球"扎根"于越秀山的强烈愿望。

另外，富力俱乐部从2015年开始冠名广州市中小学校园足球联赛，介入全省各队的多个草根联赛，扶持本地大学生比赛、开办公益少年训练营、办"使馆杯"联赛。这一切，都是富力足球实现"本土化"的重要手段。

当年的广州松日最终坚持了6年，然后解散。广州富力绝对不愿看到悲剧重演。

"二次创业"不等于全盘否定、推倒重来，但它考验的是富力足球人的野心、耐心和决心！

岔道

十年生死两茫茫，
不思量，
自难忘。

——宋·苏轼《江城子·乙卯正月二十日夜记梦》

壮志未酬的日之泉老板林勤

直到今天，曾经担任日之泉足球俱乐部老板的林勤依然很骄傲，因为他是广东地区投资职业足球时间最长的一个商人。

确实，从20世纪90年代末开始，日之泉集团就已经在省港杯等赛事上赞助广东队。2002年，日之泉与番禺亿达俱乐部合作征战中乙联赛，这也是日之泉投资职业足球的开始。2004年，日之泉接手广州足球，组建广州日之泉队征战了两个赛季的中甲联赛。如今广州足球圈内很多人仍客观评价：当初如果没有日之泉在广州职业足球最低迷的时候接盘，根本就没有后来的广药时代和恒大时代。

2004年之前，日之泉广州公司还"蜗居"在天河南的一条小马路上。此后10年，林勤的公司在广州天河北的一座高档写字楼坐拥一整层楼。居高临下，这位日之泉家族的二代领军人物目睹了这块广州最繁华商圈的变化。他一边经营着自己的商业王国，一边憧憬着自己的足球梦想——但他从来没有想到过，商业和足球竟然让自己的人生从此走上了一条岔道。

2007年，林勤把足球投资的合作对象改为广东省体育局和广东省足协。2008年，广东日之泉队冲上中甲，2009年获得第11届全运会男足甲组比赛亚军。当外界热切期盼广东日之泉能重振昔日"广东队"的雄风时，这支青年近卫军却陷入了发展的困境——连续6个赛季，广东日之泉始终在中甲联赛挣扎，而且创造了一条"单数年神勇，双数年低迷"的奇特生存规律。

2014年是广东日之泉集团有限公司成立的第22个年头，也是日之泉投资广东职业足球的第13年。终于，林勤、日之泉与广东足球走到了岔道的终点。

一、子承父志——日之泉两代人的足球情缘

提起日之泉与体育的情缘，就不能不提一个人——年过八旬的广东日之泉集团的开山之人林志伟，在商界和体育界他都被人尊称为"林伯"。

1. 林伯和林勤的体育情结

林志伟一生与体育有缘，他学生时期是篮球运动员，工作后当了20年东莞市中堂镇的体校校长，曾任中堂镇体委主任，培养出陈小平等3个蹼泳世界冠军。60岁下海经商后，他坚持与中堂镇政府共建体校，赞助培养出奥运会举重冠军陈小敏，长期赞助支持广东省的游泳、羽毛球、女篮等项目。

尽管在商界取得了很大的成就，但最让林志伟高兴的还是体育界对他的认可。2010年，他在80岁高龄之时身上仍挂着东莞市足球、篮球、游泳协会及省游泳协会等体育组织的副会长或主席等头衔，甚至还担任了广州亚运会东莞站火炬传递的火炬手。林志伟说，长期从事体育工作给他带来了巨大回报：不论经历何种人生低谷，他的信念总是非常坚定。他将其中的感悟传授给学生和儿孙："人生就像攀登高峰，肯定会遭遇很多崎岖，

一定要勇敢地面对；要学会坚持和创造，人生才有意义。"

日之泉是典型的家族企业。林志伟有5子1女11孙，每个人均在日之泉集团内担任高职。但真正在商业和体育上继承林志伟基因的，只有他的二儿子林勤。

时间倒回至20世纪90年代初，日之泉家族在改革开放前沿阵地的东莞开办了广东东莞日之泉蒸馏水厂。作为总经理的林勤并没有把企业局限在东莞，而是把目光放到广东全省。林勤单枪匹马挥戈闯入广州，建立了日之泉广州销售公司，以东莞为生产大后方，以广州作为销售产品的重要集散地，这一招棋让日之泉的产品从东莞走向全广东，也逐渐成为全国的知名品牌。

林勤与其父林志伟一样是个体育迷，尤其钟情于足球。当时，林勤在省内各体育部门和运动队都结交了不少朋友，他深知每支运动队全年训练饮用水消耗量大，这是一个十分巨大的市场。于是，日之泉蒸馏水成了广东游泳队、举重队、女足等队伍的指定用水，从20世纪90年代末开始，日之泉已经在省港杯等赛事上赞助广东足球队。最开始的时候，林勤并未从营销的角度去赞助足球，而是完全出于自己的一种热爱。

2. 林勤三次创办足球俱乐部

2002年正值日之泉建厂10周年。为了进一步扩大自己的品牌影响力，林勤开始注意到体育这个平台，尤其是他最钟爱的足球。当时广州青年足球队由于编制所限，面临解散的命运。此时酷爱足球的林勤立即出资收编该队，并与当时扎根番禺搞青训的赵达裕合作，成立了广东日之泉亿达足球俱乐部。日之泉足球队从此开始征战全国足球乙级联赛和香港足球甲级联赛。日之泉品牌开始在大陆及港澳地区打响，林勤也开始尝到利用足球平台开展营销的甜头。

2003赛季结束之后，广州职业足球陷入了一个巨大的困境。由于中国足协要求地方足协不能再在各职业足球俱乐部占有股份，当时的广州队面临重新寻找东家的严峻挑战。2004年初，广州市体育局和足协终于想到了日之泉和林勤。1月10日，广州市足协特意给日之泉公司发出了书面函，希望林勤考虑接手广州足球的建议。经过不到一周时间的考虑，林勤就决定接下广州市足协在广州足球俱乐部中所占的70%股份。这样，广州日之泉队出战首届中甲联赛，广州职业足球的历史得以延续。

在麦超的率领下，年轻的广州日之泉队在当年的中甲赛场一路高歌猛进，卢琳、冯俊彦等本地名将也是在那个赛季开始成长起来的。但由于当年中甲联赛里面有几支球队实力过于强大，广州日之泉队最终未能实现冲超目标，位列赛季第三名。不过，经过这一年的运作，日之泉集团坚定了投资职业足球的信心。那一年，越秀山体育场也重现球迷爆满的景象。正是这一年，林勤利用带队到湖南比赛的机会，收购了益阳的湖南桃花液水厂作为日之泉在湖南的生产基地，同时在广东省新丰县投入2亿多元建立了日之泉生产及物流基地和山泉水生产基地，与原来在东莞中堂投资近2亿元建成的亚洲蒸馏水最大生产基地相呼应。

2005年，广州日之泉队继续在麦超的带领下，在中甲的道路上冲击。但这一年，由于国内整个职业足球的竞争环境日趋恶劣，作为民营企业的日之泉集团渐渐与对手拉开了距离，再加上商业开发等各方面的不顺利，球队始终无法拥有绝对的竞争优势，最终只能排在第四名，再次失去冲超的机会。

尽管连续两年冲超失败，但林勤和日之泉仍然考虑坚持下去。不过在这一年，广州市政府出台了"十一五规划"，其中明确提出要"重点创建羽毛球、足球两个品牌项目"。尽快提高广州足球的水平，令广州足球队早日冲上中超联赛成了贯彻落实"十一五"精神的必经之路。于是，在广州足球应当如何发展的问题上，广州市体育局和日之泉集团之间产生了意见上的分歧——体育局希望日之泉方面能加大投入尽快实现冲超目标；而在林勤看来，民营企业搞足球，步步为营、量入为出才是正道，冲超不应该急于求成。

经过多轮谈判，日之泉集团与广州市体育局达成一致的意见。广州市体育局提出"尊重历史，面对现实，放眼未来，稳定发展"的方针。日之泉集团则决定退出，转让自己在广州足球俱乐部的全部股份，把广州队的管理权移交给广州市体育局。时至今日，很多足球圈的人在回首这段往事的时候都感叹：如果没有日之泉在广州足球最低迷的时候雪中送炭，根本就不会有后来的广药时代和恒大时代。

毫无疑问，林勤在日之泉家族企业的品牌发展，尤其是在体育营销方面打下了自己深深的烙印。从2007年开始，舍弃不下足球情结的林勤再次涉足广东足坛，而此时的日之泉集团的产业结构已经更趋多元化，涉及饮用水、钢材、贸易、物流、仓储、便利店等多个行业。这一次，日之泉选择的合作对象是广东省体育局和广东省足协，他们共同组建了广东日之泉足球俱乐部。

从2011年开始，日之泉集团开始向房地产进军，而且积极谋划上市。在这个敏感的年代，日之泉的产业调整是林氏家族第二代和第三代必须共同面对的新挑战——但不幸的是，这最终给林勤的个人命运和广东日之泉足球俱乐部的集体命运，带来了不可避免的毁灭性冲击。

二、短暂蜜月——"双轨制"运行的模式偏差

对于2006年那次退出广州职业足球，林勤内心始终不服气。在他的观念里，资本对足球应该拥有绝对自由的话语权。至于冲不冲超和何时冲超，这些都应该按照足球规律来，根本不应该受政府部门的影响。

为了吐出心中的这口气，林勤在沉寂了一年多之后终于选择了重新投资足球。2007年，日之泉集团与广东省体育局和广东省足协合作，宣布共建广东青年队，备战中华人民共和国第十一届全运会。日之泉和林勤的足球梦就此再次起航。

1. 荣膺十一运会银牌达最高峰

当时的广东青年队由具有丰富青训经验的广东本地足球名宿曹阳率领。队伍从2005

年开始组建，球员是出生于 1989 年和 1990 年的省内精英，目标是两年后代表广东在十一运会上夺得男足甲组的金牌。为了给球队创造更好的锻炼平台，日之泉和广东省足协决定组建广东日之泉足球俱乐部，从 2007 年开始参加乙级联赛。

年轻的广东日之泉队就这样开始在中国足坛的舞台上亮相。不过，当时球员平均年龄不到 19 岁的广东日之泉队因为经验不足，在当年的乙级联赛中仅排在预赛阶段南区的最后一名，无缘全国总决赛。但曹阳对这支球队的前景十分看好，他当时向林勤保证：球队第二年一定可以冲上中甲。

果然，经过一年的锻炼后，日之泉队的小将们进步十分明显。在 2008 赛季的乙级联赛中，广东日之泉队以 14 战 9 胜 4 平 1 负的成绩位列预赛阶段南区第一名，直接杀入了全国总决赛的半决赛。根据当届中乙联赛的规则，广东日之泉队只要在半决赛中晋级即可冲上中甲。

2008 年 12 月，日之泉出征在成都举行的总决赛。在半决赛首轮比赛中，尹鸿博帮助日之泉以 1 比 0 击败天津火车头。次回合，日之泉小将们占据绝对优势，叶伟超、余剑锋、丛天豪各下一城，最终以 3 比 1 再次击败对手，顺利杀入决赛。这也意味着，广东日之泉队冲甲成功，广东足球在时隔 5 年之后再次出现了有资格参加全国次级联赛的一线队伍（广东科健队在参加完 2004 年的中甲联赛后破产解散）。经过两年乙级联赛的磨练，日之泉队涌现出叶伟超、尹鸿博、余剑锋、李健、谭宾凉、史亮、潘佳、郭子超、陈建龙、徐威龙等众多年轻好手，而且球队崇尚地面配合的打法也隐隐让本地球迷看到重现昔日"南派打法"的希望。

2009 年，广东日之泉队面临两项重要任务——参加十一运会男足甲组比赛与首度亮相中甲赛场。

在全运会赛场上，日之泉小将们一路过关斩将，杀入了最后决赛。于济南上演的决赛一役，在滂沱大雨中进行，日之泉虽然众志成城，但无奈在开场仅 10 多分钟即被主裁判万大雪罚下一人（此后在中国足球"反赌扫黑"的风波中，万大雪因多场比赛收受贿赂、操纵赛果而锒铛入狱，这场十一运会的决赛就是被操纵的比赛之一），导致全场大部分时间以少打多，最终 0 比 3 不敌上海东亚，失去了该届全运会分量最重的一枚金牌。

而在该赛季的中甲赛场上，日之泉队以黄埔体育场为主场，多次上演精彩的主场大胜。只可惜，由于球队始终无法解决客场成绩差的问题，再加上受全运会双线作战影响，最终位居第 5 名。不过，初出茅庐的日之泉在这一年以自己出色的表现令国内足坛侧目，不但有很多球迷热盼日之泉能早日真正完成"南派足球"的复活，甚至很多行家也认为日之泉与上海东亚的球员会成为今后国奥队、国家队的主力班底。

2. 日之泉与省足协结束蜜月期

然而，日之泉与省足协的蜜月期很快就过去了。此前三年，日之泉除了每年投资2 000 万元左右用于球队的正常运营外，省体育局还有一笔全运会的费用补贴到球队。球队在竹料基地的住宿、饮食、训练等条件都有充分的保障，且由省足协埋单。这样的合作模式，是当时省足协的一种创举，他们希望采取这种专业与职业体制并行的"双轨制"，既能在全运会这个传统体制内的竞技平台拿到好成绩，也能把球员们送上职业联赛的快车道以保证他们的出路。

此前日之泉在投资广州足球的时候，曾在 2005 年面临没有赞助商的困境，最终林勤想尽办法才令广州市政府出面找到赞助商。那个时候，林勤已经感到职业足球与专业体制、政府力量和市场等诸多方面的矛盾冲突。在林勤的内心，虽然不希望体制力量制约他的资本控制欲，但也期盼政府能利用体制内的优势帮他分担一些运营的压力。在这样的背景下，当初省足协推出的这种"日之泉模式"确实有它存在的合理性和先进性。

但是，"日之泉模式"的存在主要靠全运会这一"双刃剑"来维系。一旦全运会结束，省体育局便没有义务再为日之泉俱乐部分摊任何成本，球队在基地的一切开销都要立即改为由林勤埋单。虽然这些开销的额度并不算很大，但在有过投资广州足球失败经历的林勤心中，已经感到他与广东足球的结合很难继续一帆风顺了。

2010 年，由于受到广州亚运会的影响，日之泉的主场无法放在市区的东较场（该体育场有百年历史，是广东队征战联赛的传统主场），他们被迫先后在黄埔体育场、东莞体育中心、东莞南城体育中心和博罗体育中心流动。不稳定的主场导致广东日之泉队该年在中甲的成绩很不理想，一度进入了降级区。这一年，日之泉队唯一在东较场打的比赛是对阵北京理工，作为亚运会的场地测试赛。也正是在那一场比赛中，日之泉击败了北京理工，宣告保级成功。

尽管这个赛季日之泉队过得很艰辛，但小将叶伟超却在这一年大出风头，不但荣膺中甲银靴，而且还在对武汉卓尔一战中上演了"大四喜"的精彩一幕。也正是因为这个赛季的出色发挥，叶伟超被恒大相中并签约 4 年，此后走上了他"由红而黑"的个人职业生涯的"岔道"。

三、富力截胡——一场迷雾重重的"无间道"

事实上，在日之泉的足球战略定位上，2011 赛季并没有冲超的计划。因为，日之泉集团在 2011 年正处于产业结构战略布局的关键一年，刚刚涉足商业地产。

按照集团的目标，公司要从 2012 年开始全面杀入房地产市场，为谋求上市做准备。因此，在林勤的心目中，日之泉"冲超"的最佳年份其实应该是 2012 年。

然而，2010 年对林勤造成最大触动的不是球队成绩的滑落，而是广州恒大的崛起。

1. 日之泉受恒大刺激加大投入

2010 年，广州恒大虽然首次介入职业足球，但他们却采取了惊人的资本手段，令广州恒大这支中甲球队云集了众多国脚级球员和极其优秀的外援，并毫无悬念地冲超成功。在 2011 赛季中超大幕还未开启之前，恒大已经在引援市场和奖金分配制度上引起轩然大波。

在这种外部环境的刺激下，林勤不得不一改"小本投入"的作风。

日之泉集团在这一年确实对俱乐部加大了投入。虽然上一年状态神勇的叶伟超改投恒大，但也引进了卢琳、李志海等本土实力球员。在外援上也有明显的加强，引进了隆尼、达里奥等足以在中超立足的外援，主场更回归了东较场。在这样的动作下，尽管日之泉集团当年并未给球队定下明确的冲超指标，但球队客观上已经拥有了冲超的整体实力。

事实上，2011赛季对日之泉来说多少有点悲情色彩。一方面，赛季刚开始不久，就发生了头号外援隆尼违反合同私自"逃跑"的负面事件，虽然俱乐部经过比较专业的手段，在经济上没有受损，但这给日之泉的进攻端还是带来了很大影响。所幸，当年卢琳和尹鸿博这对"双子星组合"表现神勇，才使得日之泉的进攻火力没有下降太多。全年下来，日之泉的进球数仅少于以冠军身份冲超的大连阿尔滨。

另一方面，当年日之泉从哥斯达黎加引进的中卫达里奥在足协杯上不幸被天津松江球员铲断了腿，赛季提前结束。这名个人能力极强的中卫本来是日之泉该赛季防线上的定海神针，他的提前退出也直接影响了日之泉的防守硬度。下半赛季，日之泉租借了一名曾效力于山东鲁能的中卫外援凯塔，但可惜的是效果明显不如达里奥。

如果说两大外援一逃一伤还不足以摧毁日之泉这一年的努力的话，那么对他们最直接的打击无疑是广州富力中途接手深圳凤凰，从而扭转了整个冲超局势。

2. 富力"借壳"冲超打击沉重

富力集团是在联赛第14轮的时候入主深圳凤凰的，当时日之泉排在第2位，领先排在第8位的深圳凤凰4分。之后整个中甲下半赛季的剧情就演变为：为了一个冲超名额，富力一直向上猛追，而日之泉则死死守卫第2名的位置。

日之泉错失了三次在主场巩固自己领先优势的机会：第一次是第15轮他们在主场与富力的直接对抗中未能取胜，被对手逼成1比1。第二次是第22轮的时候他们未能在主场击败上海东亚，反而被对手逼成2比2，结果让富力把4分的落后差距缩小为2分。第三次则是第23轮他们在主场被沈阳东进以3比2的比分击败，结果富力以1分优势反超他们升上第2位。

在主场被上海东亚逼成2比2的那场比赛结束后，日之泉内部还爆发了"李志海事件"——当时李志海在那场比赛中有几个低级失误，导致上海东亚一度以2比0领先。赛后，主帅曹阳认为李志海存在打假球的嫌疑，要求俱乐部将其炒掉。林勤当时也很矛盾，毕竟李志海是这支年轻球队的核心。但当时联赛还剩下7轮，俱乐部在形势的逼迫下，已经不得不把冲超作为最大目标。曹阳坚持认为如果不炒掉李志海，那么球队一定冲不了超。林勤考虑到当时球队的敏感环境，最终只好下定决心炒掉了李志海。事实上，富力俱乐部当时确实与日之泉队的不少球员私下里都有过接触。当然，其接触之目的不是要日之泉的球员放水，而是更多地让他们考虑下赛季改投富力。

或许，发生这个有点"无间道"意味的诡异事件，本来就是日之泉冲超失败的预兆。两年后，李志海重归日之泉出任预备队和一队的助理教练，当年的恩怨只能留作球迷永久的谈资罢了。

结果打到全年倒数第 2 轮，日之泉在延边客场以 0 比 2 战败，富力则在主场 1 比 0 小胜东亚，这样富力便领先日之泉 4 分，提前一轮冲超成功。

这一年的跌宕起伏不但令广东日之泉的球迷们唏嘘不已，也令林勤十分遗憾。事实上，富力集团从中途接手到最终冲超成功，仅仅花了 4 000 万元左右。这一年，林勤的总投入也超过了 3 000 万元，假如下半年他在投入上再大胆一点，在各种内部管理上再专业一点，完全有可能保住原来对富力的积分优势而冲超成功。

林勤事后表示，富力当初也曾与他接洽，开出一个不算很高的价钱意欲接盘。但既然自己当时对足球投资还很有兴趣，又不差富力开出的那些钱，所以没有答应。林勤万万没有想到，富力最终竟然采取了"借壳"的方式，完成了对日之泉的冲超"截胡"。

四、荒唐闹剧——一年四换帅换来惊险保级

2011 赛季的遗憾在林勤心中造成的震撼并没有延续太久。在林勤看来，虽然广州已经出现了两支中超球队，但足球市场依然容得下日之泉的生存，关键是球队要打出成绩。

在林勤的个人战略目标中，2012 年才是球队真正要冲超的一年。同时，这一年也是日之泉集团产业布局结构性转变的元年——日之泉斥资近 30 亿元进军商业地产市场。

1. 可可托维奇仅执教两轮就下课

曹阳在 2011 赛季冲超失败的事实，让林勤意识到必须要在教练班子上做文章了。过去 5 年，日之泉的一班球员从毛头小孩成长为中甲球员，都是曹阳一手拉扯大的。球员们对曹阳自然有很深厚的感情，但随着职业联赛环境的变化，不少球员也觉得曹阳的一些训练手段有点落后，确实需要换换了。

林勤在 2012 年初的省港杯就已经酝酿了换帅的计划。当时，日之泉方面也找了不少的外籍教练和本土教练，最终决定签下 58 岁的塞尔维亚籍教练可可托维奇。可可托维奇也算是一个学院派的教练，曾在上海申花俱乐部负责了 5 年的梯队管理和比赛指挥，对国内联赛环境与中国球员的情况都很熟悉，而且他在塞尔维亚有 4 次带领球队冲上高一级联赛的经历。

定下可可托维奇之后，林勤让曹阳卸下球队的"兵权"，改任俱乐部的总经理。在2012 赛季开始前的动员大会上，林勤明确把冲超作为了球队的目标。但曹阳以新任总经理身份在媒体面前表态的时候却强调：冲超是一个综合的工程，该赛季至少有 6 支球队要冲超，因此要想达到目标还需要很多细节的配合。

事实上，如果从人员配备来说，日之泉在 2012 年的综合实力比 2011 年肯定是下降了。卢琳等功臣改投富力，外援方面虽然引进了 2 名巴西外援和 1 名克罗地亚后腰，而且总体价格创造了历年最高纪录，但这几名外援整体年龄偏大。而在内援方面，日之泉一直

进展不顺利。不过，林勤当时透露俱乐部该赛季的投入将超过4 000万元，是他们投资职业足球以来花钱最多的一个赛季。

然而，可可托维奇在赛季开始前的备战训练却令日之泉的球员们不满——不但体能储备不足，打法上也完全偏离了之前的技术型路线。再加上，巴西外援雷纳尔多在赛季开始前不够自律，在一次外出泡酒吧的时候与人发生争执后因斗殴受伤，导致日之泉在进攻端明显火力不足。3名高价引进的外援，除了中卫积安尚算及格，其他两人形同虚设。

当年中甲联赛开始两轮之后，日之泉1胜1负。在第2轮主场输给重庆FC之后，俱乐部决定让可可托维奇下课。林勤认为调整可可托维奇主要基于三个原因：第一是在联赛准备期的后期，可可托维奇表现的能力和球队打法与俱乐部要求有很大差距。第二是可可托维奇在临场指挥上果断性不够，让俱乐部很难有冲超的信心。第三是受可可托维奇个人意志的影响，引进的外援与俱乐部要求差距比较大。俱乐部开始给他提供的两个外援前锋都是巴乙射手榜排名第一、第二的球员，但他一直拖着不做决定从而错失了引进的机会。

2. 曹阳"两次出山"终于保级

在可可托维奇下课之后，日之泉俱乐部决定让总经理曹阳重新兼任代理主教练。在不少不明真相的球迷看来，这是曹阳玩的一出"复辟"闹剧。事实上，这更多的是日之泉俱乐部自身管理出现了问题。一个定下冲超目标的俱乐部绝不可能仅仅靠一个外籍教练就能完成任务，而在俱乐部的经营和管理方面占重要位置的总经理，更不应该草率地让曹阳这样一个从主帅位置上下来的非专业人士担任。在俱乐部管理的团队专业化、目标精确化和执行力方面，日之泉还显得十分业余。

果然，纵使曹阳二次出山，日之泉该年的表现仍然十分糟糕，球队始终在中游挣扎。二次转会的时候，曹阳从香港引进了陈肇麒和梁振邦，并从长春亚泰引进了外援多利，希望这几个人能"救火"，但在战至第19轮的时候，日之泉在联赛中遭"四连败"，一度陷入降级区。

危机四伏之下，林勤再次动了换帅的心，这次他起用的是巴西人里卡多。此人从1998年加盟香港南华队后，先后效力过晨曦、流浪、愉园等多支港甲球队，2006年开始在愉园、南华转型当助理教练，当主教练后先后执教过飞马、晨曦。日之泉集团当时也是香港晨曦队的冠名赞助商，在刚结束的港甲赛季中，原日之泉队的潘佳、侯宇还被租借到晨曦队，就在里卡多手下踢球，再加上其时日之泉队中的两名港脚陈肇麒和梁振邦，里卡多对这支日之泉队的主力班底也不算陌生。

但无奈的是，里卡多率领之下的日之泉队依然没有太大起色。他仅仅接手4轮，日之泉队就遭遇1胜3负并深陷保级泥潭。林勤认为里卡多在用人方面的能力难以令人信服，最终还是决定让曹阳再次出山带队打完最后7轮。直到倒数第2轮，曹阳才率领日之泉艰难完成了保级任务。这一年，日之泉内部管理的混乱与成绩的低迷都让球迷和媒体寒了心，日之泉"单数年神勇，双数年低迷"的另类规律正式被外界提及。

事实上，这一年的林勤虽然提出了冲超的目标，但真正放在足球俱乐部上面的精力并不多。因为日之泉集团在战略布局方面已经正式涉足了房地产，这不仅需要耗费集团大量的现金流，更需要林勤在各种不熟悉的跨界一线战场冲锋陷阵。更不为人知的是，林勤在日之泉涉足的第一个地产项目上还遭遇了一桩"被诈骗"的官司，损失上亿。林勤种种焦头烂额的窘况，与日之泉队在这个赛季的狼狈不堪如出一辙。

五、被迫"改革"——张军"二次冲超"失败

痛定思痛的林勤在 2013 年决定来一次"改革"。该年 1 月初，日之泉俱乐部官方宣布由国家队助理教练区楚良任俱乐部总经理、由前深足主帅张军任球队主教练、由前上海申鑫领队郭光琪担任球队领队。

林勤认为，中甲球队的水平其实相差不大。要想冲超，投入多少并非决定性因素，更多的是比稳定程度，说到底就是比管理能力。过去几年，日之泉成绩起伏的主要原因在于俱乐部内部管理不善，导致球队风波不断，严重影响了战斗力，因此他希望在俱乐部和球队的管理上尝试新的模式。

1. "二次冲超"最后一轮梦碎

不过，由于以尹鸿博为首的大批主力球员流失，外界对日之泉 2013 赛季的前景并不看好，甚至把它归入了降级热门行列。但出人意料的是，在区楚良和张军的率领下，日之泉队在整个 2013 赛季的中甲征途上却表现出极其稳定的水平，阿瓦尔、李健、刘盛、陈肇麒等球员进步都很大，尤其在防守能力上有了明显的提高。甚至，日之泉在联赛最后一轮仍有冲超的机会。

当时，日之泉和哈尔滨毅腾在最后一轮要争夺最后一个冲超名额。日之泉坐镇佛山世纪莲主场对阵已经降级的重庆 FC，世纪莲球场当日涌进了 1 万多名来自全省各地的球迷，这也是日之泉本赛季主场上座率最高的一场比赛。包括许多足坛名宿和大部分广州媒体记者都来到现场观战，他们与球迷们的愿望是一致的，就是能在现场见证广东足球重返顶级联赛的历史性一刻。

日之泉对这场关键的比赛不可谓准备得不充分，对球员、教练组从思想到身体都下了不少功夫。开场初段，日之泉队确实表现出一定的抢攻气势，但球迷们在 10 分钟之后就开始流露出自己的担忧。重庆 FC 虽然知道自己保级无望，但他们的球员却压根没有懈怠的感觉，反而在心态上比较平稳，传接配合甚至发挥得比日之泉还稳健。反观日之泉，球员虽然奔跑得很积极，但大多出脚盲目，配合失误频频，流露出比较急躁的心态。

当时张军已经在指挥席上同步获悉了哈尔滨毅腾不到半小时就以 3 比 1 的比分领先的消息。这个时候，不要说净胜球，就连总进球数日之泉也要落后于毅腾了。眼看自己场上局面没有办法打开，张军在比赛开始不到 40 分钟的时候就做出了第一个换人调整，他用梁振邦替下了队长刘涛。赛后，张军认为此举是为了加强球队的进攻组织性。但换人后不

久，重庆 FC 竟然打出了一次成功的反击，黎斐直塞球打穿防线，外援克劳迪内直接面对日之泉门将罗足庆推射远角得手。

接下来的 45 分钟比赛对所有人来说都是一种痛苦的煎熬，最终大家看到的只是日之泉冲超梦碎的冰冷事实——他们就这样以 0 比 1 落败，第二次冲超失败。

2. 林勤自认中超他也玩得起

虽然再度目睹球队冲超失败，但林勤认为这一年的历练十分有价值，证明俱乐部只要加强专业管理，完全可以弥补人员结构的短板。对于冲超失利的原因，林勤认为是自己没有在诸如经济激励等一些细节上做得更到位，再加上部分年轻球员确实承受不了冲超的压力，甚至最后一战产生了惧怕的情绪，最终没有形成最强的战斗合力。

这一年的 11 月 9 日，恒大亚冠夺冠的那个夜晚，林勤作为恒大俱乐部邀请的嘉宾，在天河体育场深深体会到了那种全民狂欢的气氛。一家成立不到 4 年的俱乐部，竟然能够迅速登顶亚洲之巅，而日之泉苦苦经营了 10 多年，却依然未能进入国内顶级联赛的行列。

与恒大夺取亚冠冠军的成绩相比，那个晚上对林勤更大的刺激是——恒大冰泉横空出世。几乎没有人会想到，恒大这只地产大鳄竟然玩到了饮用水的行业——日之泉的老本行！

林勤当时表示："即使没有恒大效应的出现，现在搞中超、中甲俱乐部的投入与 10 年前相比肯定要增加一倍以上。作为一个企业家，我当然明白这种规律的必然性。日之泉也已不是 10 年前的日之泉，虽然明年还是要打中甲，但我们绝不会抛售球队，我们完全有能力也有信心继续经营下去。"当时，日之泉的地产项目开始有现金回笼，林勤乐观地认为：第二年球队的投入至少要 4 000 万元起步，即使冲上中超要每年花一个亿，日之泉还是能坚持住的！

与此同时，林勤对"上海东亚模式"始终很推崇。"上海东亚与我们都是当年备战全运会的同年龄段队伍，他们比我们早一年打中乙、早一年冲甲、早一年冲超，现在已能在中超立足。我们就是想走这条按照足球规律稳步发展的道路，我们当然想冲超，但冲超也要健康长远地规划，不能把焦点放在盲目比拼投入上。"当时他曾这样憧憬。

六、经济危机——日之泉面临生与死的考验

在日之泉集团的计划中，2015 年到 2016 年要在香港上市，而从 2011 年起涉足的房地产业务是成功上市的重要保障。在这样的背景下，谁能接替年事已高的林志伟出任集团董事长、成为"日之泉"未来的掌舵人，毫无疑问成为这个流淌着商业和体育血液的家族的头等大事。

林勤当然认为接班人的位置非己莫属。而事实上，林勤在 2014 年的上半年也确实取得了林志伟的信任，成为日之泉集团董事长。

1. 重演一年多次换帅闹剧

在足球上，林勤认为 2014 年必须明确提出冲超的目标：一方面他觉得当时自己并不缺乏几千万的投入资本，另一方面他觉得该年冲超的对手虽然多，但并没有实力过于强大的。在俱乐部层面，林勤希望区楚良能继续上一年的管理规范性，然后继续加强球队教练班子的专业性，尤其在体能和医疗恢复等方面引进专业人才。

不过，在最关键的主教练位置上，林勤没有留用张军。尽管张军上赛季打出来的血性让林勤比较赞赏，但他认为如果要冲超，就必须用更有能力的外籍教练。上赛季张军中途与领队郭光琪发生矛盾，导致郭光琪离职，林勤认为张军的江湖做派很可能是一颗定时炸弹。最终，林勤选择了智利人胡里奥出任主帅、法国人维亚尼出任体能教练。为了让区楚良的工作更好展开，林勤在助理教练上增添了冯峰，又让韩金铭出任领队。

胡里奥当年虽然在中国国家队辅助过米卢，但他此后很少有机会独立出任职业球队的主教练，只是在 2008 年出任过香港杰志队半个赛季的主教练。但当时林勤认为胡里奥年富力强，又和区楚良熟悉，应该可以带好队里的年轻球员。加上胡里奥又能带来米卢这只"老狐狸"的人气，为俱乐部做"活招牌"。更重要的是，胡里奥的薪酬并不高，所以林勤最终签下了他。

但没有想到的是，胡里奥虽然热爱足球，且执教态度积极，但他的训练水平实在让人不敢恭维。尤其在整个冬训期间，体能训练根本跟不上，这令日之泉很多球员在开赛之后处于受伤或状态不佳的境地。比如李健、阿瓦尔以及从恒大租借回归的叶伟超等人，在这一年的大部分时间都毫无作为。而在外援引进上，除了保留上赛季的卡洛斯和阿瓦尔，胡里奥居然看中了一个长期没有比赛的塞尔维亚前锋皮特——此人除了身材高大，最令人印象深刻的居然是他的"前总统儿子"身份。

另外，由于当时内援价格已经严重虚高，林勤认为与其花太多冤枉钱找内援，不如更多从内部挖掘。2013 年全运会结束后，1993—1994 年龄段的广东全运队中最优秀的部分球员已经被省内其他几家俱乐部挖走，这是当初历史遗留下来的问题。林勤因这个问题与省足协一度闹得很不愉快，但当时也不想在这方面纠缠太多了，他觉得能有十几名"新兵"回归日之泉已经很不错，相信其中有些位置一定可以使用这些年轻球员。但令林勤失望的是，胡里奥后来看上的几名年轻新手根本无法在联赛中为日之泉支撑场面。

除了球队结构性的失误外，日之泉在这个赛季最大的被动还是把主场放到了偏远的黄埔体育场而放弃了东较场，原因就是东较场的场租偏贵。想不到，由于 2014 年初黄埔体育场接待了中国女足冬训，草皮根本来不及保养。结果，在赛季开始之后很长一段时间，黄埔体育场糟糕的场地条件严重限制了日之泉队偏技术化的打法。偏远的地理位置也令本地球迷难以去现场支持日之泉，全年平均上座人数不足 1 000，创造了日之泉征战中甲以来的最低纪录。

在种种不利因素的影响下，日之泉遭遇了自己在中甲历史上的"最差开局"。当时在坐拥 5 个主场的情况下，日之泉居然开局遭遇"六轮不胜"，胡里奥只能无奈下课，冯峰

当上了"救火队长"。与此形成鲜明对比的是，当时冯峰率领的日之泉预备队在联赛中取得了"五连胜"。但冯峰也未能挽救日之泉。之后三轮，日之泉还是没有尝到胜利的甜头，最后林勤不得不找来老熟人——麦超。

2004 年和 2005 年，正是麦超带领当时的广州日之泉队征战中甲。而事实上，早在2014 年底，林勤已经和麦超进行过深入的交流，当时麦超也明确表达了"出山"的意愿。但最终林勤还是选择了用外教，结果给日之泉带来了颠覆性的失败。

上任仅 3 天，麦超就迎来了重回日之泉的首战。尽管球队的表现依然不尽人意，但在那个主场以 1 比 0 击败青岛海牛后，日之泉队终于在苦等 10 轮之后收获了赛季的首胜。当然，在第三次换帅之后，日之泉的元气已经损耗得七七八八，甚至连总经理区楚良，在这个时候也已经悄然离职。

麦超率领日之泉在赛季的倒数第 2 轮才艰难地实现了保级——这个成绩和混乱的 2012 赛季如出一辙。而这两个赛季的频繁换帅，更折射出林勤和日之泉俱乐部在管理上的失控。

2. "家族纷争"逼球队走向终点

如果说日之泉俱乐部在 2012 赛季的混乱完全是管理失当所致的话，那么 2014 年走向终点的直接原因则与日之泉集团的"经济危机"有关。

这场危机在 2014 年 9 月公开爆发。当时，广州本地媒体爆料称多家银行对日之泉集团发出风险警示，日之泉在广州、清远的几个楼盘已被银行查封云云。事件的源头，主要是日之泉集团内部发生了"家族纷争"。具体来说，就是"日之泉二代"林勤 VS "日之泉三代"林俊聪。林俊聪，是林志伟大儿子之子。

2013 年，日之泉集团以近 10 亿元的价钱拿下了广州市天河区元岗地产项目，建造"天河中央广场"。不过，该项目的地块其实是 2011 年由世名地产取得的，世名地产由林俊聪于 2011 年在中国香港注册成立，他本人担任董事长。这意味着，天河的这个地产项目其实涉及了林俊聪与林勤乃至日之泉家族内部的股权结构问题。

2013 年 7 月，"天河中央广场"开工典礼当天，日之泉集团董事长林志伟、董事总经理林勤、执行董事林俊聪都到场了——当时此举似乎向外界透露了一个信息：该项目其实是"日之泉三代同堂"分享，日之泉集团与世名地产有分不开的"血缘"关系。

然而到了 2014 年，"天河中央广场"突然更名为"天河新天地"。林俊聪对外宣称，虽然他是日之泉集团的家族成员，但世名地产与日之泉集团并无任何关系，"天河新天地"是世名地产第一个项目，与日之泉集团无关。当时所有日之泉内部人士都很清楚，导致林俊聪做出此举的根本原因与"日之泉接班人"问题有关。林志伟把董事长的位置交给林勤，直接激发了其长子一房人的不满。由于进入房地产行业的时间太晚、经验上的不足再加上大量的资金支出，日之泉集团面临资金链的断裂，不得不求助于林俊聪用"天河新天地"为集团授信提供担保。然而，林俊聪一口拒绝，日之泉集团的经济危机就此爆发。

虽然日之泉搞足球这么多年来都在走小本经营的路线，但对球队的工资奖金却从未拖欠。林勤虽然在外人眼中十分吝啬，但其实他给球员和教练开出的待遇绝对在中甲平均水平之上，毕竟他自己还是有很浓厚的足球情怀的。但这场因为"家族纷争"而导致的经济危机爆发后，日之泉集团资金顿时紧缺。此前那么多年，俱乐部的投入都是靠集团输血，现在集团自身难保，俱乐部自然难以为继。而林勤的个人财力确实不足以独力支撑俱乐部的正常运营。于是，很多中小俱乐部经常上演的"欠薪"剧情，在日之泉2014年的下半赛季终于也开始上演了。

有趣的是，日之泉在2014赛季倒数第4轮曾主场击败过延边队，结果导致当时的延边队降级成定局。那个时候，根本没有人会想到：仅仅1年之后，延边队居然连升两级，从中乙球队变成了中超球队。而这一切奇迹的发生，完全是拜日之泉所赐。本应降入中乙的延边队，正是因为日之泉的空缺和后来陕西五洲的解散，才最终幸运地保留了中甲的资格！

七、"西迁"夭折——"广东队"第三度消亡

从2014年10月开始，"江湖"上已经纷纷传出日之泉要卖壳的消息，而传闻中最大的买家则来自陕西。

自从西安浐灞队2012年迁往贵州后，陕西职业足球便处于真空状态，每到年末都会传出有球队要来陕西的传闻。考虑到中超球队运营起来价格昂贵，陕西企业更倾向于收购中甲球队。但由于政府支持力度和陕企实力的限制，陕西球迷始终没有看到家门口重新拥有职业球队的那一天。

1. 粤军"西迁"引发两地大论战

事实上，林勤从7月份就开始谋求俱乐部的转让运作，中间也向广东省体育局和广东省足协打过招呼，但当时官方对日之泉的转让诉求并不上心。

在此期间，西安方面有一伙"投资人"看上了日之泉的壳。一来，日之泉有中甲多年的经验和品牌，其班底在中甲也算中上游，配上好的外援完全具备冲超的可能；二来，日之泉以年轻球员居多，队员组成比较单纯，没有太多山头主义，很有发展潜力，也容易逐步植入陕西的元素。

由于陕西方面的"投资人"并不是个体，其背后的出资方也不是单纯的一家企业，所以他们便派出代表来粤与林勤商谈收购事宜。在谈判过程中，陕西方面的代表始终不肯透露真正出资收购的企业，只是大谈陕西省政府和体育局对这件事的高度重视与支持。

林勤这几年在商业地产的运作上已经吃过骗子的亏，本来也惧怕陕西方面再玩"空手套白狼"的花招。但陕西方面的代表却表达了很强的诚意，表示他们可以先出3 000万元的诚意金。

此后，林勤数次前往西安考察接收方的背景和训练基地、比赛场地、球迷、媒体环境等软硬件条件。在此期间，随着集团资金链的恶化，林勤逐渐被陕西方面的诚意打动了。

他认为，如果日之泉西迁成功，对广东培养出来的这拨球员还是有很大帮助的。进入9月份，陕西方面的投资人代表开始分批把诚意金打到日之泉俱乐部的账上，这些钱就如同及时雨，解决了俱乐部的部分欠薪和保级奖金的问题。陕西代表最终和林勤草签了日之泉俱乐部的转让协议。当然，这份草签的协议并不规范，为此后的许多问题埋下了伏笔。

当"日之泉西迁"的消息传开后，广东足球界炸开了锅。首先是舆论纷纷开火抨击，强烈谴责日之泉变卖广东队。球员和教练为了自己的生计考虑，当然也高呼"把根留住"的口号。至于广东省体育局和足协方面，开始盘算"国有资产流失"的问题，于是在程序上为日之泉的外迁制造了大量的障碍。

而广东省内包括梅州五华俱乐部在内的部分企业，也尝试和林勤进行接盘的洽谈，但开出的条件均没有陕西方面理想。为此，广东和陕西两地的媒体和球迷都从不同渠道获取碎片化消息，从各自的利益出发进行了一场持续近两个月的大论战。

2. "陕西五洲" 最终竟成一场梦

林勤自己也纠结，他本来想把"西迁"作为第三方案，第二方案是让体育局找本省的下家，首选方案是通过集团内部的股权重组继续自营。但在集团经济危机和家族纷争不断升级的影响下，林勤最终还是咬牙做出了或许是他在足球上的最后一个决定——11月21日，日之泉俱乐部通过官方微博，单方面正式宣布了西迁的消息。

但广东省体育局对日之泉的做法却紧急喊停，他们认为涉及日之泉俱乐部的债务、球员合同年限、俱乐部这些年在省体育局所属的基地和球场的一些遗留问题，都需要时间来严格审核。最终，这一切都在陕西投资方追加了部分费用后，于一周后顺利"通关"了。

11月28日中午，广东省体育局正式同意广东日之泉足球俱乐部西迁的申请，俱乐部产权100%归陕西所有。12月14日，新陕足新闻发布会在西安索菲特酒店举行。新闻发布会上确认，原广东日之泉足球俱乐部正式易名为"陕西五洲足球俱乐部"。

随着原日之泉的球员陆续到陕西五洲足球俱乐部报到，本以为"广东队"就这样顺利"移民"西安。但没有想到，中国足协对于2015赛季的准入审核工作极为严格，尤其对俱乐部欠薪问题采取"零容忍"。为此，中国足协要求各俱乐部必须在2015年1月15日之前上交《2014年俱乐部全额支付教练员、运动员、工作人员工资确认表》，并在网上进行公示。另外，申请转让的俱乐部必须在同一截止时间前向中国足协递交相关的报批材料和工商注册。

当时，原日之泉俱乐部对球员、教练还有300多万元欠薪。由于这笔钱数目并不大，五洲足球俱乐部后来还是解决了工资确认表的签字问题。但最大的问题来自于新俱乐部的工商注册——由于日之泉俱乐部要整体迁移到西安，原来在广州的工商注册必须全部注销后再异地变更，这就需要当地工商部门进行一个比较长时间的财务核查工作，因为涉及缴税问题。本来五洲足球俱乐部希望能先把俱乐部的工商注册地点保留在广州，等通过了中国足协新赛季的中甲资格注册后再进行工商变更手续。但中国足协当时为了规范管理职业联赛的需要，最终拒绝了五洲足球俱乐部的要求。

2015 年 1 月 31 日，中国足协官方网站发布了《关于公布 2015 年中甲联赛参赛俱乐部名单的通知》，在该份通知中并没有陕西五洲足球俱乐部，这意味着该球队无缘 2015 年中甲联赛。由于手续不全无法通过资格审核，陕西五洲足球俱乐部甚至连打中乙的资格都没有，成为中国职业联赛历史上"最短命"的一家俱乐部。陕西方面为了收购俱乐部和解决一系列的后续问题，先后投资数千万，但最终却因为操作的不专业而打了水漂，陕西的球迷和媒体都空欢喜一场。尽管陕西方面此后一直与林勤打官司，但当初的转让协议实在有太多不规范的地方，因此这场官司不知道何时才能收场。

3. "广东队"第三次消失的反思

中国足协在 2015 年底出台规定：从 2016 年 1 月 10 日开始，所有俱乐部取消异地迁移和股权转让，这实在是一条迟来的规定！

假如当初中国足协能早点出台这条规定，日之泉也不会选择"西迁"，更不会导致后面出现解散的悲剧。

"广东队"历经波折最终还是只能接受解散的命运——这是继 2002 年和 2005 年之后，广东省足协直属的球队第三次告别职业足球圈。无奈成为自由身的广东队球员有的被迫从此退役，有的则只能靠混迹草根比赛来保持状态，只有个别球员幸运地在中甲、中乙球队找到了卜家。最幸运的或许是去了延边长白虎的沈烽，因为一年之后他就成了中超球员。

从地理的角度来看，如今的"广东足球"已经足够繁荣。但从传统的狭义角度来说，只有"广东队"，也就是在广东省足协注册的一线职业球队，才能代表正宗的"广东足球"。自 1997 年广东宏远队从甲 A 降级之后，"广东队"便一直缺席中国的顶级联赛。"广东足球"依然迷失在那条充满轮回、永远看不到尽头的岔道上。

林勤是一个很有情怀的企业家，也是一个真球迷。但他不是一个合格的"足球老板"。从当初经营"广州日之泉"到后来经营"广东日之泉"，林勤始终没有抓住职业足球的经营规律。过去 13 年，他在职业足球上面花的也有几个亿了，但最终既没有变成企业品牌的催化剂，也没有化为产业升级的助推器。

作为一名真金白银掏钱投入足球的商人，林勤坚持搞俱乐部走"小本经营、量入为出"的路线并没有错。但他没有把日之泉俱乐部打造成可以吸纳广东省内优秀年轻人才，并让他们充分锻炼的优质平台。更不幸的是，他成为体制内体育官僚们索取政绩的牺牲品。另外，家族企业管理上的弊端，在日之泉俱乐部的经营历史上体现得淋漓尽致。缺乏职业经理人的操盘、缺乏专业管理团队的运作，当老板个人决策出现偏差时，整个俱乐部就失控了。

回顾过去 8 年的"广东日之泉模式"，我们不难发现：游离在职业足球与专业足球之间的这种模式，终归是条"岔道"，总有一天会被市场和足球规律所吞噬。

"日之泉悲剧"折射出中国次级联赛长期的不规范和恶劣透顶的市场环境，而这一切也正是中国足协在竞赛体系上缺乏科学顶层设计而导致的恶果！

布道

草萤有耀终非火，
荷露虽团岂是珠。

——唐·白居易《放言五首·其一》

个性张扬的"白巫师"特鲁西埃提起深圳足球颇有切肤之痛

2011 年 2 月 22 日，在深圳市政府指定接待高规格客人的麒麟山庄，时任深圳红钻俱乐部副总经理的李虹用一句激情豪迈的"好饭不怕晚"拉开了"特鲁西埃上任新闻发布会"的序幕。

作为世界足坛传奇教练，特鲁西埃扬名于非洲，他先后执教科特迪瓦国家队、尼日利亚国家队、布基纳法索国家队、南非国家队、日本国家队、卡塔尔国家队和法国马赛俱乐部，善于"点石成金"，创造奇迹，因此获得"白巫师"的绰号。

那个时候，距离 2011 赛季中超联赛开打只有 40 天。虽然其他球队早已完成人员配置、战术演练，已经进入热身赛磨合阶段，但特鲁西埃仍自信满满地表示，自己只需用 20 天左右就可以完成赛前备战，而且他喊出的口号竟然是："第一年前六、第二年亚冠、第三年夺冠。"

然而，8 个月后的 10 月 29 日，当深圳红钻主场以 2 比 3 输给山东鲁能提前一轮无奈降级后，已经在中超公司当了几个月副总的李虹有点无奈地说："其实对于深圳足球来说，降级也许是种解脱。"

当初答应腾出空地改造成球队训练和住宿基地的麒麟山庄，也早就因为资金问题与深足说了"拜拜"。至于特鲁西埃这顿"好饭"最终为什么在深圳烧焦了，或许今后很长一段时间内依然是"挺特"和"倒特"两派球迷、媒体记者争论不休的话题。

做一个足球场上的"布道者"是孤独的。来自国外的他，既需要向世人阐述一种新的理念，更需要通过执行的结果来证明其理念的正确性。类似于温格这种能在英超布道"艺术足球"的成功者其实很少。更多时候，足球布道者的结局像特鲁西埃在深圳的冒险那样——激情开头，惨淡收场。

对于深足来说，从 2004 年中超元年的冠军沦落为如今在中甲苦苦挣扎，他们在特鲁西埃曾经花了 3 年时间的"布道"中又得到了什么？

一、特帅与深足的"啼笑因缘"

特鲁西埃是深圳红钻俱乐部董事长万宏伟亲自请来的。在他之前，干过半年皇马主教练的卡罗曾经最接近深足 2011 年的帅位，但是在实地考察过深足的训练和俱乐部条件后，由于无法接受"连败 4 场下课"的条款，卡罗选择不与深足结缘。

在赞助商茅台保健酒业"聘请有轰动效应的世界名帅"的要求下，深圳红钻俱乐部董事长万宏伟在 2011 年的 1 月底飞赴卡塔尔，名为观摩亚洲杯，实际上是力邀特鲁西埃"出山"。

1. 他其实第一天就想走

双方的谈判没什么波折。几个月后特鲁西埃回忆起当时谈判的情景时说，自己曾经三次与中国国家队主教练的帅位失之交臂，2010 年初又在根本没有了解情况的前提下，对广

州恒大的邀约完全"不予考虑"，他说他是"欠中国足球"的。所以，在没有仔细了解也没有经过实地考察的情况下就与万宏伟达成了接任深足的"3＋2"初步协议。特鲁西埃的意思是：他与深足的这场缘分，实际上是在双方都焦急的心态下的一次"错误的开始"。

2月21日，特鲁西埃和助手抵达香港，万宏伟直接在香港与特鲁西埃签订协议。第二天，特鲁西埃坐着挂着省港两地牌照的轿车从深圳湾口岸入境，这是他第一次来到深圳，特鲁西埃这位"布道者"就这样正式开始了他在中国深圳的"冒险"之旅。这座年轻城市的现代化让他很兴奋，但是他做梦也没想到，这支带着"深圳"二字的球队，竟然一穷二白到如斯田地。

如果说特鲁西埃和深足之间应该有段"蜜月期"，那么最多就只有一天。2月23日，他就坐着俱乐部的车从深圳赶到了300多公里外的清远市清新温矿泉训练基地。因为那几天几乎都没怎么睡过，所以在车上特鲁西埃还美美地睡了一觉。当再睁开眼的时候，眼前的景象让他惊呆了。伴随着中国足球由盛而衰，清新基地已从10年前的热闹沦落至冷清破败。球队驻地"徽州楼"的大门上挂了一条横幅："WELCOME，Mr. TeLuXiAi。"

那几个用汉语拼音拼出来的英文，特鲁西埃不可能看得明白，他只是对眼前高矮胖瘦不一、穿着各式各样训练服的队员感到非常诧异。更让他惊讶的是，一个叫张晓东的二队教练，竟然在过去两个多月的时间里，一个人带着41名队员完成了整个"体能储备期"！

在属于队务的房间里，他看到刚刚洗干净的训练服像座小山一样堆在床上，问："为什么没有人整理？为什么都放在这里？"张晓东解释说，还没来得及收拾，特鲁西埃脸色又一沉。这天下午，球队特意安排了一场对贵州智诚的教学赛，让特鲁西埃观察队员。他站在场边，却根本无意去看比赛，他和翻译小唐的任务是，逐一对球队的工作人员进行询问。先是装备，有几套训练服、几套比赛服、几套休闲服；训练时队员穿什么、比赛时穿什么、吃饭时穿什么，特鲁西埃一一过问。为什么大家着装不统一，队里还有几套装备，能不能购买一些，什么时候到位？第二个被问话的是队医。执业资格、相关证书、能不能做手术、球队有什么装备，一个个专业名词从他嘴里蹦出来。当听到41名队员的球队只有一名队医、一名按摩师时，特鲁西埃很不高兴。

教学赛深足赢了球，特鲁西埃面无表情地走到场地中，对着中方经纪人严肃地说："我很不高兴！"虽然两人迅速离开，但是所有人都看出了他脸上的情绪变化。后来特鲁西埃自己承认，那个晚上他真的想一走了之。

如果说第一天的"不和谐"已经奠定了深足整个赛季的窘迫基调，那么接下来在选外援过程中特鲁西埃表现出的"骄傲"和"执着"，则从技术层面上决定了深足全年的走势。

2. 连一桌"饭"都凑不齐

离开清远后，深足接连在三水、广州、海南与多支中超、中甲球队打了热身赛，结果无一胜绩，对"保级对手"青岛中能的比赛中更是上半场就丢了4个球。俱乐部、中方教练、记者、球迷无数次劝告特鲁西埃，中超比的是外援，对深足这种底子本来就薄的球队来说更是如此。但是特鲁西埃却认为，应该把钱用于提升队中年轻队员的薪水，用于提升球队的训练、住宿条件上，而不是把白花花的银子全砸在外援身上。

原来效力于陕西、后来转投成都谢菲联的黑人外援萨利，愿意自降工资效力深圳队。当他的经纪人和他找到深圳队驻地时，特鲁西埃劈头盖脸就问他："你要多少钱工资？"萨利怯生生地说："我在陕西是4万美元一个月，如果深圳队要我，我可以少点。"特鲁西埃双眼一瞪："什么？4万美元？你可以走了，我们请不起你！"

离转会窗口关闭没几天的时候，深足才"叫来"了5名外援——日本的乐山孝志、卷诚一郎、米山笃志，斯洛文尼亚的杰尼斯、拉扎维奇。经过热身赛，被长春亚泰队一场"血洗"后，当时场边的所有人都明白，这些外援在中超的赛场根本难堪大用。但是特鲁西埃依然坚持：外援是应该融入球队的，而不是让球队去适应他们。到最后，米山笃志太老了被他弃用，杰尼斯成了经常"点炮"的漏勺，拉扎维奇连一场完整的比赛都没有踢过。

深足连续三年靠外援保级的历史终于在2011年画上了句号。

内援的情况也好不到哪里去。如果不是万宏伟在与特鲁西埃签约前搞定了陈雷和柳超这两个不需要转会费的球员，也许特鲁西埃会将5个名额都用在没有人能猜得到的球员身上。

本来万宏伟是执意让王宝山来当领队辅助特鲁西埃的。作为"礼物"，刚从成都谢菲联辞职的王宝山将3名来试训的新疆球员介绍到深足试训，特鲁西埃一看就全要了。就是这3个从来没有踢过职业联赛的球员，最终把李毅的内援名额都占了，李毅也只能被迫提前退役成了"李指导"。

就这样，深足声势浩大地请来了特鲁西埃，甚至外界在预测新赛季的中超时都没有将深足列到"保级"行列。然而，特鲁西埃过分的自信和对中超过度轻视，导致深足丧失了引援的重要时机。

也许"好饭"的确不怕晚，问题是2011赛季的深足已经连一桌"饭"都凑不齐了。对于降级的危险，很多老队员在这个赛季之初就已经发出过警示，只是俱乐部没人愿意相信罢了。

二、"中超不死鸟"终于降级了

果然，整个2011赛季深足都被死死钉在中超降级区。

特鲁西埃低估了中超执教的难度，又高估了自己队员的理解能力和接受能力。他苦练传球、苦练阵型移动，减少了手把手的防守训练，但他根本没有发现，自己的队员其实不太明白自己的训练意图。

作为一名足球教练要想在中国获得成功，就必须要把自己的想法和意图对负责实践的球员们说清楚，即使是已经年近30岁的"老将"。

1. "倒特"与"挺特"阵营的形成

在训练场上，特鲁西埃是一个敬业的教练。俱乐部给他配的是英语翻译，一开始特鲁西埃不太接受，他认为自己在急躁的时候无法用英语表达正确的意思。在找法语翻译找了很长时间都不理想后，他最终把法语翻译变成了自己的助理，继续使用俱乐部的英语翻译。

但是特鲁西埃连珠炮式的英语，常常没等翻译翻完就已经接着说下一段了，让队员们听得一头雾水。加上球队在中超赛场上几乎无法赢得一场球，特鲁西埃的焦急也难以抑制。其实私底下，他也承认自己是个不善言辞的人。

特鲁西埃是家中老大，很小就跟着沉默寡言的父亲到屠宰场干活，加上在日本执教期间对日本球员行之有效的"激将法"，让他在潜意识中延续了自己的"暴躁"。但是他没有发现，中国球员与日本球员虽然相似，却绝不相同。在越来越难听的骂声中，球员对他的态度从仰视变成抵触，从抵触又变成了麻木。

特鲁西埃有个原则：工作和生活严格分开。训练比赛之外，他从不与队员接触，也很少与记者交往。他的冷傲被无意识地放大，他的固执也使他能听到的积极建议越来越少。他的周围是对他发自内心崇拜的助手，却很少有人能真正给他帮助。尤其是老队员逐渐失去位置后，特鲁西埃难免被孤立。所谓的"思想工作"，根本不是特鲁西埃的强项。当时，特鲁西埃的用兵只受到过老板万宏伟两三次"劝谏"的影响，其他人的作用甚微。当然，也许有的人觉得他的训练方法先进，有的人会觉得不够完美，但是没有人会说他坚持打地面、打控制的思路是错的。

特鲁西埃身边的人都明白，他是一个逆向思维很严重的教练。他对球员的骂和讽刺更多的时候是一种夸张，他希望球员在承受这种刺激后产生天然的反抗力量。比如，他在一场预备队联赛后赶一名队员离场，他并不是出于侮辱球员的本意，但是良苦用心却没有产生好的效果。

某次训练后，他脱下了一个记者的布鞋，详细问了价钱和购买地址，当所有人以为他要去买的时候，他却突然对法语翻译哈哈大笑，说了一句"我们的球员只配穿这种布鞋去比赛"。如果你不明白他的"口不对心"，很容易就会认为他是在有意侮辱中国球员。很多时候，他的话需要换个角度理解，但是那种咄咄逼人的态度却始终难以让球员接受。

不可否认，深圳队确实在特鲁西埃手下踢出了不一样的足球，不再是防守反击，更不再是一脚长传。然而，这种前压的阵型牺牲了防守的厚度，这是该赛季深足的致命伤。有人为深足降级而痛心疾首，有人也为中国足球找到了希望而欢欣鼓舞。

也正是这个原因，支持和反对特鲁西埃的声音迅速放大。到了赛季末，深足即将降级之时，深圳的球迷、媒体已经明确分裂成"挺特"和"倒特"的两大阵营，甚至到了水火不相容的地步。

更令人遗憾的是，特鲁西埃与该赛季深足两任总经理余怀英和李虹之间的矛盾很深，大家都无法实现"中国式合作"。

195

2. 深足死于特帅的"休克疗法"

9月24日客场惨败在青岛队脚下后，特鲁西埃在球队餐厅向万宏伟提出了辞职，很多队员都听到了，当然，后来他和万宏伟都说那只是"一时冲动"。次日下午，球队在青岛驻地召开队会，会上特鲁西埃发表了长达一个小时的激情演讲，从球队的战术打法，到具体用人的标准，甚至连为什么使用一些队员而不使用另一些队员都进行了详细的讲解。

这次演说在一定程度上消除了教练与队员之间的一些分歧和不理解。万宏伟解释说："其实很多事情是缺乏沟通，这次队会我觉得是双方沟通和取得共识的最好途径。"特鲁西埃开诚布公地说了自己选人的标准和真实原因，让所有队员都明白了教练的用意。其实大部分队员对球队的战术与打法都表示赞同，只是对一些用人和换人的行为产生了不同的想法，经过沟通一切都会好起来。

但3天后，特鲁西埃还是回家了，这是他在深圳执教期间第三次回家度假。球队则交给了助理教练。特别强调"正常家庭生活"的特鲁西埃后来说，太太和两个女儿不在身边，是他在中国第一年没有取得成功的部分原因。送他回家的时候，万宏伟还说："在最后5场比赛里拧成一股绳，命运还在自己手上。"然而，事实证明，特鲁西埃度假回来后，最后5场比赛依然很糟糕，深足降级的结局已无法改变。

特鲁西埃不止一次强调，希望打造一支"全华班首发"的深圳队。事实上，他的这些想法在日韩联赛大部分中下游球队已经得到体现。这些队伍的本土球员大部分成为日韩各级国家队的后备力量。但是在强调"高速"的中国，在大撒金钱的中超，有什么比砸钱买外援更容易出成绩？又有几家俱乐部能容忍特鲁西埃废掉队中主力甚至外援，用三四年时间去追逐"未来"？特鲁西埃本人也多次承认，如果不是在深圳，他可能早就下课了。他甚至更坦白地承认，自己很羡慕那一年的李章洙，但是如果真的坐上恒大帅位，他自己都不知道会不会同意买那么多昂贵的外援。

在内心深处，他始终对自己的打法充满信心，然而那个赛季的进程却让他痛苦万分。面对一个缺钱的俱乐部，一支基本没有固定训练场地的球队，他能发挥的空间又有多大？特鲁西埃其实已经提前进入了"改造中国足球"的角色，但是深圳红钻的现实却让他变成了恶斗风车的唐·吉诃德。

该赛季最后一轮之前，由于俱乐部没有给球员按时发放白条，加上特鲁西埃一句"想训练的举手，不想训练的可以不举手"，造成了7名老队员"罢训"的事件。虽然特鲁西埃多次要求严惩队员，但是理亏在先的俱乐部始终畏畏缩缩，已经再次证明了这支球队绝不是单凭特鲁西埃一人就能改变的。

10月29日，深足终于提前一轮降入中甲。"倒特"的球迷举起了"特鲁十宗罪"，"挺特"的球迷拉起了"留下特鲁西埃"的横幅。一位痴心的球迷突破层层拦阻冲入场地，在特鲁西埃面前拉起自己写的一张大字报："特帅，希望您把深足带回中超来，不然做鬼都不放过您！"这或许是更多深圳球迷流着眼泪的心声。

事实上，深足还是有死忠球迷的。中超倒数第3轮，深足做客河南郑州。在寒风冷雨

中，坐了20多个小时火车赶到郑州的深圳球迷吴敏林穿着短袖球衣，独自一人在看台上又唱又跳，他的身前是一条白色横幅，上书："深足十二人，永远是兄弟。"为此，2011年12月在广州举行的中超颁奖典礼上，中央电视台特意邀请了这名球迷到场出席，以表彰他所代表的球迷是"中超的精神支柱"。

12月初，特鲁西埃结束一个月的假期回到深圳。期间有4支中超球队找过他，特鲁西埃说自己不能放弃深圳队。深足没有在那个时候解雇特鲁西埃，也避免了像中国足协在两年后解聘卡马乔时所遭遇的悲剧。

特鲁西埃是以"布道者"的身份来"拯救"中国足球的，如果从职业足球规范的角度来看，他的确为深足作出了贡献。然而，正是他的固执与"休克疗法"，让连续6年保级成功的"中超不死鸟"最终降到了中甲，如果以成绩而论，他肯定是一个失败的布道者。

作为一个法国人，而且是自认为"名帅"的法国人，特鲁西埃很难理解俱乐部的难处，他不能容忍"慢慢改进""缝缝补补"的态度，他只是觉得这样的俱乐部就应该推倒重来。最终，万宏伟的深圳红钻为这种文化和理念上的冲突埋了单。

三、特鲁西埃给深足留下了什么

特鲁西埃经常嘲笑中超踢的都是"驴式打法"：后面8个中国人抢球，传给前面3个外援进球。2011赛季，他选择了4个自己认为性价比很高的外援，但最后他不得不承认："深足的外援实力拖了球队后腿。"

2012年，球队降到中甲后，特鲁西埃依然坚持"物有所值"的外援策略，他强调俱乐部没有给他充足的引援预算。然而万宏伟却说，自己给特鲁西埃的引援资金他根本没花完。外援不行，老队员他也看不上。

特鲁西埃与队中大部分老队员不和是公开的秘密。算来算去，特鲁西埃只能倚重年轻队员，这也是他始终追求的路线。但是对于深圳红钻这种没有基地、没有青训梯队的俱乐部来说，这种做法无疑是"翘起屁股让人踢"。

1. 巨额违约金阻碍深足炒掉特帅

2012年9月26日，已经冲超失败的深足发出通告，确认"由助理教练帕特里克带领球队打完本赛季最后4场中甲比赛"，但否认特鲁西埃"已下课"，只是说他已经去"休假"了。

9月29日晚，中甲联赛深圳红钻对阵福建骏豪，这是特鲁西埃宣布"本赛季不再执教"后深足踢的第一场比赛。这是一场没什么地面传控的典型中国足球联赛。支持特鲁西埃的人说，老特人还没走，他辛辛苦苦经营了18个月的技术足球就被推翻，深足彻底回到"大脚"时代；反对特鲁西埃的人说，就是老特把深足肢解成今天这个熊样，就他挑的这些球员换谁来带都没用。这就是深足当时的常态——为了特鲁西埃而争论，无论他在还是不在。

在特鲁西埃宣布"本赛季不再执教"后，无论是助理教练还是队员都只是含蓄地表达了自己的情绪。曾留洋法甲被特鲁西埃一手栽培成主力的小将弋腾在微博上说："您的赏识使我找到了前进的方向。您的严厉让我不断成长。真诚感谢您给予我的机会，让我实现了自己的职业梦想。"这个赛季结束后，弋腾由深足转会至广州恒大。助理教练王宏伟则在对阵福建的这场"丑陋比赛"后说："比赛中如果我们不能控制球权，没有通过传递来瓦解对手的信念，那么曾经的泪水就会彻底变为失败的泪水。记住，当你需要新玉米的时候，不要扔掉已经在手里的玉米。"

经过 18 个月的煎熬和冲突，白巫师的"中国梦"依然清晰，遗憾的是他的头发和胡子已经开始花白，却始终没能在中国的赛场上找到那种呼风唤雨的感觉。特鲁西埃执教深足 2012 赛季中甲的 23 场球，9 胜 4 平 10 负，进 30 球失 32 球——这样的成绩与降级后他喊出的"全胜冲超"口号相比显得反差极大，明显是不及格的。

万宏伟非常认同特鲁西埃的思路，他也希望"推倒重来"，能让一穷二白的深足聚沙成塔。但是万宏伟的生意需要更高端的资源和平台，无论是茅台红钻酒还是他的"地产足球"计划，都需要他的球队用最短时间回到中超。在产业存亡与中国足球的未来之间，万宏伟的选择是显而易见的。

实际上在让特鲁西埃"休假"前，万宏伟还在北京与很多业内人士探讨特鲁西埃的去留，他也细致地在深足队中进行了摸底调查。万宏伟说，其实只要成绩好，特鲁西埃的很多缺点就都不是缺点了。他经常采用"逃避"的方法来应对外界与特鲁西埃之间的矛盾，就是为了苦苦等待成绩的好转，但是他最终没能等到这一天。"不再执教"的特鲁西埃为什么还不下课？关键就是万宏伟希望能给他"体面地找到下家"。

万宏伟其实也很明白，自己 18 个月来花的真金白银很有可能什么都留不下来。他也和许许多多"挺特"与"倒特"的球迷一样，希望看到特鲁西埃执教国青队或者中超一家豪门。不同立场的人都想看看：到底是特鲁西埃不行，还是深圳红钻太差，抑或是中国足球根本没有改造的希望。

不过，特鲁西埃最终还是没有被中国足协看上。考虑到巨额违约金的问题，万宏伟始终没有下定决心炒掉特鲁西埃，他不想重复中国足协在炒卡马乔上所犯的错误。

2. 特鲁西埃的"离别赠言"

2013 赛季，特鲁西埃继续返回深足带队征战中甲。这一年，深足出现的"欠薪"、酒店停伙、球员"罢训"等负面新闻已经成为常态。

但此时特鲁西埃反而找到了一点感觉，他在半程结束的时候带领深足打到了第二名。然而从第 15 轮开始，深足连续 6 轮不胜，早早就变成了"不上不下的中游球队"。

2013 年 11 月 2 日，深圳红钻主场 5 比 4 击败了已经提前冲超的河南建业，以最终排名第五的成绩结束了特鲁西埃带队的第二个中甲赛季。"我现在是中超、中甲工作时间最长的外教了，好像在中国的外教没有谁能坚持这么久。从中超到中甲，我有很多沮丧很多失望，但没有任何遗憾，因为我一直尽我的全力去激励队员，传授他们所有技艺和经验。关于未来，球队需要换新的面孔，环境也需要改变，队员也比较厌倦我了。足球是需要一些改变的，包括你面对的挑战也一样，也需要不断地改变。"显然，特鲁西埃已经在宣布自己的离别感言了。

根据与深圳红钻的合同，特鲁西埃教练团队的合同包括工资、奖金、形象代言等方面，加起来的年薪约为165万美元（约合122万欧元）。也就是说，特鲁西埃这三个赛季从红钻拿走了大约500万美元。假如红钻方面提前违约，不但要支付合同期内的剩余薪金，还要额外支付违约金。这笔昂贵的费用，直接让特鲁西埃在深足多次化险为夷，成就了他所说的"中国足球史上任期最长的外教"。

3年前，万宏伟与特鲁西埃在卡塔尔多哈秘密会晤。谈到合同的时候，红钻方面也曾想过设置"降级就减薪"的杠杆。不料，老特听了之后勃然大怒，"砰砰砰"地拍着桌子说："在我的字典里，就没有降级这个词！"红钻方面被老特的气势所震慑，在合同中删掉了关于降级的风险工资条款。

在深圳红钻3个赛季，特鲁西埃留下了哪些财富？他自己认为："第一点我强调球员要担起责任。每一个球员都有两面，一方面他是一个球员，但同时他也是一个普通公民。他需要做个好公民，他需要好的教育、好的家庭、好的朋友，这方方面面能促使他成为一个好的球员。我一直强调让球员自己管理自己。我不是他们的父母，我不是警察，作为球员他们应该意识到要保护好自己，要准备好自己的工作。第二点是俱乐部的管理。双方都需要遵循基本的游戏规则，清楚自己所处的位置，这两者需要平衡。第三点是信任。我带着对所有球员的信任来指挥比赛，我也希望这种信任能贯彻到球队的内内外外。"

特鲁西埃特别提出希望深圳红钻俱乐部能更好地"善待球员"，他说："我们的球员需要基本保障，需要支持，这样才能在任何情况下都战斗到最后一秒钟。支持是来自各个方面的，包括球迷、包括俱乐部、包括媒体，没有支持的球队是不可能赢得比赛的。"

2013年11月4日晚，特鲁西埃选择香蜜湖西贝莜面村，作为他与万宏伟最后一宴的地点。助理教练埃里克已经回国，老特带上助教拉巴、私人助理大卫参加，万宏伟带来的是助手李虹与吴敏。与老特关系非常紧张的俱乐部副董事长王奇，因为前往三亚出差而缺席。

李虹在向老特敬酒时，承认双方在合作过程中有过一些不愉快，但她始终对特鲁西埃保持敬意，"您有情有义、有血有肉，是一位爱岗敬业、富有职业操守的教练。您一会儿是天使，一会儿又是魔鬼。不过，即使是您这一秒钟摔了杯子，下一秒钟又会全心全意投入工作"。

聊了4个小时，酒至酣处，特鲁西埃也动了感情。他很真诚地对李虹说："在共事的过程中，可能让你受了不少委屈，我请你对此表示原谅。有时候出现一些不快，也是我的性格使然。在深圳的这三年，让我终生难忘。"

万宏伟看过一本书，上面说特鲁西埃是欧洲最好的20位教练之一，但在他看来，能控制好情绪的特帅应在最好的前10位之列。

深圳队中，与特鲁西埃接触最多的中国人应当就是翻译唐明明了。"特鲁西埃刚到队的时候，我与他几乎天天都要在一起工作。他是一个凡事都喜欢亲力亲为的人，细到酒店、机票、装备都得过问。"唐明明透露，特鲁西埃是个很爱说的人，也是个很能说的人，"最长的采访做了 2 个半小时以上，最长的球队总结会开了 4 个多小时，最长的训练课也进行了 4 个多小时"。

三年来，与特鲁西埃共过事的队员超过了 50 位，但与他相处时间达到两年或两年以上的队员并不算多，一位与特鲁西埃共事 3 年的队员说："自我加盟至今，特鲁西埃对于场上要求的变动不大，一直坚持的有这么几点：352 阵型、追求控球、积极跑动。"

外界对特鲁西埃的期盼曾让这支球队备受关注，但最终开花不结果，这三年像放了一枚哑炮。当然，特鲁西埃用这三年时间把李毅从"大帝"培养成了接班人，算是他最大的成就。

四、李毅从"大帝"熬成"大爷"

三年前，李毅在海南成为"李指导"。那一晚，他在海边坐了一夜。三年后，他成为深足"代理主教练"，34 岁的李毅说自己"连犹豫的时间都没有了"。

李毅对自己的角色转变其实既感到兴奋又在预料之中。"球队的优点和缺点我都烂熟于胸，困难在哪里闭着眼睛都知道。三年来，我每天都在和特鲁西埃交流，从他那里学到了先进的战术理念以及对球队打法的运用。"

当时他自信满满地规划道："在现有的基础上，应补充一些球队所欠缺的，我们的进攻在中甲是不错的，最需要解决的就是防守问题。此外，球队需要正能量的风气，在球队的管理比如年轻队员的走训上，我会制定一些新的规定。"

1. 老万的算盘：只合作不转让

这一年，深圳小牛资本管理公司正式冠名和买下深足的胸前广告，球队也随即更名为"深圳小牛资本红钻队"。

一个没有实际产品又如此高端的互联网金融公司，为何要选择足球、选择身在中甲的深圳红钻？小牛集团董事长彭铁自称只是"半个球迷"，他曾对媒体解释说："我和万宏伟现场看了恒大的亚冠决赛，我自己回来也高兴了半个月。其实足球不会改变个人的实际生活，但是能提升凝聚力和快乐，不是用钱能买得到的。做金融的人很现实，但我们相信物质文明达到一个阶段后，精神文明必然会提升。足球对我们的品牌是有帮助的。"

万宏伟不但找来了小牛资本做战略合作者，甚至还向外界公开了深足的另一个实际投资者，时年仅 36 岁的张家豪。张家豪与万宏伟的合作始于 2010 年，是红钻集团的执行董事、副董事长。

张家豪坦言，投资足球之前自己连"伪球迷"都算不上。在过去三年多的时间里，他与

万宏伟共同经历了投资足球的起起落落，但是他更多的是负责集团的其他投资。现在他之所以要站出来，是因为"中国足球的机会来了"，通过足球进行产业和资本整合的机会来了。

张家豪当时认为，深足的任务并不只是冲超，更重要的是真正构建"可持续发展的产业链"。而万宏伟则进一步解释道："红钻体育文化、金融、房地产的基本产业链已经成型，其中足球是最核心的部分，所以我们长久经营俱乐部的决心是肯定的。当然，我们也欢迎第三方、第四方进来与我们一起做，但只是合作，不是转让。"

媒体对万宏伟在2014赛季前的种种动作的解读是：深足俱乐部在资金面并没有质的改变，他依然只是希望通过深足俱乐部这个平台，谋求其他更大的商业目的。

2014年1月初，深足到昆明海埂基地集训时，俱乐部补发了去年9月的工资，并许诺过年前给大家发点钱。但最后所有人都是两手空空回家过年的。李毅很清楚地记得当时的窘况："1月29号球队放假，说好发点钱让大家回家的，结果什么都没发。当时有的人兜里只剩两百块钱了，我只能掏自己的钱给他们，后来好几个队员给我发信息，还有在电话里哭的。我也没办法给全队掏钱啊。"那个时候，李毅面临的是13个队员合同到期的问题。队里已经有三四个月没发钱了，最终上赛季的主力只留下了3个，最大的打击是丁海峰转会去了辽宁——这名被李毅调教为左后卫的年轻球员，后来被恒大从辽宁手中买走。

2014年的中国职业联赛已经进入了"超大资本"时代，而深圳队依然是一支没有基地、没有梯队、没有宿舍的"三无球队"。球队的大巴是一辆早该报废的老爷车，下雨天还会漏水。球队临时租用西丽大学城的场地来训练，平时就租住在维也纳酒店。每到饭点，教练、队员们穿着各式各样的训练服，穿过马路，到大学城的食堂吃饭，这哪里还有职业队的影子？

也难为李毅了，带着一班被欠薪多时且缺乏经验的青年军，硬是在该赛季中甲半程结束的时候打到中游位置。昔日叱咤赛场的"李毅大帝"，居然被逼到要靠吃安眠药来减少压力，俨然变成了一个"大爷"。这种巨大落差的煎熬，在过去20年的中国职业足坛历史上，不知道有多少名将经历过。没有钱，任你之前如何威名赫赫，依然落得个英雄末路的可悲结局。

万宏伟的日子其实更难熬。他从2014年的5月就已经开始寻找股权合作的对象，曾经与深足走得最近的是当地的房地产企业佳兆业集团。万宏伟当时曾向全队许诺，他会在6月底前补发齐去年至今的全部奖金与津贴。或许是当时谈判的利好形势让他夸下了这个海口。不过，无论是佳兆业还是其他有意介入深足的企业，他们虽然都开出了1亿元起步的价码，但必须要全盘转让而非股权合作，万宏伟最终的态度导致了谈判的"流产"。在万宏伟的心目中，他依然希望"合作"而不是"转让"。万宏伟最希望玩的就是"股权合作然后融资上市"的概念，他说："我要继续保留深足的控制权，最主要的是确保深足未来的发展。马云收购恒大一半股权标志着中国足球产业化的元年已经到来。所以在转让谈判前，我们首先考虑的是意向方有没有足够的实力，让深足走上产业化发展的正路。"

虽然万宏伟言必称"足球产业"，但外界却都在盛传，他实际上开出了至少3亿元才肯全部放手的条件。

2. 神秘新股东助深足侥幸过关

股权合作谈判的失败，令深足的经济危机达到顶峰。在 7 月份中甲联赛的间歇期，深足的球员搞起了"罢训"，这也是深足多年来司空见惯的事了。球员都企图用这种手段来和投资人抗衡，但最终很难有好的结果，这一次当然也不例外。

无奈之下的球员们决定采取更极端的行动。7 月 15 日，足协杯深足主场对阵山东鲁能——球员们酝酿"罢赛"。一旦出现"罢赛"，深足俱乐部很可能要遭遇中国足协扣分的严重处罚，还能否保住中甲的资格就很难说了。

比赛的当天中午 12 点，球员们的手机陆续收到短信，俱乐部发工资了，但只是 4 月份的基本工资。由于 7 月 15 日是 6 月份工资发放日，如果这份工资不发，球队被拖欠的工资就将达到 3 个月，球员们就可以合法成为"自由身"了。至于那些承诺的"去年至今的全部奖金与津贴"因为数额实在太大，俱乐部没法解决。

中午 1 点，万宏伟专门到球队驻地与球员见面，转达了深圳市政府和中国足协对欠薪事件的关注，希望全队理智对待，一定要把比赛踢完。最终球员让步，要求俱乐部签发 2013 年至 2014 年 7 月 15 日的全部欠薪，包括教练、队务、队医的，一个都不能少。万宏伟答应后，球队顺利发车，比赛前 50 分钟才抵达宝安体育场。

俱乐部总经理李虹将盖有章的欠条一张张发到球员手上后，全队进入更衣室。在深圳市足球管理中心主任李少辉的一再劝说下，队员们终于放弃了罢赛的想法。他们没有热身，比赛延迟了大约 5 分钟开场。

所有外援都没有参加这场比赛，深足以"全华班"出战。深足球员是拉着一条自制的白底黑字横幅"请求政府足协帮助，球员生活已无法维持，还我血汗钱"进场的，这个举动立即得到了现场球迷的掌声支持。主裁判周刚吹响开场哨后，深足球员一脚把球踢向鲁能的后场，然后全部转身背对对方——这是一种更加强烈的无声抗议。鲁能的队员似乎早有准备，他们没有越过半场，只是站在原地等待，而且把球送回深足半场。

30 秒后，比赛恢复正常。但不到 2 分钟，鲁能中路突破，随后就由在深足梯队长大的张文钊破门，鲁能 1 比 0 领先。8 年前，张文钊也曾在深足讨薪，由他进第一球，实在是莫大的讽刺。第 30 分钟，阿洛伊西奥把比分改写为 2 比 0。整个上半场，除了鲁能门将杨程没有一次扑救外，场面还算正常。但下半场，赛前已有 3 天没训练的深足球员多人受伤离场，在最后因多人无法坚持比赛一度形成 8 打 11 的局面。实在看不下去的鲁能，在最后时刻甚至放弃了进攻。比赛最终以深足 0 比 5 输球而告终。

一场足协杯比赛，用一个月基本工资和一张一年半的工资欠条算是保住了。但后面的比赛怎么踢？正在危急关头，来自广州的广药集团王老吉大健康公司看准了商机，他们给深足俱乐部送去了赞助费加实物，总价值不低于 100 万元，这也是深足俱乐部"讨薪风波"在全国"发酵"后吸引的第一笔赞助。但这 100 万元不过是杯水车薪。深足部分队员和全部工作人员也到深圳市劳动人事争议仲裁院、市人力资源与社会保障局信访大厅提出了劳动仲裁申请，但他们也明白这一切很可能是无用功。

到了 8 月底，好消息突然传来——有一家企业找到了深圳市足协秘书长李少辉，并通过他与万宏伟接洽。双方签署了框架协议。按照协议，这家企业暂时以"帮助球队渡过难关"的形式出资，确保深足本赛季里剩下的参赛费用、工资、奖金能按时支付和发放，以解决球队的后顾之忧。至于真正的股权转让有可能要等到该赛季全部结束后才会最后落实。

10 月 11 日，深足在中甲联赛第 27 轮主场面对沈阳中泽，只要拿下对手就肯定能保级成功。赛前万宏伟到了球队更衣室，这也是两年来的第一次。万宏伟告诉大家，球队的新股东给大家带了 60 万元见面礼，希望大家好好拼，拿到保级的分数。中场休息时双方战成 0 比 0，万宏伟带着新股东的多位高管进入更衣室，其中一位向大家宣布了本场赢球奖励为 60 万元，并承诺会尽快付清欠薪，明年投入 1.5 亿元，全力争取冲超。最终，深足以 2 比 1 拿下对手，顺利保级。随后，万宏伟与球员多次沟通，承诺新股东将先支付一半欠薪，其余将尽快全部解决。如此一来，深足侥幸地迈过了"鬼门关"。

五、深圳足球进入了"死循环"吗

万宏伟这次是真的下决心把大部分股权转到新东家企业手上了，也就是接受"转让"的方式。2014 年 12 月中旬，深足俱乐部正式召开发布会，宣布"股权转让"一事画上圆满句号。

1. 广泰源的"足球产业链"模式

深足股权转让发布会进行了近 100 分钟，主要内容有 3 点：第一，深足俱乐部再次更名，重新变回 20 年前最原始的"深圳足球俱乐部"；第二，俱乐部完成增资扩股，深圳市兆能源酒店供应股份有限公司（实际上由广泰源集团控股）持股 55％，原经营者红钻集团持股 45％；第三，兆能源酒店供应股份有限公司董事长、广泰源集团监事长兼执行总裁赖昌明成为深足新的董事长。

为什么注资深足？赖昌明当时的解释是：第一，足球是一种精神，能激励人，也能激励企业；第二，自己有能力和平台打造足球产业链，以足球养足球。他还拍着胸脯保证："深足以后都不会再出现欠薪现象了！"

除了董事长和总经理，深足俱乐部还任命盛家家居（同样由广泰源集团控股）的老板曾震宇为深足总裁。俱乐部总裁办下，包括一队和预备队在内设置了 10 个部门，分别由总经理李虹、副总经理孙刚和总裁助理邱杰华管理。李毅仍担任一队主教练，原助理教练王宏伟与原梅县队主教练李远平互换岗位，刘文斌、牛力、向君留在教练组，前国脚李海强担任体能教练。车范根的前助手、前韩国国脚李林生担任预备队主教练，辅助他的有 3 位韩国教练和刘建江、肖健佳 2 位老深足队员。李林生团队同时也是"作战指挥部"的重要成员，负责数据监测和分析。

自从 2011 年大运会后"搬家"到宝安体育场，深足便离开了原来的主场——深圳体育中心长达 3 年。为了完成球队注册，体育中心做了让步，新东家也还清了俱乐部对深体的欠债，"回家"的麻烦迎刃而解。但是因为多年没有进行职业比赛了，深体的草皮情况堪忧。但这是深足降级后第一次重回深体比赛，对 2015 赛季的球市还是很有帮助的。

俱乐部总裁曾震宇是梅县人，新赛季深足的重组和内外援的引进都在他的主持下进行。曾震宇说得很明白："俱乐部背后有集团强大的经济实力和产业链做保障，我们绝不缺钱，但是我们不想做'土豪'，我们会按照足球的基本规律运作，不搞军备竞赛，我更看重的是足球产业链的设置，是俱乐部青训的造血功能。上半年的目标是前六，下半年冲刺争取最好的成绩。"

曾震宇表示自己很看重深足的青训建设，预备队的教练团队已经走了国内很多地方，确定了 43 人的大名单，其中包括翠园中学的 6 位队员。曾震宇说，俱乐部将给预备队最好的训练和住宿条件，甚至连数据化的仪器都与一队看齐，目的就是要吸引来全国最好的苗子，今后也会和欧美的大俱乐部合作搞青训，但首先必须要有一块基地，他甚至还透露，集团已经有打造梅州 3 平方千米"国家级足球小镇"的整体规划。

2015 年的"新深足"在新东家"足球产业链"的愿景驱动下，一切看上去都很美好，至少比去年与自己命运相仿最终却不幸消亡的广东日之泉要走运。然而，"新深足"内部复杂的管理体系很快就爆发出了新的矛盾。

2. 内部权斗迫使深足两次变更股权

首先是总经理李虹离开了。她在主持完"深圳宇恒"冠名仪式之后，便轻轻关上了发布厅的大门，转身而去，那似乎是她与深足的正式告别。"我一个人上车、开车、回家，哭了一路，没想到就这样说再见了。"她后来回忆说。

到了 4 月中旬，李毅也从俱乐部下课了。深足俱乐部在对外通稿上简单地宣称：李林生从预备队主教练变成一队主教练。至于李毅，他将按照俱乐部的安排，"转岗"担任技术指导专员。也就是说，来深圳已经 4 个多月的李林生终于成为深足主帅。

事实上，这一切都与一个叫炜麒的人有关。在"广泰源"接手之初，炜麒的角色是俱乐部的董事。有趣的是，炜麒只是一个化名，他的真名叫温绍强。李虹离开俱乐部后，炜麒成为俱乐部的新任总经理，李林生就是由他带来深圳的。"李林生带预备队 4 个月了，有很强的能力，非常敬业，我对他很有信心。"炜麒当时这样解释换帅的原因。

炜麒强调，让李林生担任一队教练只是第一步，接下来俱乐部要打造整个韩国体系，邀请车范根回来担任技术顾问，并准备租下西丽足球基地，使其成为一线队、预备队和梯队的训练基地。但此后，除了车范根以私访性质来过深圳一次外，此人口中的一切承诺都没有兑现。

李林生带深足的成绩还算中规中矩，尤其是足协杯主场打北京国安一战让他在球迷中初步树立起威信。但诡异的是，刚刚进入 6 月份的第一场中甲比赛，深足在武汉客场竟然遭遇 0 比 6 的惨败，从而以"三连败"掉进了降级区。

深足这个"队史最大输球纪录"是一个不同寻常的比分，除了场上的偶然因素外，它也反映了球队、俱乐部存在的客观问题。刚刚稳定下来的深足，又怎么了？随后被媒体披露的细节并没有新意，原来深足又被"欠薪"了。

就在6月上旬，深足俱乐部的工商登记先后进行了两次变更。根据最新的股东信息显示，深圳前海集众金控产业链管理有限公司出资9 900万元控股90%，深足前董事长万宏伟出资1 100万元控股10%，周勇取代赖昌明成为深足的法定代表人兼董事长，赖昌明干脆从董事会名单中彻底消失。在新的董事会名单中，炜麒继续担任总经理，曾小明、李虹仍为董事，曾小燕担任监事。

"广泰源"亮相不过短短半年就结束了"深足控股方"的角色，深足突然又转到了一家更神秘莫测的企业手中。根据当时的公开信息，前海集众金控产业链管理有限公司成立于2014年8月18日，炜麒出资100万元持股20%。这说明炜麒不但是深足总经理，还是深足控股方的股东。此外，深足新的董事长周勇并非前海集众金控的股东。据知情者透露，周勇是广东中山的企业家，据说他"对足球产业很感兴趣，而且经验丰富"。

8月底，深足主帅不再是李林生了，而是原预备队体能教练李海强。俱乐部总裁曾震宇宣布李林生及韩国教练组"休息"，李海强调入一队任执行教练，一队助理教练刘建江到预备队接替李海强的职务。

实际上比"换帅"更大的消息是深足投资方已停止对俱乐部的注资，球队本赛季接下来的费用需要总裁曾震宇独自负责。曾震宇认为李林生能力不错，只是发现他的工作方法比较硬，确实对全队团结一致保级不利。出于这个考虑，双方在沟通后，彼此都认为暂时休息对球队和他本人来说都是最好的选择。曾震宇还介绍，总经理炜麒已辞职并办理完交接手续。

当时深足的球员认为球队的主要问题并不在李林生身上，令他们感到最苦恼的是俱乐部的管理和不断传出的俱乐部换手传闻，很大程度上影响了军心。对于所有人来说，"不能降级"是最最重要的底线。

到了10月底，一年三换帅的深足终于艰难地保住了中甲席位。但这个时候，深足俱乐部突然对外发布了一个加盖了公章的《人事变动公告》："经深圳市足球俱乐部股东会和董事会研究决定，任命邓俊杰先生担任深圳市足球俱乐部董事长，同时免去曾震宇先生担任的深圳市足球俱乐部董事和总裁职务。"

原来深足俱乐部股权在10月初又一次进行了变更——香港鸿鹄资本集团董事局主席、深圳市鸿鹄创业投资有限公司董事长邓俊杰成为新的法人代表和董事长。原董事曾震宇、周勇、炜麒都离开了董事会。

曾震宇很气愤地表示，在深足原控股方广泰源集团出现实际困难后，由他本人出资管理深足。但如今俱乐部却在他不知情也没有召开董事会的情况下，以加盖公章的公文方式直接把他免职。"这其实是广泰源的内部权力斗争！"他不甘心地说。

3. 深足不应沦为"资本家"的玩物

深足俱乐部最新的董事长邓俊杰是一个70后。

"我们核算过，所有需要支出的费用大约在 1.2 亿元。这个数买一家中甲俱乐部值不值？我觉得，如果是其他地方的俱乐部就不值，给我我也不要。但是买深足我认为值，因为它是深足，承载着这座城市一千多万人的期望，而且还有 21 年的积累和感情，值！"他如此表态，用一句当时流行的广告语概括就是——用实力让情怀落地！

和之前几任先后为万宏伟接盘的投资人一样，邓俊杰也表示自己有能力带领深足冲超，但 2016 年绝不先喊冲超。他同样很看重"足球产业"的价值，也透露了今后要把俱乐部上市的目标。他唯一和几位前任不同的是，邓俊杰有曾经运作过超过 30 家企业上市的经验，在他的脑海里，已经有了产业整合的框架和让深足尽快上市的计划与把握。

深足俱乐部股权再度变更之后，最大的变化当然来自教练组。东北名帅唐尧东出任新深足主帅，他带着于明、李洪武、张斌以及老深足队员董礼强一起主持深足的教练工作，上赛季教练组只有领队孙刚留任，带队保级的执行教练李海强离任。

整个 2016 赛季的冬季引援，深足并没有太大动作，反而有两桩事情令外界哗然：一是引进 35 岁的自由身球员徐亮；二是举办 2016 赛季中甲的开幕式。

徐亮先后在国安、申花、广药 3 家中超俱乐部效力，被称为在"北上广"效力的国内第一人。2014 年底受伤之后，徐亮在 2015 年宣布从申花队退役。但过了一年之后，徐亮感觉伤势恢复不错，决定复出。虽然他是自由身球员，但中超已经很难容纳这样一名老将了，于是徐亮选择在次级联赛的深足东山再起。因此徐亮也成为国内首位打遍"北上广深"四大一线城市的职业球员。

至于中甲开幕式，是董事长邓俊杰主动提出举办的。2015 年底，深足本来很难获得中国足协的注册通过，但后来还是在中国足协诸多热心人士的帮助下解决了注册的困难，此番举办 2016 赛季中甲开幕式，也有投桃报李之意。

16 年前的 2000 赛季，深足曾经承办过甲 A 联赛开幕式。从那个赛季后半程开始，深足逐步摆脱保级阴影，4 年后登顶中超。16 年后，历经波折期待重生的深足俱乐部也希望能够像当年一样，在主办开幕式后振翅腾飞。

这个希望，对于饱受磨难的深圳足球来说能实现吗？

广州和深圳相隔不过 100 多公里，但两地职业足球的发展轨迹却有天壤之别。

1998 年，广州仅剩一支甲 B 球队，而深圳队从那时开始成为广东足球在顶级联赛的最高代表。此后 10 年，广州足球虽然在次级联赛苦苦挣扎，但各路投资人依然冷静，政府也有雪中送炭之举，球迷和媒体更是不离不弃，最终才迎来了"恒大时代"的蜕变。

反观深圳，从 2004 年获得中超元年冠军之后，深圳足球就长期与"欠薪""换帅""罢训""转让"等负面新闻结下不解之缘，一次又一次，似乎陷入了无限的死循环当中。

究其原因，从"张海时代"开始，深圳足球就被打上了浓重的"资本工具"烙印。无论在中超还是沦为中甲球队，深足始终被一拨又一拨"资本玩家"玩着"击鼓传花"的游戏。

这些"资本玩家"得益于深圳开放的金融环境，在深圳的多年打拼确实积累了一些家底，但他们却从来不会真金白银地向深足俱乐部"输血"。

在中国职业足球依然不具备"自我造血"功能的时候，这些人却大谈"发展足球产业""重视青训"，这些其实都是托词，他们真正的目的就是把深足作为一个工具，然后"上市融资"，最终"套现"！

在各路"资本家"的折腾下，深圳足球俱乐部长期是一个"三无"俱乐部，几乎在市场上自生自灭。深圳市政府对职业足球也放任自流，眼看着深足在投资人的手中变成玩偶也没有任何指导和监管。

2016年3月12日，深足的新东家佳兆业高调宣布每年将以6亿元投资入主深足，并隆重举办了2016年中国足球甲级联赛开幕式暨揭幕战，这也是自2000年举办甲A联赛开幕式以来，深圳时隔16年再次举办联赛开幕式，深足重塑冲超之梦。

深圳作为中国大陆改革开放的老牌前沿阵地，如今依然是中国新经济大潮下的金融重地。依附于这片土地的深圳足球，这次真的等到了"天亮"的那一天吗？

栈道

沉舟侧畔千帆过，
病树前头万木春。

——唐·刘禹锡《酬乐天扬州初逢席上见赠》

2015 年，梅州五华夺得中乙冠军，足球之乡终于一圆职业甲级队之梦

一个国家的竞技足球水平要提高，必须建立在国内足球生态的科学顶层设计上。

目前，中国的职业联赛只有三个级别，即中超、中甲、中乙。头两级联赛均有 16 支队伍，采取主客场双循环制；中乙则每年参加的队数并不恒定，采取常规赛阶段加决赛阶段的混合赛制。而在中乙之下，国内并没有正规的全国性丙级联赛，更没有成系统的省级半职业和业余联赛。

显而易见，以中国地理幅员之大，仅设立三级全国性的职业联赛是远远不能满足庞大的竞技足球人口所需的，同时也抑制了基层青训系统的输送动力。另外，中国的职业联赛根本不是国际上通行的正金字塔式，各层级之间也不具备顺畅的"进化"通路，导致竞技和市场的生态不能良性发展，良莠不齐、贫富悬殊，严重抑制了地方足球文化的积淀。

事实证明，中国的职业足球体系就是一条"栈道"，如果缺乏正金字塔基座的强力支撑，中国足球必将在虚火过后难以为继。

2016 年，中国足协出台新政策：所有球队不能异地迁移。为此，一股"搬家"风潮突涌：三级职业联赛共有 26 家俱乐部出现股权转让、异地注册甚至整体转卖的大动作。而经过这轮躁动之后，广东依然以拥有 2 支中超球队、2 支中甲球队、2 支中乙球队而成为中国职业足球最活跃的中心区域。

广东的足球人，正致力于把中国足球的生态从"栈道化"，逐步进化为"平台化"。尽管这个过程注定是漫长的。

一、重振"足球之乡"的新契机

随着梅州五华队在 2015 赛季乙级联赛冲甲成功，中国次级职业足球联赛的版图上又多了一支广东的球队——这也是目前中国足坛唯一一支存在于县级城市的中甲球队。

梅县地区素有"足球之乡"美誉，历年来为中国各级国字号球队和广东足球队输送了大量人才。但在中国足球职业化之后，梅县地区一直没有建立起自己的职业队，足球品牌每况愈下。如今，梅州五华队的崛起令"足球之乡"终于迎来了新的发展契机，也为广东足球增加了一个"本土化"的宝贵平台。

1. 五华崛起：历史与潮流的融合

五华人杰地灵，是粤东客家文化的重要源头。中国内地的现代足球发源地为五华长布镇元坑村，有"中国球王"之称的李惠堂正是五华人。新中国成立后，五华与梅县、兴宁一起成为"足球之乡"的重要组成部分。

然而，中国足球进入职业化之后，梅县地区受制于体制滞后和经济欠发达，一直没有建立起属于自己的真正职业队。这导致梅县基层足球培训体系瘫痪，很多有潜质的年轻球员早早就离开故土加入国内其他俱乐部的青训体系，"足球之乡"名不副实。直到 2010 年，梅州市出台了《振兴"足球之乡"十年规划》，明确把组建一支职业足球队放到"十个一"工程的议事日程上。历史悠久的五华足球终于获得了重新被激活的新机遇。

2012年底，卸任广东日之泉队主教练一职的曹阳赋闲在家，当时他率领广东日之泉队连续4年冲超未果，心情十分郁闷。一个由梅州市体育局打来的电话让曹阳兴奋起来：来电者告知他，五华有一名企业家想在当地投资搞一支职业队。

要找曹阳的这名企业家叫魏晋平，他是五华当地一家房地产公司的董事长。发家之后的魏晋平热爱和支持家乡公益事业建设，尤其热爱足球。他希望能借助专业足球人士的力量，在家乡搞一支职业队。身为客家人的曹阳与魏晋平见面之后十分投契，他被对方的热情和魄力所打动。魏晋平让曹阳先组建一支乙级队，争取一年后冲甲，资金不是问题。

于是，名为"梅州客家"的一家足球俱乐部就在五华成立了。曹阳集结了当年日之泉队的部分球员为班底，又从省内各中超、中甲俱乐部罗致了一些打不上主力的球员，开始了中乙冲甲之旅。

起初由于五华没有训练基地，曹阳率领的这支梅州五华队只能在广州训练，打比赛的时候再去五华，两地奔波苦不堪言。2013年7月，梅州客家俱乐部决定投资兴建足球基地，历时4个月后落成。该基地位于五华县河东镇的琴江江畔，占地面积约3.8万平方米，建有11人制和7人制足球场各一块，训练、办公、球员食宿等设施一应俱全，真正在当地扎下了根。

2013年第一个中乙赛季，梅州五华队以南区预赛第一名的身份杀入淘汰赛。但在1/4决赛次回合的主场比赛中，梅州五华却在最后一分钟惨遭山东滕鼎绝杀而被淘汰。2014年，卷土重来的梅州五华再次以南区冠军身份晋级淘汰赛，在恒大旧将秦升的辅助下，进一步杀至半决赛。但在次回合的主场比赛中，梅州五华再次在最后一分钟被绝杀，被江西联盛淘汰。连续两年都以同一种方式冲甲失败，曹阳和他的球员都十分失望。

更令曹阳痛心的是，在当年的中乙季军争夺赛中，他们又输了。鬼使神差的是，由于当年中甲有球队解散，获得中乙第3名的贵州智诚幸运地获得了中甲资格。

这个时候的曹阳曾经考虑过放弃，但俱乐部投资人的信任令他坚持了下来。在做了大量思想工作之后，五华队很多球员也留了下来，他们下定决心一定要在2015年完成冲甲任务。第三次踏上冲甲之路的梅州五华起步并不顺利，当时前四轮过后他们只取得2胜1平1负，落后排在南区头名的丽江队5分。中甲南区预赛只有14轮比赛，5分不是一个小的分差。为此，俱乐部决定换帅，谭恩德被张军代替。

张军接任之后球队的成绩不算差，取得了两连胜。但由于俱乐部投资人认为张军的战术风格不符合球队发展思路，决定再次换帅。这一次，曹阳采取了一个冒险的决定：力邀71岁的前国足老帅戚务生"出山"。令曹阳感动的是，戚务生毫不犹豫地答应了他的邀请。作为国内职业联赛年龄最大的主教练，戚务生用很短的时间就熟悉了球队。在二次转会中纳入唐德超、曹添堡、巴顿几名悍将之后，戚务生指挥球队在第3年以南区冠军身份一路杀到了半决赛。

半决赛的对手南京钱宝也不是一个容易对付的球队，他们的资金十分充足，也是志在冲甲。但令戚务生和曹阳开心的是，球员在关键的首回合客场比赛中发挥出色，以5比1击败对手并取得了巨大优势。"这场比赛其实并没有比分反映的那么大差距，我们比赛中

还扑出了对手两个点球。"曹阳心有余悸地说。终于事不过三，梅州五华摆脱了前两年的霉运，顺利在主场冲甲成功。而在中乙该赛季的决赛中，梅州五华更是击败了大连超越而捧起了冠军奖杯。

"前两年我们在球队的运作上存在失误，但没有这两年的积累，我们根本不可能获得今年的成功。三年下来，投资人以独资的身份在搞俱乐部，前后投资也超过1个亿了，但他始终没有怨言，对我和球队都始终坚持信任的态度。"曹阳说。在广东日之泉俱乐部2015年解散之后，梅州客家俱乐部将承担起为广东全省足球后备人才创造锻炼平台的新任务。

2. 立足中甲：留住广东足球的根

尽管冲甲成功，但对于梅州客家这家全国唯一存在于县级城市的中甲俱乐部来说，如何立足却不是一个容易解决的问题。

取得主场资格是头号难题。梅州五华队目前的主场是在县城的五华人民体育场，只能容纳8 000人，场地硬件设施比较简陋，如果要通过中国足协中甲主场的标准，必须要有一番比较大的整修。不过曹阳很坚定地表示："我们中甲的主场一定要放在五华，这里是我们真正的主场。今年中甲我们平均上座率超过5 000人，比许多中甲球市都要好，当地球迷很支持我们，比赛日气氛十分好。交通的问题我们可以在出行时间上调整克服，球场更不是问题，我们完全有能力按照中甲标准去整改！"

曹阳并没有食言。2016年1月6日，五华县政府召开专门会议，敲定梅州客家俱乐部新赛季主场建设的各项细节。为达到中国足协要求，五华人民体育场外围已架设全新隔离防护网，完全与周边居民楼隔开。观众座位、看台与球场间的安全区、球场灯光、体育场出入口和疏散通道、运动员休息室、160平方米的新闻发布厅等硬件设施也已基本整修完毕。

对于2016赛季，曹阳并不急于冲超，而是争取在中甲中"保十争八"。梅州市体育局也已经和俱乐部达成共识，从2016年起共建预备队和几个年龄段的后备梯队，真正起到"足球之乡"的带动作用。

从日之泉时代开始，曹阳的建队理念一直恪守"本土化"。2015赛季的梅州五华队中，广东籍球员占了三分之二，客家籍球员占了三分之一，很多之前曾活跃在中超、中甲的广东球员都在这里找到了延续自己足球梦想的舞台。

为备战2016赛季，梅州客家俱乐部聘请了荷兰人尼赫特担任主帅，看重的是他的技术足球理念、敢于用新人和在青训方面的长处。而在内外援引进方面，俱乐部也本着性价比高的原则早早完成，其中香港球员李志豪和土耳其裔的台湾球员朱恩乐，都是抢在中国足协出台"港澳台球员将成为亚洲外援"的政策前引进的。"我们俱乐部不但要成为梅州足球的龙头，更希望能打造成为广东本土球员发展的一个大平台。2016年的中甲联赛土豪很多，我们投入8 000万元只能算中下游水平，未来的竞争相当激烈，但我们不会改变自己的方向。"曹阳说。

梅州五华队的冲甲成功，也带动了五华当地的足球发展，最直接的表现就是五华将建设一个足球公园，梅州五华队的新球场和新训练基地也包括在足球公园之内。新球场于2016年动工，计划在2017年完工，2018年投入使用。新球场将按照中超标准建设，总投入3亿元。新训练基地建成后将是集梅州五华队训练、国家队足球冬训，承办社会足球比赛、青少年足球比赛和足球旅游于一体的足球基地。基地预计总投资6亿元，包括15个足球场、1家四星级酒店、多栋运动员接待中心、一批教学办公生活设施、旅游接待中心和足球产业制造基地等。

除了带动当地足球硬件设施提升，梅州五华队冲甲也带动了当地足球"软件"的升级。目前，五华县体育局在原有校园联赛的基础上打造了校园足球三级联赛，进一步扩大了比赛参与面和参与程度。目前，五华参与校园足球的学生有近千名，比赛场次超过300场。以五华当地的足球强校惠民小学为例，该校2009年才开始开展校园足球，但近年来为梅州体校、省内各地级市球队以及广州恒大、广州富力输送多名小球员。近日，鲁能足校也有教练前往该校，希望带走两名12岁球员进行培养。

当年刘彬彬离开梅州前往鲁能足校时也是12岁左右，年轻球员不断涌现又不断出走他乡，这是五华足球乃至梅州足球的荣耀，同时也是尴尬。而在梅州客家俱乐部确定了未来的发展方向之后，或许"足球之乡"的品牌将重现光芒。

二、星星之火，可以燎原

自新中国成立之后，广东足球一直以广州、梅州、湛江为三大传统重镇，三个地方都有不同的专业足球队伍参加全国联赛。

自中国足球进入职业化后，广东的职业足球则围绕广州和深圳两大中心城市开展，在佛山、东莞、珠海、梅州、惠州、湛江等地也都曾留下火种。从2007年开始，除了中超、中甲两级联赛之外，广东省内还有很多社会力量陆续介入职业足球领域，而各种新兴的、区域性半职业、草根联赛也在不断蓬勃壮大。

可以说，目前广东拥有国内最丰富多彩的足球生态，有过成功的欢笑，也有不少失败的无奈。但未来，广东足球一定拥有更多的进化可能。

1. 流浪，从东莞南城到梅县客家

从1994年中国足球职业化元年至今，中国的职业足球俱乐部中从来没有更换过股东和冠名的球队只有北京国安和河南建业。一部中国职业足球史，可以说就是一部球队的"流浪史"。

以2016赛季为例，中超共有5家俱乐部变更了投资方和冠名，中甲共有9家俱乐部变更了投资方，2家迁移外地；中乙则有12家变更了投资方，5家迁移外地。这种大面积的投资方更换和"移民潮"，恰恰证明经过20多年的发展，中国职业足球联赛的市场资源

依然很贫瘠，更没有形成深入的地域足球文化概念。

在"足球之乡"梅州，除了已经冲甲成功的梅州客家俱乐部，还存在一家在乙级打拼的"梅县客家俱乐部"。梅县客家俱乐部的发展历史，正是中国职业足球俱乐部流动性过大的真实反映。

2003年，作为东莞市南城区体委主任的覃东，租借了一支小球队，球员来自五湖四海。覃东最早在佛山队踢过甲B，后来也做过生意、教练和经纪人，他的梦想是搞职业足球。当时，他带这支小球队的目标是要为东莞备战2010年的省运会男足比赛，进而变成职业球队——因为当时东莞一直被认为是"足球沙漠"，他想改变这个历史。

功夫不负有心人，这群当时只有10岁的小球员经过7年专业训练，于2010年在惠州举行的第13届广东省运会男足决赛上，以2比0击败了广东省内的霸主——广州队，为东莞市创造了省运会历史上首次问鼎足球冠军的新历史。这支"东莞南城队"当时在日本青训优秀教练仓田安治的率领下，培养出了杨超声、廖力生、王睿、方镜淇、张兴博、廖均健、胡威威等后来进入各级国字号球队的优秀球员。当然，东莞这样一个青训基础薄弱的地方，能搞出一支拿省运会冠军的球队，证明当时广州、深圳、梅州这些传统足球重点地区的青训水平的退步是多么严重！2011年的城运会，麦超率领的广州队居然以东莞南城队的球员为班底组建，最终拿到了亚军。

这支拥有巨大发展潜力的年轻球队，从2011年开始报名参加乙级联赛。当时平均年龄不到18岁的东莞南城队令人意外地在南区突围，在全国总决赛1/4决赛中淘汰了当时的冲甲大热门抚顺罕王队。虽然在随后的半决赛中不敌重庆FC，无法实现冲甲之梦，但他们打到季军的表现已让外界十分惊讶。

不过，对于覃东来说，2012年要继续打中乙必须筹到更多的赞助费。"东莞始终没有职业足球的氛围，当时新世纪出资赞助500万元，这笔钱已经足够他们养一支女篮队伍了，但养一支中乙男足，还是有着不少困难。"覃东回忆说。无奈之下，覃东只能节衣缩食让球队坚持打完了该赛季中乙预赛阶段的比赛。

为了维持生存，覃东甚至在这个赛季的中途就早早地把廖均健卖到了广东日之泉。到赛季末，他还把方镜淇、李伟新、胡威威、廖力生、杨超声、王睿、张兴博7人打包卖给了广州恒大；随后广州富力也带走了张晨龙和向嘉弛。

然而，南城队在2012赛季结束后依然没能找到赞助，也没有得到东莞当地政府的任何支持。覃东不得不拉上队伍的剩余人马前往梅州，在那里成立了梅县客家俱乐部。覃东当时选择梅州，是因为梅州政府在政策方面有着不错的支持。梅县客家俱乐部最终将主场落户于梅县曾宪梓体育场，训练基地设在雁洋镇。为了进一步提升球队实力，俱乐部还吸收了一些梅县籍的优秀运动员，同时与广州恒大足球俱乐部合作，引进其预备队的球员来补充队伍。

这一个赛季，覃东是可以得到安慰的，球队的发展相对比较稳定，虽然最终没有冲甲成功，但毕竟安定了下来。2014赛季，梅县客家俱乐部得到广东俊诚汽车集团冠名的赞助，聘请了日籍足球教练津越智雄，从富力引进了2名有中超经历的梅县籍球员黄隆和李灵威，并从广州恒大租借了部分球员。如此声势浩大，梅县客家队却连中乙的决赛阶段都打不进，冲甲大业依然功亏一篑。

在这样的背景下，梅县客家俱乐部开始失去政府的青睐。覃东在2014年底又为了球队的前途而四处奔波，覃东回忆说：当时我已经游走了省内多个城市，包括东莞、佛山、惠州、深圳，但是都没能得到任何支持，最终我打算把球队拉去海口。因为当时认识了一位在广州做生意的海南临高籍企业家。至于出手帮助梅县队的原因，这位海南老板表示希望能为家乡的足球做点实事。海南还没有参加过职业足球联赛，中国足球的版图也缺少海南，他希望成为第一个吃螃蟹的人，带动海南足球的发展。

但正当覃东准备把梅县客家俱乐部拉去海口的时候，梅州当地政府喊停了这次行动。2015年3月，深圳市铁汉生态环境股份有限公司整体收购梅县客家俱乐部。完成收购后，俱乐部的名称不变，随后聘请了原深圳健力宝队球员、曾担任深圳红钻队助理教练的王宏伟担任主教练。俱乐部除了加大在引援方面的投入外，还进一步挖掘梅州本土球员。但可惜的是，一个赛季之后，梅县客家止步中乙1/8决赛，依然无缘中甲。

在梅州五华队已经冲甲的情况下，"梅县客家"变得更加边缘化，已经很难扛起重振"足球之乡"的旗帜。或许，回归专注青训的中小俱乐部本质，才是他们的最好结果。"徐根宝的东亚模式是目前国内最好、最健康的职业足球发展模式，但可惜没有人愿意学他那样十年磨一剑。广东是有这个条件的，从东莞南城到梅县客家，我们继续守候吧！"覃东无奈地说。

2. 湛江足球：何时重发新枝

湛江，从新中国成立前的"广州湾时代"开始就已经有良好的足球基础，霞山、赤坎、吴川、海康等地的业余足球氛围特别好，这些都为湛江足球在新中国成立后迅猛发展创造了必要的条件。

1959年湛江首办地区体训班，足球项目甚至招徕了北海、阳江等地的青年好手，令组建专业队拥有了丰富的队员资源。当时，湛江体委主要领导主抓足球的思路明确并得到湛江地区和湛江市政府的大力支持，拨出专门经费组队并由体委副主任黄可亲任湛江首支足球专业队的领队。另外，当时湛江足坛拥有相当一批德才兼备的教练员，如在"广州湾时代"就声名远播的王经国、新中国成立前就入选西南军区足球队的叶华振、黄甚和入选中南白队的冯祖毅，后来更专门调回堪称全军"第一射手"的南京部队骁将王文华。而从湛江走出去的陈复赉，更成为20世纪50年代全军乃至全国的著名球星。

万事俱备之后，湛江足球队的成立就水到渠成了。1958年，湛江组成业余队参加全国乙级联赛，在南区比赛中取得第七名。1960年，湛江正式成立了第一支专业足球队——"红队"。这个名字是当年王经国教练定的，其寓意是"开门红"。

很快，这支湛江"红队"就在该时期的广东省足球联赛中为湛江足球赢得美誉，更培养出不少当地的足球明星，如中锋李健、陈华钢，前卫陈安居，边锋黄柏，边后卫李沛沚，守门员李沛洵，"烂脚马"潘秀如，"犁耙"黎培强，"解脚佬"张志雄……不久，湛江"红队"因成绩优秀，一度被广东省体委撮合，在20世纪60年代初与广东"萌芽"

队整合为广东省青年足球队，并出战全国甲级联赛。而当时的全国甲级联赛劲旅广东队中的江兴国、罗良和许华福等，都是来自湛江的足球精英。

20世纪60年代的这支湛江足球专业队在"文化大革命"中夭折，但已经成为湛江足球的精神支柱，更成为广大青少年足球运动员的奋斗目标，对这一时期及以后湛江足球的发展氛围和有力提升产生了历史性的影响，并奠定了良好基础。20世纪七八十年代，湛江地区依然不断涌现出很多省脚乃至国脚级的球员。

湛江的第2支足球专业队应为诞生于20世纪90年代初的"半球女足"，但湛江的男足却从20世纪90年代就开始步入发展的低潮，受领导思路和经济条件的影响，当地广大中小学的足球训练停滞，足球场地、教练等均得不到充分的保障，这就导致该地区的业余体校严重萎缩，根本组建不了高水平的专业队伍，在广东省内的成绩一落千丈，更无法向省级龙头队伍输送人才。

在中国足球职业化之后，湛江地区曾诞生过中国足校湛江分校、粤西足球学校以及湛江足球学校等民间足球学校，但都因特立独行，既得不到当地体育部门的包容、支持，也没有办法与当地的教育部门合作，最终不了了之。

这种低迷的局面，直到2007年的时候才有了点变化。当时，由湛江的知名企业家"天地壹号"的老板陈生投资，组建了"湛江天地壹号"队出战该年的全国乙级联赛。当然，这支湛江队基本就是"雇佣军"，本土球员只有寥寥数人，教练团队和俱乐部管理团队也不够专业，结果球队在当年南区比赛中垫底。只坚持了短短3年，这家俱乐部就解散了。

放弃足球后不久，投资人陈生在广州市场大展拳脚，他推出的"天地壹号"土猪获得空前的成功。但"天地壹号"足球俱乐部并没有对沉寂的湛江足球带来什么推进。可见，在市场化日趋成熟的今天，并不是谁做一支职业足球队出来就可以横空出世、普济众生的。

湛江足球重振雄风的依托首先在于广大校园，跨进21世纪的这十几年间，吴川的中小学、廉江从民间到校园，都积极做出了表率。其次必须依托于草根足球的氛围，近年来湛江狂狼足球队就在广东省内打出了一定的知名度。只有把这些基础的足球工作重新激活，湛江的业余体校才会重新发掘到人才，湛江足球才有可能再发新枝。

3. 深圳"后备军"的前赴后继

深圳是广东经济环境最活跃的地方。然而，职业足球与这个"金融之都""经济强市"却产生不了太好的"化学反应"——除了深圳足球俱乐部成立20多年之久，经历了甲B、甲A、中超、中甲的跌宕起伏，经过了多任投资人的折腾之外，其他一些企图介入职业足球的"后备军"都很难存活。

比如20世纪90年代的深圳金鹏、21世纪初的深圳科健，最终都无法在二级联赛中存活，原因就是缺乏资金和人气，毕竟这几乎是中国最年轻的一座城市，也是"移民城市"，而足球最需要坚守和归属感。

2012 年初，随着深圳风鹏、深圳名博两家俱乐部先后树起大旗报名参加乙级联赛，深圳职业足坛一度出现了"三足鼎立"的局面。当时"冲超冲甲"是最基本的愿望。然而没过几个月，深圳名博就爆出严重欠薪、欠债的新闻，最终解散。深圳红钻连续两年冲超失败。而深圳风鹏反而成为当时深圳球迷的最大期待，毕竟他们杀入了乙级联赛的决赛阶段。

深圳风鹏俱乐部组建于 2012 年 1 月，以"大风将起，鹏程万里"而命名。球队以南山少年足球俱乐部为班底，吸收了原深圳队的袁琳、陈永强、肖建佳等 7 名队员，并引入了几名内援，教练组也由原深圳队的教练和球员如孙刚、张军和范育红等担任，注册参加 2012 年中国足球乙级联赛。球队以深圳西丽大学城体育场为主场，并提出冲甲的赛季目标，主教练张军称如果球队冲甲失败，他将会主动辞职。最终深圳风鹏以南区第二的成绩进入 2012 赛季中乙联赛总决赛，但在半决赛两回合 1 比 2 不敌湖北华凯尔，无缘升甲。

2013 赛季，率队冲甲失败的张军履行承诺离开球队，朱波成为球队的新任主教练，俱乐部将主场迁至可以容纳六万人的深圳大运中心。2013 年 3 月 31 日，深圳风鹏参加俱乐部历史上首场中国足协杯比赛，但在点球决战中不敌业余球队武汉宏兴被淘汰出局。该赛季，深圳风鹏队的目标仍旧是冲甲，但球队人员流失严重，上赛季主力阵容大部分都已离队，如球队后腰杨健随原主帅张军加盟了广东日之泉，袁琳、杨昌鹏、刘熙加盟了由曹阳带队的中乙新军梅州五华，陈永强则离开了球队。

由于球队大换血，再加上该年中乙球队冲甲竞争更加激烈，深圳风鹏队最终无法打进决赛。2014 年 3 月 19 日，中国足协下发了《关于 2014 年中国足球协会乙级联赛报名工作的通知》，在这份名单中，连续两届中乙季军深圳风鹏榜上无名。

两年多来一直为深圳风鹏殚精竭虑的总经理孙刚和主教练范育红很无奈地承认："我们拉不到投资，只能退出。"过去两年，风鹏投入近 2 000 万元，投资人换了三四次。虽然每个投资人都有自己的想法，虽然两年都只是差一步到中甲，但是这条"甲乙生死线"最终决定了风鹏也无法逃脱"不冲甲就消失"的定律。

虽然不参加乙级联赛了，但是深圳风鹏的大旗还没有倒下。一直经营南山少年足球俱乐部的范育红说："虽然成年队不能踢乙级联赛了，但我们还可以作为业余俱乐部继续生存下去，今后将以培养青少年力量为主。这支 U17 队已经在深圳培养了 5 年，队员们产生了强烈的归属感，两三年后他们中的很多人都可以接班了。"

但是范育红也承认，没有钱迟早还是难以为继："如果这支队伍也流失了，那么深圳足球未来 10 年都没有自己培养出来的梯队了，只能靠外面引进。每支球队都希望有自己培养的球员，但是人才培养是一批接一批的，没有捷径可走。"

仅 1 年之后，又一家从业余起步的俱乐部接过了深圳风鹏的班——深圳人人足球俱乐部。

2015 年 3 月 6 日，深圳人人足球俱乐部在深圳市工商局注册，开全国第一家以众筹模式组建足球俱乐部之先河，由中国深圳市 LED 产业界首家上市企业雷曼光电董事长李漫铁发起并投资，由著名足球职业经理人，也是深足历史上任期最长的女足球经理人李虹执掌。

袁琳担任人人足球俱乐部主教练，他带队在 6 月份获得 2015 年深圳市第 29 届业余足球甲级联赛冠军，6 场比赛 38 粒进球、零失球。深圳足球的老臣张军在 7 月正式坐上帅位，他带领球队在 10 月以 4 战 3 胜 1 负的成绩勇夺 2015 年全国业余联赛大区赛的东南赛区季军，并成功晋级全国总决赛，与其他三个赛区共计 12 支队伍争夺 4 个直入 2016 年中乙联赛的名额。

11 月 21 日，人人足球队以 5 战 3 胜 2 平零失球的成绩夺得全国总决赛季军，同时单场对阵西南赛区亚军柳州远道时以 9 比 0 的比分创造联赛最大比分差，最终成功获得直入 2016 年中国足球乙级联赛的资格，完成了从业余队到职业队的蜕变。

当然，"众筹足球"的模式，目前还没有成功的先例，深圳人人到底能在中国职业足球的这潭深水里走多远？只有时间知道答案！

三、珠超粤超之争

"南派足球"一向以快速、灵活、配合等技术特点著称，这与南方人的身体条件也有着天然的匹配关系。正因为如此，南方人除了踢 11 人制的正规"大足球"，还特别沉迷于踢 5 人制、7 人制、8 人制这些"小型球"。尤其在 21 世纪初，广东职业足球陷入整体低迷的时候，"五人足球"突然在广东草根足球界"火"了起来。

从 2004 年开始，中国足协开始搞全国五人制足球甲级联赛，广东一直是强队。2009 年，广东涌现出"半职业"的"珠超五人制联赛"，成为当时国内比较罕见的省级区域性足球联赛。这个新生事物是符合中国足球改革发展方向的，也是符合世界足球规律的。

不过，其后"珠超"因为投资人的分歧而分裂，最终裂变为两个平行的五人制全省联赛，致使五人制足球之路越走越窄。这一场争斗，客观上却助推了广东草根足球的进一步繁荣。

1. "三驾马车"因理念不同而闹翻

2009 年 5 月 11 日，留学归国人员毛为民发起成立了珠超公司，一同参与投资的股东还有王军和刘孝五。刘孝五自 2010 年 6 月 9 日起受聘担任珠超公司的总经理兼董事。2009 年，在广东省足协的支持下，珠超公司在广东省创办全国第一个地区性的体育联赛——珠三角五人制足球超级联赛（简称"珠超联赛"）。

共有 8 支球队参加了首届珠超联赛，联赛搞得十分成功，得到了中国足协、广东省足协及社会各界的一致认可。但是，由于当时在经营上出现了亏损，且在联赛的发展理念上存在巨大差异，珠超公司内部出现了严重分歧。实际只有 3 个股东的珠超公司于 2010 年 11 月 8 日召开董事会，毛为民和王军联手，决定免去刘孝五总经理一职，由董事长毛为民兼任总经理。

刘孝五在被免去珠超公司总经理职务后，其身份依然是珠超公司的董事和股东。当时，第 2 届珠超联赛正处于筹备开赛阶段。受珠超公司内部人事变动的影响，部分参加了首届珠超联赛的俱乐部选择了退出。刘孝五随后联同他人出资 1 000 万元人民币，另外成立了广东粤超体育发展股份有限公司，由刘孝五亲自担任董事长兼总经理，并于 2010 年 12 月 25 日另起炉灶举办了"粤超联赛"。

至此，粤超公司和珠超公司形成了直接的竞争关系，"珠超联赛"也和"粤超联赛"成为两个平行的区域性五人制联赛。由于粤超公司的冲击，珠超公司在第 2 届珠超联赛的商务开发上受到了很大的影响，珠超公司的多个赞助商对刘孝五另组粤超公司的做法表示不满，并据此拒绝向珠超公司支付赞助费。

2011 年 6 月，第 2 届珠超联赛和粤超联赛相继结束。珠超公司决定向法院起诉刘孝五。根据起诉状，刘孝五同时在珠超公司和粤超公司担任高级管理人员的做法，涉嫌违反《公司法》中有关竞业禁止的相关规定 [《中华人民共和国公司法》第一百四十九条《高级职员的禁止行为》第（五）款：未经股东会或股东大会同意，利用职务便利为自己或他人谋取属于公司的商业机会，自营或者为他人经营与所任职公司同类的业务。董事、高级管理人员违反前款规定所得的收入应归公司所有]。珠超公司请求法院判令刘孝五停止担任粤超公司的董事长兼总经理职务，并赔偿珠超公司经济损失 42 万元。该案由广州市白云区法院立案受理。

珠超公司董事长兼总经理毛为民当时认为，刘孝五搞同业竞争的行为不仅侵害了珠超公司利益，也违反了粤超公司的公司章程，甚至还涉及知识产权的纠纷。毛为民表示，粤超公司是一家股份有限公司，如果连公司的董事长兼总经理都可以公然违反公司法和公司章程的话，那么这样的公司是无法让投资者和公众信服的。所以他建议粤超公司紧急召开临时股东大会和临时董事会，对刘孝五在珠超公司担任董事期间的行为进行调查。毛为民透露，由于珠超联赛第一个赛季取得了成功，珠超公司原计划在珠超联赛的基础上，推出全新的赛事——"粤超联赛"，作为珠超联赛的次级联赛。为此，珠超公司于 2010 年 9 月 9 日在国家商标局申请注册了 41 类"粤超"商标。毛为民认为刘孝五的行为将使珠超公司和粤超公司之间产生严重的商标纠纷。

毛为民还强调，珠超公司是得到广东省足协的批准的，双方签订了独家协议，珠超公司可以独家运营广东省五人制足球联赛。粤超公司未经广东省足协批准，擅自举办"粤超联赛"，还涉嫌侵犯珠超公司的知识产权，珠超公司对此将保留追究粤超公司法律责任的权利。

刘孝五作为在中国职业足球圈摸爬滚打多年的职业经理人，对珠超公司的状告并不惧怕。他当时提出了三点反驳意见：第一，珠超公司在 2010 年 11 月 8 日已经宣布免除其总经理的职务，并表示其一切言行与珠超无关。此后，他并没有被允许参与珠超公司的任何活动。因此，珠超公司后来的运营是在没有他这个占 47% 股份的股东的参与下进行的，他们才是违法运营。第二，他现在并没有拿珠超公司的工资，而且也不拿粤超公司的一分钱，因此不存在他们所说的"利用职务便利为自己或他人谋取属于公司的商业机会"。第三，他现在的确在拥有珠超公司 47% 股份的背景下，同时兼任粤超公司的董事长。但粤超是一家股份有限公司，股份有限公司的股份是可以自由买卖的。至于总经理一职，粤超公

司正在公开招聘总经理，拟将所有权和经营权分开。

另外，针对珠超公司是广东省足协唯一批准可以举办五人制足球比赛的公司这一点，刘孝五认为是一纸空文，因为广东省足协的确可以授权给公司搞比赛，但并不能独家授权某家公司搞比赛，否则将违反国家反垄断法。当时代理此案的刘孝五的律师徐小宁认为，《中华人民共和国公司法》第一百四十九条的规定并不适用于这起案件。他打了个比方：持有中石油股权的董事难道不能去中石化加油吗？

2. 中国体育产业反垄断第一案

2012年3月，白云区法院对该案作出一审判决，判令被告刘孝五立即停止与原告珠超公司的同业竞争行为，停止履行其在粤超公司担任的董事长和总经理职务，并返还同业竞争所得27 300元及赔偿12万元。

但是珠超与粤超之争并没有就此结束，刘孝五不服一审判决，除了向广州市中级人民法院上诉，还与粤超公司一起将广东省足协告上法庭，令珠超、粤超之争再度升级。

粤超公司与刘孝五状告省足协，原因就是省足协与珠超公司签订了《新广东省室内五人制足球联赛协议书》（下称《独家协议》）。此份协议曾是前案一审过程中原告方状告刘孝五同业竞争，并且赢下官司的关键证据。而刘孝五认为，这份《独家协议》属于垄断协议，因为当年6月1日出台的《中华人民共和国反垄断法》司法解释第一条就写明：因合同内容、行业协会章程等违反反垄断法而发生争议的个人或组织，都可以向人民法院提起民事诉讼。

粤超公司与刘孝五认为，自己状告省足协一案是《中华人民共和国反垄断法》司法解释出台之后"中国体育反垄断"的第一案。当时，广东省政府下发《关于加快转变广东体育发展方式的意见》，要求各级体育部门坚持改革创新，积极探索体育工作与经济社会发展相适应的特点与规律，其中将一些项目还给市场、鼓励民间资本参与办赛、协会与政府部分分离也是改革的重点。刘孝五认为此案对加速广东职业足球体制的改革，将起到推动作用。

当年珠超公司和省足协签订这份《独家协议》获得的排他性权利包括：拥有独家在广东省境内投资、组织、管理、运营和举办广东省室内五人制足球联赛的资格，并且独家拥有相关知识产权和一切商业经营开发权，其中包括赞助、门票、批准球队加盟、联赛经营开发、电视及互联网转播报道，并且期限达10年。作为回报，珠超公司每年向广东省足协支付10万元劳务费。

刘孝五的本案代理律师李东对此作了一个形象的比喻："这就好像是，广州市天河区餐饮协会将开设餐厅的独家权利授予一家餐厅，这家餐厅每年只向协会缴纳一定费用，那么别的投资者在此开设餐厅的权利就此被取缔。这是一个很荒谬的协议！"

事实上，就连时任广东省足球发展中心主任柯国洪也表示："当时我并没有仔细看过这个合同，这是很久以前我们原来的省足协副主任和毛为民签订的协议。在珠超粤超发生矛盾后，我们将合同拿出来看，实在是签得太死了，很多条款是有问题的，将来我们足协如果要组织五人制足球赛，是不是也要倒过来要求珠超批准？"作为一种事后补救的制衡手段，省足协在此协议上补充了一则条款，即珠超公司需每年通过一次审核。

一份《独家协议》引出的珠超粤超之争，其实只是中国体育管理体系一套人马、两块牌子，"管办不分"身份混淆的现象投射。而足球运动因其市场化、职业化程度高的特点，又使这一矛盾表现得尤为突出。珠超、粤超两家公司化运作区域足球联赛是中国足球发展的必由之路，尽管在发展过程中爆发了矛盾，但这恰恰证明了广东具备最适合中国足球改革的土壤。

当时很多体育专家认为，珠超和粤超是"合则两利、分则俱伤"，两者看似不可调和的矛盾实际上是可以调和的。比如，美国的职业篮球联赛 NBA 也是在经历了几分几合后，才最终发展成为今天的这种模式。其实珠超、粤超，包括省足协在内，都完全可以坐下来谈，把这个事件放到中国职业足球市场改革的高度来处理。

2013 年，广州中院作出一审判决，驳回了粤超公司的全部诉讼请求。法院认为，广东省足协有权授权第三方举办赛事，授权珠超公司举办室内五人制足球赛无可指责，不存在垄断行为。此后，粤超公司又向广东高院提起上诉。2015 年 6 月，广东高院作出终审判决：驳回上诉，维持原判。

在"反垄断案"尘埃落定后，珠超公司状告粤超公司的案件也于 2015 年 10 月底迎来终审判决。

广州中院认为，刘孝五作为珠超公司的高管，应当在思想上效忠公司，在行为上以公司利益最大化为指南。但他在担任珠超公司董事期间，与他人出资成立和珠超公司经营范围基本相同的粤超公司，并担任法定代表人，其行为明显属于商业禁止的范围。与此同时，刘孝五成立的粤超公司筹备五人制足球联赛，该联赛无论是运营模式还是参赛队伍都与珠超公司所组织的联赛基本一致，这些事实都明显反映出刘孝五篡夺了珠超公司的商业机会。

广州中院还认为，粤超公司的大多数股东在明知刘孝五系珠超公司的股东之一，且珠超公司已经营、举办了首届珠超联赛的情况下，仍与刘孝五组建粤超公司开展同业竞争，因此粤超公司的行为构成不正当竞争。据此，广州中院作出终审判决：驳回上诉，维持原判。

3. 草根联赛要告别"野蛮生长"

持续了足足 5 年的珠超和粤超之争虽然在法律上已经尘埃落定，但带给中国职业足球的思考还远远没有结束。

刘孝五一方坚持的理念到底对不对？珠超、粤超公司的运作模式对中国职业体育有没有什么值得借鉴的地方？中国的区域化半职业、草根联赛到底应该如何健康发展？这些问题在短时间内都将处于"公说公有理，婆说婆有理"的状态。

刘孝五并没有因为打输官司而一蹶不振。粤超联赛一直在举办，虽然参赛规模一直变化、参与者的投资力度也每况愈下。2012 年 12 月，刘孝五还发起成立了广东五人制足球

协会，这是国内第一个没有主管单位且管办彻底分离的省级足球协会。此后，广东五人制足球协会在粤超、粤甲的基础上，还搞起了粤甲女足联赛。

珠超联赛也没有因为赢了这场官司而在省内的五人制足球圈子里"一枝独秀"。2012年，珠超公司把珠超联赛的经营权卖给了江门千色花俱乐部的老板黄达昌。虽然影响力不断萎缩，但珠超联赛还是维持了下去，而且逐渐变成联系粤台两地足球交流的纽带。

南岭村，一个位于深圳市龙岗区南湾街道求水山下的村子，从2011年开始，这里诞生了一支深圳南岭铁狼队，竟然接连5次夺得全国室内五人制足球甲级联赛冠军，并4次代表中国参加亚洲室内五人制足球俱乐部冠军杯比赛，成为民间草根社区足球的奇迹。

2013年，广东省民间足球促进会在名宿容志行的牵头下成立了。经过两年的努力，该促进会倡议成立了首届"时代地产杯"广东省11人制足球联赛。该项联赛是以区域（市级）俱乐部为参赛单位的省级联赛。

2015年4月至9月间，来自广州、深圳、佛山、东莞、中山、韶关、茂名等市的8家俱乐部，采取主客制轮流进行20多轮100多场的激烈竞技。联赛采取常规赛加淘汰赛的竞赛方式，根据广东的气候特点，在赛期上与国际接轨，更有利于联赛未来的国际化发展与市场化运作。最终，肇庆恒泰和湛江狂狼分获冠亚军。

而在首届广东省足球联赛结束后，广东省足协酝酿从2016赛季开始采取跨年度的方式进行比赛，希望扩大赛事规模和提高运作水平，希望能把它打造成为中国职业联赛之外最有竞争力的一个区域半职业联赛品牌。

2016年4月8日，由广东省民间足球促进会、广州大业体育产业联合发起，广东（南粤）足球俱乐部冠军联赛暨2016年广东足球超级联赛全省16个赛区总启动仪式隆重举行，此项赛事预计所有地级市赛区参赛队伍约120队，参赛人员近10 000人，被视为是广东民间足球发展新的里程碑。

从2014年开始，广东省足协也搞了两届"省长杯"足球赛，分成校园组和竞技组，目标是全面锻炼广东省的青少年足球人才。未来，广东省足协希望能借助省联赛的平台，把分年龄段的全省青年联赛逐步搞起来。

与此同时，广东各地都在开展各类性质的5人制、7人制区域草根足球联赛，中山、佛山、清远、肇庆、韶关、东莞、深圳等地都搞得如火如荼，比如佛山这样的地区甚至把联赛发展到多品牌、多层级的阶段。不少退役名将都经常投身到这些草根联赛中寻找"第二春"，甚至有的现役球员也通过这些平台在休赛期保持状态。

毫无疑问，广东的草根足球正进入一个百花齐放的"多头时代"。当然，在这个多头并存的时代，各种乱象也层出不穷，不少有识之士也在大力呼吁广东的草根足球必须进入规范化的"2.0时代"！

四、女足与省港杯期待"二次创业"

20世纪70年代末，广东男足进入全盛时代，不但催生出了"省港杯"，而且广东女足的发展也进入了一个全新阶段，并引领了中国女足运动在草创时期的蓬勃发展。

20 世纪 80 年代到 90 年代前期，"省港杯"一度成为省港两地水平最高的足球竞技舞台。

20 世纪 90 年代至 21 世纪初，广东女足成为国内战绩彪炳的劲旅，并为中国女足输送了大批优秀国脚。

然而此后因为人才青黄不接，政府和社会对此缺乏重视，"省港杯"和广东女足都进入快速下滑的轨道。

如今，广东足球人正在埋头苦干，期待这两个曾经代表广东足球的品牌，能够"二次创业"成功！

1. 广东女足的由盛而衰

广东女足经过 20 世纪 80 年代的辛勤耕耘，到 20 世纪 90 年代已经逐渐成长为国内的一支女足劲旅。1990 年 12 月 11 日，广东半球实业集团公司在中国足球协会、广东省足球协会的指导下，在湛江成立广东半球女子足球俱乐部，这是中国第一个职业女子足球俱乐部。

1991 年，广东女足获得全国女足锦标赛冠军，广东女足运动的发展开始进入一条快车道。1993 年，广东女足获得七运会女足亚军，之后队伍进行了换血，包括赵利红、邱海燕等一大批优秀的青年球员开始接班。1996 年 5 月，广州海印实业公司与广东女子足球队达成协议，成立了广东海印女子足球俱乐部，每年提供 50 万元的训练经费。从 1997 年开始，广东女足以"广东海印队"征战国内比赛。

1997 年，是广东女足历史上最辉煌的一年。在国门高红加盟之后，广东海印女足的主力班底几乎全都是国脚级的人马。海印女足在该年首届全国女超联赛中获得冠军，在全国联赛中获得亚军，同时还拿下了女足超霸杯的冠军。在该年的第 8 届全运会上，广东女足获得了第 3 名。此后几年，广东女足在全国女超联赛和全国女足联赛两项赛事中均保持三甲水平，广东女足与北京队、上海队成为并驾齐驱的国内女足三强。

20 世纪 90 年代是中国女足最辉煌的年代。在这 10 年间，中国女足获得了 1995 年第 2 届女足世界杯第 4 名、1999 年第 3 届女足世界杯亚军、1996 年亚特兰大第 25 届奥运会银牌，三夺亚运会金牌、五夺亚洲杯冠军。这一系列辉煌的战绩，令中国女足获得了"铿锵玫瑰"的美誉。在这个时期，广东女足人才鼎盛，先后向女足国家队输送了韦海英、陈霞、施桂红、赵利红、邱海燕、高红、李雪锋、谢彩霞、何杏雪、周小霞、叶诗敏、方小燕、伍川、张桂莲、唐倩芬、徐俏勤等十余名队员，其中很多球员成为球迷们耳熟能详的"铿锵玫瑰"代表者。

2001 年，作为九运会的东道主，广东女足在家门口爆冷输给了四川队，四强不入。此后，广东女足进行了较大的人员调整，一些老队员相继退役。主教练许书忠从青年队挑选了一批球员上来重新打磨，一度获得了 2002 年女超联赛、女足联赛的第 3 名，2004 年女

足联赛第 3 名。但之后的 10 年，广东女足逐步让出了国内女足强队的地位。2005 年的十运会，青黄不接的广东女足甚至要请已经退役的赵利红复出。

中国女足自 2000 年悉尼奥运会之后开始出现人才断层，从 2001 年的亚洲杯开始让出了蝉联 7 届冠军的"亚洲王者"地位，之后在世界杯和奥运会等国际大赛上光环褪尽。

进入 21 世纪之后广东女足的退步，和中国女足下滑的轨迹是一致的。这种局面的出现，与中国整个女足运动发展得不到重视的大环境息息相关，优秀后备人才培养的缺失、市场支持的不足，这些都是不得不面对的客观困难，并非短时间内可以解决的。

2. 重振广东女足要改善"内外因"

近几年广东女足好苗子不少，但由于省运会和全运会在年龄设置上存在错位，导致球队 20 岁年龄段出现了断层。原本 22 岁至 24 岁的球员属于成熟期，但广东女足由于年龄断层，只能将 18 岁的球员提前送上球场。与其他大部分以成熟球员为主的球队相比，广东女足无论在体能上还是技术上都吃了亏。此外，由于独生子女多，家长并不愿意将孩子送到体校从事女足运动。基层生源减少，基层教练有劲使不出，不仅打击了其积极性，也形成了恶性循环。

在过去艰难的十年中，广东女足尽管在国内比赛成绩不佳，但也先后培养出了钟金玉、陈小霞、黄志娟、高崎、谭茹殷等国脚。尤其是湛江女孩谭茹殷，她以中国女足主力的身份参加了 2015 年第 7 届加拿大女足世界杯，表现十分出色。

2015 年 5 月，广东省足协引进了日本籍教练亘崇祠执教广东女足，双方签订了有效期到 2016 年的工作合同。另外在 8 月份又引进了两名德国籍教练，负责青年队方面的组建和培训。对于一口气引进 3 名外教的举措，广东省足协主要是希望吸收外教的先进足球理念与执教经验，尽快与世界足坛新潮流同步，同时也为国内教练提供一个学习的好机会。

2015 年，中国足协对全国女足联赛赛制进行重新修改，分成超级和甲级，广东女足被列为甲级队。亘崇祠是从执教日本中小学队伍起步的，后来他率领一支日本女足传统强队获得佳绩，再后来带领日本女足次级联赛的球队重返顶级赛场，并击败了顶级联赛的冠军球队。经过一年的奋斗，亘崇祠率领广东女足打到甲级联赛第 3 名，但只有前两名才能冲上女超。

对于"现代足球"这个热词，亘崇祠的理解是："其核心是速度，不是说球员奔跑的速度，而是球员思考的速度，球员要看到两步三步后的球势发展。我现在能做的是把我的足球理念带给广东女足，将其打造成中国最有特色的一支球队。"

目前，广东女足的谭茹殷是中国女足主力球员，江美紫和曾妮辉入选了新任主教练布鲁诺的集训大名单，租借到其他球队的高崎也曾入选过国家队，另外国少队内也有四五名广东队球员，这些都为广东女足将来再创辉煌奠定了基础。

更值得关注的是，中国女超赛场从 2015 年开始出现了投资过千万的多家俱乐部，这个现象显然是受到男足"投资热"的影响。这对于资金匮乏多年的中国女足来说，肯定是一件难得的好事。

2016 年初，广州富力俱乐部与广东省足协基本达成一致，未来富力将成为广东女足新的赞助商。广东女足将并入富力俱乐部并签职业合同，代表广州富力征战职业联赛，目标是年内冲超，次年重返女超前三。而在所有权方面，广东女足仍属于省足协，未来 6 年里双方将共建球队，备战 2017 年和 2021 年全运会。广东省足协为女足提供训练基地的食宿、训练条件，还发放训练补贴。

这种模式，与当初广东男足的"日之泉模式"如出一辙。不论这种模式能否走得远，对于亟待"二次创业"的广东女足来说不啻是一场"及时雨"！

3. 省港足球水平的不同步共振

作为目前中国内地最"长寿"的一项地区性足球赛，省港杯堪称广东足球"一个时代的符号"。

然而，从 20 世纪 90 年代开始，省港两地足球实力的差距越来越大，两地足坛生态也每况愈下，"省港杯"的发展遭遇瓶颈，球市冷淡、竞技水平下降、品牌贬值。到底省港杯还有没有搞下去的价值？又该怎样继续发展下去呢？

省港杯创办初期，这项比赛代表了两地足球最高水准的对抗。每逢比赛日，总会出现连夜排长队"扑票"、万人空巷观战的壮观场面。前 3 届比赛，广东队以 2 比 1 领先。为此，香港队从第 4 届开始起用外援，当时他们一共派出了 9 名外籍球员，结果省港杯第一次出现了加时赛，香港队在最后时刻艰难获胜。广东队在第 5 届以 7 名入选过国家队的球员上阵，对抗以"洋枪"压阵的港队，结果双方两回合战平，加时再平，省港杯历史上第一次通过点球决胜，广东队胜出捧杯。

第 6 届省港杯首战在香港举行，广东队身着的深蓝色队服与主裁判的黑色衣服极易混淆，场外的香港球会人士三次要求主裁判更换衣服。战至十余分钟，主裁判钟博宏改穿白色运动衣上场执法，这在足球史上可谓史无前例。1985 年，中国足球发生了"5·19"事件，香港队在第 13 届世界杯外围赛上击败中国队，气势正盛。然而在 1986 年的第 8 届省港杯中，香港队主教练郭家明未能再次"导演""5·19"好戏，再次败在广东队脚下。人才济济的广东队从第 5 届开始连续 6 届垄断省港杯，省港杯的第一个 10 年，广东队取得了 8 比 2 的绝对优势，真实反映了广东足球当时的盛况。

省港杯在 20 世纪 80 年代末进入第二个 10 年的新轮次。1989 年第 11 届省港杯，香港足总决心扭转劣势，竟悬奖 40 万港元（比 1985 年时击败中国队的奖金还多 10 万港元）激励港队将士。比赛首战，广东队以 1 比 0 获胜，做客香港又以 1 比 0 领先，岂知之后的比赛形势急转直下，随后竟被连灌 4 球，反以 2 比 4 落败。结果广东队以总比分 3 比 4 失利，未能顶戴"七连冠"，香港队打破了前 10 届比赛均是首回合胜者最后捧杯的惯例。此后两届，重整山河的广东队都顺利捧杯，但第 15 届省港杯香港队以总比分 2 比 1 复夺冠军。第 16 届省港杯香港队起用洋将，迫使广东队借调范志毅、徐弘和宿茂臻 3 名内援加盟助阵。粤军在首回合客场先失 2 球的情况下，主场奋力反击，将总比分扳成 3 平，最终点球大战以 8 比 7 险胜对手。次回合中，范志毅得到了省港杯历史上的第一张红牌。此

后，随着中国足球职业化的开展，广东足球已经完全超越了香港足球，广东队也创造了第二次"六连冠"的纪录。合计省港杯的第二个 10 年，广东队以 7 比 3 的总比分遥遥领先于港队。

省港杯进入了第三个 10 年的发展期，省港两地的足球也呈现出新的格局。广东足球经过职业化前期的辉煌之后步入滑坡，参加省港杯的广东代表队也不再是囊括当时职业足坛最顶尖球员的队伍，而更多是以全运队或某个俱乐部的代表队为班底来参战。香港球市在这 10 年也每况愈下，他们对省港杯的重视程度也不及往日，出战省港杯的代表队要么是由外援担纲的"港联"，要么是为外战任务锻炼的香港本地"全华班"。结果，省港杯第三个 10 年的比赛精彩程度明显下降，导致球市冷清，商务开发艰难。在这个尴尬的 10 年，香港队获得 1 次"3 连冠"、2 次蝉联，以 7 比 3 的优势领先于广东队。

从 2009 年开始，省港杯进入第四个 10 年期。双方的竞争态势依然没有太大的变化，但广东方面迫于赛事承办压力，不得不连续多年把主场赛事从广州的东较场，外迁到周边城市。从 2012 年至 2015 年，广东队更连续 4 届把省港杯主场放到惠州进行。这些窘况，都真实反映出省港杯这项赛事已陷入举步维艰的困境。

4."省港杯"还能走多久

2016 年元旦前后，第 38 届省港杯如期举行。与之前数年不同的是，本届省港杯尽管依然星光黯淡，舆论却表现出异乎寻常的关注。这一切原因都在于高层领导的重视和特殊的"足球氛围"。

2015 年是 2018 年俄罗斯世界杯亚洲区的预选赛年。当时由佩兰率领的中国男足在 40 强赛中主客场两次都被香港队以 0 比 0 逼平，从而被逼至出局的绝境。在这样的背景下，省港杯突然被赋予了更加特别的意义。

广东省政府、体育局和足协对该届省港杯也高度重视，首先在许瑞生副省长的指示下，出台了《将离开了将近 10 年的广东队主场回归东较场》文件——这个举措可谓顺应民心，结果吸纳了许多已经多年没有看省港杯的老球迷重新回到了东较场的看台上！其次，广东方面对该届省港杯的赛事包装、宣传推广等方面也下了真功夫、大力气，媒体一下子就把这场本来平淡无奇的友谊赛，炒成了一场不亚于世界杯预选赛的比赛。广东省足协还在主场比赛的中场休息期间，向两地参加了 8 届以上省港杯的名宿颁发了"特殊贡献奖"，充分体现了这项赛事的情怀和传承意义。

结果，这届省港杯广东队的次回合主场赛事居然吸引了过万球迷自发到场观赛，如此盛景已经近 20 年未见了！广东队也表现给力，他们首回合在客场与香港队以 1 比 1 战平，次回合在主场一度以 1 比 3 落后，最终连追三球完成超级大翻盘，在时隔 18 年后再次创造省港杯的"三连冠"。如此跌宕起伏的过程，令现场上万球迷大呼过瘾。

在 2016 年 1 月份召开的广东省政协十一届四次会议上，新补选委员、霍英东之孙霍启山接受记者采访时表示，建议粤港两地通过盘活省港杯足球赛，发扬体育民间大使功能，促进粤港青年的相互沟通和认同，弘扬两地足球"以球会友"的正能量。

事实上除了省港杯，近年来省港两地的民间足球交流已经十分密切，包括各类女子、青少年、业余的省港足球赛都举办了多届。以省港杯为首的这些双边赛事，除了推动省港两地的足球竞技交流外，还直接促进了内地与香港足球人才的交流。

省港杯发展早期，省港两地知名球星在球迷中都耳熟能详。在中国足球还未进入职业化之前，不少在内地退役的广东名将都会选择前往香港足坛"揾食"，比如20世纪80年代的广东队队长何佳、90年代的中国队队长吴群立，都在香港足坛写就辉煌。尤其是吴群立，在高龄效力南华俱乐部期间，依然成为首个获得"香港足球先生"的内地球员。

进入21世纪之后，香港甲组联赛逐渐式微，而内地的职业联赛则"假赌黑"盛行。这个时候，省港杯的受关注程度越来越低。为了扩大省港两地足球交流，并给更多的年轻球员创造锻炼平台。从2001年开始，广东方面已经有球队组队参加香港甲组联赛，包括肇庆名峰、广州香雪、广州日之泉、广药二队、深圳红钻二队等。大量广东和北方的年轻球员以及打不上主力的球员纷纷到香港足坛寻找机遇，有的已经拿到了香港居民身份，可以代表香港队出战国际赛事。

香港球员来大陆俱乐部效力则开始于2002年。当时，广东名宿吴志英之子吴伟超从"登陆"广州香雪起步，先后在南京有有、上海中邦、上海申花、杭州绿城、天津松江等队效力。此后，陈肇麒、梁振邦、李志豪、聂凌峰以及香港的归化球员高梵、福福等人都先后加盟内地的中超、中甲俱乐部。

根据中国足协的规定，香港本地球员或归化球员隶属于与中国足协平行的"香港足总"，因此在性质上属"外援"。但考虑到港澳台地区的特殊性，这些地区的球员依然可以以"内援"资格到大陆俱乐部效力。然而，由于香港在2015年的40强赛中使用了大量归化球员，整体实力提升并两次逼平了国足。这也直接令国内很多俱乐部瞄准了归化的"港脚"，因为他们的"内援"身份可以使本队无形中多一个外援名额。中国足协见此情况立即出台了新规定：凡是2016年1月1日之后，港澳台地区的球员（或归化球员）都算"亚外"，在此日前转会的则依然算"内援"。为此，2016年1月1日之前，香港共有6名球员相继被国内中超、中甲俱乐部吸纳，这也成为新一年中国足坛的独特景象。

其实香港足总近10年来一直希望能打通和中国足协的关系，让香港球队可以北上参加内地的职业联赛。香港南华队班主张广勇就是这样的"急先锋"。最近两年，张广勇一直很欣赏"恒大模式"，他也加大了投入，组织了一批比较有实力的外援和香港队主力，希望本赛季能让南华队夺得港超联赛冠军，从而参加下赛季的亚洲足协杯争夺冠军。在他的眼中，香港足球已经有能力组织球队参加中超联赛，而一旦成行，内地与香港两地的足球竞技交流会进一步密切，人才互补也更有利。

五、广东裁判何时方能中兴

正如"南派足球"是中国足球极其重要的组成部分，广东的足球裁判员也创造了中国裁判界的多项第一，历来在业内拥有重要的"江湖地位"。

从 1952 年中国拥有国际足联应有席位之后，在广东注册的男女裁判员先后有超过 10 人获得了国际级裁判员资格，拥有国家级裁判员资格者更不计其数，他们都为中国足球的裁判事业作出了巨大贡献。

1994 年中国足球开始启动职业化，中国足协在首届甲 A 联赛开始前曾于广州组织了一次大规模的裁判员学习班，参加学习者都是日后在国内外赛场叱咤风云多时的名哨，其中不少人就是广东籍的裁判员。

2016 年 1 月份，中国足协在广州市举办了中超联赛裁判员赛季前的培训班。但令人遗憾的是，广东籍裁判员已经寥寥无几。除了"金旗"阿拉木斯外，居然再无一个在广东注册的裁判员可以执法中超！

广东优秀足球裁判员正面临"断层"的危机！广东足球界当如何对症下药？

1. 首次执法"丰田杯"载入史册

中国足球历史上第一个"国际级裁判"是广东籍的"球王"李惠堂。

1948 年，李惠堂作为教练率中国足球队参加第 14 届奥运会足球赛，同年获国际足联颁发的国际裁判证书，成为第一位获得国际级裁判资格的中国人。李惠堂在退役之后，曾在裁判学术研究方面著书立说，为中国足球早期的裁判员发展做了很多启蒙性的工作。

新中国成立之后，于 1952 年加入国际足联，中国的足球裁判事业在 20 世纪 50 年代进入高速发展阶段。1958 年中国退出国际足联之后，国内大批优秀裁判员失去了成为国际级裁判的资格，但广东依然活跃了大批资深裁判员，比如郑希洛、梁国和、邓锡权等人，他们在培养广东裁判后备人才方面作了很多贡献。广东籍老一辈优秀裁判代表扈光、罗伯平等人则是在中国重返国际足联后，较早获得国际级裁判员资格的。

在 1979 年中国重新恢复其在国际足联的合法席位后，广东又诞生了一名重量级的国际级裁判员，他就是钟博宏。

钟博宏是阳江人，从小在广州长大，20 世纪 50 年代末曾入选过广东青年队。由于伤病原因，钟博宏很早就结束了专业足球运动员的生涯，但他对足球运动依然十分热爱。当时广东足球前辈叶北华、梁利生等人都觉得钟博宏头脑灵活，也有足球基础，是一块当足球裁判的好料子，于是经过郑希洛等名师点拨，他很快就在国内裁判界成长起来。

晋升为国际级裁判员之后，钟博宏成为国际足联和亚足联重点培养的中国籍裁判，当时诸如亚洲杯、世界杯和奥运会亚洲区预选赛，钟博宏都是执法关键场次的裁判员。在 1989 年的第 10 届丰田杯上，国际足联点名要求钟博宏到东京执法，比赛双方是 AC 米兰和哥伦比亚麦德林民族。这是当时除了东道主日本的裁判员之外，第一次在丰田杯赛场上出现亚洲裁判。结果，担任助理裁判的钟博宏很好地完成了任务，受到国际足联的盛赞，从此开启了中国籍裁判执法世界级比赛的大门。

钟博宏在执法丰田杯之后，被日本足协专门礼待，请他为日本国内 200 多名裁判员开班授课。从 20 世纪 80 年代末到 90 年代初，钟博宏也是中国足协开办全国优秀裁判员学习班的主讲教官。当时在国内的裁判界流行一句话"北有张大樵，南有钟博宏"，足见钟博宏"江湖地位"之高。钟博宏连续 11 年担任国际级裁判的纪录,很多年之后才被陆俊打破。

2. 广东裁判创造多个"第一"

20 世纪 90 年代随着甲 A 联赛的启动,大批新晋的国际级裁判员亮相于国内舞台,广东籍裁判员也随之涌现。

这个时期广东著名的国际级裁判员有李少锋、周伟新,国际级助理裁判则有陈铭基、郭泽民、李志中等人。吴东明、陈红辉等人虽然不是国际级裁判,但也长期活跃在甲 A 赛场。

1996 年,李志中执法在西班牙举行的室内五人制足球世界杯,并成为决赛的主裁判,这也是中国裁判首次出现在国际足联主办的大赛的决赛场上,也成为广东籍裁判员一个新骄傲。

进入中超时代,广东先后涌现出了何志彪、赵亮、郑炜祥、阿拉木斯、黎祺彬等广东籍或在广东注册的国际级裁判员和助理裁判员。

阿拉木斯虽然是新疆人,但他 1996 年就到广州军体院任教,2005 年他从部队转业到广州大学做足球老师,属广州足协注册的裁判员。他在 2011 赛季和 2015 赛季两次荣膺中超"金旗"称号,也是目前广东注册的唯一现役国际级助理裁判员。

除了男子裁判员之外,广东的女子裁判员近年来也出现不少亮点。

2015 年,梁庆云成为全亚洲最年轻的女子五人制足球国际级裁判,并在 11 月前往危地马拉执法女子室内五人制足球世锦赛决赛,成为"亚洲第一人"。

梁庆云自小学 5 年级开始踢球,后进入体校,成为半职业足球运动员。因为伤病,她不得不放弃足球,但心中依然放不下足球。后来在广州体育学院上大学时,她被叫去为班际比赛当裁判。正是这次经历,让梁庆云意识到可以从另一条路继续足球梦。到大学毕业时,她已是国家级裁判。2013 年,梁庆云从 11 人制裁判转型至 5 人制裁判,师从李志中。在中国裁判难以走出国门的当下,梁庆云的出现对中国足球界和国内裁判界而言无疑是一剂强心针。

3. "断层"危机急需人才自救

相比 20 世纪八九十年代广东籍裁判员群星璀璨、在国内独领风骚的繁荣景象,最近十年来广东裁判界开始走向集体式微。不但国际级裁判和助理裁判寥寥无几,就连国内的中超联赛都极少有人能取得执法资格!

为什么会出现这种现象呢?

首先是裁判员本身的能力问题。这与培训体制有很大关系,以往很多广东籍裁判员从基层一直晋升到国际级,全凭自己过硬的业务水平。但如今很多广东籍裁判员,在体能、专业知识、外语能力等综合素质方面远远落后于前辈,与国内同辈相比也无任何优势可言。如今中国足协每年评定的国家级裁判中,广东籍裁判与北京、武汉、上海等地相比,人数占比差距较大。

　　个人能力的不足，一方面与他们缺少高水平的学习、交流有关，另一方面更与他们缺乏高水平实践锻炼有直接关系。如今水平比较高的一、二级广东籍裁判主要集中在广州和深圳两地，这与上述两个地方的足球环境比较好有关，更多的比赛锻炼机会造就了这两个地区的裁判员比省内其他地方的成绩要好。

　　当然，广东裁判界目前在中国足协裁判委员会基本失去话语权，这也是广东地区优秀裁判难以晋升的重要原因。在中国足协如今的选拔国家级和国际级裁判员的机制中，广东裁判属于典型的弱势群体。

　　而对于广东省足协来说，暂时还没有打造一个供省内各片区裁判员频繁交流、学习、总结的平台，也没有一个对重点裁判员进行长期跟踪评估的机制，这些也是导致广东裁判难以出头的客观原因。

　　广东省足协首先要创造更多能使裁判员苗子学习提高的机会；其次要明确裁判梯队培养的顺序，锁定重点尖子裁判；再次要积极与中国足协裁判委员会保持沟通，及时参与中国足协的各类裁判员培训班，力争推荐更多广东裁判参加国内各种比赛的执法锻炼。而对于大批年轻的广东裁判员来说，必须苦练内功、保持积极学习的态度，树立在国内同行竞争中跻身前列的信心和决心。

　　广东籍裁判要想化解"断层"危机，重铸往昔的辉煌，必须内外兼治，切实找到人才自救的办法。

卷十二

众道

积力之所举，则无不胜也；众智之所为，则无不成也。

——汉·刘安《淮南子·主术训》

拥有青少年才能拥有未来

广东足球界曾经引以为豪的，是那张举国闻名的名片——"南派足球"。

中国地大物博，南北方人在体格方面有所差异。正如拳分南北，足球上分南北也是很自然的事。南方人的体格较之北方人矮小，在球场上难以在激烈对抗中占据优势。不过，南方人身体更加灵活，因此在球场上更注重脚下盘带、控球的功夫，讲求短传配合、中路渗透、两翼齐飞等战术。事实上放眼全世界，"南派"代表技术足球，也是基本共通的足球地理特征。

从 20 世纪五六十年代开始，广东足球在国内开始崛起，"南派足球"的名声开始打响。到了七八十年代，随着以容志行为首的一大批广东优秀球员先后涌现，"南派足球"终于走向巅峰，不但广东队三次在全运会和顶级联赛登顶，广东籍球员更在各级国字号球队占据"半壁江山"。

然而，"南派足球"因受青训质量日益下降的影响，从 20 世纪 90 年代开始人才呈现凋零之势。自 20 世纪 90 年代后期至今，广东籍或从广东青训体系培养出来的各级国字号球员寥若晨星。这种情况，也导致了广东足球在中国足球权力圈的话语权不断旁落。

广州恒大的横空出世虽然为广东足球重振雄风带来了诸多有意义的"供给侧改革"，然而，广东足球要想真正恢复"南派足球"的昔日荣光，必须从人才和文化两手抓起。

"南派足球"的种子从来不缺，土壤也在，我们一直在寻找的，其实是那些善于播种的人！

一、"业余体校"的存与废

2016 年 1 月份，由傅博率领的中国男足国奥队在 U23 亚洲杯暨里约奥运会男足预选赛上遭遇小组赛三战全败而出局。国内媒体普遍把这支 93 届国奥队评为"史上最弱国奥队"。

对于这支国奥队，媒体反思很多，其中最突出的一点就是这批球员的基本功与亚洲同年龄段一流球员相比差距实在太大，也印证了中国足球青训水平低下的无奈现实。

中国足球的业余体校制度从 20 世纪 50 年代就开始在全国各地慢慢诞生。然而从 1994 年中国足球进入职业化之后，大部分原来的足球重点地区开始砍掉传统的"业余体校制度"。足球后备人才培养的重任，一下子就放到了市场上，推到"职业俱乐部"的身上。

业余体校制度真的不适应中国足球的现实发展需要了吗？广东足球在这个问题上的答案是：非也！

1. "业余体校"制度不应全盘否定

新中国较为正规的青少年业余训练发端于 1955 年原国家体委在北京、天津、上海试办的 3 所青少年业余体育训练学校。而规模化训练制度的建立则开始于 1956 年，其标志为原国家体委要求各省、自治区、直辖市体委建立青少年业余体校时颁布的《青年业余体育学校章程》《少年业余体育学校章程》。自此，我国开始了以体育系统为主的青少年业余体育训练的新路子。同时，我国教育系统的业余体育训练作为相对应的训练力量也开始逐渐发展起来。

由于业余体校具备足够的专业教练人才、教练方法和训练场地，所以一直是培养我国竞技体育后备人才的主渠道。据统计，我国有61%的优秀运动员来自于各级各类业余体校。但是，以体校为主体的业余训练体系也暴露出自身的缺陷，文化学习与训练的矛盾长期无法得到有效解决。学生出路不畅、教练员素质欠缺以及培养目标单一等，是各级青少年业余体校存在的主要问题。

中国足球的业余体校制度从20世纪60年代之后就建立得比较健全，全国各重点足球发展城市都有自己完善的业余体校系统，这也令中国足球从20世纪70年代直到90年代的前半期，一直都能产生不少在亚洲范围内堪称优秀的足球人才。然而，在中国足球步入职业化后，在"宁找市场、不找市长"的口号下，全国范围内曾一窝蜂似地涌现出了各式各样的足球学校，最多时全国范围内共有3 000多所。相应地，各地的业余体校纷纷撤编或者彻底砍掉足球项目。

由于缺乏严格的评估准入机制和监管，这些"山寨足校"严重消耗了生源和市场资源，教学质量更因教练员的专业能力不足而大打折扣，是真正的"误人子弟"。进入2000年之后，各地的"足校热"纷纷冷却，中国足球传统以业余体校为脉络的良性青训体系早已崩溃。目前，全国只有为数不多的几个省市还保持着业余体校制度，但已经难以和过去专业足球年代的规模相比。

中国足球的青训暂时也很难寄托于职业俱乐部，毕竟职业俱乐部最重要的是要解决一线队的生存问题。即使有了烧钱的能力，这些俱乐部也宁愿把资金投放到买外援身上，根本不会考虑青训的基础问题。长此以往，中国足球的人才将面临枯竭。于是，恢复全国各地业余体校制度将是中国足球人才重新涌现的必由之路。

2. 广州：全国唯一坚持"三级培训体系"的城市

十分难得的是，作为市场经济的"桥头堡"，一直起引领和示范作用的广州市却没有随大流，而是继续保留了各个区的业余体校。在全国范围内青少年球员培养体系全面塌方之际，广州市却依然能够保持全国唯一的"三级培训体系"。

广州市的青少年足球业余培训多年来采取的是一套"学校—体校—半专业队"的"三级网络"体系。各区所有已开展足球运动的中小学校处于最基础一级，市属的15所业余体校（市属5所、区属10所）是第二级，他们接收由校园足球培养出来的青少年球员，对这些球员进行"加工"。作为一个"金字塔"式的球员输送体系，表现优异的球员将上升至三级体系的顶端，即成为市属梯队（15岁之后进入市体校"三集中"）的一员，可以代表广州市和广东省征战青运会、省运会和全运会。在这三级体系之上，出色的球员将有机会进入职业俱乐部梯队，进而成为职业球员。

截至2015年底，广州市足协共培养体校青少年足球队U15、U14、U13、U12、U11、

U10、U9、U8、U7队50支，注册运动员约1 500人，培养了全市足球教练员近200人。推动燕子岗体育场成立广州市青少年足球训练基地，发挥支撑梯队训练、体校建设、校园足球、体育惠民、群众赛事的功能。自2016年开始，广州市足协还将配合中国足协投建国家级青训中心，令"三级培训体系"有了更高一级的输送出口。

不仅区级业余体校完整地得到了保留，由广州市足协主办的"体校赛"也依然每年都正常进行。相比"校园足球联赛"，"体校赛"无论是比赛本身的质量还是球员的专业素质都要高很多。

很多人或许会说，广州的青少年队伍过去多年也没有什么拿得出手的成绩，否则为什么国字号球队长期缺少广州籍的球员？事实的确如此，但这与国内青少年球员弄虚作假、"以大打小"不无关系。譬如，在2010年底，中国足协从1997—1998年龄段队伍开始严格骨龄检测之后，这个年龄段广州的队伍开始在全国青少年比赛中登上冠军领奖台，人才开始涌现出来。比如，2015年被皇马看中的19岁国青球员林良铭，正是从广州的传统业余体校中一步一个脚印锻炼出来的。

客观来说，广州市青训体系既保留旧有培养体系（业余体校制度），又根据形势的变化注入市场元素，而不是像其他大多数地方那样"全盘否定、推倒重来"。随着广州市足协的全面"脱钩"，未来在业余体校的生存方面将会逐步放开，让更多的社会力量、民间力量参与其中，广州足球或许很快就能重新回到中国足坛的"领头羊"位置上。"南派足球"的青训链，首先不能缺失业余体校这一环！

3. 广东省：重新激活各地业余培训机制

广东省足协之前也一直保持省内比较系统的青训体系，依托于各地级市的业余体校输送基层人才，然后集中于省体校组建各年龄段的梯队参加全国比赛，突出者也可以进入职业足球的通道。

可惜的是，广东省足协自从在21世纪初失去了顶级联赛的龙头队伍之后，整个基层业余培训基础遭到了致命破坏，人才流失严重。比如梅州地区，以往一向是向省足协输送人才的大户。但从2000年前后开始，梅州基层体校好的球员，早早就会被外省的俱乐部挖走，比如后来效力于山东鲁能的"快马"刘彬彬，就是在小学毕业后即被山东鲁能足校挖走，再比如深圳盐田小学的93梯队，整队被杭州绿城俱乐部买走，这些人后来几乎都成了绿城队的主力和93届国奥队的常客。

除了人才流失严重，原来湛江、中山、佛山等地的业余体校多年来的教练水平下降严重，基本没有向省队输送过太好的球员。从2013年第十二届运动会之后，广东省足协开始重视后备人才不足的困境，决定对整个业余体校制度进行升级。

2014年，广东省足球运动中心与广州恒大俱乐部签约，双方将合作共建广东省足协1997—1998年、1999—2001年两个年龄段的男足队伍并合作共建广东省青少年男足后备人才重点基地。

此次合作共建的广东省足协1997—1998年、1999—2001年两个年龄段男足队伍，将纳入广东省体育局的"奥运会、亚运会、全运会"三大赛事备战体系，代表广东参加第十三届全运会，力争实现两支队伍中任一支进入决赛或两支队伍同时进入前三名的目标。期间，广州恒大将投入超千万元，作为培养广东足球后备人才和开展全省业余训练工作的费用。每年，广州恒大俱乐部将向省足协提供 300 万元经费。合作结束后，广州恒大将享有优先挑选这批球员的权力。

广东省足球运动中心还将其管辖的省人民体育场、佛山、梅州、惠州、中山、湛江等6 个基地划定为广州恒大俱乐部的后备人才培训基地。

同时，为了进一步扩大优秀教练员队伍，广东省足球运动中心准备从 2016 年起承办更多的亚足联教练员培训班，选送一批教练员到德国等欧洲国家访问学习。

另外，广东省足协也筹划和一些海外的著名俱乐部的青训团队进行合作，未来不排除建立省级的足球学院。

广东省足协 2014 年举办了首届"省长杯"足球赛，主要为各地业余体校和俱乐部梯队等 16 岁以下的专业球员提供高水平竞技平台。未来，广东省足协还计划把省联赛打造成除了成年比赛之外，再细分不同年龄段的专业比赛，为不同地区的业余体校球队创造更多的比赛机会。

二、"校园足球"的质与量

我国青少年业余体育训练经过五十多年的发展，由单一的业余体校发展到多种业余体育训练形式并存。其中教育系统也建立起了传统体育项目学校，与体育系统的业余体校一起构成了我国体育后备人才培养的主体。

传统体育项目学校的建立，一定程度上缓解了学生训练与学习的矛盾。但是，传统体育项目学校在发展过程中也存在着大量问题。如挂牌数目偏多，各方面的投入条件受限；评估重点不突出，训练处于松散及自由发展状态，缺乏制度化和持久化；社会参与没有正确的政策和法规引导，社会化进程出现"一阵风"现象；缺乏完整、统一的训练大纲，体育教师训练水平大多不能适应系统训练的需要，影响了人才输送率；学校训练场地缺乏、教练待遇太低影响积极性……

教育系统搞的青少年体育业余培训所存在的诸多不足，在足球项目上体现得尤为明显。然而，足球项目要发展必须从扩大足球人口基数开始，而要扩大足球人口又必须从学校普及开始。

为此，从 2009 年开始，国家体育总局就与教育部一起联手，发起了一场轰轰烈烈的"校园足球"风暴。

1. "校园足球"不能仅仅停留于数字

2009 年开始的"校园足球"运动，主导权一开始掌握在体育系统，基本上由中国足

协作为主要执行单位，教育系统只是作为配合单位。2010 年初，"全国校园足球领导小组办公室"组织了第一次全国"校园足球冬令营"，该次活动在广东清新名将基地进行。在这次活动上，关于校园足球的一系列发展方向和目标问题基本达成共识。

然而，此后因为各种原因，中国足协内部主导校园足球的领导不断换人，很多工作的开展很难具有持续性，导致整个校园足球工作发展的方向不明、一些实质性工作处于停滞状态。而且在推进工作的过程中，体育系统与教育系统存在大量的摩擦和矛盾。

2014 年，国务院召开全国青少年校园足球工作电视电话会议。中央政治局委员、国务院副总理刘延东在会议上对校园足球作出重要指示，今后教育部将主导校园足球，并推出了一系列措施，例如：推进校园足球普及，形成校园足球激励机制；把学生足球特长水平纳入到学生综合素质评价；充分考虑中小学对口直升问题，探索高中学校招收足球优秀学生的办法，扩大高校高水平足球运动队招生规模；把校园足球纳入教育督导指标体系中，定期开展专项督导和检查评估；足球也将纳入学校体育课程教学体系，作为体育课必修内容。

2015 年 3 月份，国务院公布了《中国足球改革发展总体方案》。该方案对于校园足球部分的一些量化指标为："全国中小学校园足球特色学校在现有 5 000 多所基础上，2020 年达到 2 万所，2025 年达到 5 万所，其中开展女子足球的学校占一定比例。""到 2020 年，完成对 5 万名校园足球专、兼职足球教师的一轮培训。完善政策措施，加强专业教育，为退役运动员转岗为体育教师创造条件。"

随后，教育部专门下发了《关于公布 2015 年全国青少年校园足球特色学校及试点县（区）名单的通知》，认定并命名了全国 8 627 所中小学校为"全国青少年校园足球特色学校"，全国的 38 个县（区）为"全国青少年校园足球试点县（区）"。在这份名单中，广东地区的中小学共有 283 所入围。

任何一项政策的推进，量化的指标是必不可少的，但"校园足球"的发展并不能仅仅停留在数字上。比如，目前这么多的全国校园足球特色学校，其认定的标准、依据究竟是什么？

除"数量"方面足够大外，"质量"是否有保证？

当我们出台这一政策时，其理论和依据究竟何在？

靠着数字上的堆积，就能够改变中国竞技足球水平低下的现状？

"校园足球"的本质和发展规律又是怎样的？

2. 广州："体教结合"的范本

广州作为目前全国五个足球"试点城市"之一，校园足球的发展一直拥有良好传统，这也是广州能长期保持"三级培训体系"的基础。目前广州全市共有 57 所市体育传统项目（足球）学校［其中包括省级体育传统项目（足球）学校 6 所、国家级体育传统项目（足球）学校 1 所］。

2007 年被视为"广州校园足球发展元年"。这一年，广州的体育和教育系统一起合作，重新恢复了停办多年的"市长杯"中小学足球联赛，并提出了"足球百千万工程（即一百所学校、一千支足球队、一万人参加）"。这样的举措具有很成功的前瞻性，它比2009年由上而下发动的"中国校园足球运动"还要早。

到了2014年底，广州市制订了《广州市中小学校园足球计划（2014—2016年）》。这个"三年计划"是当时全国范围内第一份由地方制订的校园足球计划，内容涵盖具体的校园足球机制、计划、措施和目标等，其中具体的数据指标是："用三年时间，到2016年实现三个'五'，即全市设立500所校园足球项目推广学校，组建5 000支校园足球队伍，吸引50 000名青少年学生参加各级各类校园足球培训和竞赛活动。"

截至2015年底，在广州全市范围内的1 500多所中小学（含中职学校）中，有400所学校成为广州市校园足球项目推广学校，获教育部评选为全国校园足球特色学校的学校达到39所。按照教育部的工作部署，未来一年内，广州市校园足球特色学校的数量将力争达到75所。

分管校园足球的广州市教育局副局长吴强认为，校园足球不等于专业青训，它首先要解决的是素质教育的问题。"校园足球必须把足球育人功能放在首位，因为足球运动需要不断跑动，能锻炼人的意志，足球是团队的运动，能培养人的团队精神，培养竞争意识，还能让人学会如何与他人相处、如何尊重别人和对手、如何遵守比赛规则、如何面对输赢哀乐，这些都是素质教育的基础，对青少年的未来发展是非常重要的。"

从2014年9月起，广州市中小学足球联赛正式改制，并被冠名为"富力杯"，小学、初中、高中（中职学校）一体的校园足球三级联赛体系正式启动。值得一提的是，市级联赛小学男子U12组、初中男子U15组和高中男子组均实行升降级制度，这正是广州校园足球竞赛体系的一大特色。以2015年10月启动的第二届"富力杯"为例，区级预赛共有1 291支球队参加，算上35支中职组预赛球队，一共1 326支参赛球队，共进行3 148场比赛。到了市级联赛，共有来自173所中小学校的224支队伍参赛，以此计算，将进行1 112场比赛，这样一来本届赛事的总比赛场次将超过4 000场，绝对是目前国内市级校园足球联赛比赛场次最多的一个。

针对中国青少年足球普遍存在的急功近利问题，广州市校园足球更看重竞赛的参与度和竞赛体系搭建的完整度，竞赛的结果并不列入校园足球特色学校的评估标准，吴强表示："我们只评估教学是不是落实了每周上一节足球课，有没有课余训练，有没有校内联赛，有没有参加校园足球联赛，学校有几人次进入过最佳阵容等。"

当然，校园足球需要面对一系列难题：师资、经费、场地、安全保障、持续培养体系……这一切同样也是广州校园足球不能回避的。

教练首先是个大问题，各中小学的体育老师不可能都是足球专业出身。为了保证足球师资力量和质量，广州市教育局确保每个校园足球项目推广学校要配置1名以上专职足球教师，负责每年级、每学期开设4至6节体育足球课。同时从2014年起，广州市教育局依托广州市足协、广州体育学院对非足球专业的体育教师进行足球教学、足球训练和足球裁判的专项培训，并计划在3年内，每年举办足球专项培训班，对逾300名体育教师进行足球专项培训。

广州市足协 2014 年在全国率先推出校园足球精英培训计划，分 4 批共选派 50 名优秀足球教练，分别到全市 50 所小学开展一对一尖子培训，并成功启动了首届广州市校园足球精英比赛，此举再次走在了全国的前列。

此外，球场问题也是重中之重。结合广州市目前的情况，市政府计划用两年时间、投入 12 亿元资金，对八个区的非中心城区学校的体育、卫生、艺术设施进行改造，其中超过 6 亿元将用于体育场馆建设。学校必须保证有运动场或足球场，不要求足球场标准化，但必须要求场地能保证为开展校园足球运动提供有利条件。

3. 罗湖模式：校园足球的"全明星计划"

事实上，如今中国"校园足球"的意义更多的在于普及，增加足球基础人口。"校园足球"不可能在短时间内成为大面积足球精英人才的出口。由于受场地、师资、竞赛体系的约束，我们的校园足球不可能像日本那样，一个全国初高中足球联赛可以吸引全国人民关注，决赛有 5 万多观众到现场观看。普通学校的校队还不可能具备与业余体校、专业足校、俱乐部梯队、省市足协半专业队等模式相抗衡的能力。

当然，也有特殊的例子——深圳市罗湖区。

罗湖区人口不过 150 万，整个罗湖区只有翠园中学拥有 1 块标准足球场，全区 40 多所小学中，只有 12 所学校拥有规整的非标准足球场。在这块寸土寸金的土地上，究竟怎样才能大范围推广校园足球？罗湖区委宣传部副部长、区文化体育局局长李少明指出了方向——"罗湖区校园足球联赛·全明星计划"，从一个足球开始，让一大片泛足球文化在这片绿茵场上衍生。

2014 年 5 月，首届"全明星计划"闭幕时，共计 300 名运动员参加罗湖区首创的校园联赛，直接影响和吸引了超过 2 万名学生。直至 2015 年 6 月，第二届"全明星计划"落幕，在短短 8 个多月的时间内，罗湖区共举行了 140 场主客场制的校园足球比赛，有 440 名运动员参赛，围绕联赛开展的各项活动超过了 200 场次；400 多名小记者走上"采访一线"，160 多篇小记者新闻稿登上"全明星计划"官方网站；超过 250 名学生定期进行足球漫画创作，300 多幅漫画作品参加全明星漫画比赛；超过 2 000 名师生、家长参加足球亲子游戏；啦啦队规模超过 10 000 人次……"全明星计划"覆盖和影响的学生已经超过了 35 000 人。

在这个全民积极参与＋足球文化导向的"罗湖模式"中，罗湖区的校园足球居然就打通了从普及向精英提高的通道，其结果就是产出了人才。

2013 年 9 月份，中国 U16 国少队参加了在武汉举行的亚少赛预赛，来自深圳罗湖的 4 名学生球员入选。其中，司职前锋的段刘愚打入 3 球，帮助国少队打入亚少赛决赛阶段。同年，段刘愚更以优异成绩考入翠园中学高中部竞赛班，眼睛有 400 度近视的他被外界称为"眼镜前锋"。2014 年，段刘愚居然受到国内多家中超俱乐部的争夺，最终他以 100 万元的高价被山东鲁能"抢购"。

近几年来，罗湖的校园足球尖子不断冒出，在葡萄牙之星、西班牙计划、英国梦想成真、恒大足校招生等国内多项中国青少年足球顶尖人才的选拔中，罗湖区的孩子们更是备受青睐。

"全面普及足球文化的校园足球理念，在罗湖区只算是点燃了星星之火，我们更希望类似的计划能够在更多的区域甚至城市铺开，为更多孩子搭起能全方位展示和提高特长的平台，推动校园足球甚至中国足球的发展。"李少明说。

当然，深圳的校园足球虽然有"罗湖模式"这样的明星，但也存在很多困难，其中球员输送到职业俱乐部或者专业足校之后的培训费分配更成为焦点。而深圳留不住青少年人才，也是这个地区职业足球一直搞不上去的长期"死穴"所在。或许，要解决这些矛盾要从"足球文化"入手。

三、"新型足校"的大与精

国人常常喜欢"先破后立"，因为要"破"，所以必须把前面的东西全盘否定，有时甚至是为"破"而"破"，也就不可能有"扬弃"。中国足球自 20 世纪 90 年代开始实施职业化改革以来，过去培养人才的"业余体校"制度被彻底推倒，在"一切向市场看齐"的大背景下，取而代之的是 20 世纪 90 年代中期在全国范围内兴起的"足球学校"。

但由于中国足协没有拟定统一的资质，更没有具体的评估与考核细则，任何一个社会人或企业、公司等，随便就可以建所谓的"足球学校"。鼎盛时期，全国范围内各种名目的"足球学校"多达 3 000 多所。但一拥而上的结果就是：才短短的几年时间，各种类型的足球学校就只剩下不到百所，当然各种足校所引发的纠纷更是数不胜数。2008 年北京奥运会后，当时中国足协青少年部组织过一次全国性调研，结果显示全国范围内的足校只剩下不到 10 所，其中大部分都有地方足协或俱乐部的官方背景。

恒大和富力两家广州的中超俱乐部崛起之后，他们也各自建立起有自己特色的足球学校。与以往旧模式下的"足校"相比，恒大和富力的足校可以称为"新型足校"。或许，未来广东本土足球人才重振的任务，很大程度上要寄托在这两家"新型足校"身上了。

1. 恒大足校的"万人梦"

在职业联赛所向披靡的广州恒大同样希望在青训领域也无人能敌。

2012 年，广州恒大足校在许家印的推动下应运而生，他参考的模板是西班牙豪门皇家马德里足球俱乐部。恒大足校由恒大集团投资 12 亿元创办，坐落于清远，是一所实行文化教育与足球专业培养并举的全封闭、全日制寄宿学校。

在许家印最原始的想法中，是要将恒大足校打造成为全世界规模最大的"万人足校"。当时，许家印提出的构想是——

学生总规模超万人，分三期实施。首期学生规模3 150人，设小学、初中、高中，教职工及教练435人。基础教育设施均以省一级标准设计，配备3 900平方米小学教学大楼、4 400平方米中学教学大楼、8 700平方米实验大楼、1 500平方米图书馆、3 000平方米体育馆、1 800平方米大礼堂等；足球专业设施均以世界顶级标准配置，拥有6 000平方米全球最大足球中心大楼、2 000平方米国际顶级体能训练中心大楼、76个全球最多足球训练场；并配备21 000平方米学生宿舍楼、16 000平方米教职工宿舍楼、5 000平方米饭堂及超市、3 000平方米学生之家。

学校实行文化学习与足球专业培养相结合、基础教育与高等教育相衔接的办学模式。基础教育按广东省一级学校标准办学。恒大足球学校的基础文化教育与中国人民大学附属中学合作，由人大附中定期委派教学管理专家担任恒大足球学校常务副校长全面负责学校教学业务，并选派语文、数学、英语等主科教师来校担任指导教师。同时，恒大集团还将与中国人民大学合作，双方共建中国首家以足球为专业的"高起点、有特色、国际化"的高等学府——中国人民大学恒大足球学院，办学层次为本科学历，并争取体育学硕士授予权。构建从小学到大学至研究生的一条龙教育体系。

除人大附中选派的教学团队主管学校的教学，恒大足球学校还在全国范围内高薪招聘全国特、高级名优教师执教；有学科带头人28人，特、高级教师占全体教师的40%，具有八年以上班主任管理经验的教师占60%以上，具有十年以上教学经验的教师占80%以上。

足球专业培养的教练队伍，由世界顶级俱乐部——西班牙皇家马德里足球俱乐部派出世界顶级优秀教练员（欧足联A级牌照教练证）和国内选拔的技术过硬、有志于中国足球崛起的助理教练员组成，完全按照皇马俱乐部的标准建立学员选拔体系、训练体系、竞赛体系和考评体系。

经过三年的打造，恒大足校的所有软硬件基本都达到了许家印当初的构想。只有一个指标达不到——学生超过万人！虽然2015年恒大足校被吉尼斯世界纪录组织颁发证书，确认其为"世界上最大的寄宿制足球学校"。

到2015年全校第四次招生为止，恒大足校的总就读学生人数只在3 000上下。恒大终于意识到：仅仅追求"大而全"，不能确保提高培养人才的效率，"闭门造车"筛选出的孩子即便技术基础牢靠，也可能因为意识理念薄弱而难以产生质的飞跃。在恒大足球U15队成立不到2年即摘得全国中学生联赛桂冠后，恒大集团开始将目光瞄准欧洲足球发达国家。

2014年，恒大与皇马、马竞等西甲豪门接洽后成立的西班牙恒大足球分校，成为恒大人才培养向海外延伸的第一个突破口。但该分校每年25人的培养规模，显然与许家印理想的"海外人才库塔基"效果相去甚远。2015年，恒大再次启动了海外分销计划，这次他们与荷兰名宿克鲁伊夫建立关系，投建了荷兰恒大足球分校。

恒大足校为学生设定的成才通道计划，是分成5个方向的：

1. 进入皇马等世界顶级足球俱乐部各级梯队，成为国际球星；
2. 进入恒大足球俱乐部各级梯队，成为亚洲球星；
3. 进入国内外其他足球俱乐部，成为职业球员；
4. 进入与学校有校际合作关系的国外大学继续深造；
5. 进入国内体育高等院校或综合性大学继续深造。

恒大足校的技术总监费尔南多·桑切斯跟足校的合同期为8年。一整套西班牙式的教学方法由他牵头。和他一起的还有24个外籍教练，以及140多个中国教练。他坚信一定可以从恒大足校中培养出亚洲级球星。

但由于目前恒大足校的学员年龄尚小，他们中还没有任何一人成为职业球员，即使在全省同年龄段的一些专业梯队的比赛中，恒大足校也非绝对的胜者。在凡事追求极致效率和高度社会影响力的恒大惯有模式中，足校暂时还是一个充满"未知数"的漫长工程。

担任过广州市体育局局长的恒大足校执行校长刘江南则对恒大足校能否出现巨星保持平常心。他是教育人，也是体育人，他知道两者的规律。"我们现在搞的新型足校，与以往相比，我们不注重长时间的专业训练。每天仅有1小时（小学部）到1.5小时（中学部）的足球训练时间，其他时候与普通学校无两样，都是文化课时间。每周末会有校内大联赛，每个孩子都参加。同龄人跟同龄人打，小打大、大打小，男打女、女打男，100多支队伍，够循环对打一年。玩中学，看中练，赛中验。"刘江南说。

在刘江南的心目中，他对恒大足校学生的培养目标是：10%成为有文化的足球人，90%成为有足球特长的文化人。

刘江南透露，恒大虽然把国内足校的学费提至5.5万元一年，但恒大每年为每个学生付出的至少超过9万元，所有"考"入海外足校的孩子，留洋费用都由恒大担负。为了让孩子们安心求学，俱乐部还安排家长每年免费赴欧探亲一次。

一位与中国足协长期合作的国内青训专家说，"可能许家印投资青少年足球有他的商业战略考虑，毕竟他是商人，但能够让一群孩子到最发达的足球国家学习原汁原味的先进足球，这件事情本身将造福中国足球"。

2. 富力切尔西足校：专注"小而精"

在2011年接手富力不过3个月之后，富力俱乐部老板张力已经和"足球之乡"梅州的领导达成共识，双方要在梅州合力建设一所足球学校。

2012年，富力俱乐部选址梅州市梅县雁洋镇开建足球学校。学校首期工程占地250亩，共投资5亿元兴建行政中心、教学中心、生活中心、运动员培养与发展中心及14块具备全天候训练条件的国际顶级足球场，其中人造草球场选用荷兰进口GreenField品牌草种。所有球场均装置全景摄像系统及照明系统，为每位学员提供即时训练数据和全天候训练条件。

富力梅州足校落成之后，俱乐部就把办学目标定为"打造球星梦工厂，培养新一代球王"。

学校实行基础教育与足球训练并重的全日制寄宿办学模式，正式纳入梅州市国民教育序列，按照广东省一级学校标准开设小学至高中课程。或许与恒大足校的庞大规模和高大上的硬件设施相比，富力梅州足校一切都显得低调而实在。

张力很早就说过，富力搞足球学校是为了真正出人才，尤其是广东的人才，所以不需要搞大面积的全国招生，他们只做小班制的精英培训。

2013 年，富力俱乐部与英超豪门切尔西正式合作，学校命名为"富力切尔西足球学校"。作为切尔西俱乐部"全球造星计划"之重要组成部分，该校与切尔西足球俱乐部展开全面、深入的合作，包括：学校使用切尔西名称和标志；采用全套切尔西青训教材；由切尔西足球俱乐部青训教练组全权负责学员的选拔、技能训练、职业规划和社交能力培养等；每年选拔一批优秀学生和教练员赴伦敦切尔西科巴姆训练基地集训；每年指派一名切尔西球员到中国进行推广宣传等公益活动。

富力切尔西足球学校于 2013 年 9 月正式开学，在第一学期末梅县区联考中，全校英语平均分达 85.4，六年级语文平均分 83.9 排名全区第一。学校竞训成效也同样显著，同期在与梅州、广州、深圳及香港等地区来访球队的比赛中胜率高达 99%。

2015 年 10 月，富力切尔西足球学校举行了"中学部启用仪式暨嘉应学院体育学院足球实践基地挂牌仪式"。作为一所国际化学校，该校目前吸引了来自韩国、俄罗斯等国家的学生前来求学，共有学生 250 人，本省人数占 58%，外省人数占 42%。2016 年还迎来了 18 名新疆小球员和 4 名来自宝岛台湾的小将。

富力切尔西足球学校中学部涵盖了教学、生活、住宿等功能，设有文化课室、生化实验室、物理实验室、技术分析室、会议室、公寓、食堂、餐厅、更衣室等，能够同时满足500 人的生活、学习、足球教学和会议需要。

中学部的建设是根据学校发展规划并参照中国足协青少年足球训练基地的标准设计的。除学校日常的教学功能外，还可承办各级足球比赛、足球夏令营和冬令营。

学校已申报"中国足协青少年足球训练基地"，这将成为"足球之乡"梅州的第一个国家级足球训练基地。此外，富力切尔西足球学校与嘉应学院体育学院在人才输送、足球训练及运动医疗方面将展开深度合作，将双方优势资源共享，实现互利共赢。

富力足球俱乐部副总经理、富力切尔西足球学校校长洪友强表示，足校主张推行精英化教育，目前学校实行单年龄段建队模式，建有 U9、U10、U11、U12、U13、U14 共 6 支后备梯队。

"目前中国有 3 个规模较大的足校，鲁能足校、恒大足校和富力足校。我们引进了切尔西的青训体系，是与欧洲豪门俱乐部在青训方面合作最紧密的中国足球学校。此外，我们学生的文化课成绩，在梅县 32 所小学中一直处于中上游的位置，英语成绩名列前三。这两个特点是富力足校的核心竞争力。"洪友强说。

四、社会青训：守望与突围

在中国青少年足球培训领域，除了业余体校、校园足球、足球学校等模式外，还有大量的、形式多样的社会培训机构（青少年足球俱乐部、培训班、训练营、冬夏令营、游学团、留学计划）。

随着徐根宝在崇明岛埋头十年磨一剑，打造出上海东亚的模式，中国几乎所有搞青训的私人组织都梦想能成为下一个徐根宝。

在广东这个国内足球生态最发达的地方，搞青训的社会组织自然也是数量最多、形态最多样化的。但无一例外的是，他们都必须在主流的青训体系外寻找自己"夹缝生存"的空间。

"南派足球"能否通过这些社会青训组织的努力而产生一点新的火种？守望还是突围？一切都是未知数。

1. 赵达裕：倒在"足改春天"到来前

从 20 世纪 90 年代开始，不少广东足球名宿在退役之后都开办过用自己名字命名的"足球学校"，比如吴群立、古广明。然而，在甲 A 的中后期，足球学校纷纷倒闭，这些名宿用个人品牌开办的足校也无法幸免。

而相反，赵达裕偏偏在这个时候杀入"足校"这个充满挑战与不测的领域。

赵达裕 20 世纪 80 年代后期东渡日本，他用 10 年的时间见证了日本足球起飞的全过程，深知青训对于一国足球水平提升的重要意义。1998 年，赵达裕举家回国。回到广州后，赵达裕首先在广州太阳神一队任领队兼助理教练，可惜当时广州职业足球正走向低谷，广州太阳神队无奈从甲 A 降级。1999 年，太阳神队征战甲 B 联赛，7 轮过后战绩仍不理想，主帅陈熙荣请辞赵达裕继任，最后以第 8 名保级。

卸下广州太阳神队主教练的担子后，赵达裕隐居番禺沙湾镇，创办了"亿达足球俱乐部（学校）"，埋头培养 7—18 岁的青少年足球运动员。

2001 年，赵达裕曾短暂辅助过周穗安，出任广州吉利队的助理教练，最终因为"假赌黑"盛行的环境而冲甲 A 失败，这对赵达裕的刺激很大。2002 年初，日之泉公司与赵达裕创办的亿达足球俱乐部合作，以"广州日之泉亿达足球队"的名义参加全国乙级联赛，并定下了 3 年内冲上甲级联赛的目标。可惜，两个赛季过后，这个目标依然因为糟糕的赛场风气而没有实现，赵达裕最终决定把培养青少年足球人才作为自己终生的事业。

亿达是广东第一家私人创办的青少年足球俱乐部，赵达裕的出发点就是冲击老的培训体制。"我们旧的业余体校模式从精英培训的角度来说是不错的，但可惜选材面不够广，有时候基层教练因为收入太低也会演变出各种丑陋的现象，最终导致有能力的孩子进不去，即使进了体校也会因为教练能力和责任心的问题学不到真正的东西。"赵达裕说，"我不想有天赋的孩子再像自己以前那样遭罪，我希望把俱乐部的大门开放给所有孩子，从小学到高三，有兴趣学足球的都可以进来！"

亿达培养的学员进步很快，从 2002 年开始，亿达培养的不少学生进入广州各级市属的梯队。2004 年底，赵达裕把俱乐部从沙湾镇迁到了东涌镇。在一片 100 多亩的土地上，赵达裕建起了一个多功能综合训练基地，除了培训自己的 4 个年龄段梯队外，还接待全国各地的冬训队伍。

此后的 10 年，赵达裕基本都泡在这个自己一手创办起来的足校里，除了培训小球员，他还面向全省搞足球冬夏令营、搞青少年国际比赛、组织队伍参加五人制全省比赛，在广州市区设培训点，忙得不亦乐乎。令赵达裕欣慰的是，这 10 年他培养出来的不少球员，诸如李岩、陈志钊、杨一虎等，都先后打上了中超，也有更多的小球员被全国各路不同青训机构和俱乐部梯队相中。

在这个漫长的培养过程中，赵达裕除了悉心向学生传授技艺，还要拼命在市场上找赞助、拉广告、搞全国招生。正是因为在工作中倾注了太多心血，赵达裕积劳成疾，终于在 2015 年 3 月中旬去世。

赵达裕去世后，整个中国足坛都为之痛哭——他所创办的亿达足球俱乐部，是全国唯一一家坚持了这么长时间的私人青训机构！

可以说，赵达裕生前全凭自己的口碑和对青训理念的执着坚持，赢得了体育界、教育界、媒体界、企业界很多朋友的信赖，最终才走了下去。很多人都说，赵达裕是最有可能成为"广东徐根宝"的人物。

2015 年 3 月也是中央正式出台"足改方案"的时候，赵达裕很不幸地倒在了"足改春天"来临之前，实在令人感到遗憾！

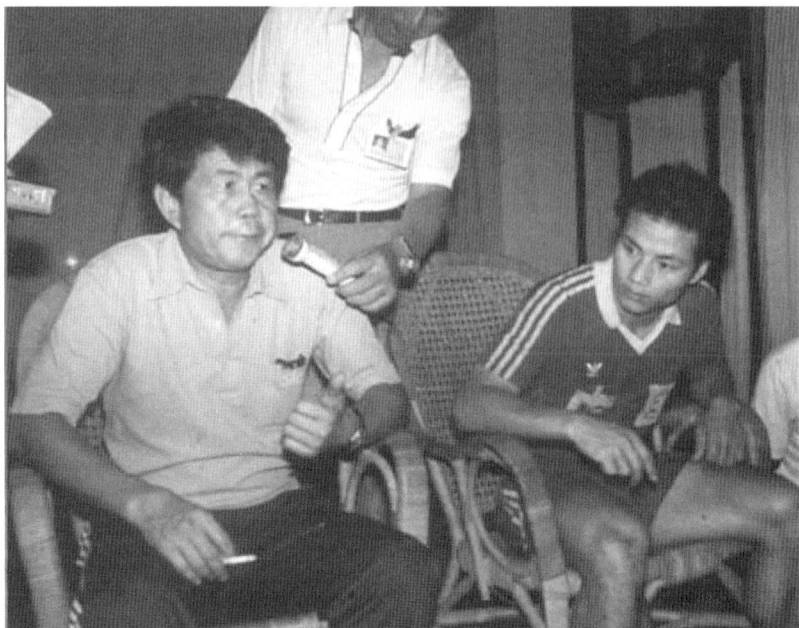

曾雪麟（左）与赵达裕（右）师徒两人都为中国足球青训贡献了自己的一生

下一个"赵达裕式"的广东青训领军人物在哪里？"亿达模式"今后该怎样走下去？这是目前整个广东足球界都在思索的问题。

2. 古广明：先扎根黄埔再学德国

古广明和赵达裕的经历很相似。他们都是20世纪80年代初的广东国脚，他们各自都身怀绝技并名震国内，也都有被对手踢断腿的痛苦回忆，他们都有在国外留洋的经历，他们更有共同的痴迷点——青训。

1998年，古广明亲手创办"古广明足球俱乐部"。但此后由于足球学校泥沙俱下，短短几年后便陷入了倒闭潮。古广明足球俱乐部和亿达足球俱乐部不同，因为没有固定的基地，所以只能四处打游击。2007年底，古广明足球俱乐部从三水转到黄埔区，好不容易稳定下来，但古广明因故要返回德国。2010年，古广明胞弟古广坚正式接手俱乐部，当时足校已经走下坡路，注册人数仅有10来人。

生源成为俱乐部发展亟待解决的难题。对此，古广坚率先改变原来吃、住、训全包的体校式培养模式，"足球培训我们来负责，但孩子的正常生活还是得回归校园与家庭"。尽管中国的校园足球运动当时刚刚兴起，但要想让俱乐部直接进入学校开培训点，实在不是容易的事情。为了打消家长、校方的疑虑，古广坚用一年的时间"硬着头皮"几乎跑遍了黄埔区的所有中小学。

经过近5年的努力，目前俱乐部注册球员近800人，覆盖面从幼儿园一直到高中。从五年前俱乐部亏本的状态，到今日的收支基本平衡，除了理顺与校方、家长之间的关系外，如何管理教练团队曾是他最为头疼的难题。如今古广明足球俱乐部包括教练以及行政工作人员共20人，按照规定，一个教练授课不可以超过18名球员，"18名'足球仔'配备一名教练保证了教学质量，超过了我就加教练进去"。据了解，根据教练员自身的表现，从一周上一堂课至七八堂课不等，另外俱乐部还设置零投诉奖以及勤快奖，校长、家长对教练满意，一名态度认真、工作勤奋的教练员每月的收入可达到8 000元，"说实话，青少年足球普及，其实技术含量并不高，关键是教练员的态度，其实这个很关键。在授课过程中，校长、家长也对教练员进行监督，表现好的也有成就感，教练们现在都不愿意走"。相比当初一两千元待遇招不到教练的那段岁月，现在俱乐部员工内部已形成良性的竞争机制。

师资问题解决了，担任黄埔区中小学校园足球联赛组织顾问的古广坚便忙着完善比赛平台。"参加更多的比赛对足球仔球技提升有帮助，而将比赛设置在学校举行则有助于营造学校足球氛围。"古广坚说。从首届比赛仅有30多所学校参加，到如今几乎所有学校踊跃报名，他坦言足球大环境好了，足球人的信心也更足了。

2014年，名不见经传的黄埔石化小学在广州市"市长杯"中小学校园足球赛决赛中以3比2战胜增城群星小学，爆冷夺冠。这场比赛吸引了时任黄埔区委书记陈小钢以及黄埔区教育局、体育局的主要领导到现场助威，成为黄埔校园足球"从沙漠变绿洲"的一个最典型例子，其中古广明足球俱乐部在其中起到了重大的助推作用。

对于古广明足球俱乐部来说，他们在黄埔区的第一个五年计划是实现了校园足球普及

任务。然而，从普及到提高，巨大的资金投入是每一个社会培训机构都需要面对的难题。古广坚认为解决之道还是要立足黄埔，与黄埔区教育部门和体育部门深度合作，并与区内的一些重点初高中建立球员升学通道。除此之外，俱乐部要把自己培养的尖子大胆往国内外一些职业俱乐部的梯队输送。"恒大、富力、国安梯队，中国国少、国青队，国外西班牙马德里竞技、塞维利亚以及巴西俱乐部都有。目前我们已经向国内外各个职业俱乐部输送了近20人。"古广坚说，"踢球踢得好，足球仔一定要有出路，我们现在的目标就是扎根黄埔、走出广东！"

在黄埔校园足球稳步发展的同时，古广明近两年从德国带回了"德式青训"的理念，他引进德国青训教练与广东省足协合作开办了不定期的教练培训班。古广明表示，在德国青训的庞大体系中，教练是非常重要的一个环节。目前德国拥有28 000多个持有欧足联B牌照的足球教练，持有A牌照的教练有5 500人，持有专业教练牌照的有1 000多人。正是拥有如此庞大的教练员规模，才使得当初德国足协可以派1 200名青年教练去指导22 000多名11岁至17岁天赋较好的男女球员踢球。

对于基层的青训，古广明认为最关键是9岁到12岁的阶段，"这是一个青少年球员技术定型的阶段，这个阶段的教练水平尤其重要。每一个教练都不能通识从成年队到少年队每个阶段的训练方法，现在我觉得中国最缺乏的就是这个阶段的优秀教练员"。古广明认为，中国足球如果通过目前从上到下扎实地进行科学的规划，借鉴德国的经验，潜心打造自己的青训体系，15年后有望重返亚洲一流。

3. 梦想成真："足球留学"新模式

邓锡权是20世纪50年代广东青年队的原始成员，广东青年队也是广东第一支省级专业足球队。邓锡权是广东队参加第一届全运会的主力门将，活跃于20世纪五六十年代的广东足坛。从20世纪70年代到90年代，邓锡权一直在广东从事各种与足球有关的工作，在许多广东足球人的眼中，邓锡权是他们值得尊敬的师傅。

通过一系列工作，邓锡权清醒地意识到：中国足球要搞上去，必须在搞活市场和增加足球人口两方面一起努力，必须搭建大量的比赛平台为草根足球和青少年足球服务。青少年球员必须踢球、读书两样都好才有真正的出路！

1998年，邓锡权正式退休，他下海从商组建体育用品公司，创建了知名体育服装品牌——"动向"（DANSPORT）。从商之余，邓锡权热心资助本地的业余足球赛和各类青少年足球赛，扶持家乡梅县的足球发展事业，积极推动省港两地的足球运动交流。

2009年，邓锡权在参加香港一项青少年足球赛事时碰到了来自英国布鲁克赫斯学院的校长，当时布鲁克赫斯学院正在当地引进一项"梦想成真"足球留学计划。由于中国足协当时正在推行"校园足球"的改革，邓锡权十分看重这个项目，立即与布鲁克赫斯学院的校长洽谈，成功与对方签约将这个计划引进内地。

"梦想成真"留学计划是把国内优秀的足球人才以奖学金的方式，输送到英国培养4年。"这是一个公益性的足球选拔计划，有志于足球的青少年可以到英国接受良好的系统训练，为日后成为职业球员打下扎实的基础。即使成不了职业球员，去英国留学四年后也能成为一个学业有成的人才。这个计划，与那些用商业手段把球员送去国外受训镀金，然后再送回国内卖高价的方式完全不同。也不是那种把青少年简单送去国外短期培训的速成班。"邓锡权解释。

2010年，内地的首届"梦想成真"计划通过在广东地区的选拔，成功输送了广州籍球员许家俊到英国接受培训，后来许家俊回国后受到恒大和富力两家俱乐部的青睐，最终去了河北华夏幸福的预备队。

在"梦想成真"计划的驱动下，从2010年起，广东不同地区都有机构做起了"送球员到海外受训"的长线或短线的运作项目。当然，良莠不齐。

为了进一步完善和健全"梦想成真"计划的组织模式，2012年经广州市海珠区民政局审核通过，邓锡权成立了"梦想成真体育俱乐部"。第二届"梦想成真"选拔活动把范围扩大到全国，最终有6人进军英国。如今，"梦想成真"足球留学计划已经成功进行了5届，在英国受训的球员接近20人，俱乐部还将把海外培训的国家规模继续扩大。

以海外留学为主，以培训和办赛为辅——梦想成真体育俱乐部正在中国青少年足球培训的"红海"中杀出一片属于自己的舞台。

邓锡权感慨地说："我年纪已经很大了，名与利于我就如过眼云烟，但我依然有自己的足球梦。我现在就希望能尽绵薄之力，对中国的青少年足球事业助推一下，尤其希望在有生之年看到广东足球再出几个容志行这样的球员。"

4. 岁月明星：彭伟国的"青训之梦2.0"

如果要评选最近几年国内最活跃的一个足球名宿组织的话，那肯定是彭伟国和他创办的广州岁月明星足球俱乐部。

彭伟国，毫无疑问是传统意义上的"南派足球"最后一个巨星，他也是中国国家队20年来最有特点的"中场发动机"。由于受制于种种客观原因，彭伟国在自己职业球员生涯的末期并不如意。经过退役后长时间的积淀之后，他从2012年开始决定要重新在中国足球的江湖中做出一番成就。

2012年底，彭伟国与多名前甲A名将倡议发起创办了首届甲A明星邀请赛。结果，在广州举行的首届赛事异常成功，彭伟国重新进入中国足球圈的核心视野范围。2013年，广州恒大足球队三夺中超联赛冠军、首捧亚冠冠军，更加使广州的足球文化被赋予了新的内涵，其中最重要的一项工作就是如何充分发挥广州足球名人的明星效应，在这种大背景下，广州岁月明星足球俱乐部应运而生。

俱乐部之所以命名为"岁月明星"，一方面"岁月"二字与"穗粤"谐音，寓意俱乐部包含了历史上广州队与广东队的优秀足球人才，今后凡是从广州队、广东队退役的球员均可加入该俱乐部；另一方面，"岁月"是指南派足球给球迷留下的光辉岁月。因此，该俱乐部的口号定为12字，即"穗粤足球、明星岁月、城市坐标"。

岁月明星足球俱乐部成立之初便制定了四个发展方向：第一，广泛开展足球慈善公益

活动；第二，开展足球进校园活动，组织明星足球队进入校园、社区推动足球的普及；第三，对青少年进行各种形式的足球培训工作，挖掘更多更好的足球苗子；第四，举办元老足球比赛和明星足球比赛，逐步形成粤穗对抗、广东循环、全国交流、海外拓展的多角足球明星赛事。

彭伟国担任岁月明星足球俱乐部理事长之后，过去几年基本把四个发展方向的事情都做了。从 2015 年 6 月开始，彭伟国逐步把俱乐部的发展重点放到了青少年培训事业上。

彭伟国同样顺应了 2014 年底以来国内"足球改革"热、"校园足球"热的大趋势，俱乐部建立的培训营首先从"校园足球"普及的"青训 1.0"入手。经过短短几个月的推进，彭伟国携俱乐部的教练团队一共走访了广州市中心城区和省内多个地市的十多家中小学，建立了 8 个培训网点。与某些打着培训机构的旗号进学校作秀的模式不同，岁月明星足球俱乐部是直接进入学校开发生源组建培训营，组建校队、吸纳会员并提供长期的跟踪服务，还积极参与校园足球文化建设，编写专业教材，拍摄了《踢出彩虹》公益教学专题片。

用了大半年时间，彭伟国不但在广州市区打造了校园足球培训营的网点，还在三个区初步建立培训基地，组织了"岁月明星杯"首届青少年挑战赛，然后组建起属于自己俱乐部体系的精英梯队。彭伟国表示，在搞这个青训体系前已经考察了德国、荷兰、日本的模式，也研究了国内和省内的大多数青训机构的运营模式，他将主攻校园足球与专业青训、职业梯队衔接的最佳解决方案，走的是"青训 2.0"路线。

和国内所有从事专业青训的有志之士一样，彭伟国同样面临很多相似的难题。

在组建俱乐部培训营大半年后，他依然在为寻觅培训基地的大本营而四处奔走。很多学校无法长期提供供俱乐部免费培训的场地，各区业余体校的场地甚至一些私人搞的场地也不愿意接受岁月明星足球俱乐部长期租用搞培训。

彭伟国最自豪的是其培训营教练团队的质量有保证。在梯队的组建选拔中，他派出 3 名持有亚足联 C 级证的教练员担任 3 个梯队的主教练，5 名中国足协 D 级教练员担任助教。彭伟国自己担任总教练，其弟彭伟军担任教练组组长，多次到选拔现场督战，并点拨优秀苗子。

"青训是一项很专业的事情，徐根宝'东亚模式'的成功更不是随便能复制的。如果谁都想搭政策的便车，都一窝蜂去青训市场浑水摸鱼，结果或许比甲 A 后期足球学校漫天飞的年代造成的负面影响更大。"彭伟国说，"我们搞的梯队选拔，很多家长都想从其他的培训机构转过来，他们看中的是我们的专业和教练团队的水平。"

彭伟国现在最希望的是把自己目前打造的青训体系与广州市足协对接上，双方一起资源共享、做大做强。"比如怎样吸引社会资本来投资合建精英训练基地，搭建更高水平的青少年比赛平台等，真正为广州未来的'本土之星'提供最优质的成长土壤。"彭伟国说。

五、南派足球：岭南文化一分子

广东足球源远流长。作为现代足球运动传入中国内地的第一站，广东足球至今已经走过将近 150 个春秋。

融合是发展的必然，然而失去自身传统却不是都能用补充时尚的东西就能解决的。譬如，在南粤球迷的足球观赏理念中，好看、精彩与胜负同样重要，至少不会舍此求彼。

说到底，足球是一种文化，踢球、看球、评球无不需要文化内涵。中国第一张足球专业报纸诞生于广州，其实有着历史的必然性。

"广东足球"所代表的不仅仅是足球这项运动在广东的发展历史，它更是广东一个半世纪以来社会、经济、人文、风俗等诸多方面繁衍变化的见证。

"南派足球"，实际就是岭南文化的重要组成部分——它完全具备申请"中国非物质文化遗产"的资格！

1. 广东球迷文化：粤语文化的奇葩

南粤的足球风格就像南粤人的风格一样，低调用功、勤奋用脑、兢兢业业、默默耕耘。由于受气候和身体方面的先天条件制约，粤人踢球普遍难以承受激烈的身体对抗。但足球除了身体，还要看技术、意识、战术这些综合能力。只有南粤人那种天生的细腻，才能练就出出色的脚法和技战术意识，这就与同样以做工细腻的粤曲、粤菜一脉相承。长此以往，南粤足球队之"二角短传渗透""两翼齐飞""下底传中"等南派技术风格在中国足坛独树一帜。南派技术流足球就像广东人的慢火煲老汤，要花时间、有耐心，才能熬出那浓厚的广式味道。

长期浸淫于"南派足球"文化的广东球迷也养成了爱看球、懂看球的传统。粤人观球，并不会仅仅看场上局势热闹与否，更会看场上的战术变化是否精妙、球员之间的配合是否娴熟。久而久之，广东球迷形成了一个独特的群体，他们有一套和北方球迷看球完全不同的语言符号和表达方式。

广东球迷文化实际上是一朵在粤语文化土壤上绽放的奇葩。比如，对于足球场上所有的术语，广东球迷都有与之相对应的粤语称谓，与北方人的习惯叫法截然不同。乃至于在看台上的谩骂、嘲讽、加油呐喊等，粤语区的球迷同样有着自己独特的表达方式。

广东各地球迷众多，而集中了全省足球资源的广州尤甚。广州人从 20 世纪六七十年代开始，就非常热衷于到越秀山球场看足球比赛，遇上广东队与一些来访球队比赛，越秀山 3 万座位定然爆满。时间一长，越秀山也被广州球迷称为"广东足球的圣地"。

进入职业化之后，东较场、天河体育场都曾是广东球队的甲 A 主场，但氛围始终没有越秀山好。当然，在广州恒大的带动下，天河体育场近几年成为中超球市的火爆焦点，每个主场日平均进场球迷超过 3 万。这进一步证明，广东球迷文化在保持独特性之外也有着极其强大的包容性。

2003 年"非典"爆发之时，一场在广州举行的中巴之战竟然吸引了 4 万多名球迷到现场观战。赛后，《广州日报》发表了《足球战胜了恐惧》的评论员文章，高度评价了广州球迷的热情，这其实正是广东球迷文化与岭南文化中敢为天下先的意识的融合。

广东球迷看球更喜欢追求个人的感受，并无强烈的"球迷组织"概念。从 20 世纪 80

年代开始，广州的工商、文艺界就曾经联合搞过一个叫作"呐喊球迷会"的组织，也算是大规模球迷组织的发端。

甲A广州太阳神时代，也有一些官方和非官方的球迷组织活跃在球场。从广州香雪时代开始，各种大大小小的球迷组织就活跃于越秀山体育场，但这些球迷组织最终都因组织管理不善、缺乏资金、与俱乐部联系不紧密等而式微。

到了广药时代，整合多个小散球迷而成的"广州球迷大联盟"正式出现，并且迅速占据了广州球迷的主导地位。

而在恒大入主广州足坛之后，他们通过两年时间的充分培育，不断升级球迷服务，最终孵化出十多个恒大球迷组织，这些组织的会员构成了天河火爆球市的基石。众多的恒大球迷组织如今已经从单纯的助威组织，逐步向实体经营发展。

至于广州富力，凭借越秀山的地利和"发展本土足球"的理念，同样吸引了多个球迷组织的支持。每逢德比，虽然恒大和富力的球迷总会发生一些争论，但基本没有出现过"足球暴力事件"——文明的看球观念也是广东球迷文化远超国内其他地方的一大表征。

深圳的职业足球虽然沦落多年，但他们的球迷却十分抱团，始终有一班忠实球迷长期追随，如今他们甚至已经联合国内其他城市的主流球迷组织，于2014年组建了"中国龙之队球迷会"，吸纳了10多万会员，成为中国龙之队所有主场比赛的坚强后盾。

2. 万力名人：抢救广东足球文化

要论对"南派足球"文化的保存、传承、推动，有一个机构就不能不提——广东万力名人足球俱乐部。

2008年3月23日，广东万力名人足球俱乐部成立。广东万力名人足球俱乐部由广东足球名宿董良田、容志行等人倡议，广东足协与广州国际集团、广州市华南橡胶轮胎有限公司共同发起并组建。该俱乐部是广东省首家非营利性公益足球团体。团结社会各界人士，以振兴广东足球、宣传广东足球文化为己任，推动广州市、广东省乃至中国足球运动的发展。

万力名人足球俱乐部当时基本上囊括了广东足球所有名将、名宿、名人，也跨界吸纳了文艺界、工商界、政界的一些有影响力的人物。俱乐部不定期以足球为平台，推动广东省及各地市的公益活动，以慈善为目的开展各类宣传教育活动，为建设和谐社会作出应有的贡献。

2009年时值新中国成立60周年。万力名人足球俱乐部顺势举办了一场"广东足球60年大型纪念庆典"，令广东足球文化得到一次全面的整理和弘扬。当时，万力名人足球俱乐部不但向社会广泛征集意见，评选出广东足球的"60年60杰"，还出版反映新中国成立60年来广东足球历史发展脉络的大型画册《足迹》，在中国足球历史上写下了重要一笔。

此后数年，万力名人足球俱乐部继续致力于推动中外足球交流、参与"梅州足球10年振兴计划"、助力广东本土的校园足球和社会足球等众多公益活动。

2016 年初，万力名人足球俱乐部在广州召开高规格的"中国足球改革发展论坛"，论坛邀请了年维泗、曾雪麟（2016 年 2 月 11 日去世）等多位中国足坛的泰斗级人物和广东本地足坛有影响力的人物，论题定为"广东足球的'供给侧'"。

2015 年以来，中央在经济工作方面提出了"供给侧改革"这个热词。所谓"供给侧"，对很多人来说可能还是一个陌生和专业的经济学术语，简单来说就是指"提供使用价值和价值的一方"，包括劳动力、土地、资本、创新等要素。中央强调的"供给侧改革"就是要尊重市场规律，通过提高生产质量、加强资源配置方式的创新来促进经济增长。

在该次论坛上，中国足球元老和广东足球界名人一起深度剖析了广东足球目前在管理模式、人才培养、技术风格、机制创新等方面的"供给侧改革"，对中国足球今后的良性发展提供了巨大的借鉴意义。这次把"供给侧"理念引入中国足球改革的做法，在全国业界引起了极大的反响。

同时，万力名人足球俱乐部结合近年的足球考古证据，重新梳理了广东足球近 150 年的完整发展历史，再次修订出版了《足迹》画册，在球迷和史学界都产生了巨大影响。

接下来，万力名人足球俱乐部打算集中对广东足球文化和历史的视频资料进行整理，拍摄大型纪录片。"如果我们万力俱乐部再不积极抢救、整理，后代就不可能再理解什么是'南派足球'，更不会研究'南派足球'有什么文化学上的价值。现在，我最大的心愿就是能推动社会各界有心人士，未来一起合力建成广东足球博物馆！"万力俱乐部的理事长董良田如是说。

3. 全国最强大的足球传媒群落

要传承发扬"南派足球"文化，除了要有代代相传的球迷支持、广东足球圈的有识之士出力，还需要本土的媒体一起添砖加瓦。

事实上，新中国成立之后，广东本地的主流媒体一直很重视对广东足球发展的报道，更诞生了一代又一代的优秀足球媒体人。

20 世纪 50 年代中期，《广州日报》已经热衷于报道"广州队"在国内南征北战的消息，一些早期广州足球人的名字逐渐为球迷所熟知。20 世纪 60 年代中期，《羊城晚报》展开了"广东足球为何大起大落"的全民大讨论，引发了广东足球的一场集体大反思。

1979 年 11 月 7 日，《广州日报》旗下的《足球》报试刊第一期问世，为四开四版。头版主要介绍将于次日在广州越秀山体育场进行的瑞典国家队与当年中国甲级联赛冠军广东队比赛的情况。1980 年 1 月 1 日，《足球》报正式创刊——这是国内第一份足球专业报纸。此后长达 20 多年的时间里，《足球》报一直是国内最权威的足球报道主流媒体。

与本地强大平面媒体相比，广东的电视媒体和电台媒体在广东足球发展的历史上也起到了重要的推动作用。广东电视台是最早直播国内甲级联赛的地方电视台；广东各地的电台都有直播足球的传统，形成了广东球迷独特的"听波"文化。

广东媒体的名编、名记、名嘴经过 30 多年的集体努力，一起组成了目前国内最强大的足球传媒群落——这个天然的优势，恐怕也是当初恒大要选择投资广州足球的直接原因之一。

从 2008 年开始，部分广东传媒人组成了"广东传媒之星足球俱乐部"。该俱乐部起初创办的目的纯粹是为一群热爱足球运动的传媒人提供增进友谊、保持健康的平台。随着发展的深入，俱乐部开始积极致力于公益事业，以"激发体育能量，传播慈善精神"为宗旨，在省内各地用足球表演赛和公益义务帮教发挥传媒力量，推动校园足球普及，传播广东足球文化。

只要"传媒之星"不解散，"南派足球"文化就有继续传播发扬的空间。

天文学家宣布，他们发现了迄今为止在银河系中观察到的最大恒星。这颗代号为 HR5171A 的黄特超巨星，体积比太阳大 1 300 倍，比太阳亮百万倍。尽管它距离地球约 1.2 万光年，人们还是能用肉眼观察到它。

广州恒大则是在中国足坛、亚洲足坛爆发的"最大恒星"。同样，人们也正在通过不同角度和方式观察它、研究它、学习它……

卷 十 三

轨 道

然而天下太和，兵革不兴，南越顺德，诸侯轨道。

——宋·宋祁《宋景文公笔记·考古》

2013 年 3 月 11 日，许家印当选全国政协常委

正如本书《卷一·古道》中所介绍的，一位名叫埃斯利的 15 岁英国男孩在 1823 年的一场足球比赛中，突然用手抱球疾进，引发了英国一场对足球比赛规则的大讨论、大争议。有趣的是，几乎同时，被誉为"铁路之父"的英国工程师斯蒂芬孙，却在人们的讥讽嘲笑中发明了火车，并于 1825 年建成了世界上第一条铁路，火车轨道的诞生比现代足球规则的制定还早了 38 年。

关于足球运动发展，涉及体制、机制的争议一直未断。其中最为偏激的观点认为，中国足球上不去，耽于中国体育的体制、毁于中国足协的机制。这种"轨道说"的核心就是认为"中国足球非足球问题，而是体制问题"。因此，每当国家队又一次被世界杯预选赛的门槛绊倒时，"轨道说"必然成为批判的主旋律。

然而，"敏于行"却"讷于言"的广东足球相比"屡战屡败"的中国足球而言，一直引领着足球体制、机制改革的潮流，并在不断摸索中画出一条风格鲜明的特色轨迹。

一、"政"字足球

无论是什么国家、什么政治体制、什么时代，无论你承不承认、喜不喜欢，足球运动绝对不仅仅是足球，而是"政"字足球。

对于"政"字足球，一般的观念是十分模糊的，甚至是混乱的。实际上，"政"字足球可以分为三类：

政治足球；

政府足球；

政绩足球。

1. 政治足球

斯帅的政治感悟

斯科拉里，这位早在 2002 年世界杯上就为"足球王国"巴西赢得了"五星巴西"无限荣耀的传奇名帅，在执教广州恒大 178 天后，首次发表了"斯科拉里的中国感悟"。这与其 20 年前曾经怒批中国足球自身不努力，只想靠裁判偏袒赢球就永远进不了世界杯的狂暴，形成了巨大的反差。

不过，最令人意外的是，一向嫉恶如仇、厌恶政治足球的斯帅，竟然发自内心地大赞中国的"政治足球"。斯科拉里知道习近平主席是一名超级球迷，他甚至能够用中文喊出"习近平"三个字："习主席正在帮助我们，帮助中国足球发展，他非常重视青训，这是正确的道路，但不是今天做明天就能够出效果的，这需要一个过渡的时间，我相信 5—8 年后会在世界杯上看到中国队的身影的，到时我也会去给中国队加油。"

千万不要以为斯科拉里此番言论是什么"外交辞令"，事实上这是刚过完 67 岁生日、

大半辈子在三大洲八个不同国家留下执教足迹的老帅，发自肺腑的"政治感悟""人生感慨"。要知道这位曾经的巴西五星教头，虽然在 2014 年再为巴西夺得联合会杯冠军，但在随后的世界杯半决赛中却以 1 比 7 完败于德国战车，这使他惨遭政治迫害。作为世界唯一一个在两年之内接连举办世界杯和奥运会的国度，巴西国内的政治环境却是空前糟糕，经济严重衰退、总统遭弹劾下台、寨卡蚊疫肆虐。斯科拉里正是通过对比中巴两国，才真正感悟到了政治足球"双刃剑"的两面性——

政治足球可以将"足球王国"拖入深渊，也可以使一度被认为没有存在价值和意义的中国足球，重新获得成长的阳光、水土、生态和环境。

政治足球新概念

2013 年 3 月 11 日下午，人民大会堂举行了全国政协十二届一次会议第四次全体会议，选举产生了新一届政协常务委员会。

新一届全国政协常委依然由各派别组成，分属中共、各民主党派、经济、农业、文化艺术等界别，体现了组织上的广泛代表性和政治上的巨大包容性。全国政协常委为正部级，入选的中共党员基本均是省部级领导。此次最引人注目的是广州恒大足球俱乐部老板许家印当选全国政协常委。此前，身为全国政协委员的许家印，一直希望通过提案来改变中国足球的发展大环境。许家印仅用一年时间，就身体力行把自己的这个提案转化成现实，承担起振兴中国足球的社会责任。如今当选常委之后，许家印应会有更大的施展空间。

恒大的超强势介入，事实上也颠覆了中国足球的权力结构。足协的绝对统治力作古，取而代之的是俱乐部和足协的二元体系，而且市场资本和权力资本并不是尖锐对立，而是两种力量的良性互动。以此为基础，足协对俱乐部的诉求和利益空前重视和迁就，而俱乐部的外战表现，也化为足协的政绩。没有开会，没有理论指导，也没见红头文件，就是简单的"草鞋无样，越打越像"，许家印和恒大决定了职业足球管理的基本走向。

把中国足球纳入中国的特殊现实加以剖析就会发现，凭借一两个经济大鳄的特殊身份和特殊能力，远比夸夸其谈地借鉴外国模式构建蓝图，来得更快更有效率。空谈理想而罔顾现实，误人误己，中国足球已经不起更长的等待。许家印的新身份，更传递着严肃的政治表情。

以上是当年许家印当选政协常委的相关媒体报道，并马上有政协委员建议：应该由许家印全权接掌中国足协，即使在 2015 年末的中国足协足代会上，仍然有相关的呼吁。这也是在尊重现有政治体制的基础上，通过引入机制，有效改造中国足球的最便捷途径。甚至有舆论认为，如同贝卢斯科尼那样用做生意的方式经营政治、经营足球，才是政治足球的真正厉害之处。

说到政治足球，人们往往会以《水浒传》为例夸大其害：正是宋徽宗将善玩蹴鞠的小亲随高俅擢升为国防部长，才最终葬送了北宋和自己。事实上，任何时代、任何国家，关键是要用人唯贤、用得其所，像当年中国女排教练袁伟民，不就当上了"体育部长"——国家体育总局局长吗？

2015 年亚冠决赛之夜，许家印、马云陪同英国安德鲁王子、朱小丹省长、陈建华市长在天河体育场主席台上兴奋观战

因此，恒大的成功，使人们对政治足球有了颠覆性的认识。所谓政治足球，不露痕迹、不过于异化、不干扰足球运动发展轨迹，反而是推动足球运动发展的良剂。

2. 政府足球

足球圈一向有所谓的"市长足球"与"市场足球"的分野。一谈到广东足球，人们似乎总是夸赞广东足球的成功就在于最早走"市场足球"，而无"市长足球"。

广东也有政府足球

所谓"市长足球"，就是政府足球，即以政府资源来支持或支撑足球运动发展。

相比中国许多省市，广东并非没有政府足球，相反如果没有政府足球，广东足球绝对不会拥有如此雄厚的足球基础和足球文化底蕴。

早在 20 世纪 50 年代初，身兼广东省委书记、省长，广州市委书记、市长四职的叶剑英元帅，就对足球运动发展寄予了其他省市所没有的高度重视。

1955 年，广州市政府已经懂得将足球上升到文化层面，大力发展足球变化。当时的广州市市长朱光就曾经提出把足球与粤剧这两大最受广大群众喜爱、最能体现广府文化的项目，作为文化建设领域重要的"城市名片"，因此当年也流行"粤剧看马红（马师曾、红线女），足球看关黄（关辉舫、黄福孝）"之美谈。

由于广东队对梯队的衔接采取"一刀切"的办法，导致在 1964 年全国甲级联赛排第十名，濒临降级。中共中央中南局书记处书记、广东省省长陈郁，副省长、广州市市长曾

生以及副市长钟明，对广东足球走下坡路十分关注，于1964年3月24日在广州越秀宾馆召开座谈会，召集广东、广州两队领队、教练出席。会上，陈郁转达了中共中央中南局第一书记陶铸对广东队的批评，反复强调：要大学解放军，鼓足干劲，顽强苦练，克服困难，增强体力，提高技术水平，重新奋起。

4月14日，国家体委下达《关于大力开展足球运动，迅速提高技术水平的决定》，广州市和梅县被列为全国十大足球重点城市（地区）。为落实文件精神，副省长曾生亲自深入球队，加强思想政治工作，关心队员生活。当年夏训，广东足球队针对队员体能存在的问题，贯彻"三从一大"的训练原则，每天训练超过5个小时，队员的体力终于有了较大的提高。10月是1964年度联赛的决战阶段，广东队终于取得6战3胜3平的不败战绩，取得第十名，保住甲级席位。

有意思的是，曾生虽然深谙足球，曾经是中山大学足球队的战将，但他从来没有因为自己是内行、是领导，就越俎代庖，肆意"指点江山"。一次，他在比赛中场休息时，到广州队休息室听教练讲战术布置。一些随行的领导"喧宾夺主"地向球员下达命令，大讲"顽强拼搏""打出精神"等空洞的口号。曾生在旁听闻大怒，呵斥道："其他人都不要讲话，听教练的！"

1964年10月，广东省足球协会成立，曾生出任名誉主席，从此开创了广东省领导担任足协名誉主席的先河，很好地体现了政府足球的内涵。

2011年，曾担任过安徽省体委主任、后来几乎出任中国足协专职主席、时任广东省委书记汪洋总结恒大、富力在足球领域的成功，归纳其为"新政府足球模式"。政府除了在经费投入、政策保证、工作手段等方面给予有力支持外，关键要使以自己企业的巨大投入来搞足球的老板"政治上有名誉，经济上有支持，社会上有地位"。

曾经为许家印入主广州足球作出过关键决策作用的朱小丹省长，每逢恒大队的关键场次，必然亲自到场为恒大队助威，这在其他中超球队所在的省市最高级别领导中，可谓绝无仅有，体现出浓厚的政府关切之情。

高屋建瓴的领航

相比其他省市急功近利地由政府直接出资支撑的"市长足球"，广东足球从来不会滥用市民的纳税钱，盲目搞成"行政足球"。因此，广东足球一直拥有可持续发展的自生能力。同时，由于领导都是足球内行，尤其政治领悟能力超强，往往能够在不同时期体现出政府足球高屋建瓴的领航力量。

1992年，时任国家体委主任的伍绍祖借邓小平南巡广东的东风，也南下广东，召开了体育体制改革的研讨会，发布了《关于深化体育体制改革的决定》，要求以足球为突破口，向职业化过渡，逐步与国际接轨。为此，同年6月，中国足协召开了红山口全国足球工作会议，探讨足球体制改革，明确足球改革的核心是"紧紧围绕足球体制和运行机制进行改革"。

一向敢为天下先的南粤足球，在广州市委、市政府的支持下，向中国足协提出了建立足球特区的大胆设想，并于1993年1月26日宣布"广州足球特区管理委员会"挂牌成立，与大连一起成为中国仅有的两个足球特区之一。当年的广州足球特区管委会由30位广州市党政、体委、企业界、工商行政、财政、金融界、新闻界、教育界代表组成，为广

257

州足球呕心沥血的现任广东省省长朱小丹亲任广州足球特区管委会主席，充分体现了政府足球的主导性和指导性。

2015年8月17日，《中国足球改革发展总体方案》和《中国足球协会调整改革方案》正式对外公布，中国足协与国家体育总局脱钩，实现"管办分离"。此方案出台后，顿时引起各地方足协大地震，因为"无权、无势、无钱、无人"的地方足协，无不担忧一旦与各地体育局脱钩，恐怕连生存都会成为问题。

然而，在多次足球体制改革中，一直是引领者、创新者和先行者的广州足球，又一次让国人大吃一惊。紧随中国足协改制的官宣，广州市马上发布了《广州市足球协会改革方案（试行）》，宣布广州市足协将与广州市体育局脱钩，去行政化后的广州足协将在财务、人事等诸多方面拥有自主权。11月25日，广州市足球协会第十届一次会员大会在越秀山体育场召开，广州市足协成为国内第一家与体育局脱钩，从政府部门转变成民间社团、实体化的地方足协。正如广州市副市长王东所言，这次广州市足协的改革是"一次彻底"的改革，广州足球又吃下了"第一只螃蟹"。

作为分管体育的副市长，王东指出："广州能率先走这一步，不是谁拍脑袋决定，而是有基础的：广州足球有优良的传统、浓厚的足球氛围、蓬勃的校园足球基础。另外，我们市场化程度很高，干什么事情走市场化道路，是我们的传统和优势，这些条件和基础可以支撑我们在地方足协走这一步。"

最令广州市足协感到温暖的是，广州模式的政府足球，绝非市场足球那么冷酷无情。王东强调："市里对相关部门都有明确的要求，对新足协也要像原来那样大力配合，不能说脱钩之后就和原来不一样。广州足协就这一个，有公益属性，有社会属性，其他政府部门要配合，这也可以整体推动我们社会治理的改革。"

3. 政绩足球

相对于政治足球和政府足球，中国存在最多的其实是政绩足球。

在足球专业化时代，政绩足球的痕迹并不明显，即使有也是4年才抓一回。这主要是因为当时体育系统最重视的，或者说工作的重点和中心只有全运会。

1994年，中国足球进入职业化阶段，虽然说足球金牌是全运会中分量最重的，但随着全运会足球改制为青少年足球赛事，加上职业足球城市化的特征，原来以省一级为单位的足球运动队，逐渐转制为城市足球俱乐部，并扩展为城市之间的对比和比拼。

从20世纪90年代开始，最流行的说法就是足球要成为一座城市的名片。因此，许多城市都纷纷加大投入，追求职业联赛的成绩，作为一种政绩。同时，随着一批国企进入职业足球市场，这种拥有垄断资源的国企，同样把球队的成绩视为一种政绩而不惜挥霍国有资产投资球队。另外，有的政绩足球完全基于领导人的个人嗜好，一旦更换领导，城市名片可能就改成其他的了。

国有资产大举进军职业联赛，也打破了原有的足球格局，尤其是中国职业联赛初期，以民营企业为主导，完全走市场的广东足球，无论政府还是企业都不肯为过分追求政绩足

球而进行反市场行为，终于无法与财雄势大的国企抗衡，无力支撑俱乐部的运作，球星纷纷转会，俱乐部全面式微，甚至不得不转让出卖。

政绩足球最大的副作用是最终导致"假赌黑"横行的甲A和中超，彻底败坏了中国足球，广东足球可谓最大"受害者"，的确值得深刻反思。

不过，相比而言，广东从来没有把足球事业作为面子工程，更多是为足球而搞足球。2016年1月22日，即将卸任的广州市市长陈建华在百忙之中会见了广州恒大淘宝足球俱乐部负责人、球员和教练团队，事实上，这竟然是陈建华在离任前最后一次带着"感情"性质关注恒大足球，因为如果为了政绩，陈建华根本没有必要在他离任前不到一周，还去关心足球。

在陈建华市长会见恒大全体将士的第二天，参加广东政协会议的广东省体育局局长王禹平，就政府部门应该如何对待恒大作出了回应。他表示，广州恒大不单是广州的名片，已经成为市民生活的一部分，恒大亚冠比赛光门票就收入两个亿，还有外地球迷来广州看球带动了消费、拉动了体育产业的发展，既然影响这么大、亿万市民关注，在尊重市场及运动规律的前提下，政府将坚持以问题为导向，职业俱乐部出现什么问题，政府就研究什么问题，最后看是交由市场、企业解决，还是要政府出手搭救。如果需要政府出手的，政府一定责无旁贷。

二、"经"字足球

所谓"经"字足球，其实就是取什么"足球经"？念什么"足球经"？当然，足球绝对离不开金钱，但又绝对不仅仅是金钱这么简单。

1. 经验足球

葛爱平，上海滩现役最资深的足球记者。他在2015年接近尾声之际，写下了一篇《恒大了不起在哪？》的感慨文章——

年底了，回顾这一年，如要谈起足球，必要谈到恒大，谈起俱乐部运作，必要谈到恒大，有时候也很烦，中国足球就恒大了？中国的俱乐部就恒大一家有钱吗？

中超俱乐部要比有钱，恒大不知道排到哪里去了。罗宁不是说了吗？比什么也不要和国安比有钱，这话说得在理。恒大资产多少？能和国安比吗？

超过恒大的俱乐部多了去了，上海上港，股票涨1分，市值增2亿，恒大比得了吗？恒大是做房地产起家的，上海绿地也是做房地产的，但绿地做到中国房地产的龙头老大，恒大在哪里？

所以，山外有青山，恒大的实力，在上海最多是中环内的一套房，离黄浦江边的汤臣一品还差太远。

但是恒大居然能玩到中超老大，这个"十六浦码头"爬上来的"小赤佬"，是怎么把足球搞得那么大？

……

从甲A到不职业的中超，小圈子里大家过得有滋有味，今年我让你一场，明年你还我3分。有的是上半赛季抓分，下半赛季抓米，阎世铎的不升不降和只升不降，让大家小日子过得无忧无虑。

恒大的出现搅乱了中超美好的田园生活，大价钱购入球员（比较现在只能算是零头），招来了中超主流们的怒骂，"破坏游戏规则""拉抬物价"，5年亚冠夺冠计划更被嗤之以鼻。

在一片怀疑、反对和怒骂声中，恒大提前实现了成立伊始的目标，开着豪车一骑绝尘而去，落在后面的主流们相互打量，就像是被抛在路边的老爷车。

恒大没有什么独门绝技，他们所做的只是把俱乐部当作一个产品、一门生意认真经营，就像地产老板们疯狂抢一块地时把楼盘价喊到天上去，再苦思苦干怎么再赢利一样。当老板拿着5 000万就自在地混中超时，恒大出手就是几个亿，彻底颠覆了中超的旧玩法。

如今，市场火热，当打的球员成了稀缺的"熊猫"，俱乐部们寻遍天下找不到人时，却发现他们需要的大多都成了恒大替补席上的非卖品。在球员的争夺战中，"先知先觉"的恒大又走到了前面。在恒大面前，主流们永远落在后面，就像是股市中只会追高不会抄底总是哀叹亏钱一样。

采写中国足球30多年的葛爱平，深谙中国足球从专业时代到甲A时代，再到中超时代的种种弊端，其中最混沌的就是如上文所述的"经验足球"。中国足球圈一直像一个自以为是的小江湖，形成了许多所谓的"默契"和"行规"，并周而复始地"拉磨"，似乎走了许多路，其实是在原地打转。

因此，当恒大以大战略的胸怀、颠覆性的理念、非常规的投入和超强的行动力，横扫中国足坛和亚洲足坛之际，中超"当局者迷"们陷入了更加迷茫的迷宫。

2. 经济足球

福布斯从2010年开始，以中国国内的654个城市为研究对象，并对上一年GDP超过360亿元的132个城市进行基础数据搜集和研究，评选每年"中国大陆最佳商业城市榜"。

广州是国务院定位的国际大都市、国家中心城市和国家三大综合性门户城市之一，与北京、上海并称"北上广"，经济发展能力居全国三甲之列。在广州投资的世界500强企业达到236家，目前有超过1 000家专业市场，占全国近1/7。跨境电子商务规模居全国第一。2010年至2015年，广州以经营成本指数低、市场环境性价比高的绝对优势，连续5年蝉联中国大陆最佳商业城市冠军。

无独有偶，广州连续5年蝉联中国大陆最佳商业城市冠军的轨迹，刚好与广州恒大从崛起到中超五连冠的霸业完全重合。恒大之所以能够建立足球王朝，固然与许家印个人的雄才伟略，以及其加强对高端人才的培养与引进密不可分，但作为"千年商都"的广州所提供的"商业机会更多，商业环境更具宽容度，商业生态更丰富"，也是不可忽视的重要因素。

值得指出的是，恒大模式的成功可以理解为是"经济足球"的成功，而不是以前的"市场足球"模式的复制。严格地讲，恒大的"经济足球"从一开始就没有简单地以足球市场机制去运行，而是从大经济、大金融、大市场的角度去开拓、经营、升级、转换。这种"经济足球"，往往体现在"经"字上，是精心"经营"，强调"经营"的主动性，而不是像常规的"市场足球"那样，命运操纵在所谓的市场"那只看不见的手"中。这也是为何众多足球圈内外的专家学者，一直将恒大模式简单看作"地产足球"模式并不断讨论，结果却不断把"眼镜"跌碎一地的原因。

有专家精辟地指出，恒大在投资足球之前，无论是品牌价值还是品牌知名度，即使在广东都只算是二流，但是随着恒大足球风暴席卷全国、全亚洲，并刮向全球，恒大的品牌价值如火箭般飞跃，现在已经成为一个公认的国际品牌。单是 2013 年，恒大首夺亚冠之年，地产销售额就超过了一千个亿。到 2015 年，恒大仅上半年净利润就达到惊人的 132.9 亿元，大增 40%，而 5 398.5 亿元的总资产，已超过万科、绿地，成为全国规模最大的房企。

值得注意的是，恒大已经连续 6 年保持 30% 以上的增长，而这恰好是许家印投资足球的 6 年。足球界中依然在打"经验足球"的老牌俱乐部，总是喜欢以一种"酸葡萄"的心态，去批评恒大在足球上面的"疯狂投资"。然而用许家印的话说："投入只有收入的一个零头。"恒大从一开始做的就是高起点的"大经济足球"。即使是足球自身，广州恒大足球俱乐部仅在 2013 年就盈利超过 8 000 万元，是中超仅有的两家盈利的俱乐部之一。难怪恒大俱乐部董事长刘永灼骄傲地说："其实我认为我们是在创造一种新的商业模式。"

2015 年 11 月 21 日亚冠决赛球票，恒大俱乐部发明了 VVIP 票，售价高达 39 000 元人民币，成为当今足坛最贵的球票

更为重要的是，凭借足球打出的品牌，让恒大迅速推进多元化发展，粮油、乳业、健康、保险、金融、互联网全面开花；同时，足球已经与文化、矿泉水等产业一起分拆上市，恒大体育更是被贴上了"亚洲足球第一股"的标签。

据暨南大学品牌战略研究中心对广州恒大影响力的研究，根据精确的计算，恒大的品牌价值已经达到一亿美元。

最令人心悦诚服的是，正是由于恒大倒逼中超，使各俱乐部加大投入，中超升值，并促使体奥动力以80亿元人民币的"天价"购买了2016—2020年五年的中超联赛全媒体版权，中国足球迎来了翻天覆地的"80亿金元时代"。据2013年中国足球发展论坛发表的《中超商业价值报告》，2013年中超总产值为17.8亿元，为1994年职业化元年的17倍。

三、"人"字足球

雅典著名的悲剧大师索福克勒斯曾经有过一句流传至今的名言——

世界上有许多伟大的东西，但是没有比人更伟大的了。

1. 人才足球

"东南西北中，发财到广东。"这是20世纪八九十年代国内最火的一句流行语。广东也正因此吸引全国各种精英人才与外来资本，在南粤大地上产生了巨大的"化学作用"，铸就了改革开放先行者的伟业。

广东足球在这股"孔雀东南飞"的热潮中最重要的贡献无疑是充当了打破旧有人事关系体制的急先锋。

1985年5月19日，中国队意外地在世界杯亚大区外围赛中主场以1比2不敌香港队被淘汰，引发了震惊中外的"5·19"事件。这也导致时任国家队教练的戚务生与主教练曾雪麟一起黯然下课。

1986年，墨西哥世界杯开战前夕，《足球》报向当时赋闲家中的戚务生发出了热情邀请。戚务生也因此南下广州，担任《足球》报特约评论员。其间，在《足球》报的引荐下，广州白云足球队盛情邀请戚务生出任白云队主教练，聘请外省教练，在国内严格而复杂的人事关系体制中，本身就是一次历史性突破。之后，广州队再创国内运动队引进人才的先河，引进了北京队名将李公一、路建人，1988年又先后引入了李勇、黄启能、王昶3名外省球员，当时在国内足坛引起了轰动。

进入足球职业化时代以来，无论是外援还是内援的引进，广东足球一次又一次走在了全国的前列。据不完全统计，广东足球引进的教练、球员，无论在人数还是国籍，或是身价方面，都是全国之最。

更有说服力和震撼力的是，恒大王朝的创立、河南籍老板许家印"发财"到广东，本身就充分体现了广东对人才的包容性——外来的"和尚"好念经。

恒大的"人才足球"战略，不仅全面体现在从恒大管理层到执行层，再到俱乐部内外

援将帅的精英化，而且还将这种战略首创性地从球场扩大到了"官场"。

2012年3月，经过许家印"三顾茅庐"，广州市体育局党委书记、局长，广州体育职业技术学院院长，正厅级省管高级干部刘江南毅然辞职，出任恒大集团副总裁、恒大足球学校执行校长。这在当时所产生的爆炸性效应，惊动了中组部。

刘江南作为中国足球协会副主席，中国羽毛球协会副主席的著名教授、博士生导师，留学美国归来、中国体育界罕有的"明星局长"，曾经提出了"体育不仅可以为国争光，而且还可以为国增利"的理论创新，并被国家体育总局局长刘鹏直接作为中国体育发展竞技体育和群众体育之外，应大力发展体育产业的指导方针。

2002年，从美、英留学归来的刘江南作为开拓型人才，出任广州市体育局局长。上任伊始，以"主办权就是发展权，影响力就是生产力"的新颖观点，提出了广州应该申办亚运会的宏伟设想，并最终促成了广州成功举办2010年亚运会，也因此成为广州市副市长的候选者。"爱才如命"的许家印能够让仕途不可限量的刘江南辞官执教，不能不说是许家印独特的人格魅力，恒大宏大人才战略、尊重人才机制的胜利。

而正是由于许家印坚持聘用一流人才的人才观，才使得恒大从原来对足球一无所知，到飞跃式地将足球专业化做到了极致，并成功地颠覆了原有的足球理论和格局，建立了征服亚洲、傲视全球的足球王朝。

2. 人物足球

有道是：时势造英雄，英雄亦造时势。

无论是外国传教士边得志、毕安将现代足球传入中国内地，还是亚洲球王李惠堂名震海内外，或是新中国的足球又经历了60多年的风雨彩虹，但不得不承认，所有的发展变化，首先应该放到世界与中国不同的历史时期和背景下来分析、比较。

中国足球的专业时代，在新中国成立之初得益于社会主义大家庭的支持，通过留学匈牙利，使中国足球在20世纪五六十年代诞生了一大批足球名将。进入20世纪七八十年代，中国足球依然是亚洲一流劲旅。广东足球也一度空前繁荣，成了中国南派足球的代表和旗帜，一大批球星占据了当时中国足坛的半壁江山。中国足球职业化二十多年来虽然几度沉浮，毕竟还有过打进世界杯的圆梦时刻。最为珍贵的是，随着习主席对足球运动的亲力亲为、呵护激励，跌落谷底的中国足球又重新焕发了希望。以广州恒大为代表的新一代足球巨龙，在亚洲乃至世界掀起了一场中国足球"龙卷风"，印证了贺龙元帅的名言："国运兴，球运兴。"

更值得广东足球骄傲的是，广东在不同时代，不仅拥有群星闪耀的明星运动员和教练员，而且还有名垂青史的党政领导、大胆改革开拓的企业家。他们对足球运动的发展，各自发挥着重要的作用。

莎士比亚眼中的伟人有三种：生下来就是伟人，努力而成为伟人，被强迫成为伟人。虽然这种说法似乎有点严苛，但的确有的"伟人"并不知道自己能够成为伟人，但他们都拥有这样的能力，就是善于客观分析大环境的变化因素，懂得顺应时代潮流，抓住超越、腾飞的机遇，可谓"识时务者为俊杰"。

大人物，自然有大梦想，能挥大手笔，形成大格局。

3. 人人足球

足球"发烧"无国界

看过了有太多失意，未冷却热情，将心倾，把手牵，理想终需要拼。你与我会挽手打气，哪会怕冷清？歌声中，广州队，越秀山中的霸气。赶快将你的手举向天际一起摇动，赶快掀起千次不断的，人浪里，我哋要欢呼：

广州队，梦想艰辛里追，

广州队，遇挫折不后退。

广州队，有欢欣与泪水，

广州队，冠军终归这里。

当这首创作于2007年、充满激情的《广州队》旋律响起时，就是被尊称为足球队的"第十二人"——球迷，随着广州队南征北战、东伐西讨、建功立业之时。鲜艳夺目的红色，已经成为中国足球给世界最强烈的印象之一。打破年龄、性别、籍贯、职位、学历、贫富、职业界限的球迷群体无疑是社会足球中最具代表性的符号。

由于广东足球的国际化影响力，近年来一大批各种肤色的外国球迷也成为广州恒大、广州富力坚定的支持者。足球无国界、无种族，成为真正的"人人足球"。有意思的是，2011年，广东省省长朱小丹上任伊始的第一次涉外活动，就是接见荷甲著名球队乌德勒支足球俱乐部主席，与荷兰乌德勒支省省长罗伯特森商讨两省足球交流事宜。足球已经成为广东对外交往的国际语言。

广州女球迷已经成为恒大主场一道最亮丽的风景线

熊晓杰，这位曾经的媒体人，转型成为成功的职业经理人之后，获悉中国女足经济拮据、鲜有人关心的窘境时，迅速搭建了一个微信公众号，通过互联网号召广大球迷向女足募捐众筹。中国女足在球迷的关心支持下，竟然创造奇迹，一举打进了里约奥运会。

蓝灵发，一位年过六旬的韶关球迷，为了寻找中国足球突破的途径，发明了全球首台多用途发球机，获得了国家知识产权局颁发的实用新型专利证书。他甚至要注册成立国际花样足球联盟，举办首届花样足球世界杯……

一位 13 岁的杭州少年彭衢杭被恒大足校录取之后，爆出惊人之举，居然全程踩着轮滑，到距杭州 1 500 公里之外的广东清远恒大足校报到，而这一趟远征穿越了 28 座城市，足足滑了 14 天，神奇的是这位多才多艺的孩子滑完全程，居然没摔过一跤。现在"不上北大，去恒大"已经成为许多家长和孩子的新目标。

国际足联惊讶于恒大足校的宏大，特别派出高官实地考察，研究后得出如下结论：作为获得了吉尼斯世界纪录"世界上最大的寄宿制足球学校"称号的恒大足校，是世界上最好的足球学校之一；足校拥有高质量的场地场馆和设施设备；恒大足校在文化教学和足球训练方面分别与中国人民大学附属中学和皇马俱乐部合作，是一所满怀激情和发展良好的学校；恒大足校的青训模式是具有创新意义和发展型的模式，国际足联应把恒大足校作为在世界范围内普及足球教育的一个试点单位进行深入研究。国际足联相信，通过恒大足校的不懈努力，一定能带领中国足球实现整体的飞跃和成功。在 10 年至 15 年之内，中国足球能达到更高的水平，参加国际范围内的足球竞赛，打进世界杯。

足球发展和变革，固然十分需要"大人物"的横空出世，但同时足球要得到真正的普及、提高和发展，也需要千千万万的"小人物"，这就是"人人足球"。

民间足球的"乘法"发展

所谓的"人人足球"，也就是社会足球、青少年足球、民众足球。

让广州人一直引以为傲的是，即使是在最不景气的那几年，若论城市的足球热度和参与度，广州仍遥遥领先于国内其他城市。

"如果说业余足球方面，广州这些年一直是很规范，并且处于全国领先的。"广州市足协主席谢志光说。广州的业余足球根本不愁没有比赛，市足协一年会组织 3 000 到 4 000 场比赛，而社会上组织的比赛更多。"现在我们组织的一些比赛，根本不用做什么太大的宣传，只要你在市足协的网上宣布消息，一两天时间内，报名队伍就满了。属于市足协的一些场地，一到休假的下午或者晚上，很难订得到位置。"

广州市的"市长杯"系列赛一直为人称赞，其中的三人足球擂台赛是举办时间最长、历史最久、参与人数最多、影响最大的足球赛，自 1999 年开赛至今累计创造两万队次、12 万人次的参赛纪录。系列赛中的校园足球联赛是从 20 世纪 80 年代起由市体育局和市教育局联合举办的一年一度的学校足球联赛，当中只有 2003 年因"非典"才短暂停办过。

在青少年方面，广州市足协的规划是校园足球要达到 500 多所学校，中小学的队伍 5 000 支，50 000 足球人口参与。原来的计划是 100 所学校、10 000 人参加。计划的大幅度修改，是因为市足协感受到了广州足球的热度。"现在我们在燕子岗、体育东、越秀山这些体育场开设的一些少年班，报名都非常火爆，家长们现在都很愿意把孩子送过来踢球。"

2015 年底，在中国足协召开全国足球代表大会前夕，《体坛周报》资深足球记者马德兴，经过全国调研后发现：广州的青少年体校制度完整性全国第一；青少年足球人才培养机制全国领先。

扩大足球人口—提高基层教练水平—选拔真正优秀的人才组成梯队—优秀梯队人才进入职业俱乐部成为职业队员，广州足球良性发展的链条环环相扣，羡煞旁人。

事实上，整个广东"人人足球"的氛围越来越浓，主管体育的广东省副省长许瑞生亲自聘任"中国球王"容志行担任广东校园足球一级社会体育指导员，在社会上引起了高度关注。广东省教育厅因此于 2014 年制订了"未来 5 年建设 5 000 所校园足球推广学校"计划，足球教育成为人人必需的素质教育。

广东足球的"人人足球"之精髓所在，其实是体现在由于"人人"认识足球、认知足球、认可足球，所以足球无疑成为一种"人人"都遵循和维护的发展轨道。

本卷卷首摘抄，强调纯朴本性、遵循规律，是总结汉文帝治国"盛德"的经验之谈，出自北宋著名文学家、史学家、词人宋祁之手。他曾因《玉楼春》词中有"红杏枝头春意闹"的名句，而被世人称为"红杏尚书"。值得注意的是，正是远见卓识的汉文帝派遣陆贾二度出使岭南，劝服赵佗归汉。文中所言的"轨道"，意为遵循法制。推而广之，任何事情只要能够尊重和遵循发展规律，就能"顺德"大治。

有当代"国师"之誉的吴稼祥，曾经有过一段精辟的论述：在足球场上踢球的不止 11 个球员，还有一个看不见的前锋是经济，一个看不见的中场球员是制度，一个隐身的后卫是文化。广东足球之所以能够脱颖而出，屹立于南粤大地，就在于很好地保证了"三条线"的攻守平衡、相互补充和促进。更为重要的是，广东足球之所以能够蓬勃发展，很大程度上就是不纠缠所谓的体制、机制之争，按照足球规律办事，终成大业。

2015 年亚冠捧杯之夜，天河体育场成了球迷狂欢的海洋

非常道

道可道，非常道。名可名，非常名。无名，天地之始；有名，万物之母；故常无，欲以观其妙；常有，欲以观其徼。此两者，同出而异名，同谓之玄。玄之又玄，众妙之门。

——春秋·老子《道德经》

广州未赢够 GUANGZHOU

11 月 9 日 我们共同解答

$$\sqrt{1+2\sqrt{1+3\sqrt{1+4\sqrt{1+\cdots}}}}=\qquad e^{\pi i}+1=$$

冠军终归这里
CHAMPIONS BELONG TO HERE EVENTUALLY

被视为最能体现恒大"非常道"的著名"拉马努金恒等式"

2010 年，恒大投身足球产业，打造恒大足球俱乐部。俱乐部是目前亚洲最为成功、最具影响力的职业足球俱乐部，累计已向政府上缴税费 12.58 亿。

成立之初，俱乐部制定并实施了"夺取亚冠，称雄亚洲"的首个五年计划，在理念、管理、文化上实施与世界顶级俱乐部契合的职业化模式。

2011 年至 2015 年，连续五年夺得中超联赛冠军；2013 年夺得亚冠联赛冠军，提前实现目标；2015 年再夺亚冠冠军，成为亚冠 2009 年改制后亚洲首支两夺亚冠冠军的球队；两度被亚足联评为"亚洲最佳俱乐部"，业界翘楚。

五年来，俱乐部已囊括亚冠、中超、足协杯、超级杯各赛事共 10 个冠军，创造了中国足球历史。目前亚洲排名第一，世界排名最高第三十，成为中国足球和亚洲足球的代表。

2015 年，俱乐部制订并实施"国际接轨，世界一流"的第二个五年计划，将在发展战略、运营理念、经营管理、教练团队、外援水准、青训体系、后勤保障等各个方面全方位升级，与世界顶级俱乐部全面接轨，跻身世界一流俱乐部前二十名。

2015 年 11 月 6 日，恒大淘宝足球俱乐部（股票代码：834338）挂牌上市，成为"亚洲足球第一股"。

以上是恒大最为简洁的"自我奋斗"概括。事实上，恒大模式已成为广东足球新时代的丰碑，恒大更是中国足球，乃至亚洲足球创造神奇伟业的缔造者。恒大的成功之"道"已经不局限于足球运动和体育运动的成功，恒大的成功已经成为跨领域、多行业、全社会学习和研究的榜样，即使对于个人，也有着无穷的启迪。

以中国古代哲学思想来分析，"道"应有四层含义。

一、道的过程——颠覆力

"道"的第一层含义是过程。

道的过程性表现为道生万物的过程，即老子说的"道生一，一生二，二生三，三生万物"。道不是一种静态的形而上实体，而是一个过程。它的运动周期是"大曰逝，逝曰远，远曰反"。即它逐渐离开，越来越远，远到一定程度又返回来。以混沌理论解释，说明了在演变的过程中，颠覆力的重要性。

1. 恒大让人们又相信爱了

2013 年，恒大首次捧起亚冠金樽，成为亚洲之王。在排山倒海般的赞美声中，《东方体育日报》回忆起了两年前的一个预言——一个埋藏在时间尘土中的声音被灰溜溜地挖出来，这是谢晖在 2011 年 3 月说的一段话："500 万赢球奖，输球罚 300 万，又是拍脑袋想出来的烂东西！中国足球不缺钱，缺的是对专业的尊重，请学习一下高水平联赛的球队管

理！5年内拿亚冠冠军？如果你没把它当句笑话那你脑子一定进水了！"

谢晖并非等闲之辈，这位拥有1/8英国血统的昔日全国甲A联赛最佳射手，号称是当年中国足坛英语最好的球员，曾效力过三支德国职业球队。获得过德乙联赛银靴奖和中超联赛银球奖，是上海申花历史上迄今为止进球总数最多的球员，他一向以特立独行而著称。因此谢晖在恒大崛起之初作出的"嘲讽式预言"，很大程度上代表了中国足坛传统的理念和习惯，以及对恒大冲击中国足坛固有"潜规则"的抗拒。

然而，即使被认为是中国足坛最前卫新锐的谢晖也被恒大打脸了，仅用4年时间就两度登上亚冠之巅，建立了中国足球史上前所未有的恒大足球帝国。恒大实现了对中国足球的彻底颠覆。

对于恒大的颠覆力，《足球》报在恒大首次登顶亚冠之巅前夕，曾经有过一篇很有说服力的报道：

恒大亚冠半决赛前后，我的"朋友圈"里出现了三件事儿。

朋友A君为旅日海归，标准IT男，目前在中关村做白领。他上一次和我聊起足球还是在大连上大学那会儿，当时说的还是大连实德，之后六七年，跟足球基本绝缘。可是恒大赛后，此君竟然特意打电话跟我聊球，之后居然还问我亚冠决赛是哪天，要约我一起看球。

朋友B君为多年球友，平时一起踢球、聊球，此人对国际足球非常了解，却从来不看中国足球，因为"说多了都是泪"。可是恒大赛后，此君竟然发了条微博，亮瞎众人双眼，文中不仅大谈战术，而且对恒大勇夺亚冠冠军抱有强大信心。

朋友C君为国安"铁杆"，标准的"北京大爷"，曾经一提恒大就来气，中超球队除了国安没他能看上眼的。可是恒大赛后，大爷语出惊人："恒大这决赛得看看，不说支不支持，就为了见证，这输赢都是历史呀！"

大爷的话虽然醋味十足，但不得不承认，恒大就是在创造历史。站在这样的当口，我其实很不愿意听到所谓的业内声音，因为各种专家自恒大亚冠半决赛客场4比1战胜对手后又开始讨论恒大投资足球的得失利弊，讨论恒大模式是否真的对中国足球有益，甚至还有人抨击他们在中超范围内与众不同的"特权"……但这些博人眼球的"阴谋论"对于球迷，对于沉睡多年的中国足球又有什么意义？难道我们应该把那些终于历经千辛万苦才重新对中国足球有了那么一点点好感的球迷赶出赛场，然后告诉他们恒大的繁荣只是假象，你们千万不要关注中国足球吗？

我相信我的这三位朋友绝不是个案，因为恒大，很多远离了中国足球的人正在回归。恒大帮很多人捅破那层窗户纸，虽然方式有点"土豪"，但结果确实令人欣喜。

事实上，早年间，中国足球跌入谷底，每个人都说这个项目多么黑、多么糟糕，街头巷尾无人不骂，但扪心自问，这些人有多少是真正了解中国足球的？有多少人知道那些被骂得体无完肤的足协人士真正做了什么伤天害理的事？很多人就这样稀里糊涂地远离了中国足球，不愿意再看，不愿意再爱，说白了就是不愿意再看到挫败罢了。但恒大出线了，甚至就要拿到亚冠冠军了，于是人们又相信爱了，本来就对中国足球没什么深仇大恨的人们又看到希望了，又回来了。球迷的快乐往往很单纯，管你是不是"土豪"，我们就是想看到漂亮的赢球罢了。

不知道央视在恒大亚冠半决赛时收视率是否提高或提高了多少，但能确定的是，这场在广州进行的亚冠半决赛次回合比赛创下了中国单场比赛门票收入之最，据说达到了1 800万。但恒大带给我们的，又岂止是这1 800万？

关注度决定着一个体育项目发展的成败，恒大所带来的关注，会让某些家长心底里涌动着让孩子去踢球的愿望，会让企业对中超更有信心。如果说中国足球的长远之计在于发展青少年足球，那么，更多的家长回归足球则是发展青少年足球的根本。

随着中超的回暖，越来越多的企业看准足球市场，希望能够有所收获，不过，此前国家队的波折却让他们举棋不定。我至今仍记着一位已经在足球上赞助千万的企业高管，在谈到国足1比5时，脸上的失望和无奈。但恒大在亚冠上的强势表现，将中国足球重新炒热，这个过程也是企业重拾对足球信心的过程。

不能说恒大进入亚冠决赛或者恒大一个亚冠冠军就能让中国马上多出成千上万个青少年足球运动员，也不能说这会带动多少多少的企业家投身于中国足球事业，但有一点是肯定的，人们对于中国足球的旧观念会因此而有所改变，而且是积极意义的改变，尽管这种变化可能是细微的、漫长的。但是，对于久经磨难的中国足球来说，任何一种积极意义上的改变，都是难得的。

2. 不上北大上恒大

事实上，恒大可怕的颠覆力不仅爆发于足坛，甚至扩大到了教育界和全社会，这恐怕连许家印自己也没有预料到。

用北京媒体的话来说就是：房企广州恒大集团以大手笔的商业运作，抄了中国足球的底，改写了中超游戏规则，让恒大名扬四海，收入连创新高。恒大还直接动了北京的"奶酪"，联手人大办校，甚至喊出了新的颠覆口号：不上北大上恒大。

许家印的战略就是不断颠覆，在对中国足球实现了全面颠覆之后，又瞄准了在中国一度繁荣，之后又全面衰落和萎缩，甚至消亡的足球学校。创办于2012年的恒大足球学校，占地面积1 016亩，就读中小学生3 000人，是世界上校园面积最大、在校生人数最多的寄宿制足球学校。恒大足校与欧洲八大足球豪门均有合作，并建立了海外分校。

为了改变以往足球学校"单足走路"的传统模式，2013年，恒大足校与人大、人大附中达成战略合作，实现了从小学到大学的一条龙教育配套，特别是引入人大附中这个国内最强的基础教育体系，力求恒大足校的学生文化水平不低于其他学校的学生，在高考时即便报考其他大学也具有竞争力。人大与恒大共建的足球学院，是人大所属的一级学院，以本科层次学历教育为主，并有望争取体育学硕士一级学科授权，培养"有文化底蕴的足球人和有足球特长的文化人"两类人才，真正体现"文化为根，足球为本，成才为旨"的办学理念。

恒大足校的这种颠覆性办学模式，不仅吸引了全国各省区市学子蜂拥而至，更令人称奇的是，居然还有来自其他国家的国际生，以及中国香港、澳门、台湾的学生。在海外西班牙分校已有学员被西甲多支俱乐部相中。各级国字号球队也到处可见"恒大帮"，恒大足校已先后有60余人入选各级国字号队伍。

外界一直以为恒大的成功就是砸钱，但在许家印眼中，其实最具颠覆性的是人才而不是钱财。恒大发展足球的过程也就是颠覆传统和旧势力的过程，没有彻底的颠覆就不会有恒大的成功。曾经与许家印一起打拼的搭档邓凡概括出许家印四大个性，其中第一项就是"不达目的，誓不罢休"的颠覆力。

二、道的本原——统治力

"道"的第二层含义是本原。

道是万物能量的本体和来源，是浑然一体的，有时忽隐忽现，但是实实在在的，是核心能量所放射出来的，也是最为玄妙和深奥的。正如老子所指出的："道之为物，惟恍惟惚，其中有物，其中有精。"

1. 喜大普奔

许家印的第二大个性正是追求"完美主义"的统治力。

2016 年 1 月 15 日，新华社发表了题为"恒大淘宝市值逼近曼联将达到 158 亿人民币"的专电，称全国中小企业股份转让系统（简称"新三板"）挂牌公司"恒大淘宝"已发布公告，宣布定向发行 2 173.40 万股，募集资金 86 936 万元。恒大淘宝的总股本将达到 39 673.40 万股，按照每股 40 元的发行价计算，发行完成后，恒大淘宝的市值将达到 158.693 6 亿元。发行完成后，广州恒大淘宝足球俱乐部的净资产得到了较大幅度的增长，每股净资产从增发前的 2.30 元增加到 4.37 元。

事实上，恒大足球就是"一篇资本运作的史诗"。2016 年 3 月 8 日，广州恒大淘宝足球俱乐部在完成股份转让后，市值达到了 33.5 亿美元（218 亿元人民币），超越了皇马的 32.6 亿美元、巴萨的 31.6 亿美元和曼联的 23.5 亿美元，一举成为世界上估值最高的俱乐部，极大地震惊了欧美，有英国媒体在头版以"中国冠军恒大成为了世界上最值钱的俱乐部"为题进行报道。算起来，6 年间，恒大淘宝的注册资本（股本）从 2 000 万元增加到近 4 亿元，翻了 20 倍，但市值却从 2 003.28 万元增长到 218 亿元，足足增长了 1 088 倍。

在短短的时间内恒大淘宝就从"亚洲足坛第一股"腾飞为"世界足坛第一股"，恒大不仅在足球场上，而且在足球场外，也展现出了雄霸天下的统治力。

2．五轮真功

对于恒大能够在短短的 5 年内建立恒大足球帝国的超群的统治力，恒大集团内部曾经有过"五轮真功"的总结：

大目标　许家印从白手起家，逢低吸纳，打造恒大足球的开始，就确立了"一年冲超，二年夺冠，五年冲亚冠"的"大目标"，当时一度被足球圈视为"痴人说梦"，但当恒大提前超额实现了中超五连冠、亚冠双霸王的伟业时，许家印又提出了进入世界俱乐部

恒大四大天王郑智、李帅、邹林、冯潇霆在恒大夺得中超五连冠后，高呼："Give me Five"

前 20 强的更宏大的目标。

大投入　恒大介入足球圈之前，中超俱乐部的投入每年仅为 5 000 万元，从来没有哪家俱乐部的全年投资能够接近亿元。但是，随着恒大的横空出世，彻底颠覆了中超的市场格局，仅第一年引援的投入就超过 2 个亿。2 个亿还只是开局，接下来更让中超各队瞠目结舌的是许家印破天荒般的"513"高额奖金制度：赢球奖 500 万元，为绿城的 8 倍多，一举开创中国职业联赛前所未有的最高价格。单计算 2011 赛季，16 家中超俱乐部的总投入为 15 亿元，但恒大一家就占了约总投入的 1/3。因此，一开始还在看恒大笑话的"中超诸侯"，马上就瞠目结舌，私下承认当年的中超冠军未开战就已经提前"诞生"了。恒大 5 年，总投入达到了 20 亿元，这就是许家印最强大的"撒手锏"之一。

大管理　外界往往只看恒大的大投入，却忽视或不了解与大投入相匹配的恒大的核心竞争力之一的大管理。虽然身为大老板，许家印却从不进更衣室，不干涉球队的比赛、训练等专业问题；另外，作为恒大的灵魂，许家印在俱乐部背后的战略布局和关键节点频频出现，从入主广州足球到与皇马达成战略合作，建全球最大的足球学校；从提出建设"三最俱乐部"到颁布"513"奖惩军规和"三五纪律"，再到"放开拼命 90 分钟"，并设拼搏奖，以及为监督、激励恒大国脚为国拼搏的"国八条"。在球队每一个重要阶段或每次可能濒临困境的时候，掌舵人许家印都会从幕后站出来，点拨之后，随即带来新的转机。对此，许家印却谦逊地说："我们恒大搞体育的方法，不过是我们恒大这么多年在市场中打拼，由小变大，由弱变强，这个过程中积累的一些成功经验而已。"

恒大的成功其实归功于大管理优势：权责清晰，专业人做专业事；目标导向，科学规划；奖罚分明，重制度、讲规则，"513"奖惩军规；严格执行"五必须，五不准，五开除"的严格的管理制度；营造企业文化和精神，提出"打造最让人羡慕、综合实力最强、最受人尊敬的俱乐部"的"三最"目标。

许多人只盯住恒大赢球奖 500 万，却忽略了球队一旦输球，罚款 300 万的军规。另外还有堪称中国足球史上最为严厉的队规"三五纪律"。当时，许家印为了树立"家法"的权威性和严肃性，内部处罚教练和球员的罚款居然接近令人咋舌的 500 万，甚至连里皮也不能幸免。2012 年 5 月，在亚冠联赛 1 比 3 负于全北现代的比赛中，孔卡不满中途被换下，不仅用踢飞矿泉水瓶的行为发泄心中的郁闷，更是在赛后发微博，攻击主教练。恒大俱乐部当即作出决定，对孔卡罚款 100 万元人民币，同时停赛 9 场，这也是中国足球历史上最大的单笔罚单和俱乐部祭用"家法"最严厉的纪录。"恒大不养大牌"的铁腕治军之术，在中国体坛绝无仅有，即使在世界足坛也十分罕见。

大价值　一位网友曾经感慨："恒大给球员的是他们该挣到的钱，培养一个球员需要 15 年以上，而优秀球员的成材率不足十分之一！恒大的可贵之处是懂得并认同他们的价值，有礼聘天下贤士为己用的豪气！"

恒大的价值到底如何，最好的衡量标准就是外界对球队的认可和投入。2014 年新赛季，恒大球队的胸前广告赞助额高达惊人的 1.1 亿元人民币，开创了中超联赛胸前广告额的最高纪录，这一赞助金额位列世界足坛胸前广告价格的第 18 位，竟然可以比肩米兰双雄！

恒大创立初期，通过大笔投入，引入了优秀的内外援以及专业的教练团队，在国内赛场和亚冠赛场强势崛起，终于带动其品牌价值和商业效应水涨船高，俱乐部自我造血能力正日渐增强。据悉，恒大队球衣后背广告、恒大主场广告、恒大俱乐部品牌资源开发、球迷产品开发等商业资源也同样受到众多企业追逐。总商业赞助额竟高达数亿元。

大品牌　有人计算过，恒大6年间先后签下国内外14名队长，均是绝对的核心、灵魂人物，一举成为中超俱乐部中拥有队长最多的球队。其创造出的轰动效应，极大地提升了品牌价值。符合恒大一贯的作风——要么不做，要么就做到最好！品牌就是第一生产力！

云集了各队队长的恒大，球员实力自然超群；作为队长必然更能担当，这些球员在责任心方面也比一般球员强，这也是为何恒大无论是在中超还是亚冠，都能够展示别人"惹不起"的超强实力，上演"大逆转"的神奇。同时，由于恒大立志走国际化路线，以往一支球队只在当地有影响力的日子一去不复返了。大品牌方能吸引更多地方的球迷，成为中国的恒大，乃至亚洲的恒大！

更为重要的是，恒大集团经营足球其实是在下一盘更大的棋——通过体育营销，恒大集团的收入和利润，逐年呈爆炸式增长。在恒大尚未接手足球的2009年，总收入为57亿元、年纯利润19亿元，但建立恒大足球队的第一年，总收入就跃升至458亿元、年纯利润133亿元，直至2015年已是"一览众山小""七连跳"达到2 013.4亿元。并且充分利用恒大足球的品牌，产业领域不断扩张，获得更大的品牌价值。

正所谓："花繁柳密处拨得开，方见手段；风狂雨骤时立得定，才是脚跟。"

三、道的规律——影响力

"道"的第三层含义是规律。

道是物质运动的规律，道是天地万物变化的终极原因。老子所言的"大道泛兮"，表示道存在于一切事物之中，贯穿于一切事物发展过程的始终，又相互影响相互作用。万物从道起源，又回归于道，"各复归其根，归根曰静，静曰复命，复命曰常"。作为规律的道，一切都受到它的支配和制约，道的规律是不可抗拒的，不能违反的。

1. 换帅的学问

2016年新年伊始，法国人佩兰刚刚享受完圣诞元旦长假，准备继续消磨完他在中国国家队主教练位置上的剩余时光，一回到北京，却接到了中国足协的解聘通知。对于这次中国足协一反常态，"怒斩"佩兰之举，足球圈内人士无不以恒大神速换帅的巨大影响力和示范效应，来讽刺中国足协"东施效颦"。

无论是"恒蜜派"还是"恒黑派"都承认，自从恒大入主中国足球之后，对中国足球界，乃至亚洲足球界，所产生的巨大影响力，都是无与伦比的。2015赛季中途，恒大突然炒掉制造了无数"花痴"的意大利美男卡纳瓦罗，引起一片"无情无义"的谴责之声，但仅仅扰攘了一阵子，就马上被许家印的雄才大略所折服。"巴西大帅"斯科拉里空降恒大，以中超、亚冠骄人的不败战绩，在逆境之中，上演了神奇大逆转，再次夺得了中超、亚冠双魁。

正因有了恒大神速易帅的成功范例，当中国足协也模仿许家印来个"挥泪斩马谡"时，资深媒体人颜强就指出：中国国家队要成为"中国俱乐部"。谈到中国足协选帅的问题时，颜强质疑当初如果选择主教练的机构，不是中国足协，而是一家中超俱乐部，他们会选择佩兰这个法国人为主教练吗？

"从佩兰这一个事例上，已经展现出了国家队整体架构水平，远不如中超领先俱乐部的事实。未来的选帅，如果不考虑这样的差异，不在整个国家队体系上进行优化，佩兰现象以及国家队的沉沦折堕，还会不断发生。国脚们大多来自中超领先的俱乐部，主教练的水平和名望，他们当然有各自感受。在俱乐部得到的是里皮、斯科拉里这种世界杯冠军教练的指点，或者卡纳瓦罗这种世界冠军队长，那位在山东遭受无穷骂声的巴西教练，至少也有南美解放者杯的头衔，还曾经是巴西国家队主帅的热门候选。到了国家队，本应是提升到中国最高层次的足球集合体，然而各方面的服务配套，却越来越比不上俱乐部，国家队主教练和俱乐部的相比，更是低了两个档次，这样的反差，怎么可能帮助国脚们激发出全面能力？"

"未来的中国国家队如何选帅，首先足协得明确下一任以及下几任主帅的任务使命，然后再按图索骥。而未来国家队的整体管理和服务架构，必须达到顶级足球俱乐部的标准，否则国家队和俱乐部的差距会越来越大，国脚们口头肯定不敢冒天下之大不韪，骨子里对服役国家队，会更觉无趣。差旅、训练恢复、伤病治疗、公关媒体，各个方面，中国国家队必须要成为'中国俱乐部'，才能让国家队达到职业化标准。"

这说明，足球事业要取得成功，必须按照规律办事，而不是拘泥于感情，不能凭着感觉，更不能寄望于运气。

2. 80 亿最前面的 "8"

2013 年 1 月 30 日，被誉为"梦剧场"的曼联老特拉福德主场，上演了一场曼联 2 比 1 逆转南安普顿的英超大战，但最令英国和中国球迷震惊的是，老特拉福德球场四周的广告牌出现了恒大口号——"广州未赢够"的中文字样，马上有媒体以"恒大攻占曼联"为标题报道此事，事实上这并不是恒大俱乐部掏钱在英超做广告，而是中超和恒大的球衣赞助商 NIKE 借当时 7 名广州少年访英，为扩大影响而主动做的广告宣传。

事实上，以恒大的影响力，早已经无须用广告推广了。笔者于 2013 年末，随恒大征战摩洛哥世俱杯，从广州白云机场办理出境手续起，就开始不断被众多的阿拉伯球迷主动搭讪，大赞恒大。原来广州在国外被称为"第三世界首都"，许多来自亚非拉的商人都在广州做贸易生意，恒大显赫的战绩，一下子名扬海外，这些国外球迷无不以拥有一件恒大球衣为荣。最令人感动和意外的是，在遥远的北非王国摩洛哥，当恒大队在世俱杯上以 2

比 0 完胜在世界足坛声名远播的名旅埃及阿赫利队时（对阿赫利队的名气绝对没有夸大，因为竟然有韩国球迷远渡重洋，拥戴阿队），赛后数万名摩洛哥球迷居然从体育场开始就围观恒大，不停地叫喊"广州""广州"，甚至在恒大队返回酒店的沿途十几公里的道路两旁，挤满了摩洛哥当地民众，男女老少主动为恒大的出色表现鼓掌欢呼，狂热程度远超国内球迷。

作为全世界知名度最高最火热的足球游戏"FIFA 游戏"，一向只关注欧美联赛。但是随着恒大在国际足坛引发的巨大的影响力，最新的"FIFA（20）17 游戏"已计划引入中超联赛，并获得恒大、鲁能、国安等俱乐部的授权，这无疑将令中超在全世界的知名度大增，恒大的影响力扩大到了更为广阔的电子游戏市场。

公元 7 世纪，摩洛哥大旅行家伊本·白图泰曾游历到广州，写下影响深远的《伊本·白图泰游记》。2013 年，恒大远征摩洛哥，被视为穿越历史的文化之旅

当然，受恒大影响最大的首先还是中国足球界。江苏舜天最佩服恒大的是引援，该俱乐部负责人在接受采访时指出："恒大引进的外援几乎都是高品质的，也许你认为恒大的外援身价高，但他们的思路，还真值得舜天学习。恒大在引进埃尔克森这样的小将时，考察了他一年时间。这样的思路值得我们学习。在这一点上，这些年我们做得不够，没有这种考察机制。"

江苏在 2016 年新赛季转换为苏宁之后，马上也学恒大砸钱，苏宁在转会市场上竟然投了 1 亿欧元。恒大刚公布 2016 赛季赢球奖方案，苏宁第二天马上就跟进"斗富"——亚冠赢球奖 600 万是恒大的 2 倍，足协杯赢球奖 200 万是恒大的 3.3 倍。不过，作为冬窗全球转会投入第一、亚洲身价排名第二的苏宁，竟然在亚冠首战，被球队身价相差 26 倍、在亚冠倒数第二、10 人作战的越南平阳队以 1 比 1 逼平。看来，仅对恒大金钱上的复制，只会形神皆不似。

就连一直与恒大"死掐"的北京国安，也不得不低下高贵的头，几乎全盘照搬恒大模式——与互联网大鳄合作冠名球队，聘用意大利名帅扎切罗尼，引入强力巴西外援组合奥古斯托、拉尔夫、克莱伯，但还是在中超战场上一败涂地，扎切罗尼仅执教了 9 轮，就黯然下课。

2015 赛季一直对恒大构成最大威胁的上海上港，更是对恒大这个伟大的对手采用了最原味的学习手法，直接购入外援——主教练埃里克森来自广州富力俱乐部；原恒大"天体之王"的孔卡成了上港的中场核心；2016 年 1 月 21 日，将"暗恋"已久的恒大射手王埃

276

神，出价 1.32 亿元追求到手。恒大与上港这一转会协议，是埃尔克森 4 年前从巴西博塔弗戈俱乐部转会恒大转会费的 3.24 倍，成为中国足球史上最大的一笔交易。

"结果导向"创造出巨大影响力，被誉为许家印的第三项个性，对此河南建业老板胡葆森深有同感，他感叹恒大模式的影响力："恒大的许家印也是我们河南周口人氏，这几年为中国职业化足球竭尽全力，恒大这种模式无论舆论怎么说，无论如何评论，这种模式的积极意义显而易见。恒大有很多值得我们学习的地方，比如他们的职业经理人康冰和刘永灼，两人平均年龄也都在 35 岁以下，在他们的管理下，恒大足球能达到今天的高度，这是一件非常了不起的事情，有很多适合建业学习的东西，很多可以学，但不一定是有能力学。"

恒大的影响力还折服了众多外教，曾经担任过国足主帅的荷兰教头哈恩就一针见血地指出："如果从恒大成功的路径画一条延长线的话，恒大的成功将推动中国足球的营销，这是显而易见却又被很多人视而不见的。什么样的'本'就生发什么样的'枝'，以球为本、以商为本，结果是不同的。"

¥8 000 000 000！正是在恒大的推动下，中超一下子成了世界足坛关注的焦点。2015 年，中超未来 5 年的电视转播版权竟然拍卖价格达到了惊人的 80 亿的天价，这不能不归功于恒大 5 年来创造出来的巨大影响力，套用"1"与"0"关系原理，恒大就是 80 亿最前面的"8"，如果没有恒大这个"8"，就不可能有后面的 9 个"0"，或者说如果没有了恒大这个"8"，后面的只是"0"。因为要记得在恒大尚未进入中国足坛之前，中超电视转播不但卖不出钱，反而要中国足协自掏腰包，请求 CCTV 转播，但到了 2016 赛季，不仅国内电视台与网媒疯抢转播中超联赛，甚至法国、巴西、土耳其等各国电视台也纷纷宣布直播中超联赛，中超联赛转播已覆盖 5 大洲多达 51 个国家和地区，境况差异之大，可谓是天渊之别。

据《是国足球中长期发展规划（2016—2050 年）》预测，中国未来的足球产业市场规模将达到 8 000 亿元以上。

3. 巴甲、K 联赛被掏空

更令人意外的是，恒大创造出的影响力已经扩展到了海外，甚至直接威胁到了韩国的 K 联赛。韩国著名体育传媒《朝鲜体育》曾说："在亚冠赛事中，广州恒大俱乐部将韩国打哭。"该报认为中超的联赛规模已经超越了韩国。1994 年，中国足球步入职业化联赛，中超元年便实施了升降级制度。作为 1983 年东亚最先开展职业联赛的韩国 K 联赛，自 2013 年才开始启动升降制，从这个角度看，中超整整领先韩国 20 年。

伴随着金英权、张贤秀、朴钟佑等韩国一流球员以及众多原来效力 K 联赛的优秀外援蜂拥登陆中超联赛，韩国本土联赛人才流失严重。为此，韩国足球圈内流行一种幽默的自嘲：把中国挖走的 K 联赛球员编成 BEST11（最佳阵容），甚至强于韩职业联盟票选出的 BEST11。使得 K 联赛逐步沦落为亚洲二级联赛。

韩国媒体《东亚体育》就此现象撰文《被中国吸干精华之后干瘪的 K 联赛》，承认"广州恒大势如破竹称霸亚冠，令中超联赛的威信力大举提高，同时效仿恒大成功模式的中超俱乐部层出不穷"。因此在被中超挖空后，韩国本土的联赛已经沦为"瘪稻"，现实令人毛骨悚然。

最为震撼的是，由于恒大引进巴西教练和球员的空前成功，使得中超、中甲也掀起了引进巴西教练和球员的多波浪潮，中国已经连续两年超越欧洲五大联赛成为巴甲最大买主，2015 赛季巴甲冠军科林蒂安已有贾德森、奥古斯托、拉尔夫、吉尔、尤西雷等 5 大主力被中国俱乐部强挖，以致拥有足球人才世界之最的足球王国巴西，也不得不惊叹"中国俱乐部正在买空巴甲"。2016 年转会标王是巴西国脚特谢拉，他加盟苏宁的转会费高达 5 000 万欧元。

全盘照抄恒大模式的中甲土豪天津权健俱乐部，更是打包了弗拉门戈整个教练组和医疗成员，包括守门员教练瓦格纳、体能师迪奥戈和丹尼尔、首席队医克拉迪奥和理疗师法比亚诺，就连弗拉门戈的球队经理都被挖到了权健。同样为了不走样地全方位复制恒大模式，中超升班马华夏幸福甚至挖来了恒大的中方教练李铁，紧接着也是在引进外援方面全面"巴西化"。再加上不惜用违约金挖来前巴西队主帅梅内塞斯，代替原来的巴西名帅库卡的山东鲁能，大规模挖角巴甲，以致巴西《环球体育》哀叹"科林蒂安斯、克鲁塞罗等巴甲豪门，都快被中国球队掏空了"。

2016 赛季，加盟中国联赛的"巴西国脚"级球员已经多达 11 位，难怪媒体戏称"中国成巴西国脚大本营"，外媒甚至排出了中超最佳巴西外援阵容。根据中国足协的注册资料，2016 赛季在中超、中甲效力的巴甲外援接近 30 人！

根据最新统计，中超在 2016 赛季的标王转会费、标王名次、重量级交易数量诸多方面，都已创造了全新纪录，转会窗总投资额达到了惊世的 35 086 万欧元。中超超越法甲，成为世界第五大职业足球联赛！

更为神奇的是，恒大崛起扩大了中超的影响力。在 2016 年 3 月 29 日，世界杯亚洲区 40 强赛第一轮小组赛中，已经被判"死刑"的国足，依靠重返国家队的恒大勇将黄博文的惊天远射，最终使国足以 2 比 0 的成绩击败卡塔尔队，同时在众多在中超效力的亚洲外援的全力配合下，竟然上演了不可能发生的奇迹——15 年后成功晋级世界杯亚洲区 12 强赛。难怪赛后连国际足联和 BBC 都感叹中国足球的力量："半个亚洲来'帮忙'。"恒大对中国足球的杠杆作用，发挥出了超出想象力的巨大魔力！

四、道的法则——辐射力

"道"的第四层含义是法则。

老子把道视为必须遵循的法则："故从事于道者，同于道。"道也是观察事物的永恒法则。"自古及今，其名不去，以阅众甫，吾何以知众甫之状哉。"就是说老子自己就是用道的法则观察万事万物的，给人们作出了榜样。老子认为，人们对道的法则的态度是有区别

的。"上士闻道，勤而行之"，上等人能够坚持道的原则，而且身体力行。至于其他人，肯定是相形见绌了。"孰能有余以奉天下，唯有道者"，只有坚持道的原则的人，才能把自己有余的奉献给社会。是否按道的原则办事，结果是不一样的。按道的法则去做，道会成全你，"同于道者，道亦乐得之"。最后，道的原则是最高原则，而且有很高的价值，"天之道，利而不害"正是体现了道的辐射力。

1. 世界 500 强的"大拼图"

被视为拥有天才式敏感"决断力"的许家印虽然没有从军的经历，但是由于受当过八路军骑兵连连长的父亲的影响，这位出身于"钢铁人"的企业家，最为崇尚的就是兵家大战略。

2014 年 8 月 1 日建军节，许家印别出心裁地挑选在这一天召集恒大集团 3 000 多名中高层领导干部，召开恒大集团 2014 年上半年的工作会议。

正是在 8 月 1 日的会议上，作为恒大董事局主席的许家印，发表了长达 4 个多小时的讲话，并在集团历史上第一次提出多元化发展战略，恒大要成为世界 500 强企业。

在这次重要的会议中，许家印回顾了恒大发展的三大战略阶段以及恒大的六个"三年计划"。他表示，恒大先后经历了"规模取胜"战略阶段、"规模＋品牌"战略过渡阶段、"规模＋品牌"标准化运营战略阶段，而恒大即日起就将进入的第四大阶段即"多元＋规模＋品牌"战略阶段。同时，恒大 2015 年开始的第七个"三年计划"的主题也确定为"夯实基础、多元发展"。

许家印称："我们专门研究后发现，世界 500 强企业绝大部分发展到一定程度和规模后，都会选择多元化战略，对恒大也是这样。恒大的规模、团队、品牌，如果不走多元化战略，会失掉很多发展机会。恒大将'扩大版图、覆盖全国、走向世界'，计划在 2017 年再进入 200 个城市，总进入城市数达 350 个，并加速国际化进程，进入世界 10 至 20 个国家。"

外界对于恒大入主足球，曾经质疑许家印在并不熟悉足球的情况下搞足球，完全是一种短期行为。事实上这完全是以中国足球圈内惯性思维所致。许家印与以往烧钱玩足球的国企和老板最大的差异就是，他从一开始就把足球作为恒大的发展战略品牌来经营和打造，而不是为足球而入主足球。他很有前瞻性地看到了足球运动作为世界第一运动所拥有的巨大影响力和号召力，经过 6 年锻造，恒大足球已经成为恒大集团最靓丽的品牌和标志。随着许家印"多元＋规模＋品牌"战略的实施，由恒大足球"核爆炸"所爆发出来的辐射力，直接成为推动恒大多元化发展的"核动力"。

恒大集团多元化发展的"拼图"已经拥有了民生住宅、文化旅游、能源、农牧、健康、保险金融、酒店商业、教育、文娱、体育十大板块。事实上，恒大涉猎的领域已经扩展到民生地产、商业地产、旅游地产、酒店、矿泉水、粮油、乳业、环保、能源、互联网＋社区、健康、医疗、养老、美容、保险、金融、音乐、电影、院线、动漫、娱乐表演、奥运、教育、足球、排球等众多产业和行业，促进各行业、产业间产销一体化，形

恒大的多元化战略已经遍地开花

成全产业链优势资源，多元经营、全面发展。

除主业恒大地产最早在香港上市外，恒大健康、恒大足球、恒大文化也先后挂牌上市。在 2015 年福布斯世界 500 强企业榜上，恒大地产以行业第一的 7 570.4 亿元的总资产，净利润 173.4 亿元的骄人成绩，终于成功跻身世界 500 强！

2. 拉马努金恒等式

2013 年 11 月 4 日，恒大俱乐部更新了亚冠决赛第二回合海报。海报主题是"11 月 9 日我们共同解答冠军终归这里"。令人惊叹的是，海报上半部是恒大与首尔两队队徽，下半部则用两个数学公式来预测决赛次回合比分。这么两个天外飞仙般的公式，绝对超出一般人的思维能力。（见本卷题图）

这张图寓意 11 月 9 日天河体育中心最低比分为 3 比 0。代表广州恒大进球数的算式结果等于 3，该等式为拉马努金恒等式；代表首尔 FC 进球数的算式，$e^{\pi i} + 1 = \cos\pi + i\sin\pi + 1 = -1 + 0 + 1 = 0$，即著名的欧拉恒等式，该等式恒等于 0。因为等式两边巧妙地用到代数中最重要的 5 个数 0、1、i（虚数单位）、π（圆周率）、e（自然常数），所以它又被称为

数学界最美丽的等式，数学家评价它是"上帝创造的公式，我们只能看它而不能理解它"。

此外，海报中还有一个有趣的小细节，那就是书写两个公式的笔也是充满玄机。其中书写恒大队得分的笔被认定是一款名牌钢笔，而书写首尔队的则是普通圆珠笔，似乎在暗示恒大队是豪门，而首尔队不过是无名之辈。

这张深奥的数学公式海报也因此将恒大俱乐部的文化辐射力推向了高峰。

从2012年7月18日发布第一张足协杯海报开始，恒大俱乐部至今已经发布了近200张各式各样的海报，其中不乏令人拍案叫绝的精品，不仅极大地吸引了球迷、媒体、赞助商的眼球，而且是一种针对对手的足球心理战，同时也是对恒大足球辉煌历程的另类历史记忆。

能够不断推出如此充满创意而风格多样的海报，在大多数人看来，其背后肯定会有一个强大的团队。不过，事实上这个团队只有两个人，一个是俱乐部年轻的设计师蔡高峰，另外一个就是俱乐部董事长刘永灼。那张载入史册的"拉马努金恒等式"海报，就是刘永灼的创意。一般情况下，一张恒大海报的出炉流程是：如果是一般比赛，就由蔡高峰提出创意，刘永灼最终拍板确认。一旦涉及亚冠决赛这样的重大赛事，则由刘永灼提出海报的创意和元素，由蔡高峰去具体实现。此外，恒大也会通过官方网站征集球迷的意见和想法，从中挑选采用。

在恒大海报文化的引领下，中超各俱乐部也开始学习恒大模式，做起了海报，足球海报文化一下子流行了起来。甚至连以往从来不做海报的中国足协，在2015年俄罗斯世界杯亚洲区40强赛前，居然也有样学样，模仿恒大模式，为国足做起了海报。结果是"画虎不成反类犬"，其中针对中国香港队的一张海报，因有讥讽香港队拥有大批归化球员的"杂牌军"之含义，而触发了香港球迷的强烈不满，并因此被港独分子利用，演变成反华反中嘘国歌的政治闹剧，国足因此受到严重影响，主客场双平香港，几乎再次与世界杯亚洲区12强无缘，教训十分惨痛。这也再次证明，恒大模式并非可以简单复制和模仿的。

3. 恒大成功学

随着恒大足球迸发出巨大影响力和辐射力，甚至诞生了一种称为"恒大成功学"的新理论：用专注、专业和敬业颠覆一切，希望也是一种力量。

亚冠联赛自2002年开始改制，从2002年到2005年，中甲和中超有两支球队曾经打入了四强，依次是大连实德和深圳健力宝。2006年，上海申花打入八强，这是中国足球最美好的亚冠记忆。2009年，中超有四支球队参加亚冠，这却是悲剧的开始，从那一刻起，中超球队最大的梦想就是小组出线，无论是北京国安还是天津泰达，即使小组出线，最终还是倒在八强的门槛之外。中超球队距离亚冠冠军有多远，这个问题在2012年前是一个永恒的话题，话题的结论令人无奈而颓废，甚至被认为希望还不如国足打进世界杯大。2013年随着恒大横空出世，恒大不仅为中国足球实现了亚冠之梦，而且是3年双冠！

很多人都会说，恒大的成功是因为恒大的烧钱战略成功了。无论是过去，还是现在，中超烧钱的球队很多，山东鲁能也会烧钱，北京国安买外援大牌时也不眨眼，上海申花也引进过如雷贯耳的超级巨星德罗巴、阿内尔卡，甚至中国足协也很会烧钱，也能花近亿元请来卡马乔。

恒大的强大，来自于专业的能力和专注的态度，如果仅仅认为他们是依靠烧钱来获得成功的，那么这种认知本身就是肤浅的，恒大的成功是因为他们比中国足坛绝大多数球队更专业、更敬业、更专注，而不是更有钱。恒大应该得到的称号是花钱性价比最高的球队，会烧钱的球队和老板很多，能将钱花到刀刃上，真正建立起足球帝国的，只有恒大。

有人认为，恒大的成功除了营造了良好的敬业环境，培养了专业精神之外，只要比较俱乐部的制度建设、后勤保障和文化设计，就能立见高下。仅以足球海报为例，中国足协在做，各俱乐部也在做，但从效果和反响来看，依然是恒大第一。专业的恒大俱乐部仅以一名设计师就能不断推出构思风格独特、表现手法多样的精品海报，不专业的即使用一个美工团队，也能弄巧成拙，甚至演变成政治事件，给球队带来极大的麻烦。恒大在细节方面的成功使他们塑造出一支现代的、与球迷零距离的、动感时尚的球队。球迷能够随时随地受到恒大文化的影响和辐射，这种强大的心理凝聚力最终使恒大成为一支自信心极强的球队，打破了中国足球的心理魔咒，而这正是中国足球长期以来最为致命的软肋和短板。

恒大其实是一面奇异的镜子，它身上拥有的特质，恰恰是中国足球所不具备的特征：比如恒大身上的稳定气质以及强大的进攻力，与之对比的是中国足球的遇弱不强、热身赛踢得永远比正赛出色以及球员临门一脚差的现象；恒大俱乐部的专业和管理人员的敬业精神，与之对比的是中国足协官员们的行为和形象。

恒大这一面镜子不仅体现在足球方面，也体现在社会方面。在亚冠决赛前，几乎所有的中国人都在支持恒大，原因不仅仅是恒大方面的某些精神和特征与中国目前的群体态度存在着对立：比如恒大敬业专注的态度。这是中国上层社会或者说白领主流们较为缺少的一种态度。而在缺少诚信和丛林法则弥漫的情绪下，所有人都需要找到一个安全的港湾，恒大身上所体现出来的种种特征，恰恰能满足这个心理需求，广州恒大是一个温暖的港湾。

恒大对中国足球负面形象的彻底颠覆，已经上升到了"社会学"或"成功学"层面。恒大成功的社会意义在于扭转了足球堕落成全社会"痰盂"的耻辱象征，提升了足球被不断"熔断"的断崖式跌落价值，恢复了足球运动在家长和孩子心目中阳光奋发的应有形象，带来了足球可以改变人生和命运的新希望。人拥有希望才拥有向前的动力，这就是恒大成功学最大的社会价值和普世意义。

跋

正如卷十四之名"非常道"，应该承认，事实上恒大的成功之道具有独特性和不可复制性。

道者，走字底加首，一首一走，即第一次走的路、第一次用的方法才叫道，重复别人做过的事不叫道；走不一样的路，坚持创新才能生道。

作为原来不知足球为何物的许家印，竟然能够白手起家，逢低吸纳，不循惯例，高屋建瓴，广招人才，锻造铁军，所向披靡，征服亚洲，建立帝国，的确是以一种非常规的方式创造了一个足球神话。

中国足协主席蔡振华曾经高度评价恒大为中国足球带来的巨大影响："2010 年出现的恒大，是联赛重磅炸弹，平庸的联赛兴起波澜，成绩有目共睹，提升知名度和号召力，保证球队在亚冠的生存空间。外界也对我们刮目相看，恒大的成功不是靠财大气粗获得的，而是依靠先进的管理，以欧美为标杆，外援引进流程严格，好钢用在刀刃上。也把企业文化带到足球，奖罚分明，科学训练，先进技战术，调动球员积极性，发掘球队潜能，获得了整体提升。同时恒大也与国家意识紧紧结合在一起，为中国整体的荣誉。恒大提升了自己的品牌实力，但想发展成拜仁那样的俱乐部还有很长的路要走。"

众所周知，世界上没有常胜将军，竞技体育也不可能永远都是冠军。鉴于 2015 年赛事过于密集，年底的世俱杯使得恒大身心俱疲，几乎所有参加世俱杯的球队之后都战绩不佳，包括"宇宙队"巴萨队也在欧冠出局。另外，恒大队内国脚还要频密参加世预赛，导致冬训不系统；加上更换外援，缺乏足够的磨合时间，使恒大未能在亚冠小组赛出线。客观上，恒大惨遭亚足联"毒手"，悉尼与浦和在亚足联的纵容下，奇怪地将比赛安排在恒大同轮比赛后一天进行，最终以一场丑陋的 0 比 0，默契地将恒大"做"出局。

对于恒大亚冠铩羽而归，甚至连一向与恒大过不去的京媒，也觉得其比"窦娥"还冤，公正地评价："出局未必就是坏事，恒大依然是亚洲强队，这点毋庸置疑。"可喜的是，经过多年的历练，恒大球员并没有因此而心态失衡。郜林十分坦然："比赛就是有赢有输，你胜利的时候你的对手也在难过，我们会遗憾，但这是生活的一部分，我们还会前进，我们还有很多的比赛，要继续努力。所以这对我们也是一种变相的激励，让我们在联赛和足协杯都可以取得冠军。"

更为洒脱的是许家印，他在俱乐部管理会议上指出："小组不出线也没关系，我们要为了目标而努力拼搏。一旦出现其他特殊的情况，目标未实现也没关系。我们要赢得起，也要输得起。"

诚然，许家印是以一种非常规的方式打造了一个足球帝国，雄才伟略的他，在对恒大

足球的规划当中，亚冠仅是一个短期目标，许家印的远期目标是夺取俱乐部球队的最高荣誉——打进俱乐部世界杯。另外，以恒大足校的目标设计，许家印希望能够在不久的将来，打造一支全华班的中国足球王者之师。同时，许家印之所以把恒大俱乐部的追求目标确定为世界前20位，就是不仅要在成绩上继续创造奇迹，再现辉煌，而且还要在俱乐部经营、上市、股份运作等多方面，创新发展，引领潮流，在不同阶段，展现恒大足球的颠覆力、统治力、影响力、辐射力，再加上一种良性、可持续发展的持久力。

恒大的成功是值得尊敬的，他们证明了自己，也还需要继续证明。即使今后肯定还会遭遇不可预知的各种风浪和波折，但只要持之以恒，恒之有道，必然能够"天下化成"！

《周易》恒卦释意

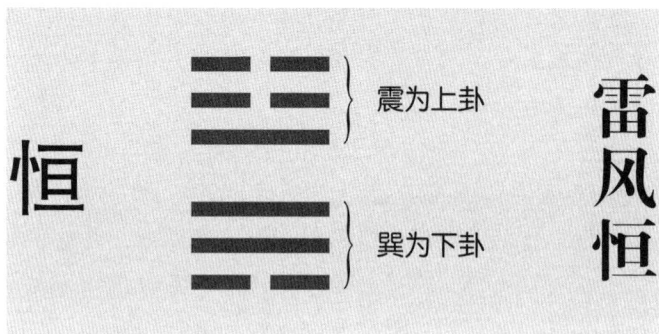

恒卦，是《周易》六十四卦中第三十二卦

恒：亨，无咎，利贞。利有攸往。

彖曰：恒，久也。刚上而柔下，雷风相与，巽而动。刚柔皆应，恒。恒亨无咎利贞，久于其道也。天地之道，恒久而不已也。利有攸往，终则有始也。日月得天而能久照，四时变化而能久成，圣人久于其道而天下化成。观其所恒，而天地万物之情可见矣！

象曰：雷风，恒；君子以立不易方。

相传中华民族起源于上古伏羲，"伏羲始作八卦"，是对华夏文明的伟大贡献，故称其为"上古之圣"。"中古之圣"周文王被商纣王囚禁时，悉心演绎上古八卦，整理编撰了《六十四卦辞》。后其子周公又增加了爻辞，图文兼得，《周易》成书。

《易经》表述的象都是宇宙万物的现象，阐释的义理也是宇宙万物变化的法则。

本书《恒之有道：广东足球的史经子集》，关键词为"恒"。在《周易》六十四卦中，恒卦是第三十二卦。借用到"问卜"广东足球，实在恰当不过。

首先是对"恒"的理解。此卦最大特点是震雷巽风，刚柔相济，上下皆动。

常理以为，只有保持静态，才能恒久。然而在宇宙规律中，并非静态才是永恒态，事实上变与不变才是永恒的。动与静是相对的，永恒也是相对的，既有静态的恒，也有动态的恒。我们常说以不变应万变，恒卦则是反其道而行之，以万变应不变，利于有所为、有所往。

卦理中巽下为风，下为过去；震上为雷，上为未来。广东足球从发祥开始，就是西风东渐所偶得。之后无论是新中国之紫气，还是职业联赛之卷席，或是恒大之崛起，皆为由里到外，渐成气候。

"于无声处听惊雷。"广东足球敢为天下之先，往往给人带来的是春雷般的震动和惊喜，始终都是创新改革的先行者、急先锋。甚至在风格上和技术上，广东足球最讲究和欣赏的是行云流水，快速灵动的足球。最为突出的是广州恒大的崛起，完全针对中国足球固有的"一潭死水"的静态，不愿不敢不会改变的惰性，反其道而行之，以万变应不变，终于使中国足球"变天"，亚洲足球"变天"。

其次是对"天下化成"的理解。"圣人久于其道而天下化成"，就是说天地万物，惟我所用，而且将天地万物的作用发挥到极致，无所不用。这里的"圣人"应是复数，泛指一代接一代的智慧结晶。南粤足球已历数百年，即使是新中国初期的广东足球也已经过去一个甲子，广东足球在不同时代的辉煌和成就，都是数代人不懈努力的结果，从而奠定了广东足球崇高的地位，为天下所景仰。

再次是对"君子以立不易方"的理解。恒卦虽然是"动"卦，上下皆动，但还是强调了基本原则和规律"不易"的真理。君子之道以"恒"为原则，恒表示不易、不变。因为道不变，原则和规律不变，方正的处事原则，为人的原则，都是不变的。

广东足球之所以能够取得成功，很重要的经验就是注意对足球客观规律和原则的尊重和遵守，所谓万变不离其宗。

足球管理如是，足球打法如是，足球思想如是。

附　录

表 1　广东球队（男队）参加国内联赛的主要成绩

年份	队伍	比赛性质	成绩
1955 年	广州队	全国足球联赛	第 8 名
1956 年	中南白队	全国乙级联赛	第 1 名
	梅县队	全国锦标赛	预赛被淘汰
1957 年	中南白队	全国乙级联赛	第 5 名
1958 年	广州队	全国乙级联赛	第 1 名
	广州二队	全国乙级联赛	预赛被淘汰
	广东青年队	全国乙级联赛	预赛被淘汰
	梅县队	全国乙级联赛	预赛被淘汰
	湛江队	全国乙级联赛	预赛被淘汰
1960 年	广东队	全国甲级联赛	第 5 名
		全国锦标赛	亚军
	广东青年队	全国甲级联赛	第 17 名
	广州前卫队	全国乙级联赛	第 2 名
	广州队	全国乙级联赛	预赛被淘汰
	广州部队队	全国乙级联赛	预赛被淘汰
	梅县队	全国乙级联赛	预赛被淘汰
1961 年	广东队	全国甲级联赛	前 10 不进
	广州队	全国甲级联赛	前 10 不进
	广州前卫队	全国甲级联赛	前 10 不进
1962 年	广东队	全国甲级联赛	第 6 名
	广州队	全国甲级联赛	第 18 名
	广州前卫队	全国甲级联赛	第 25 名
	梅县队	全国乙级联赛	第 2 名
1963 年	广东队	全国足球联赛	第 5 名
	广州队	全国足球联赛	第 20 名
	梅县队	全国足球联赛	第 25 名
1964 年	广东队	全国甲级联赛	第 10 名
	广州队	全国乙级联赛	第 7 名
1965 年	广东队	全国甲级联赛	第 10 名
	广州队	全国乙级联赛	第 6 名
1966 年	因为"文革"爆发，全国甲乙级联赛均暂停		

年份	队伍	比赛性质	成绩
1973 年	广东队	全国足球联赛	第 4 名
	广州部队队	全国足球联赛	第 12 名
	广东青年队	全国足球联赛	第 23 名
1974 年	广东队	全国足球联赛	第 12 名
	广州部队队	全国足球联赛	第 13 名
	广东青年队	全国足球联赛	第 20 名
1977 年	广东队	全国足球联赛	第 3 名
	广州部队队	全国足球联赛	第 5 名
	广东青年队	全国足球联赛	第 22 名
	广东青年二队	全国足球联赛	第 29 名
1978 年	广东队	全国甲级联赛	第 5 名
	广州部队队	全国甲级联赛	第 6 名
1979 年	广东队	全国甲级联赛	第 1 名
	广州部队队	全国甲级联赛	第 11 名
1980 年	广州部队队	全国甲级联赛	第 6 名
	广东队	全国甲级联赛	第 12 名
	广州队	全国丙级联赛	第 2 名
1981 年	广东队	全国甲级联赛	第 4 名
	广州部队队	全国甲级联赛	第 9 名
	广州队	全国乙级联赛	第 1 名
	广州工人	全国丙级联赛	第 7 名
1982 年	广东队	全国甲级联赛	第 9 名
	广州部队队	全国甲级联赛	第 15 名
	广州队	全国甲级联赛	第 16 名
	广州二队	全国丙级联赛	没进决赛
1983 年	广东队	全国甲级联赛	南区第 1 名
	广州队	全国乙级联赛	第 2 名
	广东二队	全国丙级联赛	第 3 名
1984 年	广东队	全国甲级联赛	第 7 名
		中国足协杯	第 2 名
	广州队	全国乙级联赛	没进决赛
		中国足协杯	第 8 名
	梅县队	全国乙级联赛	没进决赛
	深圳队	全国乙级联赛	没进决赛
1985 年	广东万宝队	全国甲级联赛	第 5 名
		中国足协杯	第 2 名
	广州白云队	全国甲级联赛	第 7 名
		中国足协杯	第 4 名

（续上表）

年份	队伍	比赛性质	成绩
1986 年	广州白云队	全国甲级联赛	第 7 名
	广东万宝队	全国甲级联赛	第 8 名
		中国足协杯	第 3 名
	广东万宝二队	全国乙级联赛	没进决赛
		中国足协杯	第 4 名
	广州华南队	全国乙级联赛	没进决赛
	深圳队	全国乙级联赛	没进决赛
	梅县队	全国乙级联赛	没进决赛
1987 年	广州白云队	全国甲级（A 组）联赛	第 7 名
	广东万宝队	全国甲级（B 组）联赛	第 1 名
	广东万宝二队	全国乙级联赛	第 1 名
	广州华南队	全国乙级联赛	第 7 名
	梅县队	全国乙级联赛	没进决赛
1988 年	广东万宝队	全国甲级联赛	第 5 名
	广州白云队	全国甲级联赛	第 7 名
	广州华南队	全国乙级联赛	第 6 名
	梅县队	全国乙级联赛	没进决赛
1989 年	广东万宝队	全国甲级（A 组）联赛	第 6 名
	广州白云队	全国甲级（A 组）联赛	第 8 名
	佛山队	全国乙级联赛	第 1 名
	广州白云二队	全国乙级联赛	没进决赛
	深圳队	全国乙级联赛	没进决赛
1990 年	广东万宝队	全国甲级（A 组）联赛	第 9 名
		全国优胜者杯	12 进 6 被淘汰
	广州白云队	全国甲级（B 组）联赛	第 2 名
		全国优胜者杯	6 进 4 被淘汰
	佛山队	全国甲级（B 组）联赛	第 10 名
	广东二队	全国乙级联赛	前四不进
	梅县队	全国乙级联赛	没进决赛
1991 年	广州白云队	全国甲级（A 组）联赛	第 4 名
		全国优胜者杯	第 2 名
	广东万宝队	全国甲级（B 组）联赛	第 1 名
		全国优胜者杯	1/8 决赛被淘汰
	佛山队	全国甲级（B 组）联赛	第 11 名
	梅州队	全国乙级联赛	没进决赛

（续上表）

年份	队伍	比赛性质	成绩
1992 年	广州白云队	全国甲级（A组）联赛	第 2 名
		全国优胜者杯	1/8 决赛被淘汰
	广东万宝队	全国甲级（A组）联赛	第 7 名
		全国优胜者杯	第 2 名
	佛山队	全国甲级（B组）联赛	没进决赛
	广州白云二队	全国乙级联赛	第 3 名
	深圳队	全国乙级联赛	没进决赛
1993 年	广东宏远	全国足球俱乐部锦标赛	第 3 名
	佛山队	全国足球俱乐部锦标赛	第 6 名
	广州太阳神	全国足球俱乐部锦标赛	第 8 名
1994 年	广州太阳神	甲 A 联赛	第 2 名
	广东宏远	甲 A 联赛	第 7 名
	广州二队	甲 B 联赛	第 3 名
	佛山队	甲 B 联赛	第 4 名
	深圳队	乙级联赛	第 1 名
	梅州青年队	乙级联赛	没进决赛
	珠海队	乙级联赛	没进决赛
1995 年	广东宏远	甲 A 联赛	第 4 名
		中国足协杯	第 3 名
	广州太阳神	甲 A 联赛	第 5 名
		中国足协杯	第 1 轮被淘汰
	深圳队	甲 B 联赛	第 1 名
	广州松日	甲 B 联赛	第 2 名
		中国足协杯	第 2 轮被淘汰
	佛山队	甲 B 联赛	第 5 名
	广东宏远二队	乙级联赛	没进决赛
	广州酒家队	乙级联赛	没进决赛
	珠海队	乙级联赛	没进决赛
1996 年	广州太阳神	甲 A 联赛	第 7 名
		中国足协杯	第 2 轮被淘汰
	广东宏远	甲 A 联赛	第 9 名
		中国足协杯	第 3 名
	深圳飞亚达	甲 A 联赛	第 11 名
		中国足协杯	第 1 轮被淘汰
	广州松日	甲 A 联赛	第 12 名
		中国足协杯	第 3 轮被淘汰
	佛山佛斯弟	甲 B 联赛	第 3 名
		中国足协杯	第 1 轮被淘汰
	深圳金鹏	乙级联赛	第 2 名
	广州永平	乙级联赛	复赛被淘汰
	广州酒家队	乙级联赛	复赛被淘汰

（续上表）

年份	队伍	比赛性质	成绩
1997 年	广州太阳神	甲 A 联赛	第 8 名
		中国足协杯	第 2 轮被淘汰
	广东宏远	甲 A 联赛	第 12 名
		中国足协杯	第 2 轮被淘汰
	深圳平安	甲 B 联赛	第 2 名
		中国足协杯	第 1 轮被淘汰
	广州松日	甲 B 联赛	第 4 名
		中国足协杯	第 3 轮被淘汰
	深圳金鹏	甲 B 联赛	第 7 名
		中国足协杯	第 1 轮被淘汰
	佛山佛斯弟	甲 B 联赛	第 8 名
		中国足协杯	第 1 轮被淘汰
1998 年	广州松日	甲 A 联赛	第 4 名
		中国足协杯	第 1 轮被淘汰
	深圳平安	甲 A 联赛	第 12 名
		中国足协杯	第 1 轮被淘汰
	广州太阳神	甲 A 联赛	第 14 名
		中国足协杯	第 1 轮被淘汰
	广东宏远	甲 B 联赛	第 5 名
		中国足协杯	第 2 轮被淘汰
	广州白云山	乙级联赛	第 1 名
1999 年	深圳平安	甲 A 联赛	第 12 名
		中国足协杯	第 1 轮被淘汰
	广州松日	甲 A 联赛	第 13 名
		中国足协杯	第 1 轮被淘汰
	广东宏远	甲 B 联赛	第 3 名
		中国足协杯	第 2 轮被淘汰
	广州太阳神	甲 B 联赛	第 8 名
		中国足协杯	第 2 轮被淘汰
	广州白云山	甲 B 联赛	第 12 名
		中国足协杯	第 1 轮被淘汰

（续上表）

年份	队伍	比赛性质	成绩
2000 年	深圳平安	甲 A 联赛	第 9 名
		中国足协杯	第 2 轮被淘汰
	广东宏远	甲 B 联赛	第 7 名
		中国足协杯	第 1 轮被淘汰
	广州太阳神	甲 B 联赛	第 10 名
		中国足协杯	第 1 轮被淘汰
	广州松日	甲 B 联赛	第 12 名
		中国足协杯	第 1 轮被淘汰
	广州白云山	乙级联赛	半决赛被淘汰
	广州青年	乙级联赛	没进决赛
	广东青年	乙级联赛	没进复赛
2001 年	深圳平安	甲 A 联赛	第 5 名
		中国足协杯	第 3 轮被淘汰
	广州吉利	甲 B 联赛	第 4 名
		中国足协杯	第 1 轮被淘汰
	广东宏远	甲 B 联赛	第 10 名
		中国足协杯	第 2 轮被淘汰
	广州锐克	乙级联赛	1/4 决赛被淘汰
2002 年	深圳平安	甲 A 联赛	第 2 名
		中国足协杯	第 2 轮被淘汰
	广州香雪	甲 B 联赛	第 11 名
		中国足协杯	第 1 轮被淘汰
	广东雄鹰	乙级联赛	第 2 名
	广州日之泉	乙级联赛	第 8 名
2003 年	深圳健力宝	甲 A 联赛	第 4 名
		中国足协杯	小组赛被淘汰
	广州香雪	甲 B 联赛	第 3 名
		中国足协杯	小组赛被淘汰
	广东雄鹰	甲 B 联赛	第 7 名
		中国足协杯	小组赛被淘汰
	珠海安平	甲 B 联赛	第 8 名
		中国足协杯	小组赛被淘汰
	广州日之泉	乙级联赛	决赛第 1 轮被淘汰
	广东名峰	乙级联赛	没进决赛

（续上表）

年份	队伍	比赛性质	成绩
2004 年	深圳健力宝	中超联赛	第 1 名
		中国足协杯	半决赛被淘汰
	珠海中邦	中超联赛	第 2 名
		中甲联赛	第 2 名
		中国足协杯	第 2 轮被淘汰
	广州日之泉	中甲联赛	第 4 名
		中国足协杯	第 1 轮被淘汰
	深圳科健	中甲联赛	第 10 名
		中国足协杯	第 2 轮被淘汰
	东莞东城	中甲联赛	第 16 名
		中国足协杯	第 1 轮被淘汰
2005 年	深圳健力宝	中超联赛	第 12 名
		中国足协杯	第 3 轮被淘汰
	广州日之泉	中超联赛	第 2 名
		中甲联赛	第 4 名
		中国足协杯	第 2 轮被淘汰
	东莞南城	乙级联赛	半决赛被淘汰
2006 年	深圳金威	中超联赛	第 11 名
		中国足协杯	1/4 决赛被淘汰
	广州医药	中甲联赛	第 3 名
		中国足协杯	第 2 轮被淘汰
2007 年	深圳上清饮	中超联赛	第 14 名
	广州医药	中甲联赛	第 1 名
	广东日之泉	乙级联赛	没进决赛
2008 年	广药中一	中超联赛	第 7 名
	深圳上清饮	中超联赛	第 12 名
	广东日之泉	乙级联赛	第 2 名
	湛江天地壹号	乙级联赛	没进决赛
2009 年	广州白云山	中超联赛	第 9 名
	深圳红钻	中超联赛	第 11 名
	广东日之泉	中甲联赛	第 5 名
2010 年	深圳红钻	中超联赛	第 12 名
	广州广汽	中甲联赛	第 1 名
	广东日之泉	中甲联赛	第 11 名

（续上表）

年份	队伍	比赛性质	成绩
2011 年	广州恒大	中超联赛	第 1 名
		中国足协杯	第 2 轮被淘汰
	深圳红钻	中超联赛	第 16 名
		中国足协杯	第 1 轮被淘汰
	广州富力	中甲联赛	第 2 名
		中国足协杯	第 2 轮被淘汰
	广东日之泉	中甲联赛	第 3 名
		中国足协杯	第 3 轮被淘汰
	东莞南城	乙级联赛	第 3 名
	广东青年	乙级联赛	没进决赛
	广州青年	乙级联赛	没进决赛
2012 年	广州恒大	中超联赛	第 1 名
		中国足协杯	第 1 名
		中国超级杯	第 1 名
	广州富力	中超联赛	第 7 名
		中国足协杯	第 4 轮被淘汰
	深圳红钻	中甲联赛	第 7 名
		中国足协杯	第 3 轮被淘汰
	广东日之泉	中甲联赛	第 10 名
		中国足协杯	第 3 轮被淘汰
	东莞南城	乙级联赛	没进决赛
		中国足协杯	第 3 轮被淘汰
	广东青年	乙级联赛	没进决赛
		中国足协杯	第 2 轮被淘汰
	深圳风鹏	乙级联赛	第 4 名
	深圳名博	乙级联赛	没进决赛
2013 年	广州恒大	中超联赛	第 1 名
		中国足协杯	第 2 名
		中国超级杯	第 2 名
	广州富力	中超联赛	第 6 名
		中国足协杯	第 4 轮被淘汰
	广东日之泉	中甲联赛	第 3 名
		中国足协杯	第 4 轮被淘汰
	深圳红钻	中甲联赛	第 5 名
		中国足协杯	第 3 轮被淘汰
	梅县客家	乙级联赛	第 7 名
		中国足协杯	第 1 轮被淘汰
	梅州五华	乙级联赛	第 5 名
	深圳风鹏	乙级联赛	第 3 名
		中国足协杯	第 1 轮被淘汰

年份	队伍	比赛性质	成绩
2014 年	广州恒大	中超联赛	第 1 名
		中国足协杯	第 4 轮被淘汰
		中国超级杯	第 2 名
	广州富力	中超联赛	第 3 名
		中国足协杯	第 4 轮被淘汰
	深圳红钻	中甲联赛	第 8 名
		中国足协杯	第 3 轮被淘汰
	广东日之泉	中甲联赛	第 13 名
		中国足协杯	第 3 轮被淘汰
	梅县客家	乙级联赛	没进决赛
		中国足协杯	第 2 轮被淘汰
	梅州五华	乙级联赛	第 4 名
		中国足协杯	第 3 轮被淘汰
	昊昕贸易	中国足协杯	第 1 轮被淘汰
	肇庆恒泰	中国足协杯	第 2 轮被淘汰
2015 年	广州恒大	中超联赛	第 1 名
		中国足协杯	第 3 轮被淘汰
		中国超级杯	第 2 名
	广州富力	中超联赛	第 14 名
		中国足协杯	第 4 轮被淘汰
	深圳宇恒	中甲联赛	第 12 名
		中国足协杯	第 3 轮被淘汰
	梅州五华	乙级联赛	第 1 名
		中国足协杯	第 3 轮被淘汰
	梅县客家	乙级联赛	第 7 名
		中国足协杯	第 1 轮被淘汰
	深圳人人	丙级联赛	第 3 名
	肇庆恒泰	中国足协杯	第 1 轮被淘汰
	昊昕贸易	中国足协杯	第 1 轮被淘汰
2016 年	广州恒大	中国超级杯	第 1 名

表 2　广东球队（女队）参加国内联赛的主要成绩

年份	队伍	比赛	名次
1984 年	广东女足	全国女足锦标赛	第 9 名
1985 年	广东女足	全国女足锦标赛	第 3 名
1986 年	广东女足	全国女足锦标赛	前八不入
1988 年	广东万宝	全国女足锦标赛	第 8 名
1989 年	广东万宝	全国女足锦标赛	第 5 名
1990 年	广东万宝	全国女足锦标赛	第 6 名

（续上表）

年份	队伍	比赛	名次
1991 年	广东万宝	全国女足大会战	第 1 名
		全国女足锦标赛	第 6 名
	广东半球	全国女足大会战	第 3 名
		全国女足锦标赛	第 9 名
1992 年	广东万宝	全国女足联赛	第 4 名
		全国女足锦标赛	第 5 名
	广东半球	全国女足联赛	第 10 名
		全国女足锦标赛	第 3 名
1994 年	广东女足	全国女足大会战	第 1 名
		全国女足锦标赛	第 6 名
1995 年	广东女足	全国女足联赛	第 5 名
		全国女足锦标赛	第 4 名
1996 年	广东女足	全国女足联赛	第 4 名
		全国女足锦标赛	第 2 名
1997 年	广东海印	全国女足超级联赛	第 1 名
		全国女足联赛	第 2 名
		女足超霸杯	第 1 名
1998 年	广东海印	全国女足超级联赛	第 3 名
		全国女足联赛	第 2 名
		女足超霸杯	第 2 名
1999 年	广东海印	全国女足超级联赛	第 3 名
		全国女足联赛	第 6 名
2000 年	广东海印	全国女足超级联赛	第 2 名
		全国女足联赛	第 3 名
		女足超霸杯	第 2 名
2001 年	广东海印	全国女足超级联赛	第 2 名
		全国女足联赛	第 2 名
		女足超霸杯	第 2 名
2002 年	广东海印	全国女足超级联赛	第 3 名
		全国女足联赛	第 3 名
		全国女足锦标赛	第 3 名
2003 年	广东海印	全国女足超级联赛	第 7 名
		全国女足联赛	第 10 名
		全国女足锦标赛	第 7 名
2004 年	广东海印	全国女足超级联赛	第 8 名
		全国女足联赛	第 3 名
		全国女足锦标赛	8 强
2005 年	广东海印	全国女足超级联赛	第 7 名
		全国女足锦标赛	8 强

（续上表）

年份	队伍	比赛	名次
2006 年	广东海印	全国女足超级联赛	第 6 名
		全国女足锦标赛	第 8 名
		全国女足足协杯	8 强
2007 年	广东海印	全国女足超级联赛	第 8 名
		全国女足锦标赛	第 11 名
		全国女足足协杯	8 强
2008 年	广东海印	全国女足超级联赛	第 11 名
		全国女足锦标赛	第 9 名
		全国女足足协杯	8 强
2009 年	广东海印	全国女足超级联赛	没进决赛
		全国女足足协杯	第 4 名
2010 年	广东海印	全国女足超级联赛	8 强不进
		全国女足锦标赛	8 强不进
		全国女足足协杯	8 强不进
2011 年	广东海印	全国女足联赛	第 15 名
		全国女足锦标赛	第 11 名
		全国女足足协杯	8 强
2012 年	广东海印	全国女足联赛	第 12 名
		全国女足锦标赛	第 14 名
		全国女足足协杯	8 强不进
2013 年	广东海印	全国女足联赛	第 10 名
		全国女足锦标赛	第 8 名
2014 年	广东海印	全国女足联赛	第 12 名
		全国女足锦标赛	第 8 名
2015 年	广东体彩	全国女足甲级联赛	第 3 名
		全国女足锦标赛	第 8 名

表3　广东足球历届全运会成绩（男子）

届次	年份	名次
1	1959	第 5 名
2	1965	第 8 名
3	1975	辽宁/广东并列第 1 名（成年组） 分区预赛小组赛第 1 名（少年组）
4	1979	第 3 名（成年组） 第 1 名（少年组）
5	1983	第 2 名
6	1987	第 1 名
7	1993	第 3 名
8	1997	第 2 名

（续上表）

届次	年份	名次
9	2001	第 4 名
10	2005	八强不进
11	2009	第 2 名（U20） 第 4 名（U16）
12	2013	第 5 名（U20） 八强不进（U18）

注：从 1997 年第 8 届开始，全运会男子足球参赛队员的年龄限制在 21 周岁以下（U20），但允许几名超龄队员参赛，具体人数按各届比赛规定略有不同。从 2009 年第 11 届开始，设立甲组（U20）和乙组（U16）。从 2013 年第 12 届开始，改设为甲组（U20）和乙组（U18）。

表 4　广东足球历届全运会成绩（女子）

届次	年份	名次
6	1987	第 3 名
7	1993	第 2 名
8	1997	第 3 名
9	2001	第 7 名
10	2005	第 7 名
11	2009	第 7 名（成年组） 第 4 名（青年组）
12	2013	第 6 名（成年组） 八强不进（青年组）

注：从 1987 年第 6 届开始设立女子足球比赛项目。从 2009 年开始设立青年组（U18）。

新中国广东足球百杰"英雄榜"

叶北华、温集祥、郑德耀、冯荣灿、罗荣满、陈复赉、曾雪麟、冼迪雄、苏永舜、关辉舫、陈汉粦、林效才、杨霏荪、胡鸿斌、廖德营、邓锡权、张均浪、程洪森、杨子璇、黄福孝、梁德成、曾昭能、林伯濂、蔡棠耀、江兴国、容志行、杜智仁、岳永荣、吴志英、魏崇金、陈熙荣、何佳、关至锐、欧伟庭、谢志光、蔡锦标、陈亦明、杨福生、杜庆恩、何锦伦、叶细权、刘全、陈玉良、古广明、谢志雄、王惠良、吴群立、吴育华、黄德保、黄军伟、赵达裕、钟小健、吴方、周穗安、李超波、杨宁、池明华、曹阳、冼惠良、郭亿军、李勇、李朝阳、麦超、张小文、欧阳耀星、孔国贤、黄启能、伍文兵、谢育新、区楚良、胡志军、彭伟国、蔡庆辉、沈嵘、黄洪涛、彭昌颖、姚德彪、凌小君、高建斌、彭伟军、谭恩德、李玉展、杨朋峰、吴坪枫、吴伟安、杨智、卢琳、廖力生、刘彬彬、杨超声、高红、陈霞、施桂红、吴伟英、韦海英、赵利红、邱海燕、谢彩霞、周小霞、谭茹殷

广东足球历届全国冠军名单

1975 年第 3 届全运会男足冠军广东队名单

领队：张日扬

主教练：苏永舜

助理教练：陈汉燊

0－许华福、1－杨福生、2－叶细权、3－杜庆恩、4－吴志英、5－梁德成、6－何佳、7－杜智仁、8－王高龙、9－甘广雅、10－梁润、11－容志行、12－褟洁球、13－蔡锦标、14－谢志光、15－杨伟湘、16－陈熙荣、17－欧伟庭、18－陈伟浩、20－关至锐

1979 年全国甲级联赛冠军广东队名单

领队：张日扬

主教练：苏永舜

助理教练：陈汉燊、梁德成

1－杨宁、2－叶细权、3－杜庆恩、4－吴志英、5－蔡锦标、6－何佳、7－古广明、8－林杰民、9－刘全、10－魏崇金、11－容志行、12－褟洁球、13－陈玉良、14－谢志光、15－卢启源、16－陈熙荣、17－欧伟庭、18－陈伟浩、20－关至锐、21－杨福生、22－何锦伦

1987 年第 6 届全运会男足冠军广东队名单

领队：叶细权

主教练：岳永荣

助理教练：翁昭健

0－吴阿七、1－杨宁、2－李棠旭、3－麦超、4－钟小健、5－张小文、6－曹阳、7－吴育华、8－谢育新、9－陈海贤、10－黄德保、11－赵达裕、12－谢志雄、14－李朝阳、15－王惠良、16－庞真强、17－廖友华、18－池明华、19－郭亿军、20－吴群立、21－罗庆、22－孔国贤、23－李超波、24－郭潮明、25－欧阳耀星、26－伍文兵、27－冼海辉

1997 年全国女足超级联赛、超霸杯冠军广东海印女足队名单

领队：严仲坚、云莉

主教练：林思跃

助理教练：肖建林、严仲坚（兼）

1－高红、2－欧阳惠仪、3－陈霞、4－唐倩芬、5－李雪峰、6－赵利红、7－韦海英、8－周小霞、9－邱海燕、10－施桂红、11－张桂莲、12－何杏雪、13－陆洁冰、14－谢彩霞、15－徐俏勤、16－陈淑芬、17－李彩珍、18－麦祝明、19－骆用颜、20－温明荣、21－陈艳红、22－张竞男

2004 年中超联赛冠军深圳健力宝队名单

领队：郭瑞龙

主教练：朱广沪

助理教练：国作金、谢峰

1－孙刚、2－陈永强、3－杨晨、4－向君、5－李玮锋、6－黄云峰、7－吉马、8－郑斌、9－李毅、10－郑智、11－薛申、12－周佳、13－黎斐、14－李健华、15－温光辉、

299

16－陈尚、17－黄凤涛、18－赵朋文、19－李雷雷、20－张辛忻、21－李明、22－袁琳、23－王宏伟、24－尹小龙、25－彭波、26－肖建佳、27－葛维、28－忻峰、29－陆博飞、30－考瓦克斯、31－朱聪、32－赵堃、33－奥泽亚斯、34－马里科

2011年中超联赛冠军广州恒大队名单

领队：秋鸣

主教练：李章洙

助理教练：金龙甲、姜峰

1－杨君、2－涂东旭、3－保隆、4－高顺杭、5－张琳芃、6－冯潇霆、7－冯俊彦、8－雷纳托、9－克莱奥、10－郑智、11－穆里奇、12－董春雨、13－唐德超、14－李健华、15－孔卡、16－赵源熙、17－高志林、18－陈建龙、19－杨昊、20－倪波、21－姜宁、22－李帅、23－李智朗、24－石鸿俊、25－杨一虎、26－吴坪枫、27－叶伟超、28－支鑫华、29－邹林、30－彭绍雄、31－张宏楠、32－孙祥、33－李岩、34－黄佳强、35－郭子超、38－张育嘉、39－张天龙、40－潘伟业

2012年中超联赛、足协杯、超级杯冠军广州恒大队名单

领队：秋鸣

主教练：李章洙—里皮

助理教练：金龙甲、姜峰—马达洛尼、佩佐蒂

1－杨君、2－涂东旭、3－保隆、4－荣昊、5－张琳芃、6－冯潇霆、7－冯俊彦、8－秦升、9－克莱奥、10－郑智、11－穆里奇、12－董春雨、13－唐德超、14－李健华、15－孔卡、16－赵源熙、17－高志林、18－李建滨、19－倪波、20－姜宁、21－李帅、22－李智朗、23－石鸿俊、24－彭欣力、25－吴坪枫、26－叶伟超、27－邹林、28－彭绍雄、29－张宏楠、30－孙祥、31－李岩、32－买买提艾力、33－赵旭日、34－谭家军、35－支鑫华

2013年中超联赛冠军广州恒大队名单

领队：王云浩

主教练：里皮

助理教练：马达洛尼、佩佐蒂、李铁

1－杨君、2－廖力生、3－弋腾、4－赵鹏、5－张琳芃、6－冯潇霆、7－冯俊彦、8－秦升、9－埃尔克森、10－郑智、11－穆里奇、12－董春雨、13－唐德超、14－冯仁亮、15－孔卡、16－黄博文、17－高志林、18－巴里奥斯、19－曾诚、20－倪波、21－黄佳强、22－李帅、23－李智朗、24－石鸿俊、25－彭欣力、26－李彬、27－叶伟超、28－金英权、29－邹林、30－杨超声、31－张宏楠、32－孙祥、33－荣昊、34－胡威威、35－肖开提亚力昆、36－方镜淇、37－赵旭日、39－谭家军

2013年亚冠联赛冠军广州恒大队名单

领队：王云浩

主教练：里皮

助理教练：马达洛尼、佩佐蒂、李铁

1－杨君、3－弋腾、4－赵鹏、5－张琳芃、6－冯潇霆、7－冯俊彦、8－秦升、9－埃尔克森、10－郑智、11－穆里奇、13－唐德超、14－冯仁亮、15－孔卡、16－黄博文、

19－曾诚、20－倪波、21－黄佳强、22－李帅、23－李智朗、24－石鸿俊、25－彭欣力、26－李彬、28－金英权、29－郜林、31－张宏楠、32－孙祥、33－荣昊、37－赵旭日、39－谭家军

2014年中超联赛冠军广州恒大队名单

领队：陈冠宁

主教练：里皮

助理教练：马达洛尼、佩佐蒂、李铁

1－方镜淇、2－廖力生、3－梅方、4－赵鹏、5－张琳芃、6－冯潇霆、7－冯俊彦、8－雷内、9－埃尔克森、10－郑智、11－穆里奇、12－郑龙、13－徐广燎、14－冯仁亮、16－黄博文、18－董学升、19－曾诚、20－杨鑫、21－彭欣力、22－李帅、23－迪亚曼蒂、24－刘海东、25－甘添成、27－王军辉、28－金英权、29－郜林、30－杨超声、31－骆嘉诚、32－孙祥、33－荣昊、34－胡威威、37－赵旭日、39－谭家军、40－胡博文

2015年中超联赛冠军广州恒大队名单

领队：陈冠宁

主教练：卡纳瓦罗—斯科拉里

助理教练：马达洛尼、李铁—弗拉维奥、沃特曼

1－董春雨、2－廖力生、3－梅方、4－张佳琪、5－张琳芃、6－冯潇霆、7－阿兰、8－雷内、9－埃尔克森、10－郑智、11－高拉特、12－王上源、13－方镜淇、15－弋腾、16－黄博文、17－刘健、18－董学升、19－曾诚、20－于汉超、21－赵旭日、22－李帅、23－杨鑫、24－梁学铭、25－邹正、27－郑龙、28－金英权、29－郜林、33－荣昊、34－王军辉、35－李学鹏

2015年亚冠联赛冠军广州恒大队名单

领队：陈冠宁

主教练：卡纳瓦罗—斯科拉里

助理教练：马达洛尼、李铁—弗拉维奥、沃特曼

1－董春雨、2－廖力生、3－梅方、4－张佳琪、5－张琳芃、6－冯潇霆、7－阿兰、9－埃尔克森、10－郑智、11－高拉特、16－黄博文、17－刘健、18－董学升、19－曾诚、20－于汉超、21－赵旭日、22－李帅、23－杨鑫、25－邹正、27－郑龙、28－金英权、29－郜林、30－胡宝、31－骆嘉诚、32－鞠枫、33－荣昊、34－王军辉、35－李学鹏

广州恒大创造的纪录

中国职业联赛单场最大分差

2010赛季，还在中甲的广州恒大以10比0战胜南京有有，创造了中甲联赛的最大分差纪录，以及中国足球职业联赛单场最大分差纪录。

中国的"凯泽斯劳滕神话"

2011赛季，恒大作为中超的升班马，在当年顺利拿到了联赛冠军，成为中国足球职业化以来第一支以升班马身份拿到冠军的球队。

中超首支成功卫冕的球队

2012赛季，恒大虽然一度遭遇舜天的挑战，但最终还是如愿完成卫冕，成为中超史上

第一支卫冕成功的球队。

单赛季 7 项纪录

2013 赛季的中超是恒大最为风光的一年。30 轮联赛 77 分、场均 2.57 分创造了顶级联赛新纪录；领先第 2 名鲁能 18 分夺冠，创造了新的顶级联赛夺冠分差纪录；24 场胜利打破鲁能 2006 赛季创造的单赛季取胜场次纪录；只输掉 1 场比赛创造单赛季输球最少纪录（2015 赛季再次追平纪录）；打进 78 球创造中国顶级联赛进球纪录；净胜球 59 球创造顶级联赛净胜球纪录。这个赛季的中超，完全成为恒大破纪录的一年。

中国首支问鼎亚冠的球队

2013 赛季，除了在中超赛场刷新了各项纪录外，恒大还登顶亚冠之巅，成为第一支在亚冠改制后拿到冠军的中国球队。

亚冠半决赛总比分最大分差纪录

2013 赛季，在问鼎亚冠冠军的路上，恒大在半决赛两回合的比赛中以 8 比 1 横扫了日本的柏太阳神晋级。两回合 8 比 1 的比分令球队刷新了亚冠半决赛最大总比分纪录，此前保持这一纪录的是伊蒂哈德，沙特豪门在 2005 赛季半决赛两回合比赛中以 7 比 0 淘汰釜山。

中超连续夺冠次数纪录

2014 赛季，恒大成为中国顶级联赛史上第一支连续 4 个赛季夺冠的球队，打破了大连万达（实德）曾经创造的 3 连冠纪录。2015 赛季，恒大连续第 5 年夺冠后，又刷新了自己保持的纪录。

客场 10 连胜 + 客场积分纪录

2015 赛季的中超，恒大从客场 2 比 0 击败亚泰，到末轮客场 2 比 0 斩落国安，连续 10 个客场获胜，创造了中国顶级联赛的新纪录。而且 15 个客场 13 胜 1 平 1 负积 40 分的成绩，也刷新了顶级联赛的纪录。

中超单赛季连续不败纪录

2015 赛季，从中超第 4 轮不敌河南建业后，最后 26 轮比赛恒大未尝一败，连续 26 轮不败也是中超史上的新纪录。

单赛季多线作战连续不败纪录

同样在 2015 赛季，从亚冠 1/8 决赛首回合 1 比 2 不敌城南之后，赛季的后 27 场比赛，恒大在多线作战的情况下 27 场不败，拿到 17 胜 10 平的战绩。这也是中国球队在多线作战的情况下创造的最长不败纪录。

两夺亚冠

继 2013 赛季首次登顶亚冠之后，2015 赛季，恒大再次站在亚洲之巅，而两次夺得亚冠冠军的辉煌，不仅是中国球队第一次做到，而且也是东亚球队首次做到。

等待恒大打破的纪录

在亚冠赛场要超越的是：伊蒂哈德 3 进决赛，以及有过卫冕的纪录。

在中国赛场还有 3 大纪录等待着他们去挑战：万达的 55 场不败、鲁能的·13 连胜、鲁能的提前 6 轮夺冠。